集人文社科之思　刊专业学术之声

集 刊 名：北大史学

主 编：赵世瑜

主办单位：北京大学历史学系

CLIO AT BEIDA

编辑委员会（按音序排列）

安 然 曹家齐 陈博翼 陈侃理 崇 明 戴海斌 党宝海 范韦里克 贺 喜
胡 鸿 康 鹏 李隆国 李云飞 刘永华 陆 扬 罗 敏 邱源媛 石川祯浩
宋怡明 唐利国 王东杰 谢国荣 徐晓旭 张 静 赵冬梅 赵世瑜 仲伟民

主 编 赵世瑜

本辑执行主编 刘 寅 李隆国

本辑特约编辑 宋华丽

本刊投稿邮箱 beidashixue@163.com

第27辑 2024年第1辑

集刊序列号：PIJ-2021-429

集刊主页：www.jikan.com.cn/北大史学

集刊投约稿平台：www.iedol.cn

CLIO AT BEIDA

2024 年第 1 辑

北京大学历史学系　主办

赵世瑜　主编

社会科学文献出版社
SOCIAL SCIENCES ACADEMIC PRESS (CHINA)

北大史学
Clio at Beida

第 27 辑
欧洲中世纪历史文献专号

目　录

专题研究

学术评论

导　语

刘　寅　李隆国

　　历史学以史料为直接的研究对象，其中文献构成了史料的主体，因此，解读历史文献就成了历史学家的基本功。要了解有哪些文献，学者得学点史料学。为了找到好的文献版本，需要懂点版本目录之学。读文献必先识字，为此读者要学习相应的语言。如果想正确地理解文献的文意，还需要掌握训诂学等其他辅助学科。为了抵达历史学的间接研究对象——历史上的人和人的生活方式，则需要不断寻找更贴切的文献分析视角，以便更好地利用文献来反映历史上的社会。可以说，历史研究的根基在于历史文献。①

　　近年来，中文学界的中世纪史研究的发展速度明显加快，学者们逐渐突破限制学科发展的瓶颈，告别了借助现代译文研究中世纪的时代。越来越多的中国中世纪学家掌握了拉丁语、希腊语、中古法语等，直面史料原文。此外，文书学、抄本学知识和意识在国内学者中日益普及，大大拓宽了开展原创性研究的空间。这种发展受惠于欧美中世纪学界国际化（特别体

① 彭小瑜：《近代西方古文献学的发源》，《世界历史》2001 年第 1 期；张弢：《西欧中世纪史料学初探——以德意志王国的帝王诏旨为例》，《古代文明》2021 年第 4 期；李隆国：《世界史研究方法刍议》，《光明日报》2020 年 12 月 21 日，第 14 版。

现为开展国际交流的开放意愿和积极实践）和开源化（尤其是史料目录、编校本和抄本线上数据库的开发和共享）的大潮流，更离不开国内学界的老中青学者在推动教学、交流和科研的专业化和国际化上付出的艰辛努力。

我们组织编辑"欧洲中世纪历史文献专号"，旨在以平等交流的形式分享中外历史学家研究和使用文献的经验和技巧，也期待为国内欧洲中世纪研究令人振奋的发展势头提供些许助力。

感谢中外学者在过去一年里的积极响应，特刊得以收录论文 14 篇、书评 1 篇。它们体现了 15 位中世纪研究者在各自专业领域中取得的新近成果，话题上涉及公元 5~15 世纪拉丁欧洲和拜占庭世界的政治、文化和社会以及相关学术史传统的诸方面，但共通之处在于从历史文本和抄本（再）出发的史学自觉。

居首的 2 篇论文涉及中世纪文献学和抄本学的学术流变和研究方法。伯安特·波塞尔特以局内人的身份介绍了最负盛名的中世纪史料编辑出版工程"德意志文献集成"的前世今生，该工程采用的史料分类原则和校注方法，由集成的编辑出版工作衍生而出的工具书、刊物和研究书系，以及集成在当下的数字化成果和规划。读者得以在一个代表性个案中管窥西方中世纪历史文献学从 19 世纪至今的发展历程。菲利普·弘果尼对拜占庭书籍史与书籍史研究细节满满的周详梳理，反映出以古书册学为基础、以知识社会史为视域的抄本研究，对于中古知识生产、社会经济环境乃至心智世界可以有何种程度的揭示意义。

专号中余下 12 篇论文按照研究对象的时代排序。其中 2 篇论文关于古代晚期。伊恩·伍德立足于对 5~6 世纪书信、史传和诗歌等各类型文献的全面考察，重估了所谓的"蛮族大迁徙"对罗马帝国西部政治和社会的直接冲击，颇具说服力地修正了比耶里·库尔塞尔的经典著作《日耳曼大入侵之文学史》中的一些基本观点。包倩怡通过对教宗大格里高利书信集中 34 封相关书信的文本释读，结合历史语境，对萨罗纳主教案进行细致的史学复盘，以此为基础解析当时罗马教会在意大利之外的治权及其限度、拜占庭治下达尔马提亚地区的政教格局等问题；同时，对于这些书信在教宗哈德良时代的接受史与格里高利教宗形象的后世塑造问题，作者也进行了相当精彩的讨论。

　　5篇论文关于加洛林时代及其遗产。托马斯·诺布尔对加洛林"君主镜鉴"这一传统文体归类发起挑战，尝试把相关文本重置于以共识和训诫为特征的9世纪政治文化语境之中，反映出政治史研究的新范式如何推动学者反思并修正历史文献学的旧传统。刘寅采用语境化的文本阐释方法，分析一份巴黎抄本，围绕一篇鲜受关注的道德神学论作，以魔鬼誓弃这一话语为切入点，巧妙地联系相关的文献，细腻地探究查理曼与里昂大主教之间的改革话语交流，彰显查理曼统治后期的教会改革及其内在张力。李隆国则奉献了对最受关注的加洛林文献——艾因哈德的《查理大帝传》的精彩新解，通过三处具有高度原创性的精微考证，揭示出这一著名传记背后关于家族王权的隐性结构，可谓以作者意图和写作策略为取向的文献分析的一次示范。斯蒂芬·艾斯德尔斯和赫尔穆特·海米茨的研究聚焦于加洛林帝国的族群和法律多元化现象，从中阐发出欧洲在罗马帝国灭亡之后形成的独特政治整合模式。读者可以看到两位作者如何纯熟地利用法典、史书等传统文献构造出新颖的宏观历史阐释框架。斯蒂芬·帕卓尔德对敕令这一加洛林时代最重要的法律文献及其在10~11世纪德意志地区的继受史进行了颇具颠覆性的解释。对于早期中世纪法律史而言，这项以抄本案例为基础的精彩研究既具有文献类型学意义上的解构性（把敕令从统治者的法令降解为法律条目汇编），也具有史学解释的建构性（加洛林法律文化在奥托时代的延续）。

　　余下5篇论文关于中世纪盛期和晚期。玛蒂娜·哈特曼以编校者的身份介绍了一位霍亨斯陶芬时代本笃修道院院长的自编书信集的现代编订历史和成书语境，及其之于修道院史、地方史和神圣罗马帝国政治史的史学价值。读者可以从中领略书信类史料的独特魅力。李文丹从抄本流传的角度对12世纪神圣罗马帝国政治文化中的"查理曼文学"和祭司王约翰传说进行了彻底重估，否认传统的"神圣帝国"观念解释，将其置于时人对历史、地理和末世的兴趣中理解。作者以抄本溯源文本语境的鲜明方法论取向和扎实的抄本学功夫令人印象深刻。约亨·约伦特通过对11~13世纪的多篇《教宗名录》的作传笔法的细腻考察，揭示出盛期中世纪罗马教宗之职在观念层面的微妙嬗变。同样着眼于文本的修辞策略，胡佳竹针对五港同盟在请愿书中自称贵族这一英格兰中世纪的独特现象，在传统制度史解释之外，从政治交流的角度提出了更具说服力的新解。这项研究示范了如何对请愿书这类高度程式化的中世纪文书开展修辞分析。吕珊珊通过周密的抄本、文学和语文学分析，呈现出 1500 年前后的一部以圣路易的生平为主题的中古法语剧本如何改编《法兰西大编年史》的特定版本，为巴黎工匠演绎历史。史学史与文学史研究方法的兼用在这项俗语文献研究中产生了良好的化学反应。

最后收录了冯加帅博士的长篇书评。其详细介绍了英国学者克里斯·威克姆所著《罗马帝国的遗产（400～1000）》的新中译本。他肯定了威克姆的努力，尤其是强调罗马因素在中世纪早期的遗存和影响。威克姆提供了可资参考的、有关中世纪的另一个面相。

我们期待本专号能够向读者呈现中世纪历史文献研究的魅力、潜力，以及——我们希望如此——研究者浸身于文献及其背后的历史世界中的学术喜悦。此外，还承载着对在求学问道和学术交流中结成的国际友谊的纪念。特刊中的多位中外作者和译者参加了北京大学 2015 年"断裂与转型：帝国之后的欧亚历史与史学"国际学术会议、北京大学 2018 年第二届古典与中世纪研究国际学术会议。波塞尔特的论文脱胎于作者 2020 年受北京大学历史学系邀请所做的线上讲座，这次讲座是德意志文献集成研究所与北京大学历史学系结成的学术合作项目的一部分。最后，感谢为本专号慷慨供稿的各位作者，他们宽容而积极地回应了我们有些近乎无礼的要求；感谢李隆国、李云飞、刘寅、李文丹、褚敏绮和袁毅欣承担的翻译工作（这些译文的注释格式各自不同，我们稍微做了统一，但也充分尊重原文的具体编排方式），使原文为英文、德文和法文的论文能够与中文学者的论文一道，通过这辑《北大史学》专号进入中文欧洲中世纪史研究传统的积累与发展之中，没有他们热心的善意帮助，本专号可能无法如期出现在读者的面前。由于我们的经验有限，本专号中难免存在错误，恳请亲爱的读者批评指正。最后，本专号翻译论文中的古代人名，统一根据中文习惯译法或古代语言拼写发音进行中译。

专题研究

德意志文献集成：欧洲中世纪
史料编辑两百年[*]

伯安特·波塞尔特 著 李隆国 译^{**}

摘 要 文章首先说明了德意志文献集成与德意志文献集成研究所共享一个术语。在第一部分，作者介绍了德意志文献集成所的建立及其历史背景，读者借此可以明了德意志文献集成与德国历史发展的密切关系；然后文章分析了形塑德意志文献集成及其编辑工作的早期历史，尤其侧重于编辑德意志文献集成的文献学方法的来源；第三部分涉及德意志文献集成迄今的历史，尤其是经历了二战风云之后的艰难重建；最后一部分介绍了德意志文献集成编订的现状、出版以及在线服务，说明德意志文献集成编辑工作的数字化和开放性。其中包括一些帮助读者研究和学习非常有益的实用建议。

关键词 德意志文献集成 冯·斯泰因 校注本 佩尔茨 弗赫曼

何谓德意志文献集成？根据《大不列颠百科全书》，这一拉丁名被翻译为"德国的历史文献"，这些文献"篇幅浩繁、涉及广泛，经过文献批

---

* 本文译自未刊文稿 Bernd Posselt, "Monumenta Germaniae Historica: 200 Years of Editing Medieval European Source"，由作者授权翻译发表。

** 伯安特·波塞尔特，德意志文献集成研究所研究员；李隆国，北京大学历史学系副教授。

判之后编订，涵盖从 500 年至 1500 年德国史史料集"，① 事实上，德意志文献集成（或者缩写为 MGH），是德国中古史最为重要的史料集。

在本文中，我将介绍德意志文献集成、它的历史和出版物、位于慕尼黑的编辑机构及其提供的服务。我将在第一部分说明德意志文献集成所的建立及其历史背景，然后分析形塑文献集成及其编辑工作的早期历史（第二部分），在第三部分涉及文献集成 1875 年后的历史，在最后一部分介绍文献集成编订的现状、出版以及在线服务。其中包括一些帮助读者研究和学习的实用建议。

一 德意志文献集成的创建

德意志文献集成研究所创建于 1819 年。② 我们甚至能确知当时的具体时间和地点。时为 1819 年 1 月 20 日。这是一个周三，下午 2 点钟，卡尔·冯·斯泰因男爵（Karl Freiherr von Stein，1757-1831）邀请了一群志同道合的绅士到他位于美因河畔的法兰克福的家里。他们组织

---

① https://www.britannica.com/topic/Monumenta-Germaniae-Historica.

② 有关德意志文献集成研究所的创建史，参见哈里·布利斯劳（1841~1926）为庆祝该所创建 100 周年纪念而作的作品，论述丰富。Harry Bresslau, "Geschichte der Monumenta Germaniae historica im Auftrage ihrer Zentraldirektion," *Neues Archiv der Gesellschaft für ältere deutsche Geschichtskunde* 42 (1921): 1-769. 在 1969 年研究所建所 150 周年和 2019 年建所 200 周年之际分别有续编发表，都是概览。参见 Herbert Grundmann, *Monumenta Germaniae Historica 1819-1969* (1969); Enno Bünz, "Die Monumenta Germaniae Historica 1819-2019. Ein historischer Abriss," *Mittelalter lesbar machen. Festschrift 200 Jahre Monumenta Germaniae Historica* (2019), S. 15-36 (https://www.mgh.de/storage/app/media/uploaded--files/MGH_1819-2019_Buenz-digitaler_Sonderdruck.pdf). 有关德意志文献集成的创建情况，另参见 Gerhard Schmitz, "Zur Entstehungsgeschichte der Monumenta Germaniae Historica," in *Zur Geschichte der Gleichung "germanisch-deutsch," Sprache und Namen, Geschichte und Institutionen*, ed. Heinrich Beck/Dieter Geuenich/Heiko Steuer/Dietrich Hakelberg (Reallexikon der Germanischen Altertumskunde-Ergänzungsband 34), 2004, S. 503-522. 人物史作品，参见 Horst Fuhrmann, "Sind eben alles Menschen gewesen," *Gelehrtenleben im 19. und 20. Jahrhundert. Dargestellt am Beispiel der Monumenta Germaniae Historica und ihrer Mitarbeiter*, unter Mitarbeit von Markus Wesche (1996).

了一个旨在出版德国中世纪史料集的协会。200 多年后的今天，这个协会，即德意志文献集成研究所仍然存在。即使最为著名的德国诗人约翰·沃尔夫冈·冯·歌德（1749～1832），都曾参与其中。[1] 他被接纳为协会的荣誉会员，也曾与协会秘书约翰·兰贝特·布歇勒（1785～1858）通信，甚至在协会的杂志上发表了一篇文章，讨论"弗里德里希·巴巴罗萨的洗礼池"。[2]

　　协会在 1819 年成立的时候，尚未采纳"德意志文献集成"作为名称。协会被命名为"古代德语史料协会"，《不列颠百科全书》将这个名称译为"早期德语史学作品协会"，其拉丁文对应名称为"中古德意志史料出版协会"（Societas aperiendis fontibus rerum Germanicarum medii aevi）。至今这个拉丁名称仍是研究所符号的一部分（参见德意志文献集成研究所的主页，[3] 或者几乎每种研究所出版物的扉页）。德意志文献集成这个名字，是在机构建立若干年之后，第一卷出版物于 1826 年出版

---

[1]　Markus Wesche, "Die Monumenta Germaniae Historica zwischen antiquarischem Verein und Editionsunternehmen-Goethe und der Freiherr vom Stein," *Zur Geschichte und Arbeit der Monumenta Germaniae Historica. Ausstellung anläßlich des 41. Deutschen Historikertages München, 17. -20. September 1996. Katalog*, ed. Alfred Gawlik (1996), S. 9-16; Horst Fuhrmann, "Goethe, Frankfurt und die Anfänge der Monumenta Germaniae Historica," *Jahrbuch des Freien Deutschen Hochstifts* (1995): 3-21; Robert Hering, "Freiherr vom Stein, Goethe und die Anfänge der 'Monumenta Germaniae historica'," *Jahrbuch des Freien Deutschen Hochstifts* (1907): 278-323.

[2]　Johann Wolfgang von Goethe, "Über eine silberne Schale, welche von Ihrer Kaiserlichen Hoheit der durchlauchtigsten Frau Erbgroßherzogin von Sachsen-Weimar aus der Sammlung des verstorbenen Chorherrn Pik zu Cöln erkauft, und den Weimar 'schen Sammlungen' zugesellet worden," "Mittheilung des Hrn. von Göthe, erläutert von Dümge und Grotefend, nebst einem Steindrucke," *Archiv der Gesellschaft für Ältere Deutsche Geschichtkunde zur Beförderung einer Gesammtausgabe der Quellenschriften deutscher Geschichten des Mittelalters* 3 (1821): 454-468. Vgl. Arno Mentzel-Reuters, "Der Dichterfürst als Mitarbeiter," *Mittelalter lesbar machen. Festschrift 200 Jahre Monumenta Germaniae Historica* (2019), S. 148-157; Werner Goez, "'Barbarossas Taufschale'-Goethes Beziehungen zu den Monumenta Germaniae historica und seine Erfahrungen mit der Geschichtswissenschaft," *Deutsches Archiv für Erforschung des Mittelalters* 50 (1994): 73-88.

[3]　www. mgh. de.

之时采用的。① 刚开始的时候，仅仅作为出版史料的名称。现在，数量浩繁的系列出版史料和慕尼黑的研究所（早期德语史学作品协会的继承者），通常都被称为"德意志文献集成"。

创建德意志文献集成的驱动者是卡尔·冯·斯泰因男爵。② 他曾是普鲁士政府官员，被视为普鲁士政府现代化的关键性人物。在拿破仑战争时期，他也是抵抗法国占领的重要抵抗运动领导人。在参加了维也纳会议（1814/1815）和拿破仑占领德国之前的秩序得以恢复之后，他退休了，以出版中古史料集为退休生活目标。在 1831 年逝世之前，他一直从事着这项事业，并资助了 1/4 的出版运作经费。

冯·斯泰因男爵和其他德意志文献集成创始人都并非高级贵族，也不属于统治家族，如皇室、王室、公爵之类。③ 他们也跟大学关系不大，并非学术圈的成员。他们都是民间科学家，对德国历史感兴趣，想促进史料编纂。然而对冯·斯泰因和其他德意志文献集成的创始人来说，这并不仅仅是绅士们的业余爱好。对他们来说，这个项目旨在促进德意志民族的统一。斯泰因的合作伙伴中有德意志邦联（German Confederation）的驻会代表，他们来自不同

---

① 第一卷的完整名称为 *Monumenta Germaniae historica inde ab anno Christi usque ad annum millesimum et quingentesimum auspiciis Societatis aperiendis fontibus rerum Germanicarum medii aevi*, ed. Georgius Heinricus Pertz, Scriptorum tomus I（1826）. Vgl. Markus Wesche, "Der erste Band der Monumenta Germaniae Historica: Scriptores I（1826）," *Zur Geschichte und Arbeit der Monumenta Germaniae Historica. Ausstellung anläßlich des 41. Deutschen Historikertages München, 17. – 20. September 1996. Katalog*, ed. Alfred Gawlik（1996）, S. 17–21.

② 冯·斯泰因男爵的第一部传记乃德意志文献集成长期的主任和领导格奥尔格·海因里希·佩尔茨编写，这并不奇怪。Georg Heinrich Pertz, ed., *Das Leben des Ministers Freiherrn vom Stein*, 6 Bde.（1849–1855）.

③ 这里没有必要逐一列出创建者的名字，因为他们只会引起专门研究 19 世纪早期历史的史家的兴趣。其中有一位名人约翰·亚当·冯·阿里丁男爵（Johann Adam Freiherr von Aretin, 1769–1822），巴伐利亚驻法兰克福德意志联邦议会的代表，他在协会所发行期刊的第一期上发表了文章，参见 Johann Adam Freiherr von Aretin, "Bemerkungen über die Ausgabe der Quellenschriftsteller der deutschen Geschichte des Mittelalters, bzw. Bemerkungen zu der Ankündigung einer Sammlung der Quellen deutscher Geschichte des Mittelalters," *Archiv der Gesellschaft für Ältere Deutsche Geschichtkunde* [...], 1（1820）: 90–100, bzw. 181–202.

的德意志州：巴伐利亚、巴登、梅克伦堡（Mecklenburg）和符腾堡。

德意志文献集成项目的启动旨在强化民族认同，筑牢德语国家之间的联系。1806 年，当弗朗西斯二世放弃了神圣罗马帝国的帝号之时，旧帝国即神圣罗马帝国业已不再存在，这是拿破仑战争期间德国军事失败的结果之一，伴随着法国军队的占领和莱茵同盟（Rheinbund）的创建。旧帝国的大多数州，包括自由城市和教会州，丧失了它们的独立性，从属于保留下来的州。神圣罗马帝国的 300 多个州仅有 39 个得以保存。在随后的一系列战役中，拿破仑被打败，直到 1815 年的滑铁卢战役。这些战争，在德国被称为"解放战争"，刺激了新的德国统一和民族主义感情。尽管星星点点的民族运动和自由运动被镇压，维也纳会议恢复了旧的贵族秩序，但旧帝国没有得到恢复，而是被一系列主权州联盟所取代，即所谓"德意志邦联"。德意志邦联的开会地点在美因河畔的法兰克福，因此德意志文献集成研究所设在那里并非偶然。将德意志文献集成研究所设置于法兰克福也具有象征意义。几个世纪以来，这个城市是德国和神圣罗马帝国的中心，不仅它的地理位置位于德国的中央，而且它是德意志列王和罗马皇帝加冕的城市。如同冯·斯泰因所言，"希望激起人们对德国史的兴趣，促进精细的研究并借此确保对故土的眷念，以及对著名祖先的记忆"。[1] 这一目标反映在协会的座右铭中："对祖国的神圣之爱令人鼓舞。"（Sanctus amor patriae dat animum）

当然，除了历史背景有利于中世纪史料出版，也存在其他有利因素。其中之一是对中世纪史的热情在 19 世纪上半叶广泛被激发。此前几十年人们对古典时期的兴趣比较浓厚。那些年见证了浪漫主义运动兴起，尤其在德国。在建筑物中我们可以发现哥特式的复兴，如所谓"莱茵浪漫主义"。莱茵河沿岸的废弃古堡重新被发现，不少城堡按照哥特式建筑进行了修复，据说就是为了回到中世纪；在科隆，大教堂从中世纪开始建造但一直没有完工，此时进入收尾阶段；在文学领域，沃尔

---

[1]　Karl Freiherr von Stein, "Brief an Franz Egon von Fürstenberg, Fürstbischof von Hildesheim," 19. 8. 1818.

特·司各特爵士和维克多·雨果的那些有名的历史小说，其中部分就以中世纪为背景。

与这种对中世纪的广泛热情相联系的还有研究中世纪的语言学和历史学。浪漫主义者对口头传统、民歌和民间故事兴趣浓厚。这种兴趣尤其体现为威廉·格林（1786~1859）和雅可布·格林（1785~1863）兄弟收集的民间故事集。中世纪尤其是中古盛期的德语和文学，成为语言学研究的对象。骑士文学诸如特里斯丹（Tristan）和帕西法尔（Parzival）以及像尼贝龙根这样的史诗受到了更为广泛的关注。这有可能是它们首次以校注本形式被出版的缘故。在古典和德语语言学中，卡尔·拉赫曼（1793~1851）是文本批判史上的重要人物。他开始引入历史批判方法（historisch-kritische method）。

另一个有助于编辑德国中古史料集的影响因素则是业已存在类似的史料集。如果在德国没有类似的先驱的话，德意志文献集成就不可能规模如此庞大。已有的史料多范围有限，仅仅针对某个地区或者某个时段。欧洲其他国家也有中古史料集。其中最为知名的可能是路易·安东尼·穆拉特（Antonio Lodovico Muratori）的意大利史书汇编（Rerum Italicarum Scriptores），于 1723 年至 1751 年出版，凡 28 卷。而且，许多与德意志文献集成类似的史料集也在规划之中，但它们没有都被落实或者不如德意志文献集成那么成功。①

当时德国尚不存在，渴望民族统一的民族感情正在兴起。这也可能有助于德意志文献集成观念的形成。在浪漫主义时代，人们具有对中世纪的广泛兴趣，掌握了古籍编辑的方法、越来越科学的历史学和语言学的方法，以及业已编纂出其他史料集。在这种背景下，冯·斯泰因男爵在家里召集一群志同道合的绅士聚会，一起创造了编辑德国中世纪史料集的学术协会。

---

① Georg Winter, "Zur Vorgeschichte der Monumenta Germaniae Historica. Vier Denkschriften von Rühs, K. F. Eichhorn, Savigny und Niebuhr," *Neues Archiv der Gesellschaft für ältere deutsche Geschichtskunde* 47（1928）：1-30.

二　前五十年：德意志文献集成的形塑

德意志文献集成的前五十年肯定至关重要。早期文献集成研究员（Monumentisten）通常被称为会员和助理，他们奠定了史料出版系列，至今犹存。在奠基时期，有一份细致的计划说明了史料集的编纂目标："史料集的目标是让历史研究者能够接触到中古德意志史的全部资料，并尽可能使其真实可靠。它将使得其他版本不再必要。通过比较确立可靠文本，成为人们研究史料的依靠。"① 因此，目标是非常明确的。但是尚不清楚的是，谁可以胜任如此庞大史料集的编辑工作，哪些文本应该被纳入史料集中以及如何编辑。

谁可以编辑如此庞大的史料集？古代德语史料协会是由充满热情的业余爱好者参与的私人组织。起初这项工作并没有专门的机构负责，也没有持续的经费支持，既没有雇员，也没有专门的学者负责。事实上，当时既缺乏编辑的科学知识，也缺乏方法技巧。协会有热情的业余史家乐意提供协助，但是并没有富有经验的史家拥有足够的知识去计划并组织这样一项事业。这甚至算不上协会成员自身的缺陷。当时为中古史料编辑校注本仍然是有待开发的处女地，大学里也没有相关的课程。德意志文献集成还有待发展其史料校注本的编辑方法，至少还有很大的改善空间。

---

① Karl Georg Dümgé, *Ankündigung einer Gesammt-Ausgabe der besten Quellen-Schriftsteller deutscher Geschichten des Mittel-Alters. An Deutschlands gelehrtes und gebildetes Publikum* (1818)，转引自 Horst Zimmerhackl, "Aufruf an Deutschlands Gelehrte. Ankündigung einer Gesamtausgabe 1818. MGH-Archiv B 107/1, 4/5," *Mittelalter lesbar machen. Festschrift 200 Jahre Monumenta Germaniae Historica* (2019): 92 – 117, hier: 100 – 101。丢姆热（Dümgé，1772–1845）在德意志文献集成的最初阶段对于编辑计划的形塑起到了关键性作用，参见 Karl Georg Dümgé, "Ankündigung und Plan-Entwurf einer Sammlung der Quellen deutscher Geschichte des Mittelalters," *Archiv der Gesellschaft für Ältere Deutsche Geschichtkunde* [...] 1 (1820): 1–52。转引自 Michael Klein, "Aus den Anfängen der ‘Monumenta Germaniae Historica’: Karl Georg Dümgé in Berichten und Selbstzeugnissen," *Zeitschrift für die Geschichte des Oberrheins* 140 (1992): 221–265.

幸运的是，冯·斯泰因男爵将工作托付给两位年轻的学者，时间将会证明他们足以应对这一挑战。他们俩开始为德意志文献集成工作时尚不满 30 岁，两人都将终身与德意志文献集成紧密相连。一位是约翰·弗里德里希·波梅尔（Johann Friedrich Böhmer, 1795–1863），另一位是格奥尔格·海因里希·佩尔茨（Georg Heinrich Pertz, 1795–1876）。波梅尔的家乡在美因河畔的法兰克福，他是一名档案学家和图书管理员，作为古代德语史料协会的秘书，他负责组织工作，分配编辑任务并分配经费。[①] 他本人也出版了非常重要的研究作品。面对德意志文献集成的基础工作，他开始为编辑特许状而收集和录入。这些特许状的录入情况将被编辑为若干卷，即《帝国通鉴》（Regesta imperii）。至今这一作品仍在编辑之中。[②]《帝国通鉴》"按照年代顺序录入特许状和其他史料中涉及从加洛林到马克西米连一世，即 751～1519 年罗马—德意志国王和皇帝们以及中古早期和盛期罗马教宗的一切活动。用德语简要地（regesten）编排相关信息"。[③]《帝国通鉴》包括 180000 条皇室和教宗活动的记录。[④] 它们也提供了一套书目数据库，是德国中世纪研究领域内容最为广泛的书目数据库。[⑤]

在德意志文献集成早期阶段的另一位关键性人物是格奥尔格·海因里希·佩尔茨。佩尔茨从协会创始就参与进来，他被派遣到维也纳、罗马、那不勒斯、巴勒莫和其他地方调查抄本。通过这些调查，他证明自己是一位谨慎的学者。1823 年，冯·斯泰因男爵委托他为整个项目做学术指导。他担任这一职务约半个世纪，直到 1873 年。他于三年后去世。

佩尔茨也解决了其他遗留问题。首先，史料集中应该包括哪些内容？

---

① Erwin Kleinstück, *Johann Friedrich Böhmer*（Frankfurter Lebensbilder15, 1959）.
② 波梅尔编辑的第一卷从 1831 年开始出版，每个词条都简明扼要地注明了出处。Johann Friedrich Böhmer, *Regesta chronologico-diplomatica regum atque imperatorum Romanorum inde a Conrado I. usque ad Henricum VII. Die Urkunden der römischen Könige und Kaiser von Conrad I. bis Heinrich VII.*（911–1313）（1831）.
③ http：//www. regesta-imperii. de/en/the--project. html.
④ http：//www. regesta-imperii. de/en/regesta/search. html.
⑤ http：//opac. regesta-imperii. de/lang_en/.

他将计划要整理的史料分为五大类：史书即"叙事作家"类，特许状即"文书"类，法典、宪令和法律文献即"法律"类，书信集即"信函"类，诗歌作品被作为"古事"类。例如"叙事作家"类会包括广义的史书——历史学家的作品，如都尔教会主教格雷戈里的《法兰克人史》（*Historia Francorum*）或者弗赖兴的奥托所著《编年史或双城史》（*Chronica sive Historia de duabus civitatibus*），也包括那些不知名作者的匿名作品，如叙述加洛林法兰克地区 741～829 年史事的《法兰克王家年代记》（*Annales regni Francorum*）及其续编本《圣伯丁年代记》（*Annales Bertiniani*）、《富尔达修道院年代记》（*Annales Fuldenses*），它们分别涉及西法兰克王国和东法兰克王国 9 世纪的历史。"叙事作家"类还包括传记（vitae）。传记既包括俗人统治者传，也包括圣徒传记类作品，即圣徒传。例如艾因哈德所著名篇《查理大帝传》（*Vita Karoli Magni*）或者洛特格尔有关科隆大主教布隆的传记。"信函"类包括书信，尤其是各种书信集。其中典型的例子是圣卜尼法斯的书信集，他是到日耳曼尼亚传教的重要盎格鲁-撒克逊人，也是法兰克教会重要的改革参与者；或者约克的阿尔昆，他是查理曼宫廷中的著名学者和教师。

其次，该怎么做校注本？很幸运，有些当时流行的想法没有被落实。有一种想法是仅仅编辑特定史书中最为独特的那一部分，其余部分则提供一份内容提要即可。换言之，仅仅编辑那些别人无法提供的信息。确实，这是评估特定史书价值的最为重要的标准，但文本或者作为作品本身的价值显然受到了忽视。与其史料价值相比，文本自身的价值被低估得如此严重，以至于有人提议依照历史事件的顺序来编排这些史书，也就是将文本分割为很多片段。另一种想法则是没有必要为每个文本提供一个新的校注本，有些老版本可以重印。按照这种方式，史料集应该 20 卷就足够了，将在 10 年或者 20 年内完成。

但是佩尔茨认识到，这种方法有问题，也会将德意志文献集成引向另外的发展方向。正常情况下，德意志文献集成本应该是整本编辑，而且有校注。尽管德意志文献集成自身并没有独特严格的文本编辑方法，但是德意志文献集成本受到了历史批评方法的影响，这是由卡尔·拉赫曼所编辑的校注本所引介的。① 校注本的第一步就是收全或者尽可能多地收集特定文本的抄本。其次仔细地比对所有抄本的文本，确认其中的错讹和缺漏。比对（collation）抄本也有助于厘清抄本之间的相互关系，或者其与已佚抄本之间的关系，借此评估每个抄本的价值，确定它离原本（archetype）有多近，重构文本的传承关系，构建"版本树"（stemma codicum）。这个步骤被称为"校勘"（recensio）。基于校勘结果，校注本就成立了，也应该尽可能地接近原本。绝大多数德意志文献集成本不仅通过文本和导言来体现编者的这番劳动成果，也落实在两种注释中。校勘注释（the critical apparatus）记录了不同抄本中的异文，或者揭示编者所做的校正；另一种注释就是笺注（commentary），解释文本中出现的人名、地名和历史事件。

在最初的 50 年，德意志文献集成由佩尔茨负责，辅以一些学术助理（gelehrte Gehilfen）。他们通常是些年轻的历史学家，没有固定的职位，编辑某部文献或者协助编辑体量更大的文献。在这段时期，德意志文献集成出版了史书部分 20 卷、法律部分 4 卷。这些校注本是个里程碑，成为此后历史文献校注本的可敬模板，并使得德意志文献集成在国际学术界赫赫有名。

三　从 1875 年至今的德意志文献集成

我已经介绍了德意志文献集成的创立及其历史与知识史背景、编辑中古史料集的想法以及为此成立的学术组织及其草创年代。德意志文献集成的开创期有助于我们了解史料集的编辑范围、收纳内容、编排结构、校注本的注释体系以及相关信息。这些知识有助于读者使用特定的德意志文献集成本、工具和数据库。随后我将简要介绍从 1875 年迄今的德意志文献集成历史。

---

① 关于德意志文献集成的拉赫曼传统问题，参见 Horst Fuhrmann，"Die Monumenta Germaniae Historica und die Frage einer textkritischen Methode，" *Bullettino dell' Istituto storico italiano per il medio evo* 100（1995/96）：17-29；关于编辑方法的总体论述，参见 Horst Fuhrmann，"Die Sorge um den rechten Text，" *Deutsches Archiv für Erforschung des Mittelalters* 25（1969）：1-16。

1842 年，当佩尔茨成为普鲁士皇家图书馆馆长时，德意志文献集成也随着他搬迁到柏林，此后驻留在那里有 100 年之久，直到二战结束（1945）。作为提倡民族统一的项目，德意志文献集成与整个德国历史紧密相连。在 19 世纪六七十年代通过一系列战争，包括对丹麦王国（1864）、奥地利（1866）和法国（1870/1871）的战争，德国得以在普鲁士的领导下统一起来。除了奥地利，此前德意志邦联的独立各邦联合起来于 1871 年组成了德意志帝国，即第二帝国。威廉一世加冕称帝，柏林成为帝国的新首都。这座城市很快急剧地发展起来，成为真正的大都会，媲美伦敦或者巴黎。

这种民族自豪感自然有利于德意志文献集成，成立伊始它就一直支持民族统一事业。获得稳定资助和建立一个真正实体机构的良好机遇真正到来了。但是德意志文献集成仍然由佩尔茨负责，而整个编辑的学术团队总体上说不上话。尽管如此，德意志文献集成的编辑出版系列变得如此重要以至于无法仍由某个人来掌控。佩尔茨被迫退休，德意志文献集成研究所得到改组，作为一个稳定而可靠的机构一直保留至今。经历了 1875 年的改革，德意志文献集成研究所由一个选举产生的核心指导委员会及其主席（后来变成了一位所长）来领导和管理。核心指导委员会的成员要么是因为特别胜任德意志文献集成的编辑工作而被遴选出来的，要么是德国和奥地利各科学院与人文研究院的代表。从这个时候开始，柏林的普鲁士科学院、慕尼黑的巴伐利亚科学院和维也纳的奥地利科学院参与进来，至今仍是如此。例如，皇帝亨利六世和奥托四世的特许状由维也纳负责编辑，[①] 皇帝路易四世和查理五世的宪令由柏林负责编辑。[②] 基于这种组织架构，

---

① https：//www. oeaw. ac. at/imafo/forschung/editionsunternehmen - quellenforschungmir/mgh - diplomata-wien. Vgl. Bettina Pferschy-Maleczek, "Die Diplomata-Edition der Monumenta Germaniae Historica am Institut für Österreichische Geschichtsforschung（1875-1990），" *Mitteilungen des Instituts für Österreichische Geschichtsforschung* 112（2004）：412-467.

② https：//www. bbaw. de/forschung/monumenta-germaniae-historica. 关于法令类史料编辑的历史和变迁，参见 Eckhard Müller-Mertens, "Constitutiones et acta publica-Paradigmenwechsel und Gestaltungsfragen einer Monumenta-Reihe," *Kaiser, Reich und Region. Studien und Texte aus der Arbeit an den Constitutiones des 14. Jahrhunderts und zur Geschichte der Monumenta Germaniae Historica*, ed. Michael Lindner, Eckhard Müller-Mertens und Olaf B. Rader（1997），S. 1-59。

不同科学机构、科学院和大学可以大力协助其编辑工作并参与其中。改革的关键性人物之一可能要数德国古典学家和史家——狄奥多·蒙森（1817~1903）。[1] 1902 年，蒙森成为第一位获得诺贝尔文学奖的德国作家，获奖评语是"历史叙事艺术的当代大师，尤其是其代表作《罗马史》"。蒙森为德意志文献集成编辑了一些校注本，尤其是隶属于"古事"类的那些古代晚期文献。

1875 年的改革迎来了德意志文献集成编辑任务的重要变化，之前在佩尔茨的主持下主要精力用于出版"史书"，现在则是原来规划的五大类齐头并进。例如，在法律类中开始编辑日耳曼各族法（Leges nationum Germanicarum），法兰克统治者的敕令集（Capitularia regum Francorum），以及帝国宪政史资料（Constitutiones et acta publica imperatorum et regum）。在"文书"部分，开始编辑早期加洛林统治者、奥托王朝和萨利安王朝颁发的特许状。在"古事"部分，编辑中古拉丁文诗歌，尤其是加洛林时代的诗作。与此同时也开始启动一些新的部类，至今，在原来的五大类之下业已存在 40 多个分部类。[2] 这样一来，如果不知道某部文献所属的部类，查找起来会有点困难。另一种出版物也值得一提。古代德语史料协会成立之后，创办了一种杂志，以便报道协会的活动，尤其是在档案馆和图书馆新发现的抄本。但是在 1824 年出版了第 5 卷之后，杂志时断时续，此后 50 多年仅仅出版了 7 卷。1875 年经过改版，发行《德意志中古史研究文存》（Deutsches Archiv fur Erforschung des Mittelalters），简称《德意志研究文存》（Deutsches Archiv, DA），出版至今。

经历了 1875 年改组，德意志文献集成的编辑工作继续保持高效率，也非常成功。第一次世界大战、德意志第二帝国的终结和德意志第一共和国即魏玛共和国的建立，带来了一定的困难和问题，但没有给德意志文献

---

[1] *Phönix aus der Asche. Theodor Mommsen und die Monumenta Germaniae Historica. Katalog zur Ausstellung vom 25. November bis 21. Dezember 2005 an der Berlin—Brandenburgischen Akademie der Wissenschaften*, Zusammengestellt von Arno Mentzel-Reuters, Mark Mersiowsky, Peter Orth und Olaf B. Rader（2005）.

[2] https：//mgh. de/en/mgh-publications/mgh-publication-series.

集成造成持续的影响。但是，当纳粹党于 1933 年开始执政的时候，一切都变了。他们自称"第三帝国"（Das Dritte Reich），试图续接神圣罗马帝国和 1871 年的第二帝国，因此，德意志文献集成的研究领域——旧帝国及其普世统治的愿景——很符合新政府的意识形态。1935 年，德意志文献集成研究所转型为"德意志古代史帝国研究所"（Reichsinstitut für ältere deutsche Geschichtskunde）。① 机构直属于帝国科学、教育与民族文化部，按照严格的等级制度加以组织，即遵循所谓"领导原则"（Führerprinzip）。但是在那些年里，政治和战乱确实给德意志文献集成带来了混乱。1935 年至 1945 年，先后任命了三任主席，任期都很短。许多编辑德意志文献集成的史家尤其是年轻史家都被编入了军队，有些牺牲在战场上了。在柏林大空袭期间，图书馆、档案库、办公室和工作设施都长期面临毁灭的危险。幸运的是，工作环境的恶化、纳粹政权只影响到了一小部分德意志文献集成研究所的出版物。这个时期最为重要的改善并非直接与政权和意识形态相关。例如，开启了新的研究著作出版系列，将对某个问题的深入研究作品作为"德意志文献集成之研究作品"（Schriften der Monumenta Germaniae Historica）系列出版，至今业已出版了 75 卷。另一个例子则是对中古晚期的兴趣渐浓。早期的研究几乎完全集中于中古早期和盛期，止于霍亨斯陶芬王朝结束（约 1250）。而且有新的出版计划启动，以便编辑出版中古晚期的文献（至 15 世纪）。

1945 年，二战以纳粹政权彻底失败而告终。盟军在占领德国后，分割德国随之发生，首先是四个军事占领区，若干年后是两个德国。柏林还处于废墟中，也被分为东西两个部分。跟其他机构和公司一样，德意志文献集成研究所也离开了柏林，另谋出路。为了避免受柏林大空袭影响，早在 1944 年，珍贵图书和大多数工作人员业已迁离柏林。他们来到了法兰克尼亚地区的波梅尔斯菲尔德的威森斯泰因城堡（Schloss Weissenstein,

---

① 相关演讲参见 "Das Reichsinstitut für ältere deutsche Geschichtskunde 1935 bis 1945-ein, Kriegsbeitrag der Geisteswissenschaften?," *Beiträge des Symposiums am 28. und 29. November 2019 in Rom*, ed. Arno Mentzel-Reuters/Martina Hartmann/Martin Baumeister（MGH Studien zur Geschichte der Mittelalterforschung 1, 2021）。

靠近班贝格）。① 这座漂亮的巴洛克式宫殿成为德意志文献集成研究所的办公之家。在那些日子里，只有占领区的军事管制而没有德国政府，德意志文献集成研究所能否幸存还是个问题。然而旧的制度迅速得到重建，即一位主任和一个核心指导委员会。德意志文献集成的历史再次与整个德国历史密切相关，因为在其他地区科学研究院的强力参与之下，协作科研的德意志文献集成工作方式跟当时的政治结构非常类似，新德国政府采取联邦主义而非中央集权式政治模式。在东西德分裂的年代里，德意志文献集成甚至成为能够继续维持东西德之间协作的少数科学研究事业之一。② 柏林的德意志民主共和国的科学院（前身为普鲁士科学院）仍然保留了它在核心指导委员会的席位和编辑项目。巴伐利亚成为德意志文献集成的新故乡，后者永久性地迁移到该州首府慕尼黑。③ 这里成立了一个新机构，即德国中世纪研究所（Deutsche Institut für Erforschung des Mittelalters）。

四 今天的德意志文献集成（包括一些使用建议）

今天，位于慕尼黑的研究所是德意志文献集成活动的中心。其办公地点位于巴伐利亚州立图书馆的大楼里，这里有世界上最大的中古抄本收藏机构之一。研究所大约有 25 名雇员，包括学术型和非学术型。非学术型雇员从事管理或者管理图书工作。学术型雇员大概有 10 位，从事自己的编辑任务。在慕尼黑的研究所中进行的编辑项目涉及的主题范围广泛：史

---

① Martina Hartmann, "Aus der Reichshauptstadt auf die 'Insel der Seligen' Die Mitarbeiterinnen der Monumenta Germaniae Historica in Berlin und Pommersfelden 1943-1945," *Zeitschrift für bayerische Landesgeschichte* 77. 1 (= Bayern und die Monumenta Germaniae Historica, 2014): 27-41.

② Eckhard Müller-Mertens, "Grenzüberschreitende Monumenta-Arbeit im geteilten Berlin," in *Mittelalterliche Texte. Überlieferung-Befunde-Deutungen. Kolloquium der Zentraldirektion der Monumenta Germaniae Historica am 28. /29. Juni 1996*, ed. von Rudolf Schieffer (MGH Schriften 42, 1996), S. 247-264.

③ Nikola Becker, "Die Neuetablierung der Monumenta Germaniae Historica in Bayern ab 1944 im Spannungsfeld zwischen Theodor Mayer, Otto Meyer, Walter Goetz und Friedrich Baethgen," *Zeitschrift für bayerische Landesgeschichte* 77. 1 (= Bayern und die Monumenta Germaniae Historica, 2014): 43-68.

书类的编年史 {11 世纪和 12 世纪的班贝格普世史 [如米歇尔斯贝格的弗鲁托尔夫（Frutolf of Michelsberg）、奥拉的艾克哈尔德（Ekkehard of Aura）等]、圣高尔修道院编年史、纽伦堡编年史} 和圣徒传文献（圣艾美拉姆修道院的阿尔诺尔德所撰《圣艾美拉姆奇迹和礼拜记录 2 卷》），法律类的敕令集（本尼迪克特·勒维塔的伪敕令集）、教令集（托名伊西多尔的伪教令集）以及其他法律文献（安豪森的奥斯瓦尔德的《土瓦本镜鉴》拉丁文修订本），文书类的特许状（亨利五世和皇后马提尔达的赠地文书），信函类的书信集（兰斯的欣克马尔的书信集、维内亚的彼得的书信集），中古时期知识史方面的史料（特里特米乌斯的约翰的《名人录》）。

这只是学术雇员的部分工作职责，另外更为繁重的任务则包括出版德意志文献集成本、编辑期刊《德意志研究文存》、管理德意志文献集成研究所的图书馆和档案馆或者提供数字化服务。对这四项任务的揭示不仅有助于了解德意志文献集成的日常活动，也能为学者和研究者提供实用性建议。

（一）出版德意志文献集成

我业已说过，德意志文献集成旨在为欧洲中古史研究提供可靠的史料校注本。随着时间的推移，德意志文献集成的覆盖范围逐渐增加，包括新的史料类型和研究领域。在原初的五大类（史书、法律、文书、信函和古事）之外，增加了其他部类，即"中古知识史史料"类以及德文史料类和希伯来文史料类。最近增设了游记类，以 1494 年闵采尔·杰罗姆的西班牙游记为开始。

在过去的 200 年间，德意志文献集成一共出版了 450 卷校注本史料，200 卷专题研究作品。目前每年出版 10 种至 15 种图书，有 80 种新的史料校注本在编辑之中，它们大多数是在研究所之外进行的项目。[①] 基于德意志文献集成的合作方式，在外项目既在柏林和维也纳，也在科隆、汉堡、莱比锡和慕尼黑展开。希伯来文文献的校注就是与以色列科学与人文研究

---

① https：//mgh. de/en/mgh-publications/mgh-publication-series.

院展开合作。许多其他文献编辑在大学里进行，作为博士学位论文或者研究项目的结项报告。因此，德意志文献集成研究所一些学术雇员的一项重要工作，就是编辑管理这些出版项目。例如为业已校注完成的文献和其他书籍完成相关出版事宜，提供学术建议，就文本校注过程中面临的问题提供方法建议以及在遇到电脑故障时提供技术支持。

（二）德意志文献集成研究所刊物[①]

《德国中古史研究文存》是年刊。每一卷有两期，发表史料编辑过程中伴生的批评研究成果。杂志也发表相关国际中古史研究的现状报道，尤其以其书评而知名，也偶尔对其他杂志文章进行评议。每年评议 500 种以上的出版物，评估和校正提交给杂志的研究成果，选择、预订将要评议的书分发给评议者，校正提交的书评是学术雇员的另外一项职责（而且许多发表在《德国中古史研究文存》上的书评也是由德意志文献集成研究所的学术助理们所撰写的），这些书评为学术共同体提供重要资讯。通过德意志文献集成研究所图书馆的在线目录可以轻易找到它们并进行阅读。[②]

（三）德意志文献集成研究所的图书馆和档案馆

慕尼黑的德意志文献集成研究所拥有世界上最大的中古史图书馆，[③] 图书超过 15 万册，供中古史研究者使用。图书馆对全世界（希望在将来得以实现）研究生以上的研究者开放。档案馆馆藏在德意志文献集成研究所的 200 多年间一直保持着增长，也参与了德国的历史发展。[④] 在战争结束之后，部分在柏林的档案业已散佚；另一部分藏于柏林大学的地下室里；还有一部分转移到了一座修道院，也部分散佚；也有一部分被疏散藏于盐井，其中一部分因起火而遭损毁。战后保存在东柏林的档案在 1992 年两德统一后大多数已经还给德意志文献集成研究所。档案中最古老也最

---

① https：//mgh.de/en/the-mgh/edition-projects.

② https：//www.mgh-bibliothek.de/bibliothek/opac.html.

③ https：//www.mgh.de/en/mgh-library/about-the-mgh-library.

④ https：//www.mgh.de/en/mgh-archive.

有价值的一部分是德意志文献集成创建年代的文件、研究资料、商务往来和通信，以及个人档案和单个学者的遗留作品。这是研究自 19 世纪初以来中古学术史的独特资料。

图书馆和档案馆在研究所主页上提供数字服务。[①] 读者也能通过付费进行文献传递，在图书馆的在线目录上操作即可实现。如果你想得到一篇稀有文献的话，这种服务是特别实用的。因为德意志文献集成研究所图书馆拥有 200 多种现刊，也有数量庞大的单行本。

（四）德意志文献集成研究所的数字服务[②]

1992 年，霍尔斯特·弗赫曼（Horst Fuhrmann，1926-2011）曾对编辑工作评论说："目标和原则不会改变，改变的是工作条件，随之而来的则是文献校注的环境变了。从鹿特丹的伊拉斯谟时代以迄于二战结束的时期编辑的工作方式基本未变。路易斯·杜歇纳（Louis Duchesne，1843-1922）、狄奥多·蒙森、卡尔·拉赫曼和瓦莱斯·马丁·林赛（Wallace Marin Linsay，1858-1937）应用类似的方式和条件，也因为相信历史考证方法而秉持类似的工作态度。图像和胶片、复印机和抄本编目可能使工作更加容易也更加精准。但是，比对文本，尤其对于中世纪文献来说，至关重要的因素即寻找史料的方式基本保持未变。随着电子数据技术引入非数字化领域，人们第一次感受到了剧烈变动的征兆。"[③] 回望

---

①　https：//mgh. de/en/mgh-library/digital-services；https：//mgh. de/en/mgh-archive/document-delivery-service.

②　关于德意志文献集成还为时相对短暂的数字化历史，参见 Benedikt Marxreiter, Bernd Posselt, Clemens Radl, "Die MGH im digitalen Zeitalter," in *Mittelalter lesbar machen. Festschrift 200 Jahre Monumenta Germaniae Historica*, Wiesbaden, 2019, S. 39-53。

③　关于编辑语言学未来的思考，参见 Horst Fuhrmann, "Il nuovo mondo degli editori. Una lettera invece di un saggio," in *La critica del testo mediolatino*. Atti del Convegno（Firenze 6-8 dicembre 1990), a cura di Claudio Leonardi（Biblioteca di Medioevo Latino 5, 1994), S. 3-9. 也请参见 Bernd Posselt, "Über die digitale Zukunft des Edierens. Horst Fuhrmann: Die neue Welt der Editoren（1992)［MGH - - Archiv K 204/2］," in *Mittelalter lesbar machen. Festschrift 200 Jahre Monumenta Germaniae Historica*（2019), S. 252-263。

20 世纪 90 年代初期，弗赫曼业已初步了解到我们今天所熟知的、急速发展的数字技术。它们对文献编辑和人文学科的影响也同样改变着德意志文献集成。

弗赫曼体会到的一个方面是，编辑的日常工作方式将会改变。这里仅举数例：德意志文献集成本的编辑采用 XML 技术，有一些编辑项目有自己单独的数据库，有些编辑项目使用了自动比对技术。德意志文献集成研究所的电脑部门也帮助编辑词典、勘靠灯（concordance）或者索引中的关键词。另外，弗赫曼也考虑到，较日常技术细节更为重要的是，像德意志文献集成研究所这样名声显赫的老机构在新的数字时代也要改变其目标。今天德意志文献集成研究所不仅出版校注本和研究作品，提供世界上最大的中古史图书馆，而且为世界各地提供越来越多的数字化便捷服务，也就是免费服务。其中包括数字化中古史料校注本、数字化资源，尤其重要的是将所有业已出版的德意志文献集成本都加以数字化。

2019 年，在成立 200 周年之际，德意志文献集成研究所出版了第一种数字文献校注本。这是利申塔尔的编年史，它是了解 14 世纪初举行的康斯坦茨宗教会议的最重要资料之一。[①] 编年史校注本采取了三种不同的数字版本，可以同时查看，互相检索。在未来，数字化校注本将会与纸版同时进行编辑。[②]

德意志文献集成研究所的数字化资源题材广泛。[③] 尽管并不总是这样，但通常都基于编辑项目而且以 PDF 文本或者数据库的形式发布。发布的资料可以是对印本的补充，或者是印本排印之前的样子，或者是尚未

---

① https：//edition. mgh. de/001/html/. 引自 Bernd Posselt，"Die erste digitale Edition der MGH：Ulrich Richentals Chronik des Konzils von Konstanz，" in *Quellenforschung im 21. Jahrhundert. Vorträge der Veranstaltungen zum 200-jährigen Bestehen der MGH vom 27. bis 29. Juni 2019*，ed. Martina Hartmann und Horst Zimmerhackl unter Mitarbeit von Anna Claudia Nierhof（Schriften der MGH 75），Wiesbaden，2020，S. 53-74。

② Bernd Posselt，Clemens Radl，"Die MGH im dritten Jahrhundert：Digitale Editionen und Forschungsdaten，" in *Digitale Mediävistik*，ed. Roman Bleier，Franz Fischer，Torsten Hiltmann，Gabriel Viehhauser，Georg Vogeler，*Das Mittelalter. Perspektiven mediävistischer Forschung. Zeitschrift des Mediävistenverbandes* 24/1（2019）：237-240。

③ https：//mgh. de/digital--mgh/digital-resources-mgh-sections。

完成的编辑项目的相关资料。目前，工作重心在于发布排印前的校注本，包括业已校订过的文本和初步的导言。这种正在编辑的方式缩短了预期印本的等待时间，而且通过鼓励学术对话，有助于改进校注本的质量。这里略举几例：米歇尔斯贝格的弗鲁托尔夫的世界编年史的排印前校注本，[①]是有关叙职权之争的重要史料；又如由安娜-杜拉奥特·冯·登·布伦肯编辑的奥帕瓦的马丁所著《教宗和皇帝编年史》（ *Chronicon Pontificum et Imperatorum* ）的排印前校注本。[②] 另一个例子，是已出版特许状的补充数据库，提供了特许状的图像和最新的研究文献。[③]

　　20 世纪 90 年代初，当霍尔斯特·弗赫曼表达了他对数字化变革的想法之时，非常清楚，德意志文献集成本的回溯数字化将是体量庞大的工作任务，也会对研究产生巨大的推动力。第一步是联合比利时的布里波尔出版社发布了"eMGH"。为了制作所有校注本的电子化版本，所有业已出版的校注本都被手工录入、校对并做成一个数据库。在 1996~2008 年，数据库以光盘的形式发布，随后文本部分成为布里波尔在线数据库的一部分。[④] 但是很遗憾，使用这一数据库受付费限制，第二个免费使用的项目随之启动，即"dMGH"。[⑤] 2004 年该项目启动，德意志文献集成研究所和巴伐利亚州立图书馆联袂扫描了所有已经印刷的校注本。下一步这些图

---

① https：//mgh. de/de/die-mgh/editionsprojekte/bamberger-weltchronistik.

② https：//data. mgh. de/ext/epub/mt/.

③ https：//data. mgh. de/databases/dderg/.

④ http：//www. brepolis. net/.

⑤ 关于"dMGH"，参见 Bernhard Assmann, Patrick Sahle, *Digital ist besser. Die Monumenta Germaniae Historica mit den dMGH auf dem Weg in die Zukunft-eine Momentaufnahme* (Schriften des Instituts für Dokumentologie und Editorik 1)，Köln/Trier, 2008 (http：// kups. ub. uni-koeln. de/volltexte/2008/2317/)；Clemens Radl, "Die digitalen Monumenta Germaniae Historica," in *Editionswissenschaftliche Kolloquien 2005/2007. Methodik-Amtsbücher. Digitale Edition-Projekte*, ed. Matthias Thumser und Janusz Tandecki unter Mitarbeit von Antje Thumser (Publikationen des Deutsch-Polnischen Gesprächskreises für Quellenedition 4)，Toruń, 2008, S. 205 - 218；Clemens Radl, "Die Urkundeneditionen innerhalb der dMGH," in *Digitale Diplomatik. Neue Technologien in der historischen Arbeit mit Urkunden*, ed. Georg Vogeler (Archiv für Diplomatik, Schriftgeschichte, Siegel-und Wappenkunde, Beiheft 12, 2009)，S. 101 - 115。

像将使用光学字符识别技术（OCR）转化为文本形式。图像和文本两种格式现在都可以免费在线使用。dMGH 的另一个优势在于，其文本不仅像 eMGH 那样可以全文检索，而且可以可靠地被引用。dMGH 完全再现了德意志文献集成本的纸版模式。新近出版的校注本在两年版权禁止期结束之后都会被添加到数据库中。

从 2016 年开始基于编辑中古文献 200 余年所积累的宝贵遗产，绝大多数校注本的文本可以通过"openmgh"以 TEI-XML 格式下载。[①] 因为它们是以知识共享许可协议（creative commons license）出版的，所以能够追溯、转换、分析甚至被再出版。这是德意志文献集成研究所的愿望：文本可以被日益增长的数字史家和数字人文学者自由地用于新的富有创造性的研究和应用。[②]

经历了 200 余年丰富多彩的历史，出版了几乎数不清的校注本，随着科学共同体的参与和来自世界各地学者们的支持，德意志文献集成研究所充满信心地期待一个灿烂的数字化未来。

[①] https：//mgh. de/de/mgh-digital/openmgh.
[②] 使用纯粹 TEI-XML 形式编辑文本的一个继续应用可能性，就是编制更高水平的数据库。例如在柏林—布兰登堡科学院的"Latin Text Archive"（https：//lta. bbaw. de/）数据库，目前还在建设之中，以及包含数量业已相当丰富的拉丁文文本数据库"Corpus corporum"（http：//www. mlat. uzh. ch/MLS/index. php，由苏黎世大学建设）。

书籍在拜占庭帝国的制作与流传[*]

菲利普·弘果尼 著　褚敏绮 译[**]

摘　要　拜占庭书籍指最宽泛意义上在拜占庭帝国制作与流传的书籍。许多由于帝国地理的历史变化而在一定时段内处于帝国边界之外的地区，从文化、宗教与意识形态的角度而言，仍然认为自己从属于拜占庭帝国。这些群体的成员制作的书籍，在材料、内容与语言层面，仍与拜占庭帝国内部制作的书籍十分接近，也应被纳入拜占庭书籍的考察范围之内。虽然拜占庭帝国所制作的书籍一般由希腊文书写而成，帝国的不同地区，在不同时期，也制作过拉丁文、希伯来文、亚美尼亚文、叙利亚文和科普特文书籍。从书籍形态的角度而言，虽然多折木板和卷轴一直被使用至拜占庭帝国末期，但大多数拜占庭图书都是册子本的形态。对拜占庭书籍（通常是指手抄本书籍）的研究应当遵循以下两种不同但互补的方法，即定性法和定量法。前者对手抄本书籍进行定性研究主要指对单个样本的精确分析，以便详细研究其材料、书写与文本特征，并重建其历史；后者对一些手抄本群进行整体研究，针对某些选定数据进行处理。在拜占庭，图书通常被认为是昂贵的物件，尽管它们的价格很大程度上取决于图书的内在因素以及图书交易发生时的社会经济环境。在抄工之外，图书的资助者和拥有者在拜占庭书籍史中同样扮演了重要角色。图书通常被储存在不同

---

[*]　本文译自未刊文稿 Filippo Ronconi, "La production et la circulation des livres dans l'Empire byzantin"，由作者授权翻译发表。

[**]　菲利普·弘果尼，法国高等社会科学研究院研究员；褚敏绮，法国索邦大学博士生。

类型的图书馆中。抄本书籍在拜占庭社会中的重要性体现在对个人和集体想象的影响和书籍的多样用途中。

关键词 拜占庭帝国 书籍史 抄本 抄工 图书馆

一 定义拜占庭书籍

（一）拜占庭书籍：类型学、时间与地理范围

对于拜占庭书籍（即在拜占庭帝国制作与流传的图书）的制作与使用的分析，建立在对其时间与地理范围进行初步划定的基础上。根据传统的历史分期，拜占庭帝国从 330 年建都君士坦丁堡直至 1453 年该城市被奥斯曼帝国军队攻占，共持续了 11 个世纪。然而，这一长期延续的帝国的疆域范围难以界定，因为在这段漫长的时间里，其疆域面积变化极大：从 6 世纪的约 200 万平方公里，到 11 世纪的约 100 万平方公里，再到 13 世纪初的 50 万平方公里，最后，在 1453 年前夕，仅剩君士坦丁堡城及零星属地。此外，其疆域面积并不是逐步减少的，因为 8 世纪时拜占庭帝国的疆域面积还不到 11 世纪的一半。由于这一地理上的变化，许多曾经属于帝国的地区与群体，在帝国疆域萎缩的时期会发现自己处于帝国边界之外，但是，从文化、宗教与意识形态的角度而言，他们仍然认为自己从属于拜占庭帝国。例如，7 世纪阿拉伯征服后的叙利亚—巴勒斯坦地区的叙利亚与梅尔基特群体，或 11 世纪诺曼征服后意大利南部的希腊人，都属于这种情况。这些群体的成员，即使接受了其他政权的统治（比如上述所言的哈里发与诺曼国王），他们制作的书，在材料、内容与语言层面，仍与拜占庭帝国内部制作的书十分接近。[①] 因此，我们也将上述群体所制作的书纳入拜占庭书籍的考察范围之内。

从书籍形态的角度而言，虽然多折木板和卷轴——古风与古典时

---

① 关于拜占庭帝国流通语言的多样性，及其对手抄本制作的影响，见下文。

期地中海、欧洲地区典型的书籍形态——一直被使用至拜占庭帝国末期［下文第四节（一）将详细说明］，但大多数拜占庭图书都是册子本的形态，由一系列"折"（即对折的纸张，包括纸草或兽皮纸）堆叠而成。这些"折"通常由 4 张纸（包括纸草或兽皮纸）对折而成（因此其希腊语名称为 tetradia，拉丁语名称为 quaterniones，词源分别为 tessares 和 quattuor，在上述两种语言中含义均为"四"），最终（但并不总是）被装订在一起，并有封面对其进行保护。在拜占庭帝国早期（4~6 世纪）与中期（7~12 世纪），最常用的书写材料为兽皮纸，纸草与纸张都较少使用。纸草主要流行于埃及，而纸张则主要流传于叙利亚—巴勒斯坦地区——中国的造纸术经由阿拉伯人流传至此。① 纸张这一书写材料，主要被用于拜占庭帝国后期（13~15 世纪）即巴列奥略王朝时期的册子本制作中。

从材料、制作技术与文本类型角度而言，拜占庭帝国及其附属群体制作的册子本，与古代晚期与中世纪时期其他地中海与欧洲文化共同体并无不同：无论是制作于拜占庭帝国，还是伊斯兰世界的不同地区，抑或拉丁西欧，这些书册在结构上都是一致的。②这一方面是因为它们有着共同的起源，即罗马晚期的册子本；另一方面，尽管这些地区之间存在政治分歧与分裂，但它们存在着密切的商业交流。上述交流使得书籍制作技术在整个古代晚期与中世纪时期的地中海世界得以跨文化传播。③

需要指出的是，在"拜占庭书籍"这一定义中，语言这一参数也并不是固定的：虽然拜占庭帝国所制作的书一般由希腊文书写而成，然而，帝国的不同地区在不同时期也制作过拉丁文（直至 7 世纪初期，拜占庭帝国的官方语

---

① 目前已知最古老的希腊文纸制手抄本为 vat. gr. 2200，它的制作可以追溯至公元 800 年前后的巴勒斯坦地区（处于阿拉伯控制下），内容为大公会议文集。

② M. Maniaci, *Archeologia del manoscritto. Metodi, problemi, bibliografia recente. Con contributi di Carlo Federici e di Ezio Ornato*, Roma, 2002, p. 25; A. Bausi, *Comparative Oriental Manuscript Studies. An Introduction*, Hamburg, 2015.

③ S. Hathaway and D. W. Kim, eds., *Intercultural Transmission in the Medieval Mediterranean*, London, 2012.

言仍然是拉丁语）、希伯来文、亚美尼亚文、叙利亚文和科普特文书籍。

尽管我们上文论述的"拜占庭书籍"这一概念十分复杂，但是，我们仍然应当讨论"拜占庭书籍文化"，因为在拜占庭帝国（也包括那些自认为从属于拜占庭帝国的地区，即使这一从属性仅能从文化甚至理论角度而言），书籍作为一种有特定用途的物品，具有特殊的重要性，会对个人或集体潜意识产生影响。

（二）书籍、文书（documentaire）与书籍-文书

与中世纪西欧一样，在拜占庭帝国，无论是从书写内容角度而言，还是从书写材料与保存模式角度而言，书籍与文书之间的区别并没有其在现当代文化语境中那么明显。从书写内容的角度而言，比如，由皇家或牧首文书局（Chancellerie）发布的某些法令与金玺诏书（chrysobulles），其序言通常由高级官员写作而成，他们一般都有较高的文学修养，甚至有可能自己写作文学作品。实际上，这些序言可以说是真正的文学作品，它们有时候与该作者的其他文学作品一起流传：以 11 世纪大文豪米歇尔·普塞洛斯（Michel Psellos）写作并由君士坦丁堡皇家文书局颁布的一些金玺诏书序言为例，它们出现在了抄有普塞洛斯文学作品的抄本之中，并经由这些抄本而得以传播。[①] 某些官方书信也是如此，比如，9 世纪大知识分子弗提乌斯（Photius）在担任君士坦丁堡牧首期间发出的官方信件，既是宗教-政治文书，也是精美的文学作品，并且被收录至他的私人信件及作品集之中。此外，选集也是一个有趣的例子，它们通常会成为宗教会议文件的附录。这些选集是神学作品片段的集合。作为宗教会议文件的附录，其目的完全是文书性的，也就是说，它们构成了宗教会议相关裁决的神学基础。然而，在某些情况下，这些选集也会脱离它们最初所属的文件传播，成为独立的文选。[②]

---

① P. Gautier, "Un chrysobulle de confirmation rédigé par Michel Psellos," *Revue des études byzantines* 34（1976）：79-99.

② F. Ronconi, *Aux racines du livre. Métamorphoses d'un objet de l'Antiquité au Moyen—Âge*, Paris, 2021, pp. 13-14.

从文书的制作材料角度而言，值得注意的是，它们所用材料与同一时期制作的书相同（纸草、兽皮纸与纸张）。它们的形态也非常相似，通常为册子本与卷轴两种，尽管在中世纪，卷轴形态的文书通常使用纵向（rotulus）而非横向（volumen）制式［如下文第四节（三）的第三点所言以及图 1 所示］。

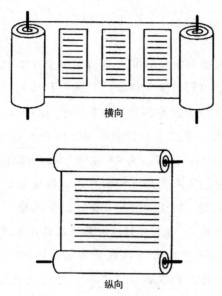

横向

纵向

图 1　两种类型的卷轴：横向和纵向

从文献保存的角度而言，文书与文学作品往往同时被收藏于图书馆（它们同时也作为档案保存地）中，并由同一人员经手，许多拜占庭修道院就属于这种情况，① 君士坦丁堡的牧首文书局也是如此（这里同时储存了文书与书籍）。②

---

① F. Ronconi, "De Stoudios à la Théotokos Evérgétès: textes et livres du monachisme mésobyzantin," in *Monachesimi d'Oriente e d'Occidente nell'alto medioevo. LXIV Settimana di Studi del Centro Italiano di Studi sull'Alto Medioevo*, Spoleto, 2017, pp. 1293–1369.

② F. Ronconi, "Écrire par *schédê*, *schédia*, *schédiasmata* et *schédaria*," in J. -L. Lebrave and R. Mahrer, *Machines à écrire*, *numéro spécial de la revue Genesis. Manuscrits-Recherche-Invention* 54 (2022): 1–200.

二　研究路径

对拜占庭书籍（通常是指手抄本①书籍）的研究应当遵循以下两种不同但互补的方法，即定性研究法和定量研究法。

（一）定性研究法

对手抄本书籍进行定性研究主要指对单个样本的精确分析，以便详细研究其材料、书写与文本特征，并重建其历史。因此，这一研究路径强调对构成每一个样本的物质材料、书写特征以及文本内容三大要素进行深入分析。虽然以上三大要素分别代表着三个不同的学科，即古书册学（codicologie）、古字体学（paléographie）与语文学（philologie），但它们实际上是互相依存的，研究者必须努力在其研究中集合所有上述信息，描述该物品（即手抄本书籍）目前的状态（这更多是编目者的工作），并重建其原初形态及其在不同阶段的演变。上述所言书籍制作与流传主要可以划分为三个阶段：第一阶段为前史（préhistore），即从原材料（包括莎草纸、兽皮纸或是分别由纸莎草、动物残骸或布浆制成的纸张）中创造出书写媒介的手工过程；第二阶段为早期史（protohistoire），包括文本的转写与抄本的最后装订（"折"的整理装订以及封面的最终安装）；最后一个阶段为后史，即从书籍的转写到研究者对其进行分析的这段时间。上述每一个阶段的研究都应

---

① 本文所出现"手抄本"或"抄本"在原文中均为 manuscrit 一词，词源为拉丁语 manu scriptus，即"用手书写"之意。该词具有双重含义，既可以表示由作者亲笔书写的手稿，也可以指称他人用手抄写的复制品。在古代与中世纪时期的地中海世界与欧洲其他地区，书籍的写作通常并非由作者亲手书写，而是由作者口述并由速记员或助手进行书面记录，再将这些书面记录整理抄写并由作者进行润色成书，最后通过不断地抄写与复制进行传播。事实上，在这一时期，由作者亲笔书写的手稿相当少见且鲜有成册流传，流传至今的古代与中世纪书籍多为他人抄写复制的手抄本。因此，在本文中，译者将原文中的 manuscrit 一词均译为"手抄本"或"抄本"。——译者注

当采用不同的研究方法。① 每份手抄本的前史都是"书籍考古学"
（archéologie du livre）的研究对象，这一研究专注于书写材料的物质与化
学特性，并基于观察与材料科学确认其所使用不同原材料的属性与质
量，② 以及制作这些书写材料所用技术、手工活动及其所用生产器具。这
一层次的分析使我们得以重建专业工匠（如莎草纸生产者、兽皮纸制作
者、纸张制作者）工作的某些方面。这些工匠往往不识字，所以关于他
们职业的书面记载很少被留下。由此，对于他们的劳动与技术的重建，必
须同时基于流传至今的手工制品本身的特征以及描述它们的罕见史料。然
而，这些罕见史料通常由个人（一般是知识分子）写作而成，上述作者
自身并不参与书籍制作过程，而仅仅是从外部进行观察。③ 一册书的早期
历史可以通过"地层"理论（approche stratigraphique）进行重构。这一方
法论强调从材料、古字体与文本多维度综合分析每一份手抄本。材料维度
主要包括书写材料尤其是组成书册的"折"的排布结构。古字体维度主
要应当确认该书籍是由一名抄工还是多名抄工抄写而成，如果是由多名抄
工抄写而成，则划分每位抄工单独抄写的区域，尝试确认各抄工的身份，
并确认各抄工的抄写活动处于同时代还是处于不同历史时期。文本维度则
需要分析每份手抄本所包含文本的语文学特征以及文本排布与"折"排
布之间的联系，如果该抄本由多人抄写而成，则还需要研究文本排布与抄
工变化之间的联系。④ 每个样本（即每册书）的后续历史可以通过随着时

---

① F. Ronconi and S. Papaioannou, "Book Culture," *The Oxford Handbook of Byzantine Literature*, ed. S. Papaioannou, Oxford, 2021, pp. 45–75.

② R. Parkinson and S. Quirke, *Papyrus*, *Egyptian bookshelf*, London, 1995; Maniaci, 2002; T. Stinson, "Knowledge of the Flesh: Using DNA Analysis to Unlock Bibliographical Secrets of Medieval Parchment," *The Papers of the Bibliographical Society of America* 103 (2009): 435–453; T. Stinson, "Counting Sheep: Potential Applications of DNA Analysis to the Study of Medieval Parchment Production," *Codicology and Palaeography in the Digital Age II*, Norstedt, 2011, pp. 191–207.

③ Ronconi 2021, p. 199 et ss.

④ F. Ronconi, *I manoscritti greci miscellanei. Ricerche su esemplari dei secoli IX-XII*, Spoleto, 2007; F. Ronconi, "Manuscripts as Stratified Social Objects," *Scandinavian Journal of Byzantine and Modern Greek Studies* 4 (2018): 19–40.

间的推移与之相互作用的各种媒介在其上所留痕迹进行重建。这些媒介既包括自然因素（如火、湿度或寄生虫），也包括人为因素。历史学家的兴趣主要集中在后者，因为人类对图书所进行的行为可以帮助我们重建该书经历过的社会环境以及它的用途：这些（来自人类与图书的）互动通常会在书上留下痕迹，包括物质维度的变化［例如书页与"折"的增减，详见下文第四节（三）的第二点］或是文本维度的修改［比如内容涂改，在空白处或主要抄工留白之处添加词语、文本或是注释，藏书票（ex-libris），即兴的或是专业的评注，但也有可能是与私人经历或历史事件、插画、涂鸦等相关的笔记］。①

由此，定性研究显然不同于另一种研究方法，即定量研究，它每次仅专注于一份手抄本，并详细地重构其历史。

（二）定量研究法

定量研究是对一些手抄本群的某些选定数据进行处理，这些数据往往已经以严格与系统的方式进行量化。因此，与定性研究不同，定量研究不考虑手抄本的个体性，而是将其当作群体的组成部分进行整体研究。因此，定性研究的目的为重建每一个样本的个体历史，而定量研究的目的则在于突出某手抄本群（比如制作于同一时期或同一地区的手抄本群）的共同特征或是书籍作为一个物质对象在时间与空间上的演化路径。举例而言，定量研究可以帮助人们了解希腊文书籍的制作在拜占庭帝国历史进程中的演变：在 4 世纪至 5 世纪稍有衰退后，6 世纪迎来了希腊文书籍制作

---

① V. Fera, G. Ferraù, and S. Rizzoeds, *Talking to the Text: Marginalia from Papyri to Print*. Proceedings of a Conference Held at Erice, 26 September–3 October 1998, as the 12th Course of International School for the Study of Written Records, Messina, 2002; F. Ronconi, "Juxtaposition/assemblage de textes et histoire de la tradition: le cas du Paris. gr. 1711," in *The Legacy of Bernard de Montfaucon: Three Hundred Years of Studies on Greek Handwriting*, Proceedings of the Seventh International Colloquium of Greek Palaeography, Madrid-Salamanca, 15–20 September 2008, ed. Antonio Bravo García and Inmaculada Pérez Martín, with the assistance of Juan Signes Codoñer Bibliologia 31, Turnhout, 2010, pp. 503–520; Ronconi 2021, p. 125 et ss.

的兴旺；此后直至 8 世纪，手抄本产出急剧减少；直到 9 世纪其才开始恢复增长，并持续至 11 世纪；而后，在经历了 12 世纪至 13 世纪的衰退期后，希腊文手抄本制作在 14 世纪与 15 世纪再次迎来显著的逐步增长期。[1]定量研究还表明，古代世俗作品的抄写在 9 世纪至十三四世纪始终占据非常微小但稳定的比例，直至 14 世纪与 15 世纪才迎来显著的增长。[2] 上述发现（只有通过大规模的定量分析才能获得）为历史与文化研究开辟了道路，比如，它们表明，在巴列奥略王朝时期（主要指 14 世纪至 15 世纪中叶君士坦丁堡陷落前），抄写与复制希腊文图书尤其是含有古典作品的图书的强度或许前所未有。这一现象的出现可能主要有以下两个原因：一方面，君士坦丁堡精英内部爆发了政治-宗教与文化冲突（尤其是帕拉马主义）使得他们动用诸多古代哲学文本（以捍卫自身学说）；另一方面，因为此时的拜占庭帝国处于政治衰落时期，同时，拜占庭人与拉丁王国以及奥斯曼人的文化正相抵触，由此，他们强调对自身文化根源的寻找与探索。此外，14 世纪下半叶至 15 世纪中叶产出的诸多希腊文世俗内容手抄本是由欧洲西部的知识分子委托制作的，因为在此时的西欧尤其是意大利和法国兴起的人文主义思潮对古希腊抱有浓厚的兴趣。在数百份拜占庭希腊文手抄本中，对于其中抄工所署抄写信息的研究，也可以帮助我们明确抄工的身份与社会职能。这一研究表明，至少在 9~12 世纪，自称为修士与教士的抄工占比分别为 53% 与 22%，非教会人士占比为 6%，还有占比 18% 的抄工并未表明自身身份。[3]

然而，应当指出的是，对于拜占庭手抄本的定量研究[4]既面临着普遍

---

① Ronconi and Papaioannou 2021, p. 49 et ss.

② F. Ronconi, "Visible Words. The Transmission of Classical Texts in Constantinople and Its Consequences on Byzantine Culture and Society in the Light of Surviving Manuscripts and Literary Evidence," in *Constantinople Through the Ages*, ed. D. Burgersdijk, F. Gerritsen, and W. Waal, Leiden-Boston, 2024.

③ F. Ronconi, "Essere copista a Bisanzio. Tra immaginario collettivo, autorappresentazioni e realtà," *Storia della scrittura e altre storie*. Atti del colloquio internazionale, Università di Roma La Sapienza, 28–29 ottobre 2010, ed. D. Bianconi, Roma, 2014, pp. 383–434.

④ Maniaci 2002, pp. 22–24.

的理论局限，① 也面临着具体的特定限制。② 上述局限主要体现在以下三个方面：首先，收录抄本信息的目录与索引通常是不完整的；再者，我们无法确定拜占庭跨越千年的历史中制作的抄本总量（因为已经佚失的图书数量是难以明确的，但无论如何，这一数量是巨大的）；最后，我们无法准确估计现存拜占庭手抄本的总量，这一总量可能为超过 40000 份（按照数据库 Pinakes 的统计）③，也可能为 47000 份④，或 55000 份⑤，或超过 70000 份（根据 Diktyon 项目的统计）⑥。在上述几种统计中，有的结果包括了后拜占庭时期所制作的希腊文书籍，有的以文本而非抄本为单位（有时候一册抄本/图书中会包含多个文本）。因此，上述统计数据中数量最少的那个结果可能是最接近真实情况的。此外，全球仅有 25 个图书馆（这一数量仅占全球 600 多个拥有希腊文抄本藏品图书馆的 4%）拥有超过 400 份的希腊文抄本藏品；相反的，大约 230 个图书馆（占全球拥有希腊文抄本藏品图书馆数量的 30%）仅藏有一份希腊文抄本。藏品最为丰富的图书馆（主要为希腊国家图书馆、圣山各修道院图书馆、梵蒂冈图书馆和法国国家图书馆）的收藏量大约是 3600 份到 5500 份。⑦

---

① C. Ginzburg and C. Ponti, "La micro-histoire," *Le Débat* 17 (1981): 133 – 136; R. Chartier, "L'histoire au singulier," *Critique* 404 (1981): 72-84.

② P. Canart, "Aspetti materiali e sociali della produzione libraria italo—greca tra Normanni e Svevi," *Libri e lettori nel mondo bizantino. Guida storica e critica*, ed. G. Cavallo, Bari, 1982, pp. 103 – 153, esp. 106 – 109; F. Ronconi, "Le silence des livres. Manuscrits philosophiques et circulation des idées à l'époque byzantine moyenne," *Quaestio* 11 (2011): 169-207; F. Ronconi, "Quelle grammaire à Byzance? La circulation des textes grammaticaux et son reflet dans les manuscrits," *La produzione scritta tecnica e scientifica nel Medioevo: libro e documento tra scuole e professioni*. Atti del Convegno dell'Associazione Italiana Paleografi e Diplomatisti, Salerno, Septembre 2009, ed. G. De Gregorio and M. Galante, Spoleto, 2012, pp. 63-110.

③ https: //pinakes. irht. cnrs. fr/.

④ M. Richard and J. M. Olivier, *Répertoire des bibliothèques et des catalogues de manuscrits grecs de Marcel Richard*, Turnhout, 1995.

⑤ A. Dain, *Les manuscrits*, 2nd ed., Paris, 1964.

⑥ http: //www. diktyon. org/.

⑦ Alessandro Bausi, ed., *Comparative Oriental Manuscript Studies: An Introduction*, Hamburg, 2015, pp. 52-53.

定性与定量这两种研究法并不应当被视为互相对立的，它们应当共存，因为前者可以通过对个体手抄本的细节研究来明确与界定后者所描绘的整体图景。

三　拜占庭社会中的书籍

（一）书籍的价格与交易

在罗马帝国时期，书籍的生产、分配与销售系统由帝国的多个城市的作坊负责，它们专门批量生产图书，并且储存已经制作完成将要出售的图书，最后完成图书的运输流通。[①] 在拜占庭帝国时期，负责书籍的生产与交易的系统通常更没有组织，书籍制造者/销售者与购买者直接联系，客户零星地下订单，有时还向抄工提供用于抄写的底本与材料。上述拜占庭书籍制作与销售之间的直接联系意味着，与古罗马时期相比，手抄本的价格有所上涨：在 1 世纪，一份奢华的卷轴大约值 5 个迪纳里（denarius）（当时的士兵或工人工作一天大约就可以挣得 1 个迪纳里）；在拜占庭帝国中期的君士坦丁堡，一册质量中等的书大约值 20/25 个诺米斯玛（nomisma），而当时一位雇员的工资每年为 11 个诺米斯玛（拥有精美泥金彩绘与封面的奢华图书可能值 500 个诺米斯玛）。[②] 上述所言书籍价格在很大程度上取决于书籍的内在因素，比如书写材料的性质与质量，书籍的尺寸大小，所抄文本的长度与类型，书写所用墨水的数量与质量，抄工的专业程度及其能书写的字体种类，音乐符号、泥金装饰与封面上宝石的使用。当然，书籍交易发生时的社会经济环境也是一个重要因素。在经济萧条或通货紧缩时期，书籍的价格往往较低，这一点也可以

---

① Ronconi 2021, p. 88 et s.

② F. Ronconi, "La main insaisissable. Rôle et fonctions des copistes byzantins entre réalité et imaginaire," in *Scrivere e leggere*, 2012, pp. 627-664, esp. 23 et s.; A. Cutler, "The Industries of Art," in *The Economic History of Byzantium: From the Seventh Through the Fifteenth Century*, ed. A. E. Laiou, Washington, 2002, vol. 2, pp. 555-587, esp. 581.

从历史记载中看到（但其中某些记载可能有象征意义，因此并不一定可靠）：在 10 世纪至 11 世纪遭受阿拉伯人袭击压力的意大利南部，希腊圣徒，来自洛萨诺的尼（Nil de Rossano）抄写了三册诗篇以偿还一笔价值 3 个诺米斯玛的债务；① 11 世纪，由于塞尔柱突厥人的侵略，在以弗所和叙利亚可以买到价值仅略高于 1 个诺米斯玛的书；② 在对于希腊书籍需求明显很低的耶路撒冷拉丁王国，1168 年被购买的手抄本 Vat. Barb. gr. 319 仅值 3 个诺米斯玛。③

（二）书籍的资助者、设计者与拥有者

书籍所含抄写信息声明与相关的文学作品提供了许多关于抄工的信息，但关于书籍的资助者、设计者与拥有者的信息却极为罕见。书籍制作的资助者似乎主要可以分为三大群体。第一类资助者包括宗教机构，尤其是修道院、某些教会和牧首府：正如我们在上文第二节（二）中所言，抄工群体中的大多数人是修士或教士，事实上，他们的抄写通常是在为自己所属机构工作。此外，书籍抄写信息声明中最常提到的资助者就是修道院院长和教会负责人。

第二类资助者为特定个人，通常是知识分子，他们花钱雇用别人抄写书籍供自己个人使用。举例而言，9～10 世纪著名的学者凯撒里亚大主教阿莱萨斯（Aréthas），曾雇用非教会与教会抄工抄写世俗与宗教内容抄本。自 11 世纪或 12 世纪始，当通货膨胀使得拜占庭帝国各地区的羊皮纸与抄写费用增加时，许多知识分子开始自己抄写他们需要的书。④ 这一做

---

① Bartholomaeus Cryptoferratensis, *Vita Nili junioris*, ch. 20–21.
② V. Kravari, "Note sur le prix des manuscrits（IXe-XVe s.），" in *Hommes et richesses dans l'Empire byzantin*. II. *VIIIe-XVe s.*, ed. V. Kravari, J. Lefort, and C. Morrisson, Paris, 1991, pp. 375–384, esp. 381.
③ Ronconi 2012, pp. 25–26.
④ G. Cavallo, "Scritture informali, cambio grafico e pratiche librarie a Bisanzio tra i secoli XI e XII," *I manoscritti greci tra riflessione e dibattito*. Atti del V Colloquio Internazionale di Paleografia Greca. Cremona, 4 – 10 ottobre 1998, I, ed. G. Prato, Firenze 2000, pp. 219–238, esp. 237–238.

法在巴列奥略时期得以延续与传播。[①] 此外，我们也可以看到富有的知识
分子委托制作奢华书籍，用以捐献给宗教机构或重要人物：抄有纳西安的
格里高利的布道词的手抄本 Paris. gr. 510（见图 2），内含精美的泥金彩绘
装饰，它可能由 9 世纪著名知识分子弗提乌斯委托制作以赠予皇帝巴西尔
一世。[②]

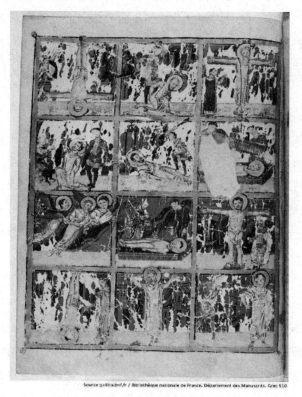

Source:gallica.bnf.fr / Bibliothèque nationale de France. Département des Manuscrits. Grec 510

图 2　抄本 Paris. gr. 510, f. 32v

① D. Bianconi, "Gregorio Palamas e oltre. Qualche riflessione su cultura profana, libri e
pratiche intellettuali nella controversia palamitica," *Medioevo Greco* 5（2005）: 93 – 119;
D. Bianconi, *Tessalonica nell'età dei Paleologi. Le pratiche intellettuali nel riflesso della
cultura scritta*, Paris, 2005。
② L. Brubaker, *Vision and Meaning in Ninth-Century Byzantium : Images as Exegesis in the
Homilies of Gregory of Nazianzus*, Cambridge, 1999, p. 412.

　　第三类资助者为"普通读者"，他们可能是政府或教会行政部门的成员、军官或是小地主。他们并不是知识分子，但由于文化程度较高，故而喜欢阅读并拥有书籍，以此作为身份的象征。这一类人偏爱那些从风格和内容角度而言都十分简单的文本，比如圣徒传记、部分教父作品、编年史，有时还有小说。此类中等文化程度的读者形象似乎是拜占庭社会结构的特殊之处。即使我们假设此类读者也可能存在于欧洲历史的其他某些阶段（主要是希腊化时期与罗马帝国扩张极盛时期①），在中世纪识字率急剧下降之后，他们似乎并不存在于中世纪欧洲的其他地区。②

　　有时候，一些个人（其中可能还包括不识字的人）甚至是整个群体会联合起来共同资助一本书的制作：以伦敦大英图书馆所藏手抄本 British Library Add. 28817 为例，这是一份制作于 1185 年的福音书抄本，主要资助人为一对夫妇；再举一个类似的例子，现藏于波兰克拉科夫雅盖隆大学图书馆的另一份福音书抄本是在一个村庄所有人尤其是该村教士与小地主的共同努力下，于 1193 年制作而成的。③ 上述两份福音书抄本都是捐献给教会的，因此，它们的资助者（无论是个体还是群体）与拥有者并不一致。

　　至于手抄本的设计者（即知识分子，尤其是在抄写含有科学与哲学文集的抄本时，他们会向抄工指出文本抄写的顺序以及图表与插图的放置位置）并不总是与抄工或是资助者/拥有者一致。这一类人尤其难以研究，因为历史材料中几乎没有关于他们的记载，但有时候我们可以通过他们留在页面边缘处的、用以指导抄工如何抄写文本的笔记发现他们的存在（亚里士多德作品最古老的抄本之一，即手抄本 Paris. gr. 1853 就是一个例子）。④

---

① Ronconi 2021.

② G. Cavallo, "Libri in scena," in *Proceedings of the 21st International Congress of Byzantine Studies*, London, 21–26 August 2006, I, *Plenary Papers*, Aldershot, 2006, pp. 345–364, esp. 107 et ss.; Ronconi 2021.

③ Ronconi 2012.

④ F. Ronconi, "Le *corpus* aristotélicien du Paris. gr. 1853 et les cercles érudits à Byzance. Un cas controversé," *Studia graeco-arabica* 2 (2012): 201–225.

（三）图书馆

书籍通常被储存在以下几种类型的图书馆中：私人图书馆、修道院的图书馆、教会机构的图书馆和"公共"图书馆。

拜占庭帝国早期的一些私人收藏纸草书籍的例子，让我们看到了某些帝国边远地区（在上述例子中特指埃及）社会结构的活跃性。其中，最显著的例子就是来自阿芙罗蒂托的狄奥斯库若（Dioscore d'Aphrodité）的私人档案与图书馆。狄奥斯库若是当地的贵族，出生于6世纪埃及中部的村庄中，他的母语是科普特语，但他同时接受了良好的希腊语教育。除了大量的文书（其中大约650份已经被整理编辑）外，他的私人图书馆还留存了50部他自己写作的文学作品（主要为诗歌和为当地贵族写作的颂词）以及一些古典作品的抄本，此外还有一篇埃及最受欢迎的科普特圣徒梅纳斯（Ménas）的颂歌。在拜占庭帝国中后期，遗嘱是重构当时私人图书馆特征的重要工具。根据遗嘱研究，此时的私人图书馆通常最多藏有十几本至二十几本图书。

自八九世纪开始，随着圣像破坏运动结束后修道制度在帝国境内的大规模传播，修道院藏书变得十分丰富。除了各种类型的宗教书籍，修道院还藏有世俗书籍。这些世俗图书来自捐赠与遗赠（许多拜占庭人会将自己的部分资产遗赠给修道院），有时也可能是修士直接抄写的。修士抄写世俗书籍的原因有二：一方面，修道院需要语法教材（有时也包括修辞教材）与医学书籍；另一方面，修士们也会接受俗人士的委托抄写书籍，以赚取抄写费用（或是为自己所属的修道院赚取费用）。[①] 在10世纪的君士坦丁堡，一位名叫以法莲（Ephraïm）的修士就抄写了含有亚里士多德、波利比乌斯、欧几里得和赫伦文本的书。[②] 拜占庭的修道院通常非常狭小，其所属图书馆也往往十分简陋。当然，也

---

① Ronconi 2017.

② 其所抄亚里士多德作品抄本为 Marc. gr. Z. 201，所抄波利比乌斯作品抄本为 Vat. Gr. 130 以及 Marc. gr. IV. 1；所抄欧几里得作品抄本为 Laur. Plut. 28. 3；以及其所抄赫伦作品抄本为 Istanbul, Topkapi Sarayi, G. L. 1。

有例外情况。在拜占庭帝国中期，君士坦丁堡的斯图狄奥斯修道院、帕特莫斯的圣约翰修道院以及圣山各修道院，都拥有豪华的图书馆。[1] 在巴列奥略时期，君士坦丁堡的赫得戈修道院（Hodegon）与科拉修道院都藏有数量庞大的图书，且拥有组织有序的抄写中心（关于科拉修道院，详见下文）。[2]

在拜占庭帝国的各个时期，牧首图书馆都扮演着重要的角色。尽管亚历山大里亚（埃及）、安提阿（叙利亚）和耶路撒冷（巴勒斯坦）三大牧首的图书馆在被阿拉伯人占领后丧失了原本的重要性，但君士坦丁堡的牧首图书馆一直是一个重要的文献中心，直至拜占庭帝国灭亡。君士坦丁堡牧首府对于文书与书籍的保存历史最早可以追溯至 4 世纪至 5 世纪，如果以下记载为真，那么，780 年牧首图书馆的火灾烧毁了约翰·克里索斯托（397 年至 404 年担任君士坦丁堡牧首）的工作笔记。关于君士坦丁堡牧首图书馆（当然，同时也是档案馆）的首个明确记载可以追溯至 7 世纪初，当时的牧首托马斯一世（607 年至 610 年在位）将图书馆转移至一个专门为它建造的建筑之中。此后，牧首图书馆在教会史上的地位很快变得越来越重要：因为最迟自第六次大公会议（680 年至 681 年召开）始，由各地主教带来并在会议中被宣读的文本片段，需要通过与储存于该图书馆的样本进行核对才能证明其真实性。[3]

在整个拜占庭帝国历史中，最为重要的图书馆就是君士坦丁堡的皇家图书馆，它由皇帝君士坦斯二世（Constance II，337 年至 361 年在位）于 357 年建立，它位于皇家门廊，也就是首都的中心。根据演说家泰米修斯

---

[1] Ronconi 2017.

[2] I. Pérez Martín, "El 'estilo Hodegos' y su proyección en las escrituras constantinopolitanas," *Segno e testo* 6（2008）：389–458.

[3] Bianconi 2018, p. 23; D. Bianconi, "Letture tardoantiche a Bisanzio nel riflesso della cultura scritta," in *Scrivere e leggere nell'alto Medioevo. Settimane di studio della Fondazione Centro Italiano di Studi sull'Alto Medioevo*. vol. 2, Spoleto, 2012, pp. 821–853, esp. 832 et ss.; Rapp, "The Early Patriarchate（325–726）," in *A Companion to the Patriarchate of Constantinople*, ed. C. Gastgeber, E. Mitsiou, J. Preiser-Kapeller, and V. Zervan, Leiden, 2021, pp. 1–23.

（Thémistius）的描述，皇家图书馆的建造目的在于保存古代文本（值得注意的是，正是在其建立的这几十年中，兽皮纸册子本彻底取代了纸草卷轴）。皇帝朱利安（Julien，361 年至 363 年在位）将从帝国各地尤其是高卢地区收集来的图书放置于此。[①] 在君士坦丁堡的皇家图书馆建立 15 年后，皇帝瓦伦斯（Valens）与格拉提安（Gratien）命令君士坦丁堡的行政首长（préfet de Constantinople）组织 4 名希腊文抄工和 3 名拉丁文抄工抄写新书（当然是拉丁希腊两种语言的书籍）并修复旧书。[②] 475/476 年，在篡位者巴西利斯库斯（Basilisque）的短暂统治时期，一场大火烧毁了图书馆的整体建筑，据说有 120000 册书因此被毁，[③] 但是，在芝诺（Zeno）皇帝重新控制首都后，图书馆得以迅速重建。[④] 可能是在 12 世纪，科穆宁王朝的皇帝们将皇家图书馆搬迁至城市西北部的布拉赫奈宫（Palais des Blachernae），在那里，来自卡斯蒂利亚的旅行家佩德罗·塔福尔（Pero Tafur）于 1437 年目睹过该图书馆。[⑤] 无论如何，1204 年十字军对君士坦丁堡的占领以及持续至 1261 年的拉丁人统治，对于该城市的各图书馆而言，均是重要的历史转折点。在巴列奥略家族重新占领君士坦丁堡后，史料记载表明君士坦丁堡存在另一座皇家图书馆，它有可能位于科拉修道院。13 世纪末期马克西姆斯·普拉努都斯（Maxime Planude）的书信是最早提及该图书馆的史料。[⑥] 这座图书馆后来由狄奥多鲁斯·梅托基

① Zosimus, 3. 11. 3. Jean, *Epitomè*, ed. T. Büttner-Wobst, *Ioannis Zonarae epitomae historiarum libri XVIII*, I-III. 参见 P. Lemerle, *Le premier humanisme byzantin. Notes et remarques sur enseignement et culture à Byzance des origines au Xe siècle*, Paris, 1971, pp. 60-61。

② *Cod. Theod.* 14. 9. 2. , ed. Th. Mommsen and Paulus M. Meyer, Berlin, 1905.

③ Malchos Philadelphiensis, fr. 7a. , ed. L. R. Cresci, Naples, 1982; Zonaras, *Epitome* 14. 2. 3, 256-257; Kedrenos, *Historiarum compendium*, 616.

④ 芝诺皇帝重建图书馆的推断出自《帕拉丁文选》（*Anthologia Palatina*）16. 69 与 16. 70。

⑤ M. Letts ed. and trans. , *Pero Tafur, Travels and Adventures 1435-1439*, London, 1926, p. 145.

⑥ Maximus Planudes, *Ep.* 67, l. 54 and 59, ed. P. L. M. Leone, Amsterdam, 1991. 参见 D. Bianconi, "La biblioteca di Cora tra Massimo Planude e Niceforo Gregora. Una questione di mani," *Segno e Testo* 3（2005）：391-438, esp. 435 et ss. and n. 103。

特斯（Théodore Métochitès）和他的学生尼基弗鲁斯·格雷戈拉斯（Nicéphore Grégoras）修复并扩建，尽管狄奥多鲁斯·梅托基特斯表明这座图书馆向公众开放，[①] 但其所藏图书很有可能仅向皇室和帝国高级官员开放。[②] 从更宽泛的角度而言，形容词"公共"（dēmosia）用来形容图书馆，指代的是它们由政府资助，或是它们体现公共利益，但并不一定意味着它们向普通读者开放。

如果说拉丁人对君士坦丁堡的统治通常标志着该城市大多数"公共"图书馆的衰落，然而，来自拉斯卡里德家族的皇帝，基于从君士坦丁堡带出来的图书以及在前帝国不同区域获得的图书（见下节），在新国都尼西亚建立了新的图书馆。

（四）书籍在拜占庭帝国的流动

中世纪的书籍经常因为销售、盗窃［主要是因为当时书籍价格昂贵，如上文第三节（一）所言，所以某些书册中出现了对于偷盗者的诅咒］、私人捐赠或外交礼物往来［见下文第五节（一）］而发生流动。[③] 书籍常通过被递送与被接收来构建与维系其影响力网络。这一现象从古代晚期开始就在教会环境中得到体现：欧洲西部的圣安布罗斯、圣奥古斯丁和圣哲罗姆，以及拜占庭帝国的纳西安的格里高利、凯撒里亚的巴西尔、约翰·克里索斯托以及亚历山大里亚的西里尔，这些教父的作品都广泛流通并形成巨大影响。[④] 然而，这一类型的书籍流通也涉及世俗界，尤其是在

---

① Theodorus Metochites, *Carm.* 1, v. 1120–1131, ed. J. Featherstone, Vienna, 2000.

② D. Bianconi, "La biblioteca di Cora tra Massimo Planude e Niceforo Gregora. Una questione di mani," *Segno e Testo* 3（2005）：391–438.

③ J. Lowden, "The Luxury Book as a Diplomatic Gift," in *Byzantine Diplomacy*, ed. J. Shepard, et al., Aldershot, 1992, pp. 249–260; J. Signes Codoner, "La diplomacia del libro en Bizancio. Algunas reflexiones en torno a la posible entrega de libros griegos a los árabes en los siglos VIII–IX," *Scrittura e civiltà* 20（1996）：9–43; P. Magdalino, "Évaluation de dons et donation de livres dans la diplomatie byzantine," in *Geschenke erhalten die Freundschaft. Gabentausch und Netzwerkpflege im europäischen Mittelalter*, ed. G. Michael, numéro spécial de *Das Mittelalter* 17（2012）：103–116.

④ Ronconi 2021, 148 et s.

贵族群体中，他们不仅互相寄送书册，更是携带着他们私人图书馆的部分图书进行穿越地中海的流动：这一现象在 4 世纪得以增强，当时意大利的贵族家族都携带家产与图书迁往君士坦丁堡，这也引起了拉丁文文本在帝国新首都的强势流传。

互相寄送书籍这一实践一直存在于拜占庭世界。在拜占庭帝国中期，弗提乌斯的书信表明，他经常与自身所处知识分子圈的成员交换图书以获得简单的阅读乐趣。但是，根据通过写作诋毁他的帕夫拉戈尼亚的尼克塔斯·大卫（Nicétas David de Paphlagonie）所言，他购买许多书的同时，用暴力和恐吓强迫书的主人将他们的收藏转交给他。① 在稍晚的 10 世纪，一位匿名教师的书信也证明了他与君士坦丁堡的帝国政府与教会行政部门成员交换图书，或许是为了与上述部门建立有效联系以举荐自己的学生。② 其他拜占庭知识分子比如 10 ~ 11 世纪的尼基弗鲁斯·乌拉诺斯（Nikephoros Ouranos），③ 以及 13 世纪末期的西奥多拉（Theodora Raoulaina Palaiologina），他们的书信都曾记录这一类型的书籍交流。西奥多拉还将自己图书馆的丰富藏书借给她资助与组织的读书会成员，其中就包括了塞浦路斯的乔治（Georges de Chypre），他从西奥多拉处借得了一份抄有德摩斯梯尼（Démosthène）作品的抄本以及一份抄有埃利乌斯·阿里斯蒂德斯（Aelius Aristides）作品的抄本。④

同样，手抄本的流通与所属权转变也是因为它们被当作私人之间交易的货币（因为它们的商业价值总是很高）。⑤

然而，除了上述所言因个人举动造成的流通外，书籍也会在帝国皇权

---

① Nicetas David, *Vita Ignatii*, 48. 22 - 23, ed. A. Smithies, Nicetas David, *The Life of Patriarch Ignatius. Text and Translation*, with Notes by J. M. Duffy, Washington D. C., 2013, p. 68.

② Anonymus Professor, *Epistulae*, ep. 108, 92. 20；86, 77；101, 88；120, 99, ed. A. Markopoulos, Berlin-New York, 2000.

③ J. Darrouzès, *Épistoliers byzantins du Xe siècle*, Paris, 1960, ep. 22, 227-228, esp. 228, ll. 5-8.

④ N. Zorzi, "Una copista, due copisti, nessuna copista? Teodora Raulena e i due codici attribuiti alla sua mano," *Medioevo greco* 19（2019）：259-282, esp. 280.

⑤ Ronconi 2012 et Ronconi 2017.

发动的大规模活动中发生流动：有些皇帝似乎会亲自组织在帝国境内系统搜集书籍的活动。为了编纂一个文本来为他所颁布的圣像破坏政策做辩护，皇帝君士坦丁五世（Constantin V，718 年至 775 年在位）在皇宫中收集了大量不同来源的图书；① 此外，在 815 年前后，另一位支持圣像破坏运动的皇帝利奥五世（Léon V）委托知识分子兼君士坦丁堡牧首约翰（Jean le Grammairien）检查储存于修道院与教会的旧书籍。② 上述两次行动所涉图书均为基督教文献。而在几个世纪后由皇帝君士坦丁七世（他在皇家图书馆新增一个阅览室）发起的图书搜集行动，则涉及相当多的古代文献。他在为自己构思并委托一个团队在皇宫中编纂的一部大型百科全书所作序言中提到，他"经过彻底的研究后，收集了来自世界各地的图书"。③ 事实上，这部大型百科全书流传至今的部分（该书目前传世的部分仅有 53 个部分中的 4 个，占比仅略高于 7%）中，我们可以发现 27 位古代历史学家的作品文摘，这些作品中的大部分如今已经亡佚。④ 另一个大型的有组织的古籍搜寻行动发生在尼西亚王国时期。尼西亚王国是在第四次十字军东征（1204）后拜占庭帝国分裂的情况下诞生的，在那里，希腊文写作的书，既包括古代文献也包括基督教文献，都被认为有助于帝国在面临首都沦陷所代表的政治失败时进行意识形态的重建。在此之前的几个世纪里，尼西亚已经是拜占庭帝国的重要城市之一。这座城市拥有许多图书馆以及从君士坦丁堡叛逃而来的人所携带的图书，比如康斯坦丁·拉斯卡里斯（Constantin Lascaris）在逃离君士坦丁堡时，曾携带一部 9 世纪制作的诗篇（即手抄本 Oxon. Bodl. Barocci 235）、一部抄有翻译家西蒙（Siméon Metaphraste）作品的 11 世纪所作抄本（即抄本 Ven. Marc. Gr. 357）以及另一部抄有纳西安的格里高利布道词作品的 12 世

---

① S. Gero, *Byzantine Iconoclasm During the Reign of Leo III : With Particular Attention to the Oriental Sources*, Louvain, 1973, pp. 37-38.

② *Scriptor Incertus*, ed., Bekker, CSHB, Bonn, 1842, p. 350; E. Iadevaia, ed., pp. 59-62.

③ Constantinus Porphyrogenitus, *Excerpta de legationibus Romanorum ad gentes*, 1, ll. 25-27, ed. C. de Boor, vol. 1, Berlin, 1903.

④ A. Németh, *The Excerpta Constantiniana and the Byzantine Appropriation of the Past*, Cambridge, 2018.

纪所制抄本（即抄本 Laur. Plut 7. 7）至此。① 其他从君士坦丁堡来到尼西亚的人，还携带了许多 9 世纪制作的图书，比如抄有亚里士多德作品的抄本 Vind. Phil. gr. 100、抄有辛普利修斯（Simplicius）作品的抄本 Marc. Gr 226、抄有德摩斯提尼作品的抄本 Paris. Gr. 2934，以及一个制作于稍晚时候的抄本 Paris. Gr. 1665 和抄有狄奥多罗斯·德·西西里（Diodore de Sicile）的作品《历史的图书馆》（*Bibliothèque historique*）。当然，上述所言被携带至此的图书对于新都尼西亚而言显然是不够的，因此，在 13 世纪 30 年代，尼西亚王国的中央权威在东地中海地区组织考察，其具体目的在于寻找尽可能多的图书并带回尼西亚。举例而言，尼基弗鲁斯·布莱姆米德斯（Nicéphore Blemmydès）就在莱斯波斯岛（Lesbos）、罗德岛（Rhodes）、萨摩斯岛（Samos）、圣山、塞萨洛尼卡（Thessalonique）以及拉里萨（Larissa）等地寻找到了古籍。由于上述所言诸多收集图书的举措，新帝国新建了大量图书馆。②

另外，书籍也会因为移民浪潮而流动，有时甚至改变接收移民地区的社会文化结构。在 7 世纪，波斯人和阿拉伯人相继对叙利亚、巴勒斯坦和埃及发动进攻，导致了大批说希腊语和叙利亚语的拜占庭人向西移民至北非、意大利南部甚至罗马。他们带去了大量叙利亚—巴勒斯坦神学家所写的图书。这些书在意大利尤其是罗马的希腊语社群中被复制，部分还被翻译成拉丁语，而后随着罗马教会的传教政策被传播至欧洲中部、北部甚至海岛（不列颠与爱尔兰等），从而影响了中世纪的神学辩论。③

---

① Ch. Foerstel, "Entre propagande et réalité: la culture dans l'empire de Nicée," *Revue française d'héraldique et de sigillographie* 73 – 75（2003 – 2005）[= I. Villela-Petit（éd.）, *1204 la quatrième croisade: de Blois à Constantinople & éclats d'empires*]: 129–134, esp. 132.

② F. Ronconi, "Innovations et continuités dans la 'Renaissance paléologue' Quelques réflexions sur la book-culture du XIIIe s.," *The Scholar and His Library. Byzantium, 13th/14th c.*, ed. A. Berger and Ch. Gastgeber.

③ F. Ronconi, "Ouvrages patristiques grecs en Italie méridionale entre Antiquité tardive et Moyen Âge. Formes et origines d'une spécificité（avec une note sur les *Doctrinae* de Dorothée de Gaza）," in *La réception des Pères grecs en Italie au Moyen Âge（Ve-XVe siècle）*, ed. B. Cabouret, A. Peters-Custot, and C. Rouxpetel, Paris, 2020, pp. 107–138.

四　书籍在拜占庭的象征领域与想象世界之中

（一）书籍具有特殊性的原因

拜占庭帝国与中世纪欧洲与地中海其他地区不同，书籍在其社会与集体想象中占据特殊地位。这一特殊性首先在于，在拜占庭帝国历史的任何阶段，书籍与文书都在社会网络中保持流通。这主要是因为拜占庭社会持续存在一个高效的行政系统和一个完善的教育体系，因此，即使是在帝国充满危机的时代（特别是在 6 世纪末至 8 世纪末），拜占庭社会也能保证大量的个体（无论如何其数量都高于其他周边文化共同体）接受文化教育。除此之外，必须补充的是，书册与卷轴在基督教教会仪式中十分重要。这些教会仪式几乎在帝国的每一个城镇与村庄定期举行。这一情况意味着每一个拜占庭人都会在生活中经常接触到文书与书籍，无论是在与行政部门的必要接触之中还是在教会仪式之中。同时，除了接触实体书籍，我们还应当考虑到，拜占庭人也经常接触到（且比其他中世纪社会的人接触得更多）书籍的不同形象，无论是在神圣的宗教场所（在那里，书册与卷轴常常出现在大量圣徒的圣像之中，而且福音书的作者也经常被表现为抄工的形象）还是在公共空间。此外，在拜占庭人总是参加的宗教仪式中他们也经常可以听到被高声诵读的文本（比如圣徒传记或礼仪赞美诗等）。这些被诵读的文本中经常提及书籍或文书。由此可见，即使是对于不识字的人而言，书籍与文书也并不陌生。

对于其他民族的人而言，书籍也被视为拜占庭身份象征的核心要素：9 世纪阿拉伯人贾希兹（Al-Ǧāḥiẓ，776-868）将拜占庭人描述为一个崇尚"圣书"（livre saint）的民族，同时，他也认为拜占庭人熟悉"算术、占星与书法"；① 拉丁人在 1204 年入侵君士坦丁堡时，曾嘲笑拜占庭人

---

① D. Gutas, *Greek Thought, Arabic Culture. The Graeco-Arabic Translation Movement in Baghdad and Early 'Abbāsid Society* (*2nd-4th/8th-10th centuries*), London-New York, 1998, p. 85.

"手里拿着芦苇笔和墨水瓶，假装自己在写书"。①

总而言之，书籍与书写是定义恩斯特·卡西尔（Ernst Cassirer）所言拜占庭"象征世界"的关键因素，它们在所谓拜占庭人的"崇敬书籍心态"（mentalité livresque）的形成中发挥了核心的社会—文化作用。② 事实上，发生在 4 世纪与 6 世纪的两个历史事件在赋予书籍象征性功能这一方面起了重要作用。

（二）册子本的流行

凯撒里亚的尤西比乌斯在他的一部作品中转录了一封来自君士坦丁大帝的书信。在这封书信中，君士坦丁大帝命令他在巴勒斯坦的凯撒里亚（他在这座城市领导一个重要的圣经研究中心，这一研究中心有一个巨大的图书馆以及一个抄写中心③）制作 50 部抄写圣经文本的册子本。④ 这一书籍制作活动（尽管我们缺乏相关细节）使得刚刚取代卷轴的册子本成为可以用来抄写宗教文本（尤其是圣经）的书籍形式。另外，不同于卷轴（它可以书写的文本容量更小），根据 325 年君士坦丁亲自主持的尼西亚大公会议所确立的（新旧约圣经）合一概念，册子本这一书籍形式使得旧约与新约文本整合为一本书成为可能。君士坦丁大帝下令制作的这些圣经册子本，都按照他本人的意愿被放置于新都君士坦丁堡新建立的教堂之中。这些书在使君士坦丁堡这一帝国新首都成为基督教信仰的中心即"新耶路撒冷"方面发挥了重要作用。在接下来的 11 个世纪中，基督教信仰从这里辐射至整个帝国。

---

① Nicétas Choniatès, *Hist.*, ed. J. -L. van Dieten, *Nicetae Choniatae Historia*, I–II, Berlin-New York, 1975, p. 594.

② G. Cavallo, "Il libro come oggetto d'uso nel mondo bizantino," *Jahrbuch der österreichischen Byzantinistik* 31 (1981) (= XVI. Internationaler Byzantinisten Kongress. Akten, I/2): 395–423.

③ A. Grafton and M. Williams, *Christianity and the Transformation of the Book. Origen, Eusebius, and the Library of Caesarea*, Cambridge, 2006.

④ Eus., *Vita Const.*, 4. 36 – 37, ed. F. Winkelmann, *Eusebius Werke*, 1. 1, *Über das Leben des Kaisers Konstantin*, Berlin, 1975.

　　另一项极具象征意义的历史事件则是查士丁尼法典的修订。最早试图以法典的形式将诸多法律文本整合为一册书的尝试可以追溯至三四世纪，即《格列哥里安斯法典》（Codex Gregorianus）与《赫尔莫格尼安法典》（Codex Hermogenianus）。438 年，皇帝狄奥多西二世着手将君士坦丁大帝以来颁布的所有帝国法令汇编成《狄奥多西法典》（Codex Theodosianus）。但查士丁尼皇帝主持的法典汇编显得更为重要，因为其行动包含了双重内容。一方面，他将前代皇帝所颁布的法令全部整合为一部法典。另一方面，他任命了一个专家团队，他们从 1500 多部法学著作中挑选出大约 9000 条关于古老法律的摘录，并将这些摘录抄写到同一个册子本中。他将这一大型摘录汇编命名为《学说汇纂》（*Digestum* 或 *Pandectae*）并于 533 年正式颁布。由此，正如查士丁尼自己在这本汇纂的开篇所言，"大量作者所著分散于各卷轴的作品"被"汇集为一本册子书"（tot auctorum dispersa uolumina uno codice indita）。查士丁尼更是效仿君士坦丁，下令抄写 70 本《学说汇纂》的复制件，其中有一本可能保存至今。这一份极大尺寸的抄本共包含约 900 张（兽皮）纸，最初分为两卷，现藏于佛罗伦萨劳伦佐图书馆，因此被称为"佛罗伦萨抄本"（Littera florentina）。这份抄本由 15 位书法家共同抄写而成，极有可能抄写于君士坦丁堡的皇家文书局。①

　　《学说汇纂》的每一个副本其实都是政治统治工具，通过它，权力建立在恢复与重构帝国法律传统之上这一意识形态得以确立。然而，这一意识形态在之后的几个世纪却变得难以理解与支离破碎。《学说汇纂》是拜占庭帝国与古罗马帝国之间延续性的物质化体现之一。这一延续性正是查士丁尼本人试图强调的。用拉丁文写作而成的《学说汇纂》很快就不再使用，因为仅在几代人之后，希腊语变成了帝国的唯一官方语言。无论如何，《学说汇纂》的编纂象征着册子本彻底完成了取代卷轴成为通用书籍载体这一进程。册子本这种书籍形式，成为圣经与法律文本的载体，二者均是拜占庭文化领域的重要支柱。

---

　　① Ronconi 2021, pp. 151–155.

（三）持续存在的卷轴：教会仪式、巫术、行政文书与奢侈物品

尽管在拜占庭帝国的漫长历史中，册子本是最常见的书籍类型，然而，在古代广泛传播的其他两种书籍形式，即多折木板和卷轴，在拜占庭帝国时期仍被继续使用。多折木板由数量不等的木板互相连接而成，这些木板的一个表面或正反两面被凿空，并灌入似乎是蜡的混合物，用骨质或金属制的尖笔在上面刻字（如图 3 所示）。多折木板在希腊古风时期就开始被使用，而后在整个欧洲和地中海地区成为流行的书籍形式（直至卷轴以及随后的兽皮纸广泛传播），在拜占庭帝国时期也主要作为教学所用练习簿与笔记本被继续使用。在二三世纪以前，卷轴都是书籍的通用形式（当然，在埃及，至少直至 7 世纪，卷轴仍然被广泛使用）。卷轴由多张莎草纸（后来也有兽皮纸和纸张）互相粘贴连成纸带，并直接或者通过木轴或骨制轴滚成卷状而成。卷轴在整个拜占庭帝国范围内广泛流传至 15 世纪，尤其是被使用于行政文书、教会仪式、巫术以及驱魔等场合，深刻影响了拜占庭人的集体想象。

1. 礼仪与魔法卷轴每一个教堂都拥有多个写有教会礼仪文本的卷轴[①]

流传至今的此类卷轴大多制作于 12 世纪至 15 世纪（当然，西奈半岛保存了更为古老的礼仪所用卷轴）。这些卷轴通常由羊皮纸制成（极少数由纸张制成），尺寸最长可达 13 米。它们通常呈竖式卷筒（rotuli）样式。区别于古代书籍所用横式卷轴（即文本书写在与滚轴平行的各栏之中），在竖式卷筒中，文本排布在与滚轴垂直的单一长栏之中（如图 1 所示）。拜占庭礼仪所用竖式卷筒有时正反两面均会书写内容，在这种情况下，抄工会在用完一面之后继续在另一面抄写文本。抄本 Messanensis gr. 177 就是一个典型的例子：它的一面抄有圣雅各伯礼拜仪式所用文本，另一面则抄有圣马可礼拜仪式所用文本（如图 4 所示）。

---

① S. E. J. Gerstel, "Liturgical Scrolls in the Byzantine Sanctuary," *Greek*, *Roman and Byzantine Studies* 35（1994）：195-204.

图 3　灌蜡的多折木板，内含科普特文和希腊文注释，公元 6~7 世纪

资料来源：New York, Metropolitan Museum of Art, n° 14.2.4a--d © cco--1.0。

竖式卷筒这一书籍形式常常出现在拜占庭的圣像之中（如图 5 所示），同时，它也出现在诸多史料文本之中，比如圣索菲亚教堂所用牧首主持礼仪的流程表（diataxis，主要用以指出教会礼仪中各项流程的顺序）以及另一个记录了君士坦丁堡最主要教堂礼拜仪式组织过程的文本。根据后者文本记载，在弥撒礼之中，主持仪式的主教应当确保其所用竖式卷筒能够被信徒看到。① 有一部分用于礼拜仪式的竖式卷筒被单独称为 kontakia。Kontakia 一词的词源为 kontos 或 kontax，其原意为标枪所用木棍，可以指代卷轴中用来缠绕纸带的滚轴。Kontakia 一词后来也用来指称一种专门类型的赞美诗，它的发明被归于 6 世纪拜占庭赞美诗作家罗曼诺

① R. Taft, "The Pontifical Liturgy of the Great Church according to a Twelfth-Century *Diataxis* in Codex British Museum Add 34060," *Orientalia christiana Periodica* 45 (1979): 279-307, esp. 298.

斯（"Romain le Mélode"）［详见下文第五节（二）］。这一类别的赞美
诗通常书写于小尺寸的礼仪卷轴中。①

图 4　卷筒 Messanensis gr. 177

图 5　奈莱茨（马其顿北部）的圣庞大良教堂北墙湿壁画

作为一种极其古老且总是被用于基督教礼拜仪式之中的书籍形式，
卷轴被拜占庭人视为充满魔力且能够沟通生者与死者的物质材料。根据

---

① J. Grosdidier de Matons, *Romanos le Mélode et les origines de la poésie religieuse à Byzance*, Paris, 1977, 37 et s.

一个后世的传说，载有尼西亚会议参与者签名的卷轴被放置于两位死于会议期间的主教的坟墓前，第二天早上，这两位已经死亡的主教的签名也出现在了这份卷轴上。① 有时候，这种超自然的干预也体现在已有的名字被自动抹去方面。比如，根据另一个文本记载，最后一位支持圣像破坏运动的皇帝西奥菲勒斯（Théophile）的名字，从一份列有异教徒名单的卷轴上消失。这份卷轴由君士坦丁堡牧首美多德（Méthode）密封并储存于圣索菲亚大教堂。② 这一传说明显是服务于牧首美多德推行的和平政策的：他遵从皇帝西奥菲勒斯遗孀狄奥多拉皇后的意愿，在西奥菲勒斯死后努力调停圣像破坏运动的支持者与反对者之间的矛盾，实现双方的和平。拜占庭人眼中充满魔力的卷轴也会被用来传唤恶魔。根据历史学家尼基塔斯·霍尼亚提斯（Nicétas Choniatès）的记载，一位来自柯林斯的名叫埃隆·伊萨吉奥斯（Aaron Isaakios）的犹太人，是一个与拜占庭帝国勾结的叛徒。他使用了一卷含有归为圣经所罗门王所著作品的卷轴，当他阅读上面的文字并以某种方式展开这卷卷轴时，他唤来了恶魔并将其制服。③ 含有魔法用语或文本的卷轴常常被当作驱邪符保存于住宅与修道院中，他们被认为可以用来驱离恶魔。④ 现藏于维也纳图书馆的卷轴 Vindob. Suppl. gr. 116，它长约 3 米，由 6 块羊皮纸连接而成。它写作于16 世纪，但其中部分神秘文本（包括一份魔法师列表和一个驱魔术）可以追溯至拜占庭帝国时期。这份卷轴是用来保护它的主人安东尼及其家人的护身符。⑤

① Niceph. Call. Xant. , *Hist. Eccl.* 8. 23.
② *Vita imperatricis sanctae Theodorae*, § 5, pp. 33–34, F. Halkin, ed. , *Deux impératrices de Byzance*, in *Analecta Bollandiana* 106（1988）: 28–34.
③ Nicétas Choniatès, *Hist*, p. 146.
④ M. Patera, "Exorcismes et phylactères byzantins: écrire, énoncer les noms du démon," in *Cahiers "Mondes anciens*," [En ligne], 1（2010）, mis en ligne le 20 janvier 2010, consulté le 27 octobre 2015. URL: http://mondesanciens. revues. org/139; DOI: 10.4000/mondesanciens. 139.
⑤ J. Spier, "Medieval Byzantine Magical Amulets and Their Tradition," *Journal of the Warburg and Courtauld Institutes* 56（1993）: 25–62.

2. 作为文书的卷轴

在整个拜占庭帝国历史之中，卷轴也是用来书写公共与私人文书的典型载体。根据历史学家米南德（Ménandre le Protecteur）的记载，561/562年拜占庭人与波斯人所签战后和平协议文本被复制于卷轴（βιβλία）上。[1]此外，各个牧首府的文书局也常常发布卷轴形式的文件，举例来说，亚历山大里亚牧首在确立了复活节日期后会通过卷轴状的官方信函通知其他各大牧首。君士坦丁堡的皇家文书局所发布金玺诏书以及递送其他政权统治者的官方信函也呈卷轴状。尽管上述所言拜占庭官方文书仅有极少数留存至今，但我们依然可以从来源于不同时代的极少数现存文书中举例说明。其中年代最为久远的是被我们称为"圣德尼纸草"的文书，它是现存最古老的拜占庭皇帝官方书信原件。目前的"圣德尼纸草"是9世纪君士坦丁堡皇家文书局所写送往西欧的官方卷轴文书的结尾部分。此外，梵蒂冈档案馆藏有12世纪制作的紫红色卷轴，里面含有科穆宁王朝皇帝写给两位教宗的信件。[2]

卷轴之所以在文书体系中长期存在，不仅在于其象征性意义（它被用于罗马帝国文书局的日常行政之中，因而象征着帝国辉煌的曾经），还有一个更为实际的理由：与册子本相比，书写于卷轴中的文本更不容易被篡改。在册子本中增加或删除部分文本是非常容易实现的事（只需要插入或销毁相应的纸张或"折"就行）；然而，在卷轴这一书籍形式中，增减文本都需要裁开原有的卷轴（以插入或去掉相应的纸张），这会造成显而易见的"伤痕"。值得注意的是，在拜占庭帝国时期，篡改册子本所载文书或书籍/文献是一种相当普遍的行为，尤其是对于宗教会议文集的篡改，更是频繁。比如，在680/681年于君士坦丁堡召开的第六次大公会议期间，对于抄有前代某次宗教会议文集的册子本的分析表明，该册子本被人为插入了部分"折"，其目的在于添加作者被归为某

---

[1]　*Menandri Protectoris Fragmenta apud Exc. de Legat. Rom. ad gentes*, 6. 1, p. 76.

[2]　F. Ronconi, "Le 'Papyrus de Saint-Denis,' la lettre d'un empereur byzantin," *Le papyrus dans tous ses États, de Cléopâtre à Clovis*, Catalogue de l'exposition, Paris, Collège de France, Septembre 2020, ed. J. L. Fournet, Paris, 2021, p. 141.

位牧首的一些错误宣言。① 为了避免此类篡改与伪造，君士坦丁堡的牧首文书局与皇家文书局所属官吏将每一节会议的原始会议记录都写作于卷轴之上，而后再由每一节会议的参与者自己签名。然后，这些会议记录和参与者签名会被誊写与复制，一部分完全仿造原件制成卷轴状的复制品，另一部分则制成册子本形式的书籍，由皇帝加盖印章并认证。② 为了避免任何造假行为的出现，由皇家文书局颁布的卷轴，其每一张莎草纸或兽皮纸之间连接处的背面，都由该文书局一名高级官吏签名：这一策略可以防止卷轴被裁开并在难以察觉的情况下被插入或删减部分书写材料。③

（四）泥金装饰卷轴与奢侈卷轴

另一种被证明流传于拜占庭帝国时期的卷轴为带插图的精美卷轴。这类卷轴早在古代与古代晚期之时就已有相关记载。④ 在拜占庭帝国时期，它主要存在以下三种类型。第一种，最为常见的类型是礼仪卷轴，它通常包含扉页泥金装饰画（frontispices enluminés），有时还会有一些圣像图画（比如以下礼仪卷轴 Jerosol. Sainte-Croix 109、Athen. 2759 和 Patm. 707）。其中一个特殊的例子是藏于圣山主修道院的抄本 Athon. Grande Lavra 2，这是一份制作于 12 世纪的精美样本，包含了 13 幅穿插于礼仪文本之间的再现文本内容的场景画。⑤ 拜占庭存在的第二种插画卷轴类型为来自君士

① ACO2 II, *Concilium Universale Constantinopolitanum Tertium. I. Concilii Actiones* I - XI; II. *Concilii Actiones* XII - XVIII, *Epistulae*, *Indices*, ed. R. Riedinger, Berlin, 1990 - 1992, I, 40.

② G. De Gregorio and O. Kresten, "Il papiro conciliare P. Vindob. G 3: un 'originale' sulla via da Costantinopoli a Ravenna (e a Vienna)," in *Le Alpi porta d'Europa. Scritture, uomini, idee da Giustiniano al Barbarossa*. Atti del Convegno internazionale di studio dell'Associazione Italiana dei Paleografi e Diplomatisti. Cividale del Friuli, 5 - 7 ottobre 2006, ed. C. Scalon and L. Pani, Spoleto, 2009, pp. 233-379.

③ N. Oikonomidès, "Caratteri esterni degli atti," in *La Civiltà bizantina, oggetti e messaggio, Fonti diplomatiche e società delle province*, ed. A. Gouillou, Rome, 1991, pp. 21-86, esp. 37-38.

④ Weitzmann 1977, G. Cavallo, *Rotulo*, in *Enciclopedia dell'arte medievale*, X, Rome, 1999, pp. 190-192.

⑤ Cavallo 1999.

坦丁堡皇家文书局的部分高级别文件，比如皇帝安德罗尼卡二世（Andronique II Paléologue，1282 年至 1328 年在位）为确认并扩大莫奈姆瓦夏大主教的权利而颁布的金玺诏书。这一文书篇头所绘缩微画（miniature）描绘了皇帝正在将该诏书转交给基督这一场景（见图 6）。第

图 6　安德罗尼卡二世的金玺诏书（1301）

三种类型的插画卷轴为奢华卷轴。不同于前两种类型插画卷轴所含文本既可以是文书也可以是书籍—文书，第三类插画卷轴构成了一本真正的书，且像古代卷轴书籍那样以横式卷轴（即文本排布的各栏平行于滚轴）而非竖式卷筒（即书写文本的单一长栏垂直于滚轴）的制式展开（如图 1）。事实上，这一类型插图卷轴的样本目前仅有一份，它是保存在梵蒂冈图书馆的"约书亚卷轴"（rouleau de Josué），即 Vat. Palat. gr. 431。这一卷轴目前共由 15 张兽皮纸互相连接而成，其内容为 27 幅再现圣经约书亚记文本场景的图画，每幅画都伴有简短的文字性描述。这一制作于 10世纪的奢华卷轴很有可能是对古代晚期的某一卷轴的仿真复制。①

五　书籍的其他用途

与其他前现代社会一样，在部分人口并不识字的情况下，书籍在拜占庭社会不仅被读者用来阅读，还有我们称为"其他"的用途。这些用途并不以阅读能力为前提，因此也让不识字的人能接触到书籍。上述所言其他用途可以分为两大类。在第一类用途中，书籍像传统的方式那样被当作一个文本的载体，但它是用来听而不是读的。在这种情况下，一名读者高声朗读文本，用以让多名听众受益。通过这种"声音"上的使用，该书成为事实上的有声书。第二类用途的范围更广，它将书的物质性而非其文本置于中心位置。

（一）有魔力的和施展奇迹的书

在上文中，我们已经提及卷轴被用于巫术/魔法实践。根据君士坦丁堡牧首约翰·克里索斯托的记载，四五世纪的妇女有一个习惯，将抄有福音书的微小尺寸的书像护身符一样挂在脖子上。② 这些尺寸微小的书很明

---

① O. Kresten, *Il rotolo di Giosuè*（*BAV*, *pal. gr. 431*）*e gli ottateuchi miniati bizantini*. Inaugurazione del corso biennale. Anni accademici 2008–2010, Città del Vaticano, 2010.

② Chrysost, *Hom. Stat*. 19. 14.

显并不是用来阅读的，而是通过其与身体接触提供一种形式的保护。犹太与阿拉伯文化中也存在类似的做法。[①] 拜占庭埃及出土了可能用于此类用途的微小型书的碎片，比如出土于安提诺波利斯城（Antinoupolis）的一张小尺寸对折纸张（bifeuillet，即两个 folios），它抄有主祷文（即《马太福音》第六章的第 9~13 句）的部分内容；[②] 还有在埃及发现的制作于 5 世纪的羊皮纸书册 P. Köln. inv. 4780，它是目前所存尺寸最小的册子本（尺寸为 45 毫米×38 毫米），共包含 48 张因潮湿而已然受损的对折纸张，抄有记载摩尼教创始人摩尼（生活于 3 世纪）生平事迹的文本（见图 7）。在部分情况下，身体与书接触不仅可以得到保护，更可以治疗疾病。比如，根据《圣安东尼传记》（Vie de saint Antoine le jeune）的记载，一位妇女将宗教书的纸张像皮带一样缠绕在自己的腹部周围，她的不育症由此得以治愈。[③] 还有一些书因为由圣徒抄写（至少当时的人们是这么认为的）或曾与某位圣徒的身体发生过接触而被赋予超自然的能力，被当作圣物。其中典型的例子便是手抄本 Paris. gr. 437，这是一部尺寸与兽皮纸张质量相当粗糙的册子本，抄有传统上被认为是圣保罗弟子的（伪）阿罗帕吉特的德尼（Pseudo-Denys l'Aréopagite）所著作品。[④] 在 827 年，这部书被拜占庭皇帝米歇尔二世（Michel II）当作外交礼物赠予虔诚者路易，以期实现两个帝国间的政治联盟。拜占庭皇帝显然已经洞悉，虔诚者路易的顾问，巴黎北郊圣德尼修道院院长伊尔杜安（Hilduin）此时正试图借由基督教信仰完成一项复杂的政治操作：为了证明巴黎教会的古老性（由此巴黎教会可以获得独立于罗马教会的合法性，此时的罗马教会正与君士坦丁堡教会对抗），伊尔杜安试图证明作为圣保罗弟子的德尼与曾担任巴黎

---

① A. M. Luijendijk, *Forbidden Oracles? The Gospel of the Lots of Mary*, Tübingen, 2014, p. 55; C. Hamès, ed., *Coran et talismans. Textes et pratiques magiques en milieu musulman*, Paris, 2007.

② T. J. Kraus, "Manuscripts with the Lord's Prayer. They Are More than Simply Witnesses to That Text Itself," in *New Testament Manuscripts: Their Texts and Their World*, ed. Th. J. Kraus and T. Nicklas, Leiden, 2006, pp. 227-266, esp. 233 et s.

③ *Vita Antonii junioris*, 196.

④ *Actes* 17: 33-34.

主教的圣德尼（实际上这位圣德尼所生活的时代比圣保罗晚了好几个世纪）为同一人。由此可见，拜占庭皇帝作为外交礼物送来的抄有（伪）阿罗帕吉特的德尼作品的抄本有着重大的政治价值，因为（伪）阿罗帕吉特的德尼的作品在当时的加洛林帝国几乎无人知晓，它成为实现伊尔杜安主导的将圣德尼等同于阿罗帕吉特的德尼这一政治操作的重要工具。此外，来自拜占庭的使节可能还宣称这一书册由阿罗帕吉特的德尼亲手书写而成。作为巴黎主教的圣德尼创造过诸多奇迹，他（巴黎的圣德尼与阿罗帕吉特的德尼被混为同一个人）本人亲手写作的书也有创造奇迹的能力。事实上，这本书在贡比涅（Compiègne）的宫廷被虔诚者路易亲自接见后，被隆重地迎接至圣德尼修道院。在那里，群众，其中包括许多患有疾病的人，在夜幕降临时簇拥着欢迎它的到来。根据当时的史料记载，在这本书来到圣德尼修道院的当晚，仅仅通过凝视这一物件而非阅读其所含希腊文文本，就有 19 名患有疾病的人被治愈。[①]

图 7　P. Köln. inv. 4780

① P. Magdalino, "Evaluation de dons et donation de livres dans la diplomatie byzantine," in *Geschenke erhalten die Freundschaft. Gabentausch und Netzwerkpflege im europäischen Mittelalter*, ed. M. Grünbart, Münster, 2011, pp. 103-116, esp. 106 et s.

（二）　可食用的书籍

《启示录》（*Apocalypse de saint Jean*）是被拜占庭作家广泛阅读和引用的文本，其中，下述片段为该文本被提及最多的片段之一：圣约翰声称听到了来自天堂的声音，那声音命令他吞下天使递给他的书，通过这一行为，他就可以获得上帝赋予的预言能力。① 《启示录》的这一片段是受另一段出自旧约《以西结书》相似文本的启发，那段旧约相似文本记载了以西结如何通过吞下一个卷轴成为先知的故事，它也被拜占庭作家大量引用。② 上述两段圣经文本还启发了手抄本 Vat. Gr. 1613 所载文本《罗曼诺斯传》（*Vie de Romain le Mélode*）。Vat. Gr. 1613 这份重要的抄本被称为"巴西尔二世的圣徒节日历"（Ménologe de Basile II），它包含了按照圣徒节日先后顺序排列的圣徒传记集。在这份可以追溯至 10 世纪最后 1/4 时代的奢华抄本中，每个圣徒的传记文本都仅占据半页纸，而剩下半页则画有再现文本情境的泥金插画。与罗曼诺斯传记文本相对应的泥金图画描述了以下场景：圣母让这位在睡觉的赞美诗作家吞下一小卷卷轴。他的传记文本解释说，正是因为这一举动，圣母将诗歌创作的灵感注入罗曼诺斯体内（就像以西结与圣约翰通过吞下卷轴获得了预言的能力）。事实上，罗曼诺斯被认为是 kontakion 这一赞美诗类别的发明者［如上文第四节（三）第一点］。

地中海世界的多个文明中都可以发现类似的实践。在中世纪犹太世界中，孩子们会吃下用蜂蜜临摹的字母与圣经文句，他们相信吃了这些字母和文句的孩子会对学习产生兴趣。③ 在埃及，教导不识字的人时会要求他吞下写有字母的纸草碎片。④ 在拜占庭帝国，儿童会被要求吞下（在圣酒的

---

① *Apocal.* 10. 4–11.
② *Ez.* 3. 1.
③ I. Abrahams, *Jewish Life in the Middle Ages*, London, 1896, p. 348.
④ G. Wöhrle, "Papyrophagie," "... *vor dem Papyrus sind alle gleich*!": *papyrologische Beiträge zu Ehren von Bärbel Kramer* (*P. Kramer*), ed. E. Raimar, H. Kockelmann, S. Pfeiffer, and M. Schentuleit, Berlin-New York, 2009, pp. 243–247.

帮助下）载有向天使祷告内容的兽皮纸片，这些纸片往往将天使称作"天使老师"（Didaktikos）或"十分博学的天使"（Sophotatos）。[1]

（三）用于欣赏和崇敬的书籍

上文中我们已经提及多个带有泥金装饰的册子本与卷轴。在某些样本比如前文所言巴西尔二世的圣徒节日历抄本中，泥金装饰画出现得十分频繁，以至于完全可以仅通过看图阅读该书，这满足了不识字的人的需求。此外，我们也在上文中提及手抄本 Paris. gr. 510 中的缩微画，这份抄本极有可能是弗提乌斯为皇帝巴西尔一世制作的。根据史料记载，巴西尔一世几乎是完全不识字的。[2] 因此，手抄本 Paris. gr. 510 所含插图可能是为了起到帮助理解文本含义的补充功能。

在上文中，我们还曾提到，在弥撒仪式中，主教所用卷轴应当展示给信徒。这样的例子有许多：拜占庭人在生活中经常出入这一类型的场所，无论其社会地位与文化水平如何。此外，卡尔西顿教派的基督徒（在拜占庭帝国占主导地位）不仅认为书籍是正统信仰的支柱（正如基督教其他教派、犹太教以及自某一时期开始的伊斯兰教[3]），更是将它视为上帝的外化形象之一。[4] 第一次尼西亚大公会议就确立了以下信条：福音书是

---

[1] A. Vasil'ev, *Anecdota Graeco-Byzantina*, Moscow, 1893, p. 342; R. Browning, "Literacy in the Byzantine World," *Byzantine and Modern Greek Studies* 4 (1978): 39 – 54 (reprinted in R. Browning, *History*, *Language and Literacy in the Byzantine World*, Northampton-London, 1989, VII), esp. 52.

[2] *Vita Basili* 89; *Theoph. Cont.* 5. 72. M. Featherstone and J. Signes-Codoñer, eds., *Chronographiae quae Theophanis Continuati nomine fertur Libri I – IV*, Berlin-Boston, 2015.

[3] H. Touati, "Écriture, calligraphie et peinture en Islam. Textes en français et en anglais réunis et introduits par H. Touati," *Studia islamica* 96 (2003).

[4] M. -F. Auzépy, "Controversia delle immagini e produzione di testi," *Lo Spazio letterario del Medioevo*, III. *Le culture circostanti*, 1, *La cultura bizantina*, ed. G. Cavallo, Roma, 2004, pp. 149 – 182; P. Magdalino, "Orthodoxy and Byzantine Cultural Identity," *Orthodoxy and Heresy in Byzantium. The Definition and the Notion of Orthodoxy and Some Other Studies on the Heresies and the non-Christian Religions*, ed. A. Rigo and P. Ermilov, Rome, 2010, pp. 21–40.

基督的象征（typos），要崇敬基督就必须"崇敬物质形态的福音书"。①
由此可见，弥撒礼仪包含教堂内的游行队列并不令人意外，因为通过这一
队列，福音书被庄严地请至主礼人处，他接过它，虔诚地亲吻它，将它举
高并展示给信徒们。信徒们在进行自我告诫礼时，将它当作基督来崇敬。
史料记载告诉我们，信徒通常会围在主礼人周围，以期能够依次触摸与亲
吻该书。② 此外，塞浦路斯的埃皮法尼乌斯（315～403）还曾指出，简单
地看一眼福音书就能让人们更少地倾向于罪孽并拥有更坚定的信仰。③ 应
当指出的是，在这一类将书籍当作物品的用途中，使用对象之间是平等
的，因为不识字的人也可以像有知识的人一样参与其中，不像阅读文本这
一书籍用途，只有具备一定知识储备的人才能进行。这也代表了当时的社
会与政治倾向，比如，在圣索菲亚大教堂举行庄严的庆祝活动时，君士坦
丁堡的所有社会群体都会参与其中，皇帝与他的所有臣民一起欣赏与崇敬
福音书。

在另一种场合，即在宗教会议中，人与福音书的视觉与物质接触
也扮演了十分重要的角色。在宗教会议中，福音书被置于参会教父中
间的宝座之上（如图8），代表活着的基督主持会议，正如福音书经文
曾言"凡有两三个人奉我的名聚会，我就在他们中间"（《马太福音》
第18章第20句）。包含有卓越文本、作为救世主的化身并向所有人开
放的福音书还能为以其名宣誓的主教们所做决定正名。在一些宗教会
议中，当需要重新接纳那些曾经加入其他教派或异端团体的主教回归
正统教会时，他们会采取一种非常特殊的程序：他们会将福音书置于
等待回归正统教会的主教的肩头，并宣读相关经文，以强调这种与福
音书的肢体接触使得被接触者再次被祝圣。事实上，主教们都是通过
这种方式被祝圣的。

---

① Lowden 1990.
② Paulus Silentiarius, *Descriptio Ambonis 247-251*, ed. C. De Stefani, Berlin-New York, 2011, p. 85.
③ APA Epiphanios 8, *PG 65*, col. 165 1-B.

图 8　Paris. gr. 510，f. 355r

结　语

　　由于大量手抄本的佚失，任何关于拜占庭帝国书籍制作与流通的重建都可以说是不完整的。尽管存在局限性，但明显的事实是，与书籍在同时期其他邻近文明中所扮演的角色不同，它在拜占庭社会中扮演了非常特殊的角色。一方面，拜占庭帝国的识字率普遍高于欧洲和地中海其他地区，因此，相较于上述其他地区，阅读与书籍在拜占庭帝国更为普及。另一方面，在宗教与世俗仪式上或是在公共与私人集会（例如知识分子的读书会、学校或修道院）中经常被用于高声朗读的拜占庭书籍，① 不仅是用来

　　① 　D. Bianconi，"Eracle e Ioalo. Aspetti della collaborazione tra copisti nell'età dei Paleologi，" *Byzantinische Zeitschrift* 96/2（2003）：521–558；Ronconi 2012；Ronconi 2017.

阅读与学习研究的，也是用来倾听与崇敬的。事实上，由于其内容的复杂性，包含神学或哲学作品的书籍可能仅用于个人阅读或流通于学校或知识分子圈的特定成员内部；然而，礼仪所用书籍以及大部分含有圣徒传记文本的书籍，则是面向从社会—文化角度而言复杂多样的广大公众。通过高声朗读文本内容，这些图书的内容也常常会被许多不识字的听众了解。有魔力的、显神迹的书籍，以及作为圣物的书籍和神圣的书籍，它们都通过不同的方式及相异的影响力，与个人和社会群体的生活相交织。这些图书的用途往往与其所含文本之间仅存在微弱的联系：它们并不一定是用来阅读的，而更多的是激活其拥有的超验属性的物件。

在圣索菲亚大教堂举行的庄严弥撒礼中，当福音书被执事高高举起时，它同时接受来自在场的皇帝与首都各社会群体代表的敬仰，这是拜占庭文化中最耐人寻味的场景之一：所有社会成员的目光在这一同时具备物质性与超验性的物体上汇集，神圣理念变得具象化并渗透于集体与个人生活的最重要时刻中。因此，作为神圣文本承载者的书籍，成为凝聚拜占庭帝国这一复杂与充满冲突的社会的完美象征符号。

5~6世纪罗马帝国西部对蛮族迁徙和入境蛮族的反应[*]

伊恩·伍德 著 李隆国 译[**]

摘 要 尽管5~6世纪进入罗马帝国的蛮族数量与罗马人口基数相比似乎并不多,但是在某种条件下却能导致严重后果,因此我们要知道我们是在处理一系列的具体事例,而非一个统一的民族大迁徙。有些研究作品过分夸大了蛮族带来的破坏,而刻意忽略了罗马人的内斗。因为帝国西部各地的情况千差万别,所以它们对入境蛮族的应对也非常不同。这并不仅仅是因为移民的数量分布不均衡,他们带来的伤害也就差异很大,而且蛮族只是众多受关注的对象之一,人们甚至也能逐渐适应。换言之,我们要避免收集破坏性证据,而需以开放的视角观察到更为宽广的图景,而且史料并没有偏爱迁徙,根本就没有提到蛮族的史料至少跟夸大蛮族破坏的史料一样多。

关键词 迁徙 移民 晚期罗马帝国 蛮族

---

[*] 本文原载于 Ian N. Wood, "Responses to Migration and Migrants in the Fifth- and Sixth-Century West," in *Le migrazioni nell'Alto Medioevo : Spoleto*, *5–11 aprile 2018*, Settimane di studio della Fondazione Centro Italiano di Studi sull'Alto Medioevo 66, ed. Harald Müller, Spoleto, 2019, pp. 177–204, 由作者授权翻译发表。

[**] 伊恩·伍德,利兹大学历史系荣休教授;李隆国,北京大学历史学系副教授。

　　对于 4 世纪、5 世纪和 6 世纪进入罗马帝国的蛮族群体规模，史学家一直都很感兴趣。我们的史料中有些数字，至今仍然偶尔被不加质疑地引用，尽管早在 1901 年汉斯·德尔布吕克（Hans Delbrück）在其《政治史框架下的战争史》第二卷中就指出过，其中很多数字高度可疑且令人难以置信。[①] 此后瓦尔特·郭法特对此更加严厉地质疑过。[②]

　　我以这些数字开始讨论，并不是因为我想捍卫这些数字，而是因为时人认为它们值得被记录：它们本身就与事实相唱和，即蛮族以罕见的规模进入帝国。我首先讨论那些数字中最不可靠的。尤纳皮乌斯（Eunapius）说，20 万哥特人于 376 年抵达了多瑙河边，尽管他并没有说这是渡过河去的哥特人数目。[③] 同一数据几乎原封不动地出现在拉达盖苏斯于 405/406 年关于意大利受到入侵的描述中。奥罗修斯（Orosius）将哥特人视为"古往今来罗马对手中最为野蛮的敌人"，[④] 他说哥特人的数量多于 20 万。马尔切利努斯（Marcellinus）伯爵于 6 世纪在君士坦丁堡写作历史，他所抄录的数据也是这样。[⑤] 与奥罗修斯有过交往的奥古斯丁说，在对抗斯提利科的战役中有 10 万多哥特人被杀。[⑥] 与马尔切利努斯几乎同时代的爱国志士佐西莫斯（Zosimus），将数字夸大为 40 万。[⑦] 这些数字与大多数其

① H. Delbrück, *Geschichte der Kriegskunst im Rahmen der politischen Geschichte*, II, Berlin, 1901; English translation, *History of the Art of War*, II, Lincoln, NE., 1920, p. 286.

② W. Goffart, *Barbarian Tides : The Migration Age and the Later Roman Empire*, Philadephia, 2006.

③ Eunapius, fragment 42, ed. R. Blockley, *The Fragmentary Classicising Historians of the Later Roman Empire : Eunapius, Olympiodorus, Priscus and Malchus*, 2 vols., Liverpool, 1981 - 1983, vol. II, pp. 60 - 61. P. Heather, *Goths and Romans 332 - 489*, Oxford, 1991, pp. 138-139.

④ Orosius, *Historiae*, VII, 37, 4, ed. M. -P. Arnaud-Lindet, *Orose, Histoire contre les Païens*, 3 vols., Paris, 2003, vol. III, pp. 107 - 108, trans. A. Fear, *Orosius, Seven Books of History against the Pagans*, Liverpool, 2010, p. 397.

⑤ Marcellinus *Comes, Chronicle*, s. a. 406, ed. B. Croke, Sydney, 1995, p. 9. 译文存在一处错误。

⑥ Augustine, *De Civitate Dei*, V, 23, ed. B. Dombart and A. Kalb, CCSL XLVII, Turnhout, 1955, p. 159.

⑦ Zosimus, *Historia Nova*, V, 26, 3, ed. F. Paschoud, *Zosime, Histoire Nouvelle*, 5 vols, Paris, 1971-1989, vol. III, 1, p. 39.

他信息如此不一致，以至于我们肯定要抛弃它们。有些人估计提奥多里克一世的追随者大约有 20 万人，然而就提奥多里克一世在击败奥多瓦克时所遇到的困难而言，他的手下人数不太可能达到这个数字的一半。即使如此，我们也要考虑到移民群体中还包括哥特人以外的人群。[①]

尽管 20 万和更大的数字不可信，它们还是清晰地表明这些数字对于将它们记录下来的人富有意义。很显然，它们表明，有些时人将蛮族视为一种巨大的威胁。起初这些数字被赋予拉达盖苏斯的军队，可能旨在彰显击败他的斯提利科所取得的成就。需要记住的是，在哥特人失败之后不到一年，阿兰人、汪达尔人和苏维汇人渡过了莱茵河。夸大拉达盖苏斯的威胁程度可能也可以为斯提利科应对这些蛮族失策做辩护。[②] 然而，奥古斯丁则试图有意识地将它与 410 年罗马沦陷进行比较：多神教徒拉达盖苏斯被击败了，而哥特基督徒成功地攻占了帝国首都。

但是又为什么选择 20 万这个数字呢？我们可以注意到圣经中就出现过这样的数字（在那里也同样是不合理的）。在《撒母耳记上》第 15 章第 4 句，撒母耳的步军就是这个数目。在《历代志下》第 17 章第 16 句，细基利的儿子亚玛斯雅率领大能的勇士 20 万；再下一句，便雅悯族的以利雅大率领 20 万武士（暗示 12 个部落能够提供多于 200 万人的军队）![③] 因此，20 万被视为好战部落的适当人数，而不论真相如何。但是也应记

---

①　H. Wolfram, *History of the Goths*, Berkeley, 1988, p. 279.

②　关于斯提利科的宣传，参见 A. Cameron, *Claudian: Poetry and Propaganda at the court of Honorius*, Oxford, 1970。

③　参见《历代志上》第 21 章 5~6 句："以色列人拿刀的有一百一十万。犹大人拿刀的有四十七万。惟有利未人和便雅悯人没有数在其中，因为约押厌恶王的这命令。"但是《撒母耳记下》第 24 章 9 句载："以色列拿刀的勇士有八十万。犹大有五十万。"所有这些数字显然不可信，在埃及的以色列人 4 代人间从原初的 70 人或 75 人（《创世纪》第 46 章 27 句，《出埃及记》第 1 章 5 句，《申命记》第 10 章 22 句，《使徒行传》第 7 章 14 句）增长到拿刀的勇士 600000 人（《出埃及记》第 12 章 37 句）或者 603550 人（《民数记》第 1 章 46 句），其他数字有塔西佗于公元 66~73 年对耶路撒冷人口的估计（60 万人）。约瑟夫斯说在战争中有 110 万人被杀，97000 人被俘。然而现代学者估算，在约公元 70 年的耶路撒冷，人口估计为 6 万人至 8 万人，参见 M. Broshi, "La population de l'ancienne Jérusalem," *Revue Biblique*, 82 (1975): 5 - 14; S. Rocca, *Herod's Judaea: A Mediterranean State in a Classical World*, Tübingen, 2008, p. 333。

住，这也是奥古斯都在罗马分配免费面包的人数。[1]

更为合理的但仍然有问题的数字是 8 万，据杰罗姆（Jerome）和奥罗修斯，这是勃艮第人在抵达莱茵河谷地、进入帝国境内之前的人数。[2] 可能这个数目也正好与伊达提乌斯的评论相符，他说 437 年有 8000 勃艮第人被杀。[3] 但是拜占庭史家苏格拉底说仅仅 3000 名战士就击败了匈人，这件事情很有可能发生在 5 世纪 30 年代早期。[4] 盖塞里克约于 428 年率领他的人民渡过直布罗陀海峡，维塔的维克多和普洛科皮乌斯（Procopius）两人所估计的人数也都是 8 万人，尽管我们还有其他证据表明这个数字是捏造出来的，至少依据维克多的估计，这个数字还包括各族人群。[5] 普洛科皮乌斯说盖塞里克指定了 80 名千户长（chiliarchs），每一名千户长理论上率领 1000 人。[6] 换言之，大约 80 个千户队（squadrons），其中包括男人、女人和孩子，不论老幼，亦不论自由与否。每个千户队的人数是否接近 1000 就留待读者想象了，尽管普洛科皮乌斯自己也表示了疑问，他说，在渡海去北非之前汪达尔人和阿兰人据说为 5 万人。[7] 在 626 年围攻君士坦丁堡时，阿瓦尔人和斯拉夫人的部队也被认为有 8 万人。[8] 我们应该注

---

[1] N. Morley, "Population Size and Structure," in *Cambridge Companion to Ancient Rome*, ed. P. Erdkamp, Cambridge, 2013, pp. 29 – 44, at 37. I. Wood, *The Transformation of the Roman West*, Leeds, 2018, p. 25.

[2] Jerome, *Chronicon*, s. a. 373, ed. R. Helm, *Eusebius Werke 7: Die Chronik des Hieronymus*, Leipzig, 1956, p. 247; Orosius, *Historiae*, VII, 32, 11, ed. M. - P. Arnaud-Lindet, III, pp. 86–87.

[3] Hydatius, *Chronicle*, s. a. 437, ed. R. Burgess, *The Chronicle of Hydatius and the Consularia Constantinopolitana*, Oxford, 1993, pp. 94–95.

[4] Socrates Scholasticus, *Historia Ecclesiastica*, VII, 30, ed. G. C. Hansen, Die griechischen christlichen Schriftsteller der ersten Jahrhunderte, Neue Folge 1, Berlin, 1853, vol. 2, p. 802.

[5] Victor Vitensis, *Historia persecutionis Africanae provinciae*, I, 2, ed. K. Vösing, *Victor von Vita: Kirchenkampf und Verfolgung unter den Vandalen in Africa*, Darmstadt, 2011, pp. 34–35.

[6] Procopius, *Wars*, III, 5, 18, ed. H. B. Dewing, *Procopius II*, Cambridge, Mass., 1916, p. 53.

[7] Procopius, *Wars*, III, 5, 19, ed. H. B. Dewing, *Procopius II*, p. 53.

[8] George of Pisidia, *De Bello Avarico*, l. 219, Patrologia Graeca 92, col. 1277.

意到，至少在考虑杰罗姆和奥罗修斯的时候，8 万也是另一个与经语相关的数字：《马卡比上》第 11 章第 2 句说明塞琉古将领攻击犹太人，试图将耶路撒冷变成一座希腊城市时，提默西率领的骑兵就是这个数目。但是这也是君士坦丁一世时期分配给君士坦丁堡民众的谷物数量。[①] 它还是以弗所的约翰所提到的在下米安德谷地皈依的多神教徒的数目。[②]

这些特定的数字确实存在一些相似处，但它们不过意味着很多人。当我们希望估计蛮族族群的规模时，我们需要像德尔布吕克那样，以及其他史家此后所做的那样，调查相关的叙事，体会其逻辑含义以及了解罗马军队自身。从亚德里亚堡之战的战役描述中，德尔布吕克发现 378 年总共有大约 6 万西哥特人，其中有约 15000 名战士。[③] 他们的军队人数，彼得·希泽的估计要稍微多一些，为 2 万人。[④] 拉达盖苏斯的军队不太可能数量更多。406 年三个不同的族群——汪达尔人、阿兰人和苏维汇人的联合兵力，可能要更为庞大一些（尽管我们要记住，普洛科皮乌斯说，在渡海到北非之前阿兰人和汪达尔人数目仅有 5 万）。[⑤] 当阿提拉帝国瓦解之后，东哥特人开始进入巴尔干半岛，这个时候，东哥特人的数量可能跟一个世纪之前西哥特人的数目差不多。当抵达莱茵河谷的时候可能勃艮第人的数量也与此类似，但他们应该经历了大规模的减员，因为他们与匈人发生了多次战斗。至于伦巴第人，当他们于 568 年进入意大利时，约尔格·亚努特提出其数目可能在 10 万人至 15 万人[⑥]。考虑到他们在此前半个世纪吸

---

① Socrates Scholasticus, *Historia Ecclesiastica*, II, 13, ed. Hansen, vol. 1, p. 204; Wood, *The Transformation of the Roman West*, p. 25.

② John of Ephesus, *Lives of the Eastern Saints*, II, 48, ed. E. W. Brooks, Patrologia Orientalis18, Paris, 1925, p. 681.

③ Delbrück, *History of the Art of War*, II, p. 276.

④ P. Heather, *Goths and Romans 332-489*, Oxford, 1991, pp. 139, 146-147.

⑤ Procopius, *Wars*, III, 5. 19. Ed. Dewing, p. 53.

⑥ J. Jarnut, *Storia dei Longobardi*, Turin, 2002, p. 30; N. Christie, *The Lombards*, Oxford, 1995, pp. 63 - 64, 认为应为 150000 人。皮特森也用了这个数字，L. I. R. Petersen, *Siege Warfare and Military Organisation in the Successor States (400-800 AD)*, Leiden, 2013, p. 180。Marius of Avenches, *Chronicle*, s. a. 569, 谈到 "Alboenus... cum omni exercitu... cum vel mulieribus vel omni populo suo in fara", ed. J. Favrod, *La Chronique de Marius d'Avenches (455-281)*, Lausanne, 1991, pp. 82-83.

纳了格皮德人和赫卢利人，这个数字是有可能的。但是在意大利之外尚有大量的伦巴第人。据以弗所的约翰记载，在576年国老查士丁尼征用了其中6万人来攻击波斯人。[①] 如果在东部前线战斗的伦巴第人达到这个数量，那么该族的主体部分应该数量庞大。但是当特拉人向波斯人解释他们为什么不愿意臣服于波斯人时，这个数字也出现在他们的发言中，它显然是宣传性文字。从伦巴第人随后的历史来看，很显然，他们比其他迁徙族群的人数要多得多。而且，至6世纪下半叶，甚至在多瑙河流域，查士丁尼瘟疫业已产生影响。[②] 我们可以估计，568年进入意大利的伦巴第人与更早渡过多瑙河和莱茵河的蛮族移民数量应该差不多。换言之，我们可以假定，在两个半世纪中进入帝国的蛮族，包括男人、女人和孩子，其数目要少于40万人，而帝国的人口通常认为达5500万人，军队数量则处在40万人和60万人之间。[③] 蛮族移民的数量不足罗马帝国人口的1%，在整个古代晚期进来的蛮族移民数量总数似乎并不那么规模庞大，与现代移民相比更是如此。[④]不像16世纪的殖民征服者，他们并非进入一个武器更加低劣的世界，或者当地人对于入侵者携带的新病毒毫无抵抗措施。

　　尽管与帝国的人口总数相比，蛮族的数量并不是那么庞大，但是在特定的背景下显然能导致重大困难。由于众多小错误的累积效果，帝国西部瓦解了。与其说是令他们应对失策的蛮族入侵，不如说是由皇帝的失误、将军的失误和元老们的失误所致。[⑤] 很显然蛮族赢得了个别战役（毫无疑问其中最重要的胜利是亚德里亚堡之战，但是也有汪达尔人422年对卡斯提努斯的胜利和468年对巴斯利斯库斯的胜利），[⑥] 他们也占据了个别城

---

① John of Ephesus, *Ecclesiastical History*, Ⅵ, 13, trans. R. Payne Smith, Oxford, 1860, pp. 407-408.

② M. McCormick, "Tracking Mass Death during the Fall of the Roman Empire Ⅰ," *Journal of Roman Archaeology* 28（2015）：325-357.

③ Wood, *The Transformation of the Roman West*, p. 16.

④ Wood, *The Transformation of the Roman West*, pp. 25-26.

⑤ C. Delaplace, *La fin de l'Empire romain d'Occident. Rome et les Wisigoths de 382-531*, Rennes, 2015.

⑥ A. Merrills and R. Miles, *The Vandals*, Oxford, 2009, pp. 46, 121-122.

镇。在迁徙的过程中，他们给个别地区带来了灾难：他们随后的定居导致人们丧失财产、命运颠覆以及受到迫害。但是我们需要认识到我们是在处理一系列具体或者不同事件，而非一个总的民族大迁徙。这一点是非常重要的，因为要解释面对蛮族进入帝国之时所发生的如此不同且各异的反应（从彻底的剧痛到完全没有感觉）还有很长的路要走。

将这些不同的应对一起进行考虑的危险可以最清楚地从比耶里·库尔塞尔的《日耳曼大入侵之文学史》一书感受到。此书最初出版于 1948 年，1964 年为第三版即最后一版。[①] 最初一版的日期很重要，因为这部书跟同一时期的许多法国研究作品一样，在某种程度上要应对二战期间德国的扩张。在简单地讨论了 376 年至 401 年在巴尔干的哥特人之后，库尔塞尔转向阿拉里克的意大利远征以及攻陷罗马，然后讨论 406 年至 417 年发生在高卢的事件以及汪达尔人渡海前往北非。书的第二部分讨论高卢——罗马人与勃艮第人的关系、汪达尔人的迫害，提奥德里克在意大利的温和统治与之构成了对比。第三部分则是一部解放史，以查士丁尼在北非和意大利的战争开始，以法兰克人治下罗马人和蛮族的融合结束。全书以塞维利亚的里昂德尔（Leander of Seville）褒奖里卡尔德的皈依以及大格里高利教宗悲叹所面临的伦巴第人威胁终篇。

不论标题，库尔塞尔的《日耳曼大入侵之文学史》基本上既是一部天主教的胜利史，也是蛮族入侵带来的破坏史，尽管片面，然而是对史料的合理解读。需要注意的是，该书忽略了罗马人内部的斗争。当然存在许多对蛮族到来相当注意的文献。378 年，杰罗姆在《编年史》的前言中表达了广泛的关注，[②] 5 世纪中期当伊达里乌斯进行续编之时重拾话题："他（杰罗姆）说，由于蛮族正在到处践踏罗马土地，一切都处在极端的混乱和毁灭状态。"[③]

时在伯利恒的杰罗姆所写的私人信件，也记录了汪达尔人、阿兰人和

---

① P. Courcelle, *Histoire littéraire des Grandes invasions germaniques*, Paris, 1948 and 1964.

② Jerome, *Chronicon*, pref., ed. Helm, p. 7. 也参见他的书信, id., ep 60 (*ad Heliodorum*), 16, ed. I. Hilberg, CSEL LIV, Vienna, 1910, pp. 570 – 571。参见 A. Tranoy, *Hydace*, *Chronique* II, Sources Chrétiennes 219, Paris, 1974, p. 8。

③ Hydatius, *Chronicle*, Pref. 5, trans. Burgess, pp. 72–73.

苏维汇人渡过莱茵河以及随后的破坏所引发的恐惧。尤其是致阿格卢奇娅的书信非常有名,[①] 其中他说,夸狄人、汪达尔人、萨尔马提亚人、阿兰人、格皮德人、赫卢利人、撒克逊人、勃艮第人甚至潘诺尼亚人业已践踏了阿尔卑斯山、比利牛斯山、大西洋与莱茵河之间的整个地区:沃尔姆斯、兰斯、亚眠、阿拉斯、泰卢安纳(Therouanne)、图尔奈、斯派尔和斯特拉斯堡都已经沦陷,阿奎丹、加斯科尼(Novempopulania)、里昂和纳尔榜都被劫掠。

与杰罗姆的书信表现出来的反应同样著名的是后来的奥赫主教奥利洋修斯(Orientius of Auch),他在《警示录》(*Commonitorium*)中说:"全高卢都充满着焚烧尸体的烟雾。"[②] 劫掠的印象无法被抑制,尽管诗歌本身旨在劝勉宗教皈依:毁灭是对贪婪和拜偶像的公正惩罚。[③]《奥利洋修斯传》(*Vita Orientii*)可能创作于6世纪早期,表明在随后的年代里,在担任主教期间,奥利洋修斯业已做好了为蛮族求情的准备。[④] 他可能参与阻止利托里乌斯(Litorius)于439年对图卢兹的进攻,当罗马将领无视他的请求时,圣人预告了利托里乌斯的毁灭。[⑤]

在奥利洋修斯的韵文所表现出的反应之外,我们还可以补充阿奎丹的普罗斯佩尔(Prosper of Aquitaine)的早期诗歌《致吾妻》(Ad Uxorem),[⑥]

① Jerome, ep. 123 (*ad Geruchiam*), 15-17, ed. I. Hilberg, CSEL LVI, Vienna, 1918, pp. 91-95; Courcelle, *Histoire littéraire des Grandes invasions germaniques*, 3rd ed. , pp. 84-85.

② Orientius, *Commonitorium*, II, 184, ed. Robinson Ellis, CSEL XVI, Poetae Christiani Minores I, Vienna, 1888, p. 234; M. Roberts, "Barbarians in Gaul: The Response of the Poets," in *Fifth-Century Gaul : A Crisis of Identity?*, ed. J. Drinkwater and H. Elton, Cambridge, 1992, pp. 97-108, at 97.

③ Courcelle, *Histoire littéraire des Grandes invasions germaniques*, pp. 99-101.

④ *Vita Orientii*, 3, Acta Sanctorum, May I, Antwerp, 1680, pp. 60-61. É. Griffe, *La Gaule Chrétienne à l'époque romaine*, II, *L'église des Gaules au Ve siècle*, Paris, 1966, pp. 31-33. 系年于6世纪,参见 M. Heinzelmann, "L'hagiographie mérovingienne. Panorama des document potentiels," *L'hagiographie mérovingienne à travers ses réécritures*, ed. M. Goullet, M. Heinzelmann, and C. Veyrard-Cosme, Ostfildern, 2010, pp. 27-82, at 61。

⑤ *Vita Orientii*, 3, Acta Sanctorum, May I, pp. 61-62.

⑥ Prosper, *Ad Uxorem*, ed. W. Von Hartel, CSEL XXX, Vienna, 1894, pp. 344-348; Courcelle, *Histoire littéraire des Grandes invasions germaniques*, pp. 85-86; Roberts, "Barbarians in Gaul: The Response of the Poets," pp. 99-101, 106.

以及另一首诗歌《神启之歌》（Carmen de Providentia Dei），作者自称写作于416年前后（尽管存在着争议），① 以及《保利努斯的警句》（Epigramma Paulini），可能在419年后不久创作。② 这些诗歌揭示，在5世纪最初的20年，高卢地区经历了相当严重的破坏，始作俑者是汪达尔人、阿兰人、苏维汇人，随后是西哥特人。但是尽管《保利努斯的警句》对蛮族的回应更加强烈，它们都采取了伦理立场：当下的灾难应该引向宗教皈依。

人们很容易被奥利洋修斯和杰罗姆的想象所牵引。但是需要注意的是，在致阿格卢奇娅书信中提到的那些地名，只有很少几个遭受了严重的损害，汪达尔人、阿兰人和苏维汇人经过之时给高卢地区带来的破坏应该相对有限。而且，在杰罗姆、奥利洋修斯和普罗斯佩尔之外还有其他不同声音。如果我们继续阅读这些时人，我们需要记住茹提利乌斯·纳马提亚努斯的《他的回归》（De Reditu Suo）的创作日期几乎与《神启之歌》同时。③ 作者在414年担任过罗马的城市长官（praefectus Urbis），在这首诗歌中，他描述了自己返回故乡高卢的见闻。他肯定沿途经过了残破的意大利，并拜访了还待在那里的几位元老朋友，但是他的情绪是乐观的，因为他谈及了秩序的恢复（ordo renascendi）。④ 可惜的是诗歌的结尾部分已佚，我们可以推测他前往高卢是准备与瓦里亚谈判，这将导致419年哥特人被安置在阿奎丹。⑤

佩拉的保利努斯的《圣餐》中存在对哥特人更为复杂的反应。作者是奥索尼乌斯巨富的孙子，遭遇了5世纪初的几次危机。他说，跟所有人一样，他悲悼蛮族越过莱茵河的事件，或者用他的话来说，敌人进入罗马

① Prosper of Aquitaine, *De Providentia Dei*, ed. Miroslav Marcovich, Leiden, 1989.
② Paulinus, *Epigramma*, ed. C. Schenkl, CSEL XVI, Vienna, 1888, pp. 499 – 500; Roberts, "Barbarians in Gaul: The Response of the Poets," pp. 102–106.
③ Rutilius Claudius Namatianus, *De Reditu Suo sive Iter Gallicum*, ed. E. Doblhofer, 2 vols., Heidelberg, pp. 1972–1977.
④ Rutilius Namatianus, *De reditu suo*, I, 140, ed. Doblhofer, vol. I, pp. 98 – 99; J. F. Matthews, *Senatorial Aristocracies and Imperial Court A. D. 364–425*, Oxford, 1975, p. 327.
⑤ I. Wood, "The Barbarian Invasions and First Settlements," in *Cambridge Ancient History*, XIII, *The Later Empire*, A. D. 337 – 525, ed. A. Cameron and P. Garnsey, Cambridge, 1998, pp. 516-3-37, at 532.

帝国的心脏地区（Romani in viscera regni），尽管自己的地产遭受了损失，他还是将当时父亲的自然死亡视为具有同样破坏性的打击。① 对他来说，更加重要的威胁是西哥特人的到来。起初他并没有承担招待哥特人的任务。② 事实上他与移民有合作，担任哥特皇帝阿塔卢斯的财务部副官（comes sacrarum largitionum）。③ 但是 414 年阿陶尔夫劫掠波尔多，迫使他离开城市。④ 在随后的混乱中他自己设法确保了巴扎斯（Bazas）的安全，⑤ 他在那里拥有地产，但是先在哥特人和后来在罗马人手里遭受了相当大的损失。⑥ 在他生命结束的时候，他的地产仅剩下位于马赛的一小块，甚至那时他还要仰仗某位购买了该地产的好心哥特人。⑦ 保利努斯的故事清晰地表明个人经历悬殊，而且单个人会经历非同寻常的命运反复。

　　杰罗姆致阿格卢奇娅论汪达尔人、阿兰人和苏维汇人到来的著名信函需要与其他提供不同反应的作品一起阅读，尤其是从 406 年蛮族渡过莱茵河至 419 年哥特人定居下来期间高卢地区所发生的事件。他关于罗马沦陷的信函则没有引起多少质疑，⑧ 不只是因为除他的证据外，还有伯拉纠写给德米特里娅的书信，⑨ 以及奥古斯丁当时的布道词。⑩ 显然，攻陷罗马

---

① Paulinus of Pella, *Eucharisticos*, ll. 232 – 254, ed. G. Brandes, CSEL XVI, Poetae Christiani Minores I, Vienna, 1888, p. 300.

② Paulinus of Pella, *Eucharisticos*, l. 285, ed. Brandes, p. 302.

③ Paulinus of Pella, *Eucharisticos*, ll. 291–296, ed. Brandes, p. 302.

④ Paulinus of Pella, *Eucharisticos*, ll. 311–327, ed. Brandes, pp. 303–304.

⑤ Paulinus of Pella, *Eucharisticos*, ll. 328–405, ed. Brandes, pp. 304–306.

⑥ Paulinus of Pella, *Eucharisticos*, ll. 423–425, ed. Brandes, p. 307.

⑦ Paulinus of Pella, *Eucharisticos*, ll. 516–581, ed. Brandes, pp. 311–313.

⑧ Jerome, epp. 122, 123, 126, 127, 128, 130, ed. Hilberg, CSEL LVI.

⑨ Pelagius, *Epistola ad Demetriadem*, Patrologia Latina 30, cols. 15 – 45; trans. B. R. Rees, *The Letters of Pelagius and His Followers*, Woodbridge, 1991, pp. 35–70.

⑩ T. De Bruyn, "Ambivalence with a 'Totalizing Discourse': Augustine's Sermons on the Sack of Rome," in *Journal of Early Christian Studies* 1 (1993): 405–421; M. Salzman, "Memory and Meaning: Pagans and 410," in *The Sack of Rome in 410 AD. The Event, Its Context and Impact*, ed. J. Lipps, C. Machado and P. Von Rummel, Wiesbaden, 2013, pp. 295–310; M. Meier and S. Patzold, *August 410 – ein Kampf um Rom*, Stuttgart, 2010, pp. 40–58.

是一件灾难性事件，带来了相当大的破坏，① 尽管奥罗修斯以及奥古斯丁随后对此事做了乐观解释，即阿拉里克保护了教产和那些到教堂寻求庇护的人。

然而，当我们阅读杰罗姆的书信时，我们应该将其置于所有书信之中。其实蛮族带来的破坏仅发生在少数人的身上。当我们阅读 5~6 世纪留存的所有书信的时候，也会有类似的感觉。对这一时期主教书信的最新研究显示，关注了蛮族迁徙事件或者随之而来的难民危机的书信数量相当少。② 例如，在查士丁尼发动的哥特战争之前现存数量庞大的教宗书信中，有一封英诺森一世的书信，稍微提及了蛮族带来的破坏。③ 伯拉纠一世也提及了查士丁尼发动的战争。④ 格拉修斯在一通书信中提及了在斯奎尔莱斯（Squillace）发生了令人不快的事故，其中两位主教遭到谋杀，他甚至通过比较评论说，在 5 世纪晚期的蛮族战争中甚至没有一位主教被杀。⑤

当然，很少有教宗书信提到蛮族。在 6 世纪晚期伦巴第人到来之后，图尔教会主教格里高利将他们早年在意大利的活动描述为极大的破坏。⑥ 后来助祭保罗的叙事也是如此。⑦ 在伯拉纠二世的现存信函中，有两通提到了伦巴第人带来的威胁，第一封致未来的教宗大格里高利，谈及了伦巴

---

① 尤其参见 Lipps, Machado, and Vonrummel, eds., *The Sack of Rome in 410 AD*。

② P. Allen and B. Neil, *Crisis Management in Late Antiquity（410-590 CE）: A Survey of the Evidence from Episcopal Letters*, Supplement to Vigiliae Christianae 121, Leiden, 2013, p. 194.

③ Innocent I, ep. 16, Patrologia Latina 20, cols. 519-521; Allen and Neil, *Crisis Management in Late Antiquity*, p. 194.

④ Pelagius I, epp. 4, 9, ed. P. Gassó and C. Batlle, *Pelagii I Papae epistolae quae supersunt*, Montserrat, 1956, pp. 11-13, 28-30. Allen and Neil, *Crisis Management in Late Antiquity*, p. 31.

⑤ Gelasius, ep. 37; A. Thiel, *Epistulae Romanorum Pontificum genuinae et ad eos scriptae sunt a s. Hilaro usque ad Pelagium II*, Braunsberg, 1887, pp. 450-452; Allen and Neil, *Crisis Management in Late Antiquity*（nota 56）, p. 164.

⑥ Gregory of Tours, *Decem Libri Historiarum*, IV, 41（他们来到意大利，破坏教堂，杀害主教）; IV, 42, 44, and VI, 6（论给高卢造成的破坏）, ed. B. Krusch and W. Levison, MGH SRMI, 1, Hannover, 1951, pp. 174, 175, 178, 272-273.

⑦ Paulus Diaconus, *Historia Langobardorum*, II, 7-32, ed. G. Waitz, MGH Scriptores Rerum Germanicarum in usum scholarum, Hannover, 1878, pp. 89-109.

第人的背信;① 第二封书信是写给欧塞尔的奥纳卡利乌斯 (Aunacharius of Auxerre) 的,表达了自己的期盼,希望正统墨洛温人不会与伦巴第人结盟。② 在教宗大格里高利的书信集里,伦巴第人也是最为邪恶之人。③ 他们野蛮,④ 罗马城受到了他们的刀剑威胁。⑤ 但是拜占庭的代理人也同样具有压迫性。⑥ 即使在书信集中,格里高利涉及伦巴第人的次数也不是那么多,然而蛮族相对更加频繁地出现在 595 年写作的信件中,在《对话录》中也有相当的体现。⑦

除了教宗书信,西多尼乌斯·阿波利纳里斯 (Sidonius Apollinaris) 的书信中也留有一些蛮的痕迹,涉及 5 世纪 60 年代早期尤里克扩张他在高卢中部的控制地盘时所带来的破坏。⑧ 但是如同 1937 年 K. F. 斯特洛赫克尔在对西哥特王的研究中所证明的那样,重要的是将这种信息与特定的时间和空间关联,而非泛泛而论。⑨

在提及蛮族破坏的书信之外,还有那些讨论难民问题的信件。⑩ 毫无

---

① Pelagius II, ep. To Gregory the Deacon, ed. L. Hartmann, MGH EpistolaeII, Berlin, 1899, pp. 440−441.

② Pelagius II, ep. To Aunacharius, *Epistolae aevi Merowingici collectae* 9, ed. W. Gundlach, MGH EpistolaeIII, Berlin, 1892, pp. 448−450.

③ Gregory I, *Register*, V, 38, ed. D. Norberg, CCSL CXL, Turnhout, 1982, pp. 312−314.

④ Gregory I, *Register*, I, 48; V, 38, ed. Norberg, CCSL CXL, pp. 62−63, 312−314.

⑤ Gregory I, *Register*, V, 36, 39, 40, 42; VI 61, ed. Norberg, CCSL CXL, pp. 304 − 307, 314 − 320, 325 − 327; XII 16, ed. Norberg, CCSL CXLA, Turnhout, 1982, p. 990.

⑥ Gregory I, *Register*, V, 40, 42, ed. Norberg, CCSL CXL, pp. 318−320, 325−327.

⑦ Gregory I, *Dialogues*, I, 4, 21; II, 1, 2; 17, 2; III, 11, 4; 26, 2; 27; 28; 29; 37, 3; 38, 3; IV, 22 − 4, ed. A. De Vogüé, *Grégoire le Grand*, *Dialogues*, Sources Chrétiennes 251, 260, 265, Paris, 1978 − 1980, vol. 2, pp. 56 − 59, 130 − 131, 192−193, 294−295, 366−367. 372−379, 412−415, 418−423; vol. 3, pp. 78−83.

⑧ Sidonius Apollinaris, epp. III, 2−4, 8; VII, 6, ed. A. Loyen, *Sidoine Apollinaire*, 3 vols., Paris, 1960−1970, vol. 2, pp. 84−90; vol. 3, pp. 43−46; Allen and Neil, *Crisis Management in Late Antiquity*, p. 33.

⑨ K. F. Stroheker, *Eurich*, Stuttgart, 1937.

⑩ Allen and Neil, *Crisis Management in Late Antiquity*, pp. 48, 61. 关于主教行为的分析,参见 W. Klingshirn, "Charity and Power: The Ransoming of Captives in Sub-Roman Gaul," *Journal of Roman Studies* 75 (1985): 183−203。

疑问，这也是一个重要的问题。其中最为显著的例子是逃离汪达尔控制下北非的贵族，[①] 也有那些因为汪达尔人的迫害而被流放的人们，[②] 对于他们，我们有维塔的维克多、卢斯佩的弗尔根提乌斯（Fulgentius of Ruspe）和费尔兰德（Ferrandus）的补充证据。[③] 尽管汪达尔人征服北非可能不像在西班牙的战争那么具有破坏性，但是有些北非的地主和更多忠诚的天主教徒损失巨大。自然，并不是每个人都有这样的遭遇，在德拉孔提乌斯（Dracontius）和卢克索利乌斯（Luxorius）的作品中，我们可以发现有些罗马人与汪达尔人关系良好。[④] 至于迫害，我们可以与另外场合发生的众多教徒流放进行比较，他们逃避查士丁尼强制推行的查尔西顿正统教义。[⑤] 换言之，对于书信作者，包括罗马的主教们，蛮族人的威胁仅仅是众多问题中的一个而已，甚至都不是最吸引注意力的事件。与神学事宜和教会组织问题相比，它们远没有那么大的吸引力。

当我们考察布道词作品中对蛮族的关注度时，也得到了类似的结论，相关资料出人意料的少。[⑥] 教会会议通过的教规也是如此。在高卢教务会议中，只有瓦纳教务会议，大约在 461～491 年的某个时间举行，提到了敌人的威胁（可能是撒克逊人）。[⑦] 461 年的图尔教务会议提到了教士与外来女性（extraneae feminae）的不法关系，但是也不能确定她们就是异族妇女。[⑧] 甚至于 451 年写给利奥一世报道高卢教务会议的书信，当它提及交通的困难之时，也只是提到距离和不合季节的天气，尽管这是阿提拉

---

① Allen and Neil, *Crisis Management in Late Antiquity*, p. 48.

② Ibid., pp. 61-62.

③ Fulgentius, ed. J. Fraipont, CCSL XCI－XCIA, Turnhout, 1968; G. F. Lapeyre, *Vie de saint Fulgence de Ruspe de Ferrand, diacre de Carthage*, Paris, 1929.

④ Y. Hen, *Roman Barbarians: The Royal Court and Culture in the Early Medieval West*, London, 2007, pp. 78-87.

⑤ Allen and Neil, *Crisis Management in Late Antiquity*, pp. 66-67.

⑥ 在尤西比乌斯·加利卡努斯的汇编中，有两篇布道词针对蛮族，hom. 25, 51, ed. F. Glorie, *Collectio Homiliarum Eusebius Gallicanus*, CCSL CI, CIA-B, 3 vols., Turnhout, 1970-1, vol. 1, p. 296; vol. 2, pp. 599-600。

⑦ Council of Vannes（461-491）, c. 8, ed. C. Munier, *Concilia Galliae, A. 314-A. 506*, CCSL CXLVIII, Turnhout, 1963, p. 153.

⑧ Council of Tours（461）, c. 3, ed. Munier, *Concilia Galliae, A. 314-A. 506*, p. 145.

入侵高卢之年。[1] 只有在维克多丛林（Grove of Victory）举行的6世纪不列颠教务会议将蛮族威胁作为主要议题。[2]

尽管我们注意到了杰罗姆的一些书信，蛮族迁徙的历史并没有依据现存神职人员的全部通信做出重估。编年史和历史书提供了一切叙事的骨架。遗憾的是阿米安·马尔切利努斯的叙事结束于378年，恰好就在瓦伦斯兵败并死于亚德里亚堡之前。此后一个半世纪我们主要得依赖教会史家和编年史，尽管对于某几座城市我们有圣徒传作品作为补充。[3] 当然，我们此后还有普洛科皮乌斯和阿加提亚斯提供的证据。

严格来说，奥罗修斯的《反异教徒史七书》并非教会史，它们试图证明罗马帝国并没有因为皈依基督教而受难，如同410年罗马沦陷之后多神教徒所说的那样。该书的最后两卷涉及提奥多西皇帝去世之后的历史。[4] 奥罗修斯不得不面对阿拉里克和拉德盖修斯在意大利的活动，[5] 还有阿兰人、苏维汇人和汪达尔人进入高卢和西班牙后的情况。[6] 罗马的沦陷变成了上帝权威的展示，因为哥特人允许基督徒进入安全之所。[7] 在奥罗修斯的眼中，跟公元64年尼禄皇帝的大火相比，这一次的破坏不值一提。随后作者对各种攻击霍诺留王朝的篡位者命运的沉浮展开评说，[8] 《反异教徒史七书》在结尾部分描述了阿陶尔夫和瓦利亚率领哥特人与罗马人达成协议。[9]

奥罗修斯以及写作《上帝之城》的奥古斯丁关于罗马沦陷的叙述，在千方百计地消解蛮族的影响。这是由于他们要回应多神教徒的挑战，即

---

① *Epistola Synodica*, ed. Munier, *Concilia Galliae*, *A. 314–A. 506*, pp. 107–110.

② Synod of the Grove of Victory, c. 4, ed. L. Bieler, *The Irish Penitentials*, Dublin, 1975, pp. 68–69.

③ Griffe, *La Gaule chrétienne à l'époque romaine*, II, *L'église des Gaules au Ve siècle*, pp. 274–277.

④ Orosius, *Historiae*, VII, 36–43, ed. Arnaud-Lindet, III, pp. 102–132.

⑤ Orosius, *Historiae*, VII, 37, ed. Arnaud-Lindet, III, pp. 106–112.

⑥ Orosius, *Historiae*, VII, 38, 40, ed. Arnaud-Lindet, III, pp. 112–113, 117–120.

⑦ Orosius, *Historiae*, VII, 39, ed. Arnaud-Lindet, III, pp. 113–117.

⑧ Orosius, *Historiae*, VII, 40, 42, ed. Arnaud-Lindet, III, pp. 117–120, 123–127.

⑨ Orosius, *Historiae*, VII, 43, ed. Arnaud-Lindet, III, pp. 127–132.

当前的灾难源自不再敬拜传统神灵，尽管奥古斯丁的回应要更加复杂一些。奥罗修斯此后将成为有关罗马沦陷的标准史料，但是他的叙事终结于 418 年，而当时蛮族迁徙正在进行之中，尤其是西班牙仍处在汪达尔人、阿兰人、苏维汇人和哥特人的劫掠之中，北非也将承受蛮族人的到来，维塔的维克多的《汪达尔人迫害史》对此有非常全面的记载。在奥罗修斯之后高卢和西班牙发生的事情，我们得借助 5 世纪西部的编年史家。基于写作地点和时间的不同，他们自己特定的宗教、社会和政治关切，他们做出了非常不同的回应。针对高卢而言，西多尼乌斯·阿波利纳里斯的作品和一些圣徒传资料可供参考，尽管这些传记相当大的篇幅并不涉及蛮族迁徙，而仅提及阿提拉的军队于 451 年抵达。[1]

最早记录蛮族出现于高卢的高卢编年史家是阿奎丹的普罗斯佩尔。他记下了拉达盖修斯和阿拉里克在意大利的活动，他也逐年记录了汪达尔人和阿兰人渡过莱茵河以及进入西班牙，仅仅偶然做出的评论表明他根本就没有像杰罗姆那样关注蛮族，[2] 尽管直到 5 世纪 20 年代晚期他都生活在高卢。而且，依据《致吾妻》，似乎因为危机他最终皈依了基督教。[3] 他确实表达了对蛮族到来的警醒，就像另一首被归于他的诗歌——《神启之歌》所说的那样。他的《编年史》对瓦利亚和帝国之间的关系没有什么兴趣，[4] 他也记录了汪达尔人渡海前往北非。[5] 此外，有关勃艮第人于413 年进入高卢、[6] 法兰克人被逐离他们在莱茵河畔的驻地，他都提供了独特信息。[7] 我们可能会注意到，这是少数涉及法兰克人的史料，他们的迁徙几乎不为人所知。他们似乎不过是扩张了在比利时占据的地盘，因此

---

① Griffe, *La Gaule chrétienne à l'époque romaine*, II, *L'église des Gaules au Ve siècle*, pp. 55–64.

② Prosper, *Chronicon*, s. a. 406, ed. T. Mommsen, MGH Auctores Antiquissimi IX, Berlin, 1892, p. 465.

③ S. Mühlberger, *The Fifth-Century Chroniclers : Prosper, Hydatius, and the Gallic Chronicle of 452*, Leeds, 1990, p. 49.

④ Prosper, *Chronicon*, s. a. 415–6, 419, ed. Mommsen, p. 466–467, 469.

⑤ Prosper, *Chronicon*, s. a. 427, ed. Mommsen, p. 472.

⑥ Prosper, *Chronicon*, s. a. 413, ed. Mommsen, p. 467.

⑦ Prosper, *Chronicon*, s. a. 428, ed. Mommsen, p. 472.

不受人关注似乎也不足为奇。但是就细节而论，与普罗斯佩尔对宗教事务提供的丰富信息相比，这些记录似乎不值一提。

在为433年完成的《编年史》第一版做笺注的时候，斯蒂芬·缪尔贝尔格（Steven Mühlberger）对普罗斯佩尔所提供的蛮族信息稀少感到奇怪，他正确地指出，编年史家更关心霍诺留手下那些将领们的内斗。[①] 我们更进一步地注意到，其不仅提供的蛮族信息量少，而且限于提供族名和地名，没有使用任何形容词或者副词引导读者对蛮族进行特定的解读。[②] 相反，那些涉及帝国政治、教会事务的记载，普罗斯佩尔的立场非常清晰。在433年、445年、451年以及最终在455年，普罗斯佩尔增补了《编年史》，也稍微改变了这种对比，描述蛮族事件时所使用的词更加带有批判性。他提到了汪达尔人征服北非的历史，他们劫掠西西里，[③] 以及贡狄卡尔率领的勃艮第人被艾提乌斯消灭；[④] 他也记录了阿奎丹的哥特人与罗马将军利托里乌斯之间的争斗，尽管此处跟他同时代的萨尔维安的《论神的治理》（De Gubernatione Dei）一样，他关心罗马将军的愚蠢多过关心蛮族。[⑤] 在讲述《警示录》作者生平的《奥利洋修斯传》中，利托里乌斯自我毁灭性的傲慢自大也进一步激发了作者的评论。[⑥] 在《编年史》续编至455年的最后一次修订中，普罗斯佩尔记录了阿提拉对高卢和意大利的进攻。[⑦] 这些入侵的记载甚至打断了对查尔西顿大公会议的记录，但是总体而言，普罗斯佩尔更关心宗教事务，而非蛮族。

值得注意的是，在我们的史料中阿提拉在451年带来的破坏与406~409

---

① Mühlberger, *The Fifth-Century Chroniclers*, pp. 89-90.

② 对蛮族的刻画参见 P. Heather, "The Barbarian in Late Antiquity: Image, Reality, and Transformation," in *Constructing Identities in Late Antiquity*, ed. R. Miles, London-New York, 1999, pp. 234-258。

③ Prosper, *Chronicon*, s. a. 437, 438, 439, 440, ed. Mommsen, pp. 475-476, 478.

④ Prosper, *Chronicon*, s. a. 435, ed. Mommsen, p. 475.

⑤ Prosper, *Chronicon*, s. a. 439, ed. Mommsen, p. 476; Salvian, *De Gubernatione Dei*, VII, 40, ed. G. Lagarrigue, *Salvien de Marseille*, *Oeuvres* II, Sources Chrétiennes 220, Paris, 1975, pp. 458-459; Mühlberger, *The Fifth-Century Chroniclers*, p. 105.

⑥ *Vita Orientii*, 3, Acta Sanctorum, MayI, pp. 61-62.

⑦ Prosper, *Chronicon*, s. a. 451, 452, ed. Mommsen, p. 481-482.

年汪达尔人、阿兰人和苏维汇人入侵高卢带来的破坏非常类似。杰罗姆对第一波破坏的想象似乎在有关 451 年匈人战役的描述中引起了回响，这些回响出现于被认为创作于 6 世纪初的一些圣徒传作品中。① 《阿尼亚努斯传》(Vita Aniani) 的前言尤其将圣徒的事功置于匈人入侵的时期（在那个时候，匈人部队从东方开始劫掠所有行省，也迅捷地攻击高卢）。② 阿提拉被刻画为所有国王中最野蛮者（immanior omnium regum scelere）。入侵导致城市破坏和人员俘虏，被定性为迫害。③ 当艾提乌斯和托里斯蒙德进入受攻击的奥尔良城时，持续祈祷的阿尼亚努斯保证他们在抵抗阿提拉军队时会获得胜利。《卢普斯传》(Vita Lupi) 也提到了类似的破坏现象，主教率领信众离开特鲁瓦城，来到位于拉苏瓦（Lassois）有利于防御的山坡上。④ 在《热诺菲法传》(Vita Genovefae) 中，年轻贞女祈祷和守夜，保护巴黎免受匈人的攻击。⑤ 稍后的一节提及了法兰克人攻击该城。⑥

描述 5 世纪高卢史事的许多叙事史料都很重视阿提拉和卡塔劳尼亚原野之战。然而，469 年之前在西班牙最西北之地写作《编年史》的伊达里乌斯，也相当关注汪达尔人、阿兰人和苏维汇人。在前言里他重复了杰罗姆于 378 年在亚德里亚堡失败之时所做的评论，即蛮族遍地都是，这一评论很显然预示着此后作品对移民的重视。⑦ 异端与蛮族的到来并混杂一起

---

① 关于《阿尼亚努斯传》、《卢普斯传》和《热诺菲法传》，参见 Heinzelmann, *L'hagiographie mérovingienne. Panorama des document potentiels*, pp. 59 - 61; Griffe, *La Gaule chrétienne à l'époque romaine*, II, *L'église des Gaules au Ve siècle*, pp. 54-55. 关于《卢普斯传》，参见 E. Ewig, "Bemerkungen zur Vita des Bischofs Lupus von Troyes," in *Geschichtsschreibung und geistiges Leben im Mittelalter: Festschrift für Heinz Löwe zum 65. Geburtstag*, ed. K. Hauck and H. Mordek, Cologne, 1978, pp. 14-26. 关于《热诺菲法传》，参见 M. Heinzelmann and J. -C. Poulin, *Les vies anciennes de sainte Geneviève de Paris*, Paris, 1986。

② *Vita Aniani*, 1, ed. Bruno Krusch, MGH SRMIII, Hannover, 1896, pp. 108-115.

③ *Vita Aniani*, 4, 7-9, ed. Krusch, p. 110.

④ *Vita Lupi*, 5-6, ed. Bruno Krusch, MGH SRMIII, pp. 121-122.

⑤ *Vita Genovefae*, 12, ed. Bruno Krusch, MGH SRMIII, p. 219.

⑥ *Vita Genovefae*, 35, ed. Krusch, pp. 229-230.

⑦ Hydatius, *Chronicle*, Pref. 5, ed. Burgess, pp. 72 - 73; Jerome, *Chronicon*, ed. Helm, p. 7; 以及 ep. 60 (*ad Heliodorum*), 16, ed. Hilberg, pp. 570-571。

使得帝国边境地区前途暗淡。从一开始这一意象便具有模式论色彩。最初的焦点是异端，尤其是百基拉异端，[①] 而非蛮族，尽管也涉及 4 世纪 80 年代提奥多西皇帝处置哥特人。[②] 直到 409 年阿兰人、汪达尔人和苏维汇人进入西班牙的时候宗教事务仍是叙述的主体。[③] 蛮族三年前抵达高卢并没有被提及。在简要说明罗马沦陷、阿拉里克之死和阿陶尔夫继立后，焦点转向西班牙以及蛮族带来的灾难。然而对各种反对霍诺留的篡位者、地中海世界的教会领袖，该书也有大量的评论。

普罗斯佩尔的第一版《编年史》用词零散而不带感情，伊达提乌斯的用词则是修辞性的且具有强烈的火药味。蛮族在他们抵达西班牙后肆无忌惮（debacchantibus per Hispaniam barbaris）：饥荒和人相食随之发生，损失惨重，等等。[④] 不仅蛮族给伊比利亚半岛带来了损害，税官和罗马士兵也同样恶劣。[⑤] 然而，阿陶尔夫在高卢迎娶加拉·普拉西迪娅（Galla Placidia），但以理的预言成真。[⑥] 尽管 5 世纪 20～40 年代形势稍微平缓，5 世纪 50 年代末和 60 年代西哥特人和苏维汇人之间的战争带来了新的破坏，似乎人们又重新陷入了蛮族最初入侵时期的末世论情绪中。在《编年史》的 439 年条目中，伊达提乌斯将盖塞里克夺取迦太基视为但以理预言的再一次兑现。[⑦] 有些北非史料将哈内里克（Huneric）的父亲盖塞里克描述为敌基督者。[⑧] 在维塔的维克托关于汪达尔人征服和迫害北非的描述中也有类似的观念：他甚至似乎将哈内里克视为启示录中的怪兽。[⑨]

蛮族令西班牙损失惨重，因此毫不奇怪伊达提乌斯的看法跟当时的许多高卢罗马人不同。尤其是处于苏维汇人统治下的他的家乡加来西亚

---

① Hydatius, *Chronicle*, s. a. 386–388, 399, ed. Burgess, pp. 76–81.

② Hydatius, *Chronicle*, s. a. 379–382, ed. Burgess, pp. 74–77.

③ Hydatius, *Chronicle*, s. a. 409, ed. Burgess, pp. 80–81.

④ Hydatius, *Chronicle*, s. a. 410, ed. Burgess, pp. 82–83.

⑤ Hydatius, *Chronicle*, s. a. 410: XXII, s. a. 446, ed. Burgess, pp. 82–83, 96–99.

⑥ Hydatius, *Chronicle*, s. a. 414, ed. Burgess, pp. 84–85.

⑦ Hydatius, *Chronicle*, s. a. 439, ed. Burgess, pp. 94–95.

⑧ Courcelle, *Histoire littéraire des Grandes invasions germaniques*, pp. 188–189.

⑨ Victor Vitensis, *Historia persecutionis Africanae provinciae*, III, 21, ed. Vösing, pp. 112–113; J. Palmer, *The Apocalypse in the Early Middle Ages*, Cambridge, 2014, p. 48.

（Gallaecia），一直面临着威胁，并非仅仅源自哥特人，他们为了自己的利益，也代表着罗马人。结果伊达提乌斯的《编年史》所呈现的蛮族观与普罗斯佩尔迥异。尽管他们两人的关注点都是宗教事务，而且双方都注意到了罗马的军事失利。

《452 年编年史》也呈现类似的总体情况，尽管宗教立场不同。不像伊达提乌斯和普罗斯佩尔，这部高卢编年史的匿名编纂者同情伯拉纠，以至于直接谴责奥古斯丁后来堕落为异端。[①] 编年史家的神学立场暗示，他肯定处于 529 年奥兰治教务会议谴责亲伯拉纠派之前。[②] 至于他写作的地方，从他特别关注瓦朗斯（Valence）来看，很有可能在下莱茵河谷地。[③]

尽管《452 年编年史》并没有像伊达提乌斯那样提供细节，作者显然将蛮族的到来置于瓦解帝国西部的核心位置。遗憾的是编年史的纪年确实充满了错误和混乱，许多事情的日期是错的，顺序都不对。[④] 但是从史事安排中可以很清楚地发现，编者将蛮族置于核心的位置。在说明各族群疯狂起来并撕裂高卢行省（diversarum gentium rabies Gallias dilacerare exorsa）之后，[⑤] 他谈到了撒克逊人在不列颠、汪达尔人和阿兰人在高卢、苏维汇人在西班牙，然后是哥特人攻陷罗马的活动。[⑥] 5 世纪 40 年代早期的灾难似乎也经过了类似的编排：阿兰人攻占瓦朗斯和外高卢（Gallia Ulterior）、不列颠落入撒克逊人之手、勃艮第人在萨帕迪亚（Sapaudia）定居以及汪达尔人攻占迦太基。[⑦] 这位编年史家认为，罗马帝国西部在包括蛮族在内的两拨灾难之间崩溃。

《452 年编年史》似乎是 5 世纪提及撒克逊人威胁不列颠的少数史料

① Chronicle of 452, s. a. 417, ed. R. Burgess, *The Gallic Chronicle of 452: A New Critical Edition with a Brief Introduction*, in *Society and Culture in Late Antique Gaul: Revisiting the Sources*, ed. R. Mathisen and D. Shanzer, Aldershot, 2001, pp. 52–84, at 75.

② I. Wood, "The End of Roman Britain: Continental Evidence and Parallels," in *Gildas: New Approaches*, ed. M. Lapidge and D. Dumville, Woodbridge, 1984, pp. 1–25, at 18.

③ Chronicle of 452, s. a. 413, 440, ed. Burgess, pp. 75, 79.

④ Wood, *The End of Roman Britain*, p. 19.

⑤ Chronicle of 452, s. a. 407, ed. Burgess, p. 73.

⑥ Chronicle of 452, s. a. 410, ed. Burgess, p. 74.

⑦ Chronicle of 452, s. a. 441-4, ed. Burgess, pp. 79–80.

之一。另外于470年前后由里昂的君士坦提乌斯写作的《日耳曼努斯传》（Vita Germani）也提到，不列颠军队在欧塞尔主教的鼓励下击败撒克逊入侵者。[①] 关于盎格鲁-撒克逊人定居的缘由，我们得等到于6世纪30年代晚期由吉尔达斯（Gildas）写作的《论不列颠的毁灭》。[②] 满载撒克逊盟军的三条船前来，在他们之后还有攻击不列颠人的其他蛮族，他们造成了许多破坏，尽管在作品写作的那个时候吉尔达斯承认，在与移民做斗争的过程中本地人尚占据上风。[③] 然而，我们从教规中业已知道，相较于西部其他地区罗马人与蛮族之间的零星敌视，不列颠人对外来撒克逊人的仇视似乎要更加广泛一些。[④]

因此，有些人将蛮族的到来视为5世纪罗马帝国西部所面临的主要危机，尽管其中有一些也承认罗马人的罪恶、异端的威胁和反抗霍诺留统治的大规模叛乱。并不是每一名编年史家都同样重视蛮族的威胁：我们已经看到普罗斯佩尔完全不像伊达提乌斯或者《452年编年史》的编者那样，甚至有一位编年史家似乎根本就不重视蛮族，实际上也不重视异端分子带来的挑战，有意思的是，他可能是在拉文纳的宫廷里写作，这意味着他有可能代表了霍诺留和瓦伦提尼三世身边近臣的看法。

在现存5~6世纪的编年史中，最受史家忽略的是《拉文纳编年史》。[⑤] 编年史仅留下残篇，保存于梅泽堡一份抄本的末尾，有两页抄录自古代晚期原本的加洛林抄本。抄录者似乎不仅刻意移录文本，而且也模仿其书法和插图。遗憾的是现存文本仅仅包括411~412、421~423、427~429、434~437、440~443和452~454年，即总共43年中的18年（应为

---

① Constantius, *Vita Germani*, 17 - 18, ed. R. Borius, *Constance de Lyon, Vie de saint Germain d'Auxerre*, Sources Chrétiennes 112, Paris, 1965, pp. 154-159.

② D. Woods, "Gildas and the Mystery Cloud of 536-537," *Journal of Theological Studies*, n. s. 61 (2010)：226-234.

③ Gildas, *De Excidio Britonum*, 26, ed. M. Winterbottom, *Gildas, the Ruin of Britain and Other Documents*, Chichester, 1978, pp. 28-29, 98-99.

④ Synod of the Grove of Victory, c. 4, ed. Bieler, pp. 68-69.

⑤ B. Bischoff and W. Koehler, "Eine illustrierte Ausgabe der spätantiken Ravennaler Annalen," in *Medieval Studies in Memory of A. Kingsley Porter*, ed. W. Koehler, vol. 1, Cambridge, Mass., 1939, pp. 125-138.

19 年——译者注）。它基本上是一份执政官年表，但是补充信息包括篡位者及其死亡、地震、高级荣誉的授予以及艾提乌斯的被杀。它也提到了 452 年阿奎利亚被毁，但没有说明是被阿提拉攻占。非常遗憾的是现存《拉文纳编年史》没有 410 年的条目，我们期待它会在 5 世纪 30 年代和 40 年代的诸条目中提到蛮族的活动，但是也没有。似乎编者主要关心两件事情：一个是自然灾害［它们伴之以反复出现的水神画像，毫无疑问是尼普顿（Neptune），往往还伴随着地震］；另一个就是篡位者的下场，往往伴以头颅或者尸体被挂在柱子上。因此，在 5 世纪上半叶的这种解读中，真正的威胁来自篡位。蛮族和教会事务都被忽略了。当其他西部编年史记录篡位者、异端和蛮族的时候，《拉文纳编年史》就只提到了篡位者。

《拉文纳编年史》的残篇状态使得我们不能过于强调它忽略的内容。然而，我们可以将其内容与真正的宫廷作品进行比较，即《提奥多西法典》（Codex Theodosianus），以及瓦伦提尼三世的新律。5 世纪的一些法律条文提到了蛮族，尽管数量不是很多，而且大多数相关法律也不是专门针对高卢或西班牙。在 408 年，奴役伊里利库姆难民的罗马人受到了谴责；① 9 年后，有一条法律针对遭受破坏的某些地区。② 410 年意大利的危机导致从北非、西西里、撒丁和科西嘉岛补充兵员，而意大利人因为蛮族的破坏而得以享受豁免。阿拉里克带来的破坏在 451 年仍然成为法律话题。③ 意大利部分地区在 418 年和 440/441 年被允许减免税收，因为蛮族的破坏。④ 440 年人们被允许武装起来面对盖塞里克的入侵威胁。⑤ 443 年

① *Codex Theodosianus*, X, 10, 25, ed. T. Mommsen and P. Meyer, *Theodosiani libri XVI cum Constitutionibus Sirmondianis et Leges Novellae ad Theodosianum pertinentes*, 3 vols., 2nd ed., Berlin, 1954, vol. I, 2, p.546. 比较 *Novella Valentiniani*, XXXIII, ed. Mommsen and Meyer, vol. II, pp.138-140。

② *Codex Theodosianus*, XII, 1, 177, ed. Mommsen and Meyer, vol. I, 2, p.706.

③ *Novella Valentiniani*, XXXII, 6, ed. Mommsen and Meyer, vol. II, p.135.

④ *Codex Theodosianus*, XI, 28, 12; *Novella Valentiniani*, I, 2, ed. Mommsen and Meyer, vol. I, 2, p.620; vol. II, pp.73-74.

⑤ *Novella Valentiniani*, IX 1, ed. Mommsen and Meyer, vol. II, p.90.

至452年针对蛮族的最密集立法涉及的是北非，或者是北非遭受的损失。① 因此毫不奇怪，444年北非人再一次免于被征兵。②

帝国法律是针对上诉的答复而签发的。但并不是每次上诉都能得到积极的答复。例如，通过吉尔达斯我们知道，来自不列颠和其他地区的上诉并没有得到所愿的协助。③ 另外，我们可以推测有些团体，特别是位于西班牙的，根本不可能向拉文纳的宫廷上诉。因此对西部各地区遭受的灾难，《提奥多西法典》及其新律并不是一个可靠的指南。另外，有些团体和社会群体能够非常有效地将自己的诉求传达到宫廷。维塔的维克多对北非的宗教和元老领袖遭受的损失进行了生动的描述，但是瓦伦提尼涉及北非的法律显然是对功效显著的游说群体的回应（其后裔在君士坦丁堡的查士丁尼宫廷里也同样具有影响力）。④ 针对高卢的立法相对缺乏，这一现象值得注意。高卢—罗马贵族与霍诺留的宫廷联系畅通。我们已经说过茹提利乌斯·纳马提亚努斯的履历。但是佩拉的保利努斯确实丧失了财富，基于他与阿陶尔夫所立的傀儡皇帝阿陶卢斯的关系，应该根本就没有向皇帝请求过帮助。因此，蛮族在高卢造成的威胁并没有像叛乱和篡位那样引起帝国宫廷的关注。5世纪初皇帝对帝国西部所面临危险的评估与那些相信蛮族推翻罗马的人并不一致。

在这二者之间的中道似乎由《君士坦丁堡执政官年表》（*Consularia Constantinopolitana*）所提供，起初它可能于388年在东部罗马首都编订，但是在5世纪晚期或者6世纪在意大利获得其最终形式。⑤ 它记录了376年哥特人的到来、他们随后与帝国的战争以及386年帝国对格鲁伊同人（Greutungi）所取得的胜利。⑥ 然而此后它很少提到外来移民。409年提及

---

① *Novellae Valentiniani*, II, 3：XII, 1：XIII：XXXIV, 1：XXXV, 1, ed. Mommsen and Meyer, vol. II, pp. 78-79, 93-97, 140-143.

② *Novella Valentiniani*, VI, 3, ed. Mommsen and Meyer, vol. II, pp. 84-85.

③ Gildas, *De Excidio Britonum*, 15, 17-18, 20, ed. Winterbottom, pp. 21-24, 93-95.

④ Merrills and Miles, *The Vandals*, p. 230.

⑤ Burgess, *The Chronicle of Hydatius and the Consularia Constantinopolitana*, pp. 203-207.

⑥ *Consularia Constantinopolitana*, s. a. 376, 377, 378, 379, 381, 382, 386, ed. Burgess, *The Chronicle of Hydatius and the Consularia Constantinopolitana*, pp. 240-242.

了蛮族进入西班牙。① 但是《君士坦丁堡执政官年表》根本就没有提到一
年后的罗马沦陷。此后唯一提及蛮族的是 468 年条，讲述拜占庭攻击汪达
尔人。② 有一些条文提到宗教事务，③ 但是绝大多数，除执政官名字外，
涉及篡位行为（提到了马格努斯·马克西姆斯、尤格尼乌斯、基尔多、
君士坦丁三世、约维努斯、塞巴斯提安、萨卢斯提乌斯和赫拉克里亚努
斯），也泛泛提到了 404 年的内战。④ 换言之，《拉文纳编年史》并非唯一
一部认为蛮族的重要性低于罗马人自身的冲突的作品。

当我们考察涉及蛮族迁徙到罗马帝国西部的回应时，记录了恐怖的作
品与保持沉默的作品都需要我们去留意。我们已经说过，蛮族的数量并没
有庞大到能够同等地影响意大利、高卢、西班牙和北非。在那些蛮族数量
庞大的地区，它们的经历都差别很大。因此有理由相信，像霍诺留和瓦伦
提尼三世的宫廷，有更为重要的事情要处理，尤其是篡位者引发的威胁。
对于主教则有可能视神学争论和教会管理更值得留意。我们可以增补副官
马尔切利努斯的作品，他在 6 世纪中期写作，显然将帝国西部的灭亡与瓦
伦提尼三世的宫廷于 454 年暗杀艾提乌斯联系起来，也与 476 年杀害奥里
斯特斯（Orestes）以及奥多瓦克废黜罗穆卢斯·奥古斯都鲁斯关联。⑤

而且毫无疑问，有些人对灾难的观点也在随着环境的变化而改变。我
们业已看到奥赫的奥利洋修斯，他的《警示录》提供了有关灾难的深刻
印象，而在 6 世纪时，其传记的作者则表示他将利托里乌斯的被俘和死亡
归因于这位将军的傲慢自大。西哥特王提奥多里克曾请求圣人干涉艾提乌
斯，以便解救受到围困的图卢兹。然而利托里乌斯对于奥利洋修斯的请求
根本不予理睬，他的结局罪有应得。⑥ 随后主教利用他在哥特宫廷的影响

---

① *Consularia Constantinopolitana*，s. a. 409，ed. Burgess，*The Chronicle of Hydatius and the Consularia Constantinopolitana*，p. 243.

② *Consularia Constantinopolitana*，s. a. 468，ed. Burgess，p. 245.

③ *Consularia Constantinopolitana*，s. a. 399，405，415，419，ed. Burgess，pp. 243–244.

④ *Consularia Constantinopolitana*，s. a. 388，392，398，404，411，413，ed. Burgess，pp. 242–243.

⑤ Marcellinus，*Comes*，*Chronicle*，s. a. 454，476，ed. Croke，pp. 22，27.

⑥ *Vita Orientii*，3，Acta Sanctorum，MayI，pp. 61–62.

力挽救了一位西班牙贵族的生命，尽管这么做意味着要打破禁忌与异端一起用餐。① 根据写作于 6 世纪早期的圣徒传，桑特的比比亚努斯（Bibianus of Saintes）不那么通融。他拒绝与提奥多里克二世共享葡萄酒，因为国王是阿里乌斯派。但是他还是设法确保了一些被押往图卢兹的地主的自由。②

至少在高卢，我们见到的是贵族成员主动适应蛮族的到来，而且转变也很迅速。在一篇于 1963 年发表的引人注目的文章中，安德烈·卢瓦扬将高卢—罗马人区分为"抵抗者与合作者"，自然我们也注意到这里有二战经验的影响。③ 当然有英勇的抵抗，尤其是艾克迪奇乌斯捍卫克莱蒙城。④ 但总体说来，卢瓦扬的分类具有误导性。那个时期的政治很混乱，个人效忠和反抗的复杂性排斥任何简单的分类。因此于 471~474 年保卫克莱蒙城的艾克迪奇乌斯的姐夫和支持者西多尼乌斯，业已于 456 年将里昂交给勃艮第人，他也可能随后成为统治的吉比孔（Gibichung）家族的发言人。⑤ 在 469 年他非常同情自己的朋友阿尔万杜斯（Arvandus），因为后者要求尤里克（Euric）不要与皇帝安提弥翁（Anthemius）缔结和约。⑥ 但是仅两年之后，他斥责与尤里克合作的赛鲁纳图斯（Seronatus）为叛国贼。⑦ 用卢瓦扬的话来说，西多尼乌斯在合作与抵抗之间以目不暇接的速度来回摇摆。

《茹拉教父列传》（*Vita Patrum Iurensium*）讲述了一件奇怪的事情，显然发生于 5 世纪 70 年代中期，一名罗马贵族指责圣人卢皮奇努斯预言

① *Vita Orientii*, 5, Acta Sanctorum, MayI, p. 62.

② *Vita Bibiani*, 4 – 6, ed. Bruno Krusch, MGH SRMIII, 1896, pp. 96 – 98; Griffe, *La Gaule chrétienne à l'époque romaine*, II, *L'église des Gaules au Ve siècle*, pp. 69–71, with n. 15, written c. 540; Heinzelmann, *L'hagiographie mérovingienne. Panorama des document potentiels*, p. 61.

③ A. Loyen, "Résistants et collaborateurs en Gaule à l'époque des grandes invasions," *Bulletin de l'Association Guillaume Budé* 22（1963）：437–450.

④ Sidonius, ep. III, 3, ed. Loyen, vol. 2, pp. 86–89.

⑤ I. Wood, *Sidonius and the Burgundians*（待出）。

⑥ Sidonius, ep. I, 7, ed. Loyen, vol. 2, pp. 21 – 26; Courcelle, *Histoire littéraire des Grandes invasions germaniques*, pp. 174–175.

⑦ Sidonius, epp. II, 1：V, 13, ed. Loyen, vol. 2, pp. 43–44, 194–195.

了该地区的毁灭。圣人转向当时在场的勃艮第人军队统帅希尔佩里克说，因为这名罗马人和他本人的友人们犯有敲诈勒索无辜者之罪，"紫色条纹束棒的权威"（即帝国官员的权威）已被转移给了身着兽皮的法官（即蛮族将领）。他警告这名罗马人，他们的财产处在觊觎之人的威胁之下。[①]在这段奇怪的对话中，似乎卢皮奇努斯在某种启示录式的意义上事先了解到权力会转移到勃艮第官员手中，但是他将军队统帅视为这一转换中值得称道的人物。在这位圣徒传作者看来，圣徒认为罗马人是最可鄙视的人物。

认为罗马人自身应该对 5 世纪的灾难负责的看法广为流传。萨尔维安最为鲜明地表达了这一观点。在他看来蛮族远比帝国的居民要好，事实上，他们的到来是为了惩罚罗马人的罪恶。[②] 这一观念可能也以不那么极端的方式体现在奥利洋修斯的《警示录》中，以及《神启之歌》中，根据后者的呈现，时代的邪恶绝不限于蛮族。[③] 对于普罗斯佩尔而言，世界长期以来就充满了不公平。[④] 甚至伊达提乌斯也对罗马人表示了批评，在410 年条，他将蛮族在西班牙造成的破坏与苛捐杂税和罗马士兵的劫掠相提并论；[⑤] 比税官和士兵更加糟糕的是异端，还不仅仅是阿里乌斯派蛮族。[⑥] 这种观点其实与教宗大格里高利相差不远。

因此，对蛮族的反应是极端多样的，这毫无疑问是因为帝国西部各地的遭遇存在着差异，不仅因为移民的数量以及在各地的分布非常不均衡，他们带来的破坏也是如此。西班牙和北非较高卢损失更重，意大利在 6 世

---

① *Vita Patrum Iurensium*, II 92 - 95, ed. F. Martine, *Vies des Pères du Jura*, Sources Chrétiennes142, Paris, 1968, pp. 336 - 341; H. Wolfram, "Neglected Evidence on the Accommodation of Barbarians in Gaul," in *Kingdoms of the Empire: The Integration of the Barbarians in Late Antiquity*, ed. W. Pohl, Leiden, 1997, pp. 181-184.

② 对萨尔维安《论神的治理》的文本分析，参见 Lagarrigue, *Salvien de Marseille*, pp. 29-36。Roberts, "Barbarians in Gaul: The Response of the Poets," p. 98.

③ Courcelle, *Histoire littéraire des Grandes invasions germaniques*, pp. 99-101, 尤其引用了 Orientius, *Commonitorium* I, ll. 501-514, and II, ll. 299-305, 还可以补充 II, ll. 13-79, pp. 223-224, 228-231, 239。

④ Prosper, *De Providentia Dei*, ll. 65-86, ed. Marcovich, pp. 6-9.

⑤ Hydatius, *Chronicle*, s. a. 410, ed. Burgess, pp. 82-83.

⑥ Hydatius, *Chronicle*, s. a. 399, 404, 405, 407, 428, 435, 439, 445, 447, 448, 449, 465-466, ed. Burgess, pp. 78-79, 80-81, 88-101, 118-119.

纪的损失要比在 5 世纪大。另外，西部各地对待罗马和帝国宫廷的态度也各异。对许多人来说，晚期罗马政府本身就是专制性的。罗马西部的派别林立也意味着总有某些上层集团为此受益而另一些失宠。换言之，蛮族的到来仅仅是 5~6 世纪众多事项中的一种，它也是人们能够适应的一种变化。

这并不是要否认在 400 年至 600 年存在巨大的变迁。随着蛮族的到来，这些变化都在某种程度上发生着影响：帝国行政的瓦解、罗马军队的失败（不仅仅因为领导权的分裂）、受军队需要所主宰的社会转向教会主宰，这一点可以通过比较士兵和神职人员的数目来度量；[①] 以及随之而来的罗马世界的教会化，这也可能反映出对另外一种社会稳定性的寻求。环境也在变化之中：有利气候周期的结束，在 6 世纪 40 年代瘟疫降临，最终表明从大迁徙时代的危机中恢复变得没有可能，其结果是 6 世纪的变化要远较 4 世纪和 5 世纪更具有破坏性。

换言之，当我们考察大迁徙的时候，我们要避免简单地收集蛮族到来和定居引起灾难的说法。库尔切尔做了非常有益的工作，但是我们要看到更加广阔的画面；重要的是要记住，当时的史料并不优先考虑大迁徙；我们也应该记住，根本就没有提到蛮族的那些文本与重视蛮族带来破坏的文本在数量上难分轩轾。

---

① Wood, *The Transformation of the Roman West*, pp. 57-108.

失败的治理与有效的治权：
萨罗纳主教任免案考论[*]

包倩怡[**]

摘　要　教宗格里高利一世曾持续对萨罗纳教会展开治理。其间，该教会的主教任免案牵动中央到地方各方力量。对于此案，史家普遍认为它是教宗治理地方教会失败的个案，并多从教会内部去探究导致失败的主因。然而，萨罗纳的教会传统与教宗治理萨罗纳教会的权力性质决定了此案实为教俗关系所主导。相关史料主要经由教宗哈德良一世时期的罗马教廷誊抄而得以保留。与其他来源的史料相比对，可以发现，此轮书信选编强调了教宗对萨罗纳教会的合法治权，并力图重塑格里高利一世的历史形象与教宗权威。

关键词　格里高利一世　萨罗纳教会　教俗关系　教宗制

萨罗纳主教任免案是教宗格里高利一世时期（590～604 年在位）的一桩大案。它源起于达尔马提亚行省①首府萨罗纳（Salonitana）② 教会的

---

*　本文系国家社会科学基金一般项目"天主教教宗制形成史研究（3～10 世纪）"（20BSS046）阶段性成果。

**　包倩怡，北京外国语大学历史学院副教授。

①　达尔马提亚行省的范围包括今天的阿尔巴尼亚、黑山、塞尔维亚、波黑与克罗地亚大部分地区。

②　萨罗纳，英译为 Salona，现克罗地亚境内的城市索林（Solin），今克罗地亚的第二大城市斯普利特（Split）东北侧。

一起内部争端，是前任教宗的遗留案件。格里高利接任教宗之后，以整顿该地区教会风气为目的，高调介入该教会主教，即达尔马提亚教省都主教的人事任免，遭到地方教会强烈反对，达尔马提亚教省甚至一度独立于教会建制之外。最后经由皇帝与地方军政要员出面调停，这场冲突以双方，尤其是教宗一方的妥协而结束。

关于这个案件，现存史料是 34 封教宗书信，全部出自罗马教会，是格里高利一世在任上第 1 年至第 9 年中发出的。① 这些文献，使我们得以基本还原这一案件的起因、发展、经过与结果。此类情况，在现存 850 多封格里高利书信中其实并不多见。格里高利一世在位期间发出的书信或许可达 2 万封，现存却不足 5%，且以零散居多。保存下来的书信，全部经历过至少两轮拣选。第一次筛选发生在他自己的教宗任内。据信，格里高利保留了罗马文化人的习惯，对教廷发出的书信留有备份存档。他任职 14 年，按年度整理出十四大卷的纸草书信，合约 2000 ~ 3000 封，存于拉特兰的教宗档案室。第二次筛选发生在教宗哈德良一世时期（772 ~ 795 年在位），是哈德良要求抄写员拣选与誊抄格里高利的书信集（*Register*），即常称的 R 集。这一次抄录有 684 封书信，覆盖格里高利在任的全部 14 个年份，构成了现有格里高利书信的主体。它按帝国财政年度编年，分成上下两部，分别涵盖这位教宗在位的第 1 年至第 7 年和第 8 年至第 14 年。萨罗纳主教任免案有关书信绝大多数来自 R 集。只有 3 封书信未被 R 集收录，它们来自另两大格里高利书信抄

---

① *S. Gregorii Magni Registrvm Epistvlarvm*（以下简写为 *Reg.*），ed. Dag Norberg, Corpus Christianorum: Series Latina（以下简写为 CCSL）140，140A, Turnhout: Brepols, 1982. 直接涉及相关案件的书信为：*Reg.* 1.10，1.19 - 20，2.17 - 20，3.38，2.44，3.8 - 9，3.22，3.32，3.46，4.16，4.20，4.38，5.6，5.29，5.39，6.3，6.25 - 26，7.17，8.11，8.24，9.150，9.156，9.159，9.177 - 179，9.231，9.234. 本文所用主体史料的拉汉翻译，系本人参与国家社科基金重大项目"西方政教关系核心文献整理、翻译与研究"（18ZDA216）的阶段性成果，感谢莫泽决参与讨论并提供建议。史料翻译中还参阅了英译本 *The Letters of Gregory the Great*，trans. John R. C. Martyn, vols. 1 - 3, Toronto: PIMS, 2004。

本集，C 集与 P 集，也均为 8 世纪抄本。[①] 在这 3 封未被 R 集收录的书信中，有 1 封来自 P 集，两封出自 C 集。P 集一共收录有两封相关书信，都发往君士坦丁堡，而 C 集收录 4 封，全部出自格里高利在位的第 9 年。

格里高利一世对中世纪教宗制的发展有着形塑作用。这种影响并不直接来自他的教宗任期，[②] 而是通过中古誊抄的文献代代传递。格里高利书信两次主要的拣选与誊抄，先后把书信数量由可能的 2 万多封减少到 2000~3000 封，又由 2000~3000 封缩减至 684 封。每一次大规模的书信筛选，都是对这位教宗历史的再塑造。如果说，格里高利任期内的书信拣选反映出他对自身教宗任职的理解，那么 8 世纪罗马教廷官方制作的 R 集，也就是现存书信的主体来源，正如康拉德·莱塞（Conrad Leyser）所言："肯定还反映出 774 年加洛林家族刚刚征服意大利之时哈德良所处的环境。"[③] 这是一个罗马教廷与法兰克人走向全面合作的历史时期，教宗独有的权威是双方合作的重要基础。[④] 按照这个逻辑，萨罗纳主教任免案的相关文献，能够得到大量保留，至少应该无损于罗马教宗的权威。然而，有意思的是，在今天的史家们看来，这个案子却是教宗的败绩。对于此

[①] C 集一共收录约 200 封书信，是 8 世纪早期科隆大主教组织誊抄，所选信件全部出自格里高利在任的第 9 年，似乎旨在提供主教工作的样本，未曾显示出特定的倾向性。P 集书信数量少，一共 54 封，且主要出自格里高利第 2、第 5、第 11 个任年，其中 1 封出自其第 9 个任年。*Reg.* Praefatio, CCSL 140, pp. VII-IX. 关于科隆大主教组织誊抄的 C 集，参见 Conrad Leyser, "The Memory of Gregory the Great and the Making of Latin Europe," *Making Early Medieval Society : Conflict and Belonging in the Latin West*, *300-1200*, ed. Kate Cooper and Conrad Leyser, Cambridge: Cambridge University Press, 2016, p. 189。

[②] 参见 Andrew Ekonomou, *Byzantine Rome and Greek Popes : Eastern Influences on Rome and the Papacy from Gregory the Great and Zacharias*, *A. D. 500 - 752*, Lanham and Boulder: Lexington Books, 2007。关于格里高利在位时期的教宗工作已有诸多讨论。英语学界最重要的专著是 R. A. Markus, *Gregory the Great and His World*, Cambridge and New York: Cambridge University Press, 1997。

[③] Leyser, "The Memory of Gregory the Great and the Making of Latin Europe," p. 190.

[④] Rosamond McKitterick, *Rome and the Invention of the Papacy : The Liber Pontificalis*, Cambridge and New York: Cambridge University Press, 2020. 罗莎蒙德·马基特里克（Rosamond Mckitterick）对《教宗列传》在教宗制建设中的作用或许有所夸大，但她通过研究 8 世纪晚期至 9 世纪收录有《教宗列传》的抄本集，从文献构成与传抄路径的角度，论证当时教会权威观的历史建构，不乏合理性。

案，从治权的角度，史家们通常持三种观点。一种是视其为格里高利人事改革的一部分，那么格里高利是在自己的治权范围内行事，最后败给了地方民意。① 一种是将事件置于拉文纳与罗马两地教会漫长的力量角逐中，认为教宗败给了拉文纳主教。② 还有一种观点把达尔马提亚行省视为伊利里库姆大区的一部分，于是认为此案背后是罗马主教与君士坦丁堡主教对垒。按最后一种观点的逻辑，萨罗纳教会主教任免案是格里高利拒绝君士坦丁堡教会的既定人选而引起的，他力图扩大教宗治权，是教会秩序的搅扰者。③ 这三种观点都不能让人满意。无论是格里高利所在的意大利半岛，还是与之隔亚得里亚海相望的达尔马提亚，都是拜占庭在 6 世纪中叶重新征服的原属罗马帝国统治区。查士丁尼及其继承者们都力图打造基督教帝国，对新征服地旧有的教会传统有借重，也有破坏。仅以教会内部治权为探讨重点，势必失之偏颇，难以把握帝国教会语境之下的教宗治权与教会治理。④ 本文拟从现存 34 封书信入手，通过分析这场失败的地方教会治理，对 6 世纪、7 世纪之交教宗治权问题进行探讨，并通过比对现存书信抄本来源，说明 8 世纪晚期哈德良教廷在处理古有文献时有意识地进行了利弊选择，保留了论证教宗合法治权的材料，也通过删减与添加再造格里高利形象。

一　悬而不决的风纪案

萨罗纳主教任免案中的一个关键问题是教宗是否拥有治理萨罗纳教会

---

① Jeffrey Richards, *Consul of God: The Life and Times of Gregory the Great*, London, Boston and Henley: Routledge & Kegan Paul, 1980, pp. 201-209.

② Markus, *Gregory the Great and His World*, pp. 156-159.

③ George E. Demacopoulos, *Gregory the Great: Ascetic, Pastor, and First Man of Rome*, Notre Dame, IN: University of Notre Dame Press, 2015, pp. 131-134. 乔治·德玛考普鲁斯（George Demacopoulos）不仅把达尔马提亚与巴尔干半岛其他地区混为一谈，他还想当然地认为帝王对马克西姆的支持意味着君士坦丁堡教会在此间的参与。布洛文·内尔（Bronwen Neil）在讨论格里高利教宗治理的时候，沿用了乔治的结论。George E. Demacopoulos, "Gregory the Great and the Sixth-Century Dispute over the Ecumenical Title," *Theological Studies* 70 (2009): 606-607. Bronwen Neil, "The Papacy in the Age of Gregory the Great," in *A Companion to Gregory the Great*, ed. Bronwen Neil and Matthew Dal Santo, Leiden and Boston: Brill, 2013, p. 19.

④ 参见包倩怡《格里高利一世时期的政教关系》，《世界历史》2021 年第 1 期。

的权力。倘若确如卡罗尔·斯爵所说，格里高利是在自身合法治权之外行事，那么他的行为就会如她所述成为难解之谜。① 倘若我们抛弃固化的教宗权限观念，接受在古代晚期社会急剧变化的现实世界中教宗权力存在可变性，那么就可能通过观察罗马为何"干预"萨罗纳教会，如何进行"干预"，以及萨罗纳教会对此有怎样的应对，梳理这种"干预"的性质与仰仗，以更好地把握当时的教宗治权。

较之各方激烈冲突的主教任免案，两地教会在关系正常化时期的互动，更能反映出教宗与萨罗纳主教之间的治权关系。或许也正因此，R 集保留了发生于任免案之前的萨罗纳主教风纪案。它们显示，始于 593 年的主教任免案其实是风纪案的一个继发案件。表面上看，前者是由罗马教宗格里高利一世介入地方主教选举所引发；实际上，倘若没有后者，格里高利应该不会在准备不足的情况下贸然干预一个地方教会的事务。这场风纪案的主角是萨罗纳主教纳塔利斯，它发生在格里高利担任教宗之前。时任教宗是佩拉纠二世（578～590 年在位）。他接到萨罗纳教会大执事霍诺留状告其教会主教纳塔利斯的案件。案件的原告与被告均对教宗质询进行了有效应答。它说明，最晚在佩拉纠治下，萨罗纳教会与罗马教会之间的隶属关系已经确立。

霍诺留是通过信函向佩拉纠提起诉讼的，他状告自己的主教纳塔利斯不仅自己行为不端，还对反对者打击报复。霍诺留认为，纳塔利斯要将教会的银器和衣物拿去送人，实为非法，而他既然担任大执事，看管教会财物是职责所在，于是拒绝执行纳塔利斯的命令，由此被后者怀恨在心，常常遭到主教的针对。佩拉纠于是写信批评了涉案的萨罗纳主教，严禁他继续针对霍诺留。纳塔利斯为了一劳永逸地解决麻烦，在地方教务会议上晋升霍诺留为司铎，并以此为理由要将他调离萨罗纳教会大执事的岗位。② 霍诺留认定这并非升职，而是恶意调离，拒不接受升迁。为此他发函继续

---

① Carole Straw, *Gregory the Great*, Authors of the Middle Ages 12, Aldershot and Brookfield: Variorum, 1996, p. 22.

② *Reg.* 1. 10, CCSL 140, p. 12.

向罗马教宗上诉。这一次，按格里高利后来回忆说，佩拉纠有意对萨罗纳教会主教与大执事之间的是非对错进行彻底调查。① 只是，调查未及展开，589 年罗马城暴发瘟疫，佩拉纠染疾并于第二年亡故。于是，这桩案子就自然地由继任教宗格里高利接手。

格里高利于 590 年 9 月正式走马上任。② 此间，纳塔利斯曾给教宗发来书信，说明情况。这究竟是因为得知大执事向罗马提起告诉后的主动自证清白，还是因为接到教宗质询而被动地做出回复，我们不得而知。如果是后一种情况，那么这位提出质询的教宗应该是刚接任的格里高利。可以明确的是，590 年 11 月，格利高里上任后仅仅两个月，他向提出上诉的霍诺留做出了回复。教宗对主教与大执事"各打五十大板"，批评双方各执一词，相互矛盾之处甚多，互相间全然没有基督之爱（caritas）。在这个阶段，新教宗仍然希望萨罗纳教会能够自己解决主教与大执事的矛盾。他虽然肯定了看管教会财物是教会大执事的职责所在，却也对他屡屡上诉罗马的行为予以委婉批评。格里高利规劝霍诺留与他的主教和解，指出这才是对他们二者灵魂都最有益的方式。但是，倘若矛盾继续，他也不排除教廷进一步干预的可能。③

格里高利最初没有表现出明显的倾向性。④ 然而，纳塔利斯粗暴的处理方式也确实让格里高利难以容忍。纳塔利斯应该也收到了来自教宗的书信。⑤ 这位主教可谓雷厉风行。他旋即召开教务会议，以制造不和为名，撤销霍诺留的大执事职务，还把此次会议的记录呈报给罗马。⑥ 同时送往罗马的还有纳塔利斯对格里高利荣任教宗的贺函。591 年 1 月，格里高利向纳塔利斯发出两封信。一封是简短的回复贺函，委婉地纠正萨罗纳主教

① 佩拉纠二世与萨罗纳教会的书信往来未能留存。*Reg.* 2.17, CCSL 140, p. 103.
② 教宗上任需要得到帝国皇帝的批复。当时意大利半岛受到伦巴第人入侵，通往君士坦丁堡的交通不甚便利，往往在前任教宗去世和新教宗上任之间有比较长的时间间隔。
③ *Reg.* 1.10, CCSL 140, p. 12.
④ *Reg.* 1.10, CCSL 140, p. 12; *Reg.* 1.19, CCSL 140, pp. 18–19.
⑤ 此封书信未见保留。
⑥ *Reg.* 1.19, CCSL 140, p. 18.

的主教观，说教宗（即罗马教会主教）的职务既是荣耀也是重负，他自己其实内心很是惴惴不安；[1] 另一封是警告信，勒令这位主教让霍诺留官复原职，否则罗马将展开调查，以"决定谁才是符合义的那一方"。[2]

纳塔利斯对罗马的要求拒不执行，也拒绝配合罗马展开的调查。[3] 格里高利很快发现，纳塔利斯不读圣经，不布道。他喜欢宴饮交际，常常在自己的主教官邸宴请名流。席间对他人品头论足，关心的全是无关牧灵的凡尘俗事。[4] 将教会当作官场，既不牧灵又藐视宗座权威的纳塔利斯，完全不符合格里高利对主教的期许。[5] 格里高利对纳塔利斯的不满日盛。592 年 3 月，格里高利通知纳塔利斯，取消他使用罗马赐予的主教披肩（pallium）的权利，直至他让霍诺留官复原职。[6] 教宗同时向达尔马提亚教省全体主教发出信函，通告对纳塔利斯的处分。[7] 格里高利警告纳塔利斯，此事断无妥协的余地，倘若对方继续固执己见，他将中止对方领受圣餐的权利，甚至可能剥夺他的主教职务。[8]

彼时，在意大利南端的西西里半岛，格里高利正通过该地罗马教会地产的管理人、罗马教会执事彼得进行大刀阔斧的改革，打造他的修士—主教队伍。[9] 教宗似乎有意在他的辖区北端复制西西里的改革，他让当地罗

---

[1]　*Reg.* 1. 20, CCSL 140, p. 19.

[2]　"...quae competunt fauori iustitiae decernere ualeamus." *Reg.* 1. 20, CCSL 140, p. 19.

[3]　*Reg.* 2. 17, CCSL 140, pp. 102-103.

[4]　*Reg.* 2. 44, CCSL 140, pp. 133-136.

[5]　格里高利一世的主教观，参见包倩怡《"天主众仆之仆"名号与格里高利一世的主教观》，《历史研究》2019 年第 3 期。

[6]　*Reg.* 2. 17, CCSL 140, p. 103.

[7]　*Reg.* 2. 18, CCSL 140, pp. 104-105.

[8]　*Reg.* 2. 17, CCSL 140, p. 103.

[9]　关于格里高利在西西里的人事变动，主要研究论述有 Jeffrey Richards, "Gregory and the Episcopate: (1) Sicily," in *Consul of God*, pp. 140 - 161; Christopher Hanlon, "Gregory the Great and Sicily: An Example of Continuity and Change in the Late Sixth Century," in *The Bishop of Rome in Late Antiquity*, ed. Geoffrey D. Dunn, Fornham and Burlington: Ashgate, 2015, pp. 197-215; George E. Demacopoulos, "Gregory's Model of Spiritual Direction," in *A Companion to Gregory the Great*, pp. 219-221; R. A. Markus, "The Roman Church and Its Lands," in *Gregory the Great and His World*, pp. 112-121; John R. C. Martyn, "Introduction," in *The Letters of Gregory the Great*, pp. 24-29.

马教会地产的管理人、副执事安东尼（Antoninus）执行对纳塔利斯的调查。[1] 然而，萨罗纳城所在的达尔马提亚沿海地区与西西里岛的情况全然不同。达尔马提亚是拜占庭的防御前哨。它的天然良港曾经作为拜占庭征服意大利半岛时的北部基地，在 6 世纪、7 世纪之交仍然是守护意大利半岛的门户。在北来的伦巴第人、阿瓦尔人、斯拉夫人威胁之下，达尔马提亚的军事重要性有增无减。[2] 罗马教会是西西里岛上最大的地主，而达尔马提亚沿海曾有长期军政统治的传统，[3] 教会很早就成为军统的附庸。例如，早在 474 年，达尔马提亚军统尼波斯受东部皇帝利奥委派，前往西部为皇时，就曾将当时西部皇帝格里塞利乌斯（Glycerius，473~474 年在位）遣送到萨罗纳城担任主教。[4] 风纪案中的纳塔利斯本就是地方官场文化造就的，自然在当地很受欢迎。达官贵人是他的座上宾，伊利里亚大区总长（Praefectus praetorio Illyrici）出面为他说情；[5] 拉文纳总督罗马努斯（Romanus）也通过拉文纳主教马瑞尼阿努对格里高利展开游说。[6] 纳塔利

---

[1]　*Reg.* 2.19, CCSL 140, pp. 105-106.

[2]　达尔马提亚的沿海多良港，尤以萨罗纳为代表，其在历史上就是拥有强大舰队的东部皇帝意图干预西部之时必然角逐的对象。拜占庭收复意大利半岛时，也是在 536 年先攻下萨罗纳，将它作为从北部进攻意大利的据点。参见 Penny MacGeorge, *Late Roman Warlord*, Oxford：Oxford University Press, 2002, pp. 38-39；Frank E. Wozniak, "East Rome, Ravenna and Western Illyricum：454-536 A. D. ," *Historia：Zeitschrift für Alte Geschichte* 30（1981）：377；Alexander Aarantis, "Military Encounters and Diplomatic Affairs in the North Balkans during the Reigns of Anastasian and Justinian," in *War and Warfares in Late Antiquity*, ed. Alexander Sarantis and Neil Christie, Leiden and Boston：Brill, 2013, p. 798。

[3]　从 5 世纪 50 年代开始，该地先后在马尔凯利努斯（Marcellinus）与他的侄子尼波斯（Julius Nepos）的统治之下，成为独立的军统领地。M. Kulikowski, "Marcellinus's 'of Dalmatia' and the Dissolution of the Fifth-Century Empire," *Byzantion* 72（2002）：177-178. Penny MacGeorge, *Late Roman Warlord*, pp. 49-52。

[4]　从格里塞利乌斯到纳塔利斯这一段萨罗纳教会的历史相当混乱，13 世纪的斯普利特城大执事托马斯撰写《萨罗纳与斯普利特教会主教史》时，对此段历史只字未提。Thomae Archidiaconi Spalatensis, *Historia Salonitanorum atque Spalatinorum pontificum*, ed., trans., and annot. Olga Peric, Damir Karbic, Mirjana Matijevic Sokol, and James Ross Sweeney, Martonvasar：Akademiai Nyomda Kft. , 2006, pp. 22-25。

[5]　*Reg.* 2.20, CCSL 140, pp. 107-108.

[6]　*Reg.* 2.38, CCSL 140, pp. 124-125.

斯本人实际上对教宗相当恭敬，他写信为自己的行为做出解释，例如，引据圣经论证在主教官邸设宴是为了募资做慈善等。但是在格里高利看来，这只是一名不学无术的主教试图为自己的错误行径开脱，犯下饕餮之罪尚不自知，"贪婪"又"傲慢"。①

言语上的劝诫未能产生实际约束力，纳塔利斯并没有受到惩罚。更有甚者，592 年 10 月，纳塔利斯连召开教务会议的程序都免了，私自将下辖的艾皮道儒斯（Epidaurus）主教革职。② 直到 593 年 3 月这位主教去世，他与霍诺留的案子没有实质性进展。③ 接下来发生的萨罗纳主教任免案，是在地方世俗统治者与教宗协商未果、教宗格里高利要加强地方管理以整肃教会风气、地方权贵力图维护既有传统和既得利益、双方互不信任的情况下发生的。

二 萨罗纳主教任免案

纳塔利斯的案子恶化了萨罗纳教会与罗马之间的关系。萨罗纳不愿意再接受来自罗马的管辖。纳塔利斯去世的消息，格里高利是通过非正式渠道获得的。教宗并没有放弃复制西西里修士—主教改革的计划。他立即致信地产管理人安东尼，要求后者前往指导主教选举，避免教会再受控于当地权贵。④

在萨罗纳主教选举上，罗马教会与地方贵族之间展开博弈。4 个月之后，安东尼一方选出大执事霍诺留为主教候选人，报呈教廷批复。霍诺留

---

① 纳塔利斯说自己有认真布道，并将异端带回教会。格里高利回复说，纳塔利斯需要仔细，不要让那些进了教会的人因为恶的生活方式而成为天主的敌人。"因为倘若不是为了天主，而是出于俗世的欲望与享受，教会将抚育出异族之子。"（Nam si non diuino desiderio sed terrenis cupiditatibus uoluptatibusque deseruiunt, intra eius gremium filii alieni nutriuntur.）*Reg.* 2.44, CCSL 140, pp.133-136. 此处见第 135 页。
② 为此，格里高利要求对方恢复被撤销的主教的职务，并召开教务会议进行裁断。*Reg.* 3.8, 3.9, CCSL 140, pp.156-157.
③ 霍诺留依旧在向罗马递交诉状。593 年 4 月，他收到格里高利关于此案处理的确认函。*Reg.* 3.22, 3.32, CCSL 140, pp.167-168, 178.
④ *Reg.* 3.22, CCSL 140, p.167.

为人刚正，又尊奉罗马权威，本就为罗马所扶持，当然获得了肯定的批复。① 但是，与教会拥有大量地产的西西里完全不同，在萨罗纳城里，罗马教会的力量很弱，以至于格里高利需要动用"危害灵魂"和"不信神"这样的语句来威胁安东尼笼络到的支持者，以免他们变节。②

　　霍诺留并非唯一的主教候选人。地方教会选出了达尔马提亚提督（Proconsul Dalmatiae）马尔凯利努斯扶持的马克西姆为主教。③ 格里高利得到的消息是，马克西姆不仅靠贿赂获得提名，还有"肉身方面的恶"。④ 修道士出身、正在大张旗鼓地整顿教会风气的格里高利不可能接受这样的人选。593 年 11 月，格里高利致信达尔马提亚全体主教，以开除教籍作为威胁，禁止他们为马克西姆祝圣。格里高利似乎认为不可能再有其他比马克西姆更差的主教人选。为了阻止后者进入主教队伍，他甚至向萨罗纳教会做出让步，放弃已经得到批复的霍诺留，并愿意接受任何人选——只要这个人不是马克西姆。⑤

　　马克西姆遭到教宗否决，转而从皇帝莫里斯（Mauricius，582～602 年在位）那里取得书面认可。594 年 4 月，他"由军队开道，打倒了诸位司铎、执事与其他教士们"，来到信众面前，几位达尔马提亚主教在拉文纳总督罗马努斯授意之下，为他祝圣。⑥ 格里高利拒绝承认这个祝圣礼。他

---

① *Reg.* 3. 46, CCSL 140, pp. 190–191.

② "... quia sicut ista laudabilis nunc probatur electio, ita si, quod absit, dilectionem uestram ab eo quisquam deuiare seduxerit, et animae uestrae grauamen et opinioni maculam infidelitatis imponet." *Reg.* 3. 46, CCSL 140, p. 191.

③ 599 年 5 月、6 月间，格里高利致信马尔凯利努斯，指控他是马克西姆这个案子的幕后操控人："所有人都指控你才是马克西姆一案全部恶行的始作俑者。正是在你的授意之下，他胆敢抢夺教会，让众多灵魂蒙难，犯下闻所未闻的僭越之罪。"（Vos enim tanti mali de causa Maximi omnes astruunt auctores existere, per quos spoliatio illius ecclesiae uel tantarum animarum perditio atque inauditae praesumptionis audacia sumpsit initium.）*Reg.* 9. 159, CCSL 140A, p. 718.

④ *Reg.* 4. 16, CCSL 140, p. 234. "Alia uero peruersa illius, scilicet mala corporalia, quae cognoui ..." *Reg.* 5. 39, CCSL 140, p. 317.

⑤ *Reg.* 4. 16, CCSL 140, pp. 234–235.

⑥ "... caesis presbyteris, diaconibus ceteroque clero, manu militari diceris ad medium deductus." *Reg.* 4. 20, CCSL 140, p. 238. *Reg.* 5. 6, CCSL 140, p. 271.

也拒绝承认皇帝任命函的真实性。格里高利说，在司铎的晋升中，其他功过可以不计，但是"仅就贿赂之重罪，就应该受到教会法最重的惩处"。① 其间，格里高利试图回避皇帝干预的问题，他说："皇帝通常不会介入任命主教这种事务，以免背负我们的罪。"② 按照格里高利的逻辑，既然排除了皇帝干预的可能性，那么马克西姆就是假借皇帝命令的"冒牌货"（praesumptor）。对于主教圣职的僭越者，格里高利公开宣战：

> 你如此破坏主教形象，侵害圣职尊严，史无前例。我们因此下令，在我们得到主上皇帝或我们的特使回复，明确祝圣的命令为真而非造假之前，你和那些为你祝圣的人绝不可以妄自行使任何主教职权。在收到我们的复函之前，你们不可以上到祭坛。倘若你们胆敢妄自做任何有违此令之事，就让你们受到来自天主与宗徒之首圣彼得的弃绝（anathema）。那么，对于大公教会其他成员而言，反思你所受的判罚，会明白他们若是效尤，必受严惩。③

来自遥远的罗马的威胁苍白无力，因为马克西姆确实得自皇帝授权。④ 得到中央与地方支持的马克西姆有恃无恐，在萨罗纳城的广场上公

---

① "... ut nihil sit quod ex sacerdotalibus ualeat ordinationibus obuiare, tamen solius nefas ambitus seuerissima canonum districtione damnatur." *Reg.* 4. 20, CCSL 140, p. 238.

② "Quod nos ideo sine ulla haesitatione credidimus, quia uitam aetatemque tuam non habemus incognitam, ac deinde quia serenissimi domini imperatoris animum non ignoramus quod se in causis sacerdotalibus miscere non soleat, ne nostris in aliquo peccatis grauetur." *Reg.* 4. 20, CCSL 140, p. 238.

③ "Quia igitur sine ullius exempli forma uiolasti talem tantamque sacerdotii dignitatem, praecipimus ut, usque dum dominicis uel responsalis nostri cognouerimus apicibus quod non surrepticia sed uera fueris iussione ordinatus, nullatenus tu ordinatoresque tui attrectare quicquam praesumatis sacerdotalis officii, nec usque ad rescriptum nostrum ad cultum uos sacri altaris accedere. Quod si contra haec agere praesumpseritis, anathema uobis sit a Deo et a beato Petro apostolorum principe, ut contemplatione iudicii uestri ceteris quoque catholicis ecclesiis ultionis uestrae praebeatur exemplum." *Reg.* 4. 20, CCSL 140, p. 238.

④ *Reg.* 5. 39, CCSL 140, p. 317.

开宣读这封书信，张贴公示，最后将信当众销毁。[①] 不仅如此，马克西姆派人前往君士坦丁堡，向皇帝控告教宗谋杀了一名叫马尔库斯（Malchus）的达尔马提亚主教。[②]

至此，原本旨在整肃教会风纪、加强地方教会管理的一次事件，演变成罗马教宗与世俗统治者支持下的地方教会的对立。在此，我们看到的是教宗的节节败退。皇帝当然不愿意看到帝国的教会出现分裂，他命令格里高利同马克西姆和解。皇帝说，他可以让马克西姆前往罗马城，但是，格里高利必须以主教之礼相待。[③] 此时的教宗，因主张同业已占据意大利大部的伦巴第人和谈而被拉文纳总督罗马努斯告御状，又因反对君士坦丁堡牧首使用"普世牧首"的名号而被皇帝训斥。在几面受敌的情况下，格里高利选择了在萨罗纳主教问题上做出部分退让。595 年 6 月，他向皇后表示，看在皇帝的面子上，他愿意做出让步：

> 但是，出于对皇帝命令的服从，这个在我毫不知情的情况下得到任命的马克西姆，绕过了我与我的使节而自命主教的傲慢行为，我可以发自内心地宽恕，就当作是得自我的任命。[④]

即使有皇帝居中调停，即便格里高利做出退让，马克西姆也仍然不愿意前往罗马。无疑，按照格里高利的要求，马克西姆虽然成了主教，仍然要接受教廷裁断和处罚，尤其是买卖圣职和在受绝罚情况下主持弥撒两宗

---

① *Reg.* 5.6，CCSL 140，p. 271.

② *Reg.* 5.6，CCSL 140，pp. 271-272.594 年 9 月，格里高利要驻君士坦丁堡的教宗使节萨比尼昂去向皇帝解释此案：马尔库斯因经济问题确实被格里高利召至罗马城。问询完毕，罗马教会的书记员卜尼法斯设下家宴款待马尔库斯，后者于当晚去世。格里高利说自己对他被带走吃饭的事情，事先并不知情。*Reg.* 2.19，CCSL 140，p. 107.

③ *Reg.* 5.39，CCSL 140，p. 317.

④ "Ego autem praeceptioni pietatis eius oboediens eidem Maximo, qui me nesciente ordinatus est, hoc quod in ordinatione sua me uel responsalem meum praetermittere praesumpsit, ita ex corde laxaui, ac si me auctore fuerit ordinatus." *Reg.* 5.39，CCSL 140，p. 317.

大罪，而且前者还指向他担任主教的合法性问题。① 此后，马克西姆坚称格里高利与他有私怨，是在借机宣泄私愤。无论格里高利怎样解释与承诺，马克西姆都毫不妥协。②

595 年底或 596 年初，与格里高利交恶的拉文纳总督罗马努斯去世，新任总督卡利尼库斯（Callinicus）立场不明。③ 教会分裂持续，直到 599 年。5 月份，拉文纳总督在伊斯特利亚地区成功打退斯拉夫人。基于不为我们所知的原因，他主动提出要在圣彼得诞辰日前往罗马城进行礼拜。④ 他游说格里高利放弃在罗马城对马克西姆两罪并审的初衷，改让马克西姆前往拉文纳城，由拉文纳主教协同米兰主教全权裁断。⑤ 与此同时，马克西姆的后台达尔马提亚提督马尔凯利努斯被皇帝莫里斯紧急召往君士坦丁堡。这次召见显然对这位提督十分不利，他迟迟不肯动身，并恳请教宗动用教廷在君士坦丁堡的人脉资源为他求情。格里高利借机对马尔凯利努斯施压，要求他纠正马克西姆的错误。⑥ 599 年 7 月、8 月间，在拉文纳总督、拉文纳主教和教宗使节的见证之下，马克西姆为自己七年来对抗教宗表现出来的傲慢做出忏悔，并且在拉文纳教会的主保圣人亚博那（S. Apollinaris）墓前发誓，澄清所有其他指控。⑦

就此，这场持续近十年、旨在整治以萨罗纳教会为首的达尔马提亚教省教会风纪的斗争，以格里高利彻底失败告终。马克西姆曾被指控犯下诸

---

① 格里高利告诉皇后，他无法再做让步，因为这两宗罪太重："我向上主祷告，愿调查结果是他没有犯下所控诸罪，这样此案的了结当不会危及我的灵魂。"（Sed opto et Dominum deprecor, quatenus nihil in eo de his quae dicta sunt ualeat inueniri, et sine periculo animae meae causa ipsius terminetur.）*Reg.* 5.39, CCSL 140, p.317.

② *Reg.* 6.3, 6.25, 6.26, CCSL 140, pp.371, 395-398.

③ 597 年 5 月，格里高利在写给西西里罗马教会地产管理人执事西普里安（Cyprianus）的书信里提到，总督忙于波河一带的事务，自己没有收到过他的来信。*Reg.* 7.19, CCSL 140, p.470. 597 年 6 月，一个叫安德鲁的人提醒格里高利警惕总督赴任时带来的两个亲信，格里高利回复说，这是个恶得以滋生的时代，人唯有忍耐。*Reg.* 7.26, CCSL 140, p.483.

④ *Reg.* 9.155, CCSL 140A, pp.710-711.

⑤ *Reg.* 9.155, 9.156, 9.177, CCSL 140A, pp.710-711, 712-714, 734.

⑥ *Reg.* 9.159, 9.237, CCSL 140A, pp.718, 820-821.

⑦ *Reg.* 9.177-179, App.5, CCSL 140A, pp.734-736, 1096-1097.

种在格里高利看来是不可饶恕的罪，与女人有染、买卖圣职、分裂教会、无视教会法、狂妄傲慢等，凡此种种没有一宗得到真正的惩戒。① 在受教宗绝罚期间，马克西姆主持弥撒，在达尔马提亚教区如常地担当都主教。所有对教宗的对抗与轻蔑，最后在一声忏悔中被一笔勾销。在从上至皇帝，下至地方军统对马克西姆的支持中，格里高利不得不对这位没有资格担任圣职的主教"从轻处置"。正如格里高利给拉文纳主教马瑞尼阿努斯的信中写到的那样，对于拉文纳总督的"纠缠"，"除了将马克西姆的案子交托于你，我还能做什么呢？"② 教宗尚且要对拉文纳总督让步，更何况身在拉文纳城的拉文纳主教？在世俗统治者的强势干预之下，事件之初格里高利对教会中其他人掷地有声的警告——"对于大公教会其他成员而言，反思你所受的判罚，会明白他们若是效尤，必受严惩"，只能沦为笑谈。

三　治理与治权

　　萨罗纳主教任免案是格里高利整治教会失败的个案。教宗从最初高调介入，到后来处处受阻，步步退让，从放弃业已批复的人选，直到最终让渡案件的裁判权与惩治权。其间，达尔马提亚诸教会联合一致对抗罗马；世俗统治者，从中央到地方，也全数支持马克西姆。教宗发出的警告与惩戒毫无效果，他自身还遭遇种种流言攻击，从指责他出于个人目的进行打击报复，发展到指控其参与谋杀主教。

　　杰弗里·理查兹说，这是格里高利在地方进行人事运作时，再次遭遇当地人对外来干预抱有的"根深蒂固的成见"。③ 杰弗里的这个说法有一

---

① 教宗档案室在抄写材料时，对马克西姆的"罪行"做过小结。*Reg.* App. 5，p. 1097.
② "Excellentissimi filii mei domni Callinici exarchi assidue et importune pro persona Maximi scripta suscepi. Cuius importunitate uictus nihil habui quod amplius facere debuissem，nisi ut eiusdem Maximi causam tuae fraternitati committerem." *Reg.* 9. 156，CCSL 140A，p. 713.
③ Jeffrey Richards，*Consul of God*，p. 201.

定道理。格里高利推行修士—主教的人事改革时，曾多次遭到地方反对。尽管程度不一，几乎所有地区都出现过地方自我保护，但是，像达尔马提亚教会这样公然粗暴地与教宗对抗却是绝无仅有的。杰弗里在讨论时，把达尔马提亚地区同北非和日耳曼人统治区全部纳入"帝国西部"，在讨论框架的预设上笼统地把它解释为地方排外性，实在难以说明这一主教任免案的特殊之处。

在行政隶属上，达尔马提亚同北非和日耳曼人统治区的情况有明显不同。日耳曼人统治区当然不在拜占庭直接治下，北非则设有总督区，以迦太基为首府。关于达尔马提亚是否隶属拉文纳总督区，由于史料严重不足，史家们仍然难以达成共识。① 格里高利与达尔马提亚诸教会的通信历来被视为最重要的文献史料，用以论证达尔马提亚隶属拉文纳。② 从交通条件看，达尔马提亚地区自古与意北往来频繁。它的沿海本就多良港，海上交通极为便利，穿越不宽的亚得里亚海，就可以到达意北港湾。在陆上，罗马帝国在 1 世纪之初打造了 5 条大道，穿越迪纳拉山脉，连接起萨罗纳和意大利半岛。③ 达尔马提亚地方考古史料也显示，在经济与文化方面，包括教堂建筑风格在内，拉文纳和意北地区对萨罗纳等地的影响远甚它的东邻与君士坦丁堡。④ 当然，达尔马提亚还地处意大利半岛与巴尔干半岛之间的走廊位置，是罗马帝国东西两个部分之间的通道。因为这种特殊性，它在东西行政隶属关系上出现过数次变动。尽管如此，在实际运作

---

① 有观点认为达尔马提亚既然有马尔凯利努斯这位提督，那么必然是个独立的行省，但也有学者认为马尔凯利努斯的"提督"头衔只流于荣誉性。参见 Danijel Džino, *From Justinian to Branimir: The Making of the Middle Ages in Dalmatia*, New York: Routledge, 2021, p. 30.

② 在整个萨罗纳主教任命案中，教宗并未与伊利里库姆大区总长通信，而是持续与拉文纳总督联络，最后也是在拉文纳总督斡旋下实现和解。Dominic Mandić, "Dalmatia in the Exarchate of Ravenna from the Middle of the VIth until the Middle of the VIIIth Century," *Byzantion* 34 (1964): 347–374.

③ 参见 John Wilkes, *The Illyrians*, Oxford: Blackwell Publishers, 1996, pp. 206–212; 沈坚《伊利里亚人与外部世界的关系》，《华东师范大学学报》（哲学社会科学版）2000 年第 5 期；沈坚《古代巴尔干伊利里亚人述论》，《世界历史》2001 年第 3 期。

④ 参见 Danijel Džino, *Becoming Slav, Becoming Croat: Identity Transformations in Post-Roman and Early Medieval Dalmatia*, Leiden and Boston: Brill, 2010, pp. 156–159.

中，达尔马提亚几乎一直都处于意大利大区的管辖下。[①] 多年的东西帝国行政归属变迁，加之后来多瑙河流域的常年危机，帝国东西部在巴尔干半岛的战争，削弱了帝国对达尔马提亚的控制。[②] 更何况，西北东南走向的迪拉纳山脉形成天然屏障，把达尔马提亚分为内陆与沿海两部分。内陆多山地、人口稀少，沿海多丘陵、多滨海低地、人口集中。沿亚得里亚海的

① 戴克里先对帝国架构进行重整时，达尔马提亚省隶属潘帕尼亚行政区（Dioecesis），归伽列里乌斯统辖，在行政上，与其东的巴尔干诸地联系紧密。后来君士坦丁短暂地作为唯一君主统治帝国。到 335 年，君士坦丁的儿子康斯坦斯（Constans）接管了意大利、非洲与潘帕尼亚三个行政区的管辖权，以罗马为政治中心。达尔马提亚被纳入帝国西部区域。君士坦丁去世，康斯坦茨（337~350）与康斯坦提乌斯（Constantius，337-361）统治期间，帝国在行政管理上逐渐形成高卢、意大利、伊利里库姆和东方四个行政大区。按照这个划分，达尔马提亚被归入伊利里库姆大区，与意大利北部分属不同区划。但是，到康斯坦提乌斯去世的 361 年，该制度尚未完全得到执行，达尔马提亚在实际运作中仍然未能整合入伊利里库姆。而最晚在 365 年，达尔马提亚已经归入所谓的"西伊利里库姆"行政区（occidental Illyricum），再次与意大利和阿非利加共同隶属意大利大区。394 年，狄奥多西一世将西伊利里库姆并入伊利里库姆大区。到 396 年，东罗马帝国执政欧特庇厄斯（Eutropius）将潘帕尼亚行政区（包括潘帕尼亚、诺力库姆和达尔马提亚）从伊利里库姆大区剥离，归入帝国西部。437 年，幼主瓦伦提尼安三世的母亲加拉·普拉西狄亚（Galla Placidia）主导了他与东部皇帝狄奥多西二世的女儿尤多琪亚（Eudoxia）联姻，作为条件，西伊利里库姆划给了东部。名义上，东部帝国再次获得了全部的伊利里库姆大区。然而，实际上，东部帝国控制的区域非常有限，仅包括巴尔干半岛上的达西亚和马其顿两个行政区，以及第二潘帕尼亚（Pannonia secunda）的东部。伊利里库姆的北方大部在匈人控制之下，东部帝国也未能在达尔马提亚建立起有效管理。参见 Dominie Mandié，"Dalmatia in the Exarchate of Ravenna，" pp. 350-351；Frank E. Wozniak，"East Rome，Ravenna and Western Illyricum：454- 536 A. D.，" pp. 351-353；T. D. Barnes，"Praetorian Prefects，337-361，" *Zeitschrift für Papyrologie und Epigraphik* 94（1992）：249-260；Peter Heather，*Goths and Romans，332-489*，Oxford：Clarendon Press，1994，p. 202；Bill Leadbetter，*Galerius and the Will of Diocletion*，London and New York：Routledge，2009，pp. 64-70；徐国栋《行省→省（郡）→总督区→军区——罗马帝国行政区划的变迁及其意义》，《苏州大学学报》（法学版）2014 年第 1 期，第 51 页；马锋《从戴克里先到查士丁尼时代的军事变革》，《古代文明》2012 年第 4 期，第 11 页；董晓佳《斯提里科与晚期罗马帝国政局——基于"反日耳曼人情绪"视角下的考察》，《历史研究》2018 年第 4 期。

② 斯提里科摄政期间（395~408），帝国东西两个宫廷曾为伊利里库姆的控制权而有战事。受其波及，达尔马提亚内陆的人们纷纷向沿海与意大利逃难。到 5 世纪 20 年代，达尔马提亚北部有许多蛮族定居，他们鲜少南下进攻达尔马提亚沿海地区。Penny MacGeorge，*Late Roman Warlord*，pp. 17-18. 斯提里科对伊利里库姆的争夺，参见董晓佳《斯提里科与晚期罗马帝国政局——基于"反日耳曼人情绪"视角下的考察》，《历史研究》2018 年第 4 期。

狭长地带，形成一个相对封闭的地理空间。5 世纪 50 年代开始，沿海地区就成为马尔凯利努斯和尼波斯叔侄的统治区。尼波斯在 474 年成为西部皇帝，又在 475 年被欧瑞斯特（Orestes）打败，逃回萨罗纳。480 年尼波斯被刺身亡。次年，奥多亚塞（Odovacer）借机进攻萨罗纳。此后，达尔马提亚并入意大利大区，一直在哥特人的控制之下。[①] 510 年，东部皇帝阿纳斯塔修斯一世（Anastasius I，491~518 年在位）以条约的形式正式承认哥特人对达尔马提亚行省的统治。达尔马提亚再次与意大利半岛共同隶属一个行政单位。[②] 拜占庭收复达尔马提亚之后，很可能在此设置有独立行省，但在隶属关系上，应该因其历史渊源与守望意大利半岛的特殊军事意义，处于拉文纳总督的管辖之下。

无论达尔马提亚与拉文纳之间的行政隶属关系如何，教宗对萨罗纳教会开展的治理，是上一级教会对教省都主教人选的干预。[③] 这在当时的教会体系中，对应的是牧首治权。它并非教宗的传统治权，而是罗马城被重新纳入帝国直接统治之后才引入的拜占庭宗教制度。牧首制在尊奉罗马、君士坦丁堡、亚历山大、安条克和耶路撒冷五地主教为牧首的基础上逐渐建立。到格里高利所在的 6 世纪、7 世纪之交，东部四位牧首都有了较为明确的牧首辖区。牧首们定期召集辖区内的主教开会商议辖区内事务。教宗所在的罗马城长期在哥特人控制之下，错过了与同僚共同打造牧首区的机会，有效治权长期局限在意大利半岛中南部，也就是教宗作为都主教的治权范围。意北地区传统上有米兰主教和阿奎利亚主教联合对抗罗马教会。两地主教互相祝圣，不受罗马干预。在 6 世纪中叶皇帝查士丁尼主导

① Penny MacGeorge, *Late Roman Warlord*, pp. 5-68.
② Frank E. Wozniak, "East Rome, Ravenna and Western Illyricum," pp. 370-373; Hrvoje Gračanin, "Late Antique Dalmatia and Pannonia in Cassiodorus' Variae," *Povijesni Prilozi* 49 (2015): 21.
③ 除了纳塔利斯风纪案和萨罗纳主教任免案提供的证据，在萨罗纳主教任免案结束之后，马克西姆还曾至少两度致信格里高利寻求支持与帮助。除此之外，还有达尔马提亚人在明确隶属教宗牧首权管辖的拉文纳和伊斯特利亚教会任职。*Reg.* 10.15, 13.8, CCSL 140A, pp. 842-844, 1003-1004. 参见 Vadim Prozorov, "*Ut primatum habeant*: The Early Medieval Church in Dalmatia and the Aquileian Strategy," *Early Medieval Europe* 29 (2021): 305-308; Danijel Džino, *Becoming Slav, Becoming Croat*, p. 158.

的"三章案"中，这两地主教还共同反对屈从于皇权的教宗，双双与罗马教会中断团契。拉文纳教会则在查士丁尼收复意大利时受到帝国扶持，成为后起之秀，一度获得过高于普通都主教的"大主教"身份。意北结束三大都主教鼎立的局面，教宗治权得以北扩，发生在 568 年伦巴第人入侵意大利之后。伦巴第人在此建立起王国，致使米兰与阿奎利亚两地主教双双长期流亡，教会力量严重削弱。另外，帝国为应对入侵，建立起以拉文纳为首府的军政一体的总督区。6 世纪 70 年代是教宗治权北扩的重要阶段。在此期间，米兰主教不仅结束与教宗的对抗，还接受罗马教会派遣人员成为其教会主教候选人，经地方完成"选举"程序，再接受教宗的批复与祝圣。① 同样的，拉文纳教会也开始出现来自罗马教会的人担任主教并接受教宗祝圣的情况。②

　　格里高利与萨罗纳教会的两场冲突提供了关于达尔马提亚与罗马之间教权隶属关系的重要证据。其一，萨罗纳教会主教纳塔利斯与大执事霍诺留的争端并不因教义问题而起，而是人事纠纷与教产维护问题。它是一个教会管理问题。原告与被告双方均认真地回应了教宗质询。这显示，最晚到佩拉纠二世时期，达尔马提亚教省已经接受教宗治权。那么，达尔马提亚被纳入教宗治权的时间，很可能是在 70 年代教宗治权北扩阶段。其二，皇帝曾要求马克西姆前往罗马接受调查，并要求届时格里高利以主教之礼相待。它说明，皇帝支持马克西姆担任主教，也支持格里高利管束他任命的这位主教。其三，就这个案件而言，格里高利曾向皇后抱怨，说皇帝干预教会，信中特别提到"就连托付于我的主教的案件都要提交到最虔敬的皇帝那里"，进一步印证了萨罗纳与罗马之间的隶属关系。③ 其四，该

---

① *Reg.* 3. 29, 3. 30, CCSL 140, pp. 174-176. *Reg.* 11. 6, CCSL 140A, pp. 867-868.

② Agellus of Ravenna, *The Book of Pontiffs of the Church of Ravenna*, trans. Deborab Mauskopf Deliyannis, Washington, D. C.: The Catholic University of America Press, 2004. 参见 R. A. Markus, "Carthage-Prima Justiniana-Ravenna: An Aspect of Justinian's Kirchenpolitik," Ravenna and Rome, 554-604, in R. A. Markus, *From Augustine to Gregory the Great: History and Christianity in Late Antiquity*, London: Variorum Reprints, 1983, XIII-XIV.

③ "Et si episcoporum causae mihi commissorum apud piissimos dominos…disponuntur, …" *Reg.* 5. 39, CCSL 140, pp. 317-318.

案件在马克西姆坚持下，最后在拉文纳城由拉文纳主教主持涤罪仪式。教宗为此特别向拉文纳主教派出自己教会的文书，不仅通过信函书面说明，还通过文书口授机宜，详尽地指导拉文纳主教应当如何处置。[①] 其五，时任拉文纳主教马瑞利阿努斯（Marinianus）在 595 年 6、7 月间上任，赴任拉文纳主教之前，他是格里高利创建的圣安德鲁修道院的修道士，也曾长年随格里高利一起修行。[②] 马瑞利阿努斯无疑是教宗亲信，格里高利也意识到这种亲近的关系容易遭人诟病。为避嫌，格里高利还专门发函邀请米兰主教康斯坦提乌斯前往共同审理此案。[③]

　　将萨罗纳主教任免案置于拜占庭推行的牧首制框架下，很容易判断出，这个案件里并不存在拉文纳与罗马争夺治权的问题。那么，是否存在罗马与君士坦丁堡教会争夺治权的问题呢？这个问题涉及达尔马提亚在当时帝国框架下的归属。如前所述，达尔马提亚位于意大利大区的东端。它的东邻伊利里亚大区，在行政上已划归君士坦丁堡直属，在教会管理上，按照拜占庭教俗在隶属关系上保持一致性的基本原则，理论上应该划入君士坦丁堡主教管辖的牧首区。事实也的确如此。伊利里亚大区的都主们都参加由君士坦丁堡牧首召集的教务会议，显示他们的教会已在新罗马牧首治理之下。[④] 对此，格里高利曾经给伊利里亚的主教们写信表示反对，

---

① *Reg.* 9. 178, CCSL 140A, p. 735. 至于最终拉文纳主教如何处理马克西姆，我们不得而知。格里高利的书信提供了证据，显示两地主教就处理程序进行过书面协商，其间格里高利做了让步。他在 599 年 5 月提出的处理方式更为苛刻些，仍然坚持要追究马克西姆的过错。经过书面沟通和文书口头传递消息，格里高利部分接受了拉文纳主教的建议。*Reg.* 9. 156, CCSL 140A, pp. 713–714.

② *Reg.* 5. 51, CCSL 140, pp. 345–346.

③ *Reg.* 9. 150, CCSL 140A, pp. 705–706.

④ 自教宗西利修斯（Siricius, 384~399 年在位）开始，罗马教会就有向伊利里亚大区首府帖撒罗尼迦（Thessalonica）主教授予教宗代牧的传统。基于这个历史传统，此后的教宗们从不曾公开放弃这个地区。*Reg.* 9. 157, pp. 714 – 716. R. A. Markus, *Gregory the Great and His World*, p. 160. David Hunt, "The Church as a Public Institution," in *The Cambridge Ancient History*, Vol. 13, ed. Averil Cameron and Peter Garnsey, Cambridge and New York: Cambridge University Press, 2007, p. 248. A. H. M. Jones, *The Later Roman Empire*, *284 – 602*, Oxford: Basil Blackwell, 1964, pp. 211–212. Peter Norton, *Episcopal Elections 250 – 600: Hierarchy and Popular Will in Late Antiquity*, Oxford: Oxford University Press, 2007, pp. 133–138.

禁止他们前往参加君士坦丁堡的教务会议。然而，这种反对更多的是出于罗马教会惯例，未见产生实质性效果。在纳塔利斯案件里，伊利里亚大区长曾写信向格里高利求情。它反映出萨罗纳地方与伊利里亚大区关系紧密。除此之外，在萨罗纳与罗马的交锋中，再没有证据显示有来自达尔马提亚以东的教俗力量介入其中，现存书信中也未见有任何材料可以证明君士坦丁堡主教有干预达尔马提亚地区教会事务的动作或意图。在案件中，自始至终积极参与的世俗权贵，从现存书信看，主要是两位：达尔马提亚提督和拉文纳总督。

应该说，拜占庭帝国的教会制度赋予并保障教宗对达尔马提亚教会享有治权。只是，这种牧首治权在意大利北部地区建立未久，地方教会仍然保留有相当程度的旧习，拉文纳教会如此，米兰教会亦如此，更遥远些的萨罗纳教会力图保持旧有传统也不足为奇。① 这种地方传统，在萨罗纳主教任免案中突出地表现为相互间高度关联的两点：（1）地方教会自治；（2）主教是地方权贵网络中的一员。早在君士坦丁时期，主教已经在地方民事事务中承担重要职能。更为重要的是，拜占庭在意大利驱逐哥特人、接管政权的过程中，大公教会接管了哥特人的教会财产并将其中的地产以长期租赁的方式转交军队使用。② 教会、世俗贵族与军队，形成了彼此依赖的模式。地方教会自治必然令教会成为地方权贵政治的一部分，教会财产很可能越来越多地受到驻地军方的控制。这正是格里高利最担心的。他最初委派自己的副执事安东尼安排萨罗纳主教选举事宜时，特别告诫他第一要务是防止贿选和防止庇护人左右选举，他说："一旦某人当选是得自他人庇护，那么当他被祝圣主教之后，出于敬重会被迫服从庇护人的意志。这样的话，教会里的财物就可能受损，教会秩序也难以维持。"③

---

① 虽然米兰主教和拉文纳主教出自罗马教会，但是他们因为可能存在的亲罗马立场在自己执掌的教会内部常常受到质疑。

② T. S. Brown, *Gentlemen and Officers: Imperial Administration and Aristocratic Power in Byzantine Italy, A. D. 554–800*, Rome: British School at Rome, 1984, pp. 176–177.

③ "Nam si quorundam patrocinio fuerit quisquam electus, uoluntatibus eorum cum fuerit ordinatus oboedire, reuerentia exigente, compellitur, sicque fit ut res illius minuantur ecclesiae, et ordo ecclesiasticus non seruetur." *Reg.* 3. 22, CCSL 140, pp. 167–168.

萨罗纳主教任免案真正的直接主导者是达尔马提亚提督马尔凯利努斯，是他给予马克西姆支持，让后者在军队护佑下，对抗罗马，棒打支持亲罗马的势力，以武力驱逐罗马教会派驻萨罗纳的地产管理人副执事安东尼，让马克西姆成为萨罗纳教会主教。两任拉文纳总督在这个案子里一再支持达尔马提亚一方，因为达尔马提亚对于维护意大利半岛有着重要的战略意义。格里高利在位时期，伦巴第人在意大利半岛北部建立了王国，在半岛中南部还有两个面积庞大的军统区，时常滋扰拜占庭统治区，给拉文纳总督造成强大军事压力。隔海相望的达尔马提亚是守护亚得里亚海的基地，也是拜占庭可能增援拉文纳的跳板，军事重要性毋庸置疑。拜占庭在意大利半岛打造的本就是军事优先的军政体系，当军事需要与教会建设出现矛盾的时候，自然会有军事优先的现象出现。罗马教会优先考虑的萨罗纳主教人选霍诺留，严守教会纪律，恪尽职守，维护教会利益，却难以融入军政利益优先的地方权力谱系。与此相对，纵使马克西姆有诸般罪行，因为军政需要，受军统庇护，他最后成为上至皇帝下至地方全部接受的主教，并因此最终为教宗所接受。萨罗纳主教任免案显示，教宗在达尔马提亚的权威分外弱小，这种弱小与其他教会无关，它既受到当地教会自治传统的制约，也源自军政权力高度集中之下世俗权力对教会治权的侵蚀。

四 拉特兰的抄本"制造"

格里高利对萨罗纳教会的治理以彻底失败告终。习惯其盛名的现当代史家难免会为这位自古就冠有"伟大"（Magnus）名号的教宗在其间遭遇的挫败而唏嘘。8 世纪的拉特兰教廷大体也有同感。但是，他们还是保留了 34 封教宗整治萨罗纳教会的书信，足见这个治权对当时教廷有着重要意义。这种重要性，有可能源于现实中新近纳入加洛林统治的意北地区在教权归属上存有争议，以至于教廷要通过历史上具有对更远区域的治权来论证自身对意北治权的主张。它也完全可能是因为教廷希望鼓励加洛林继续东进，以便将被斯拉夫人占据的达尔马提亚地区，甚至更远的巴尔干其他地区重新纳入它的治理范畴。尽管如此，哈德良时期的誊抄者并不愿意呈现一个过于羸弱的教宗形象。他们在制作 R 集的时候，对格里高利留存的书信做出了符合他们时代需要的处理：省略与添加。

比对书信的抄本来源不难发现，现存书信中一共有 3 封是未被 R 集收录的。这个数量不大。然而，考虑到经由其他抄本保留的相关书信一共只有 6 封，这个比例其实高达 50%。被 R 集"漏制"的 3 封书信，从内容上看，确有该被"遗漏"的理由。

其中 1 封书信经 P 集保留，由格里高利写给他派驻君士坦丁堡的代表、罗马教会执事萨比尼昂。它写于 594 年 9 月，提供了一些同期其他书信上不曾提及的信息。第一，教宗委派安排萨罗纳主教选举事宜的副执事，也是罗马教会在达尔马提亚教会地产的管理人被迫逃离，是因为人身安全受到切实威胁。第二，教宗在萨罗纳城遭到公开羞辱。格里高利在得知马克西姆接受祝圣之后，写信禁止他主持弥撒，这封信被张贴示众，并当众毁掉。格里高利对萨比尼昂说："他带着轻蔑公开叛出宗徒之座。你知道我承受了怎样的痛苦，我早就做好准备，宁死也不让圣彼得的教会在我的任期里蒙羞。"① 第三，马克西姆遣人前往君士坦丁堡控告格里高利涉嫌谋杀主教马尔库斯。马尔库斯因经济问题被教宗召到罗马城，由罗马教会书记员卜尼法斯带到自己宅邸共进午餐，当晚过世。② 第四，格里高利自述"已有些时日不与其他人通信"，需要让收信人代传消息。③ 总而言之，这封信与其他书信最大的不同之处在于，其他信件记录的多是格里高利进行批评、警告、威胁、惩罚，做出种种符合其身份的安排，或者有条件地予以退让，这封信讲述的却是教宗蒙难，凸显出教宗权威之弱。

还有两封书信经由 C 集保留，都与达尔马提亚提督马尔凯利努斯有

---

① "…atque in contemptu sedis apostolicae apertus exsiliuit. Quod ego qualiter patiar scis, qui ante paratior sum mori quam beati Petri ecclesiam meis diebus degenerari." *Reg.* 5.6, CCSL 140, p. 271.

② 罗马教会在萨罗纳安排选举事宜时，马尔库斯也正在城里，格里高利特别嘱咐安东尼禁止马尔库斯参与此事。*Reg.* 3.22, CCSL 140, p. 168.

③ "Nam modo, postquam nulli alteri scribo, durum mihi fuit soli magistro scribere." *Reg.* 5.6, CCSL 140, p. 272.

关。其中一封写于 599 年五六月间，另一封写于 599 年 8 月。前者是格里高利对马尔凯利努斯的复函。马尔凯利努斯接到皇帝紧急命令，让他速往君士坦丁堡，预感到危机，他向教宗求助。信里，格里高利毫不客气地指责他是马克西姆案件的幕后指使，要求他处理好这个问题，自己才可能提供帮助。[①] 8 月份的信是格里高利给自己派驻君士坦丁堡的执事安纳托利乌斯（Anatolius）下令，要求他全力帮助马尔凯利努斯。信中还建议安纳托利乌斯以处理马克西姆案件为由，为马尔凯利努斯未能及时响应皇帝召见进行开脱。[②] C 集留下的这两封书信显示，马克西姆案最终解决，得益于达尔马提亚军政首脑的倒台和格里高利与这位面临危机的地方掌权者之间背着皇帝进行的一场交易。

R 集略过了上述 3 封书信。它们在内容上的特殊性，恰恰论证了教廷的这一轮书信誊抄并非随机进行，而是经过精心拣选。我们无法判断在有关萨罗纳教会的事务中，哈德良时期的教廷扣留过多少封书信，它们又都是怎样的内容，但是通过上述书信却可以判定教廷刻意向世人，尤其是正在开展合作的法兰克人隐瞒了为他们所敬仰的教宗格里高利一世曾经被地方主教羞辱，曾被控涉嫌谋杀，以及与地方军政要员进行过私下交易的历史。哈德良治下的罗马教廷并不希望向法兰克宫廷展示教宗软弱或是容易遭人怀疑的一面。

除了有选择地"漏抄"，R 集在制作过程中还添加有一份关于萨罗纳主教案的简报。《书信录》两个点校本的编者都认为，它由拉文纳的抄写员添加进 R 集母本。[③] 它一共只有 185 个词，简明扼要地讲述了马克西姆"违背尊上教宗格里高利的意愿"，靠军队成为"僭越者"，并"狂妄而执拗"地坚持七年，后来"在至福与得自宗徒传承的教宗格里高利严厉批评与鞭策之下"，前往拉文纳城，当着拉文纳主教的面，在市中心进行公

---

① *Reg.* 9. 159, CCSL 140A, p. 718.

② *Reg.* 9. 237, CCSL 140A, pp. 820–821.

③ *Reg.* Appendix V, CCSL 140A, p. 1096. Gregorius Magnus, *Registrum epistularum* 8. 36, ed. Paul Ewald and Ludo Hartmann, Monumenta Germaniae Historica, Epistolae 1–2, tom. II, Hannover, 1891–1899, p. 38.

开忏悔，"大声说，'对天主和至福的教宗格里高利，我有罪'"。① 公开忏悔进行了三小时，之后，马克西姆到拉文纳教会的主保圣人亚博那墓前涤清所有指控，完毕后又派萨罗纳教会的执事前往罗马，最后，"至福的教宗格里高利出于感动与悲悯"，给了他主教披肩。② 这份文件有几点特别值得关注。第一，它把萨罗纳主教任免案定性为教会内部事务，马克西姆的退让被完全归功于教宗教导。第二，在称呼教宗时，添加了突出其特殊身份的敬语，例如"尊上"、"至福"与"得自宗徒传承"，拉开了教宗与其他主教之间的身份差距。格里高利自身书信里不仅毫无此类踪迹，还往往强调自己与其他主教的兄弟情和"同为主教"（coepiscopus）的平等性。第三，教宗授予主教披肩的行为与教宗批准马克西姆成为都主教相挂钩。授予主教披肩在格里高利原本的书信中，还只是"按照传统"（ex more）行事，与都主教职位尚无直接关联。③ 第四，这份文献正文中有明确的日期，说这一切发生在 598 年 8 月 25 日。④ 这个日期，符合文献在 R 集中所放的位置，即第 8 年书信的最末。但是，在这个日子，达尔马提亚教会仍然在闹分离，状况一直持续到 599 年 5 月才开始有所改观，两地教会的和解则要等到 599 年 8 月。更有意思的是，从 596 年 1 月马克西姆被开除教籍开始，罗马与萨罗纳之间就陷入了僵局。按理说，其间唇枪舌剑

---

① "Leuatus est Maximus praesumptor in Dalmatias contra uotum domini papae Gregorii a militibus per indictionem undecimam et in contumacia uel praesumptione fuit annis VII. Post haec, post castigationem et flagella beatissimi atque apostolici papae Gregorii egressus de Dalmatias uenit in ciuitate Rauennate ad beatissimum Marinianum archiepiscopum et iactauit se tensus intra ciuitatem in media silice calmans et dicens: 'Peccaui Deo et beatissimo papae Gregorio'." *Reg.* Appendix V, CCSL 140A, pp. 1096–1097.

② "Relato omnia, quae a Maximo satisfacta essent, tunc motus ad misericordiam beatissimus papa Gregorius direxit pallium ad confirmationem eiusdem episcopi, ..." *Reg.* Appendix V, CCSL 140A, p. 1097.

③ 关于主教披肩传统的演变，参见 Steven A. Schoenig, *Bonds of Wool: The Pallium and Papal Power in the Middle Ages*, Washington, D. C.: The Catholic University of America Press, 2016。

④ "...id est VIII Kalendas Septembris indictione secunda." *Reg.* Appendix V, CCSL 140A, p. 1097. 在 R 集里，格里高利的书信集分为上下两卷，下卷正是以第 1 个财政年度（indicatio）开篇，从 598 年 9 月至 599 年 8 月。

难以避免，多方斡旋理当持续。然而，596 年至 599 年间，R 集保留下来的相关书信一共只有三封，收信方还都是扎达尔城主教，后者又恰巧是唯一一位被教宗成功策反的达尔马提亚行省主教。这是怎样的巧合！考虑到前述遭到"遗漏"的 3 封书信，我们不免要问：596 年至 599 年间，究竟发生过什么？是否有书信被"遗漏"？如果有，那么，它们又都承载了怎样不宜为人所知、不符合简报"精神"的细节？

结　语

得益于 8 世纪的抄本，尤其是其中收录史料最多的 R 集，我们今天可以看到萨罗纳主教任命案的发生、发展与结束的大致过程。教宗格里高利一世最初并无介入萨罗纳教会内部事务的意愿。然而，萨罗纳主教纳塔利斯实在担不起"主教"之名，让修道士出身、认为默观与布道方为主教正务的教宗无法坐视不理。达尔马提亚行省特殊的地理位置和在古代晚期形成的军政自治传统，递延到了它的教会。虽然它的都主教已经隶属教宗管辖，但是在地方军政支持下，服从上一级教会管理徒然流于形式。教宗认识到，地方权贵的庇护与左右，是该地教会问题的症结所在。纳塔利斯去世，教宗力图在选举环节消除弊端，防止新选主教重蹈覆辙。来自罗马的强势干预，遭到地方的全力反击。地方产生的主教人选马克西姆越过教宗批复环节，从皇帝那里获得批准，经拉文纳总督安排，在军队帮助下完成祝圣礼，成为主教。格里高利指控马克西姆的种种罪名绝非无中生有。但是，军事需要成为压倒性的因素。最后，带着一个省的教会公开对抗教宗的马克西姆在第三方教会象征性地完成公开悔罪仪式，格里高利顺势重新接纳这位受地方军政庇护、由皇帝批准、通过买卖圣职得以上位的问题主教。

现当代史家习惯从点校本入手，接触到的是按时间顺序进行编订的格里高利书信集，是集合了多抄本来源的资料整理汇编，因而较之单个抄本集的翻阅者，尤其是中古流传最广的抄本 R 集的读者，看到更多层面的案件过程，也看到整个案件之中的众生相。史家们往往有感于盛名之下的格里高利实际拥有的教宗治权之弱。受到现代西方社会中政教分离观念的影响，他们习惯从教会内部去寻找问题的答案。只是，萨罗纳主教任免案并不涉及罗马与拉文纳或者君士坦丁堡教会的治权之争，也并非格里高利单方面改变传统，介入地方教会事务。在教宗，这是一场失败的治理，但是，这并不意味着教宗对萨罗纳教会的治权无效。格里高利对马克西姆这个都主教候任人行使否决权，是拜占庭帝国框架下牧首管理都主教的权力。这份权力是当时强势皇权赋予的。也正因此，一旦帝国需要，它就可能遭受某种程度的剥夺。①

抄本比对显示，哈德良教廷的誊抄者从格里高利留档的母本进行拣选，显然比现代史家知悉更多的对垒细节。他们通过陈年纸草卷所接触到的，应当是比之今人所见更为弱势、更受世俗权贵掣肘的教宗。誊抄者略去了在他们看来最可能影响教宗光辉形象的历史材料，提炼出他们认为该有的教宗权威。这种操作很可能只是为了保留可兹支持教宗治权的材料，并让书信呈现出来的格里高利一世更加符合当时人们希望看到的圣人教宗形象。哈德良教廷并没有想要抹杀历史，因为格里高利的宗卷依旧安然地陈列于教宗档案室。② 格里高利的书信得到誊抄之后，罗马教廷开始越来越频繁地引据这位教宗的书信。当然，既然有了教廷新近制作的两卷本书信精选集，文书们自然不会再去动用珍贵且庞杂的14卷书信母本。③ 如果说，格里高利一世对教宗制的形成与发展有着重要影响，那么它是透过经后世拣选与凝练而成的文本滤镜折射到中古西欧基督教世界的。

---

① 拜占庭统治下，皇帝任命主教的现象并不鲜见。知名的拉文纳主教马克西姆由查士丁尼任命。这个现象在达尔马提亚的历史上同样存在。554 年，萨罗纳教会主教弗朗提尼阿努斯（Frontinianus）在"三章案"中与帝国政府持不同立场，遭到流放，其后皇帝任命了一个名叫彼得的人担任萨罗纳主教。Danijel Džino, *From Justinian to Branimir : The Making of the Middle Ages in Dalmatia*, p. 31.

② Joannes Diaconus, *Sancti Gregorii magni vita* 4. 71, ed. J. P. Migne, *Patrologia Latina*, tomus 75, Paris: Imprimerie Catholique, 1849, cols. 62C, 223B.

③ Conrad Leyser, "The Memory of Gregory the Great and the Making of Latin Europe," pp. 191-192.

政治与宗教：加洛林"君主镜鉴"中的理想和现实[*]

托马斯·诺布尔 著　李云飞 译^{**}

摘　要　本文讨论四份加洛林宗教文献的宗教内容和政治意义，它们通常被视为君王镜鉴类作品：圣米耶修道院院长斯马拉德的《王者之道》创作于 811 年或者 812 年，被献给当时的阿奎丹王虔诚者路易；奥尔良的约纳斯的《论国王的职责》，大约于 831 年为虔诚者路易之子、当时的阿奎丹王丕平所作；赛杜里乌斯·司各特的《论基督教统治者》于 869 年为秃头查理而作；兰斯的辛克马约于 873 年为秃头查理作《论国王的位格和职分》。本文认为传统的君主镜鉴体裁剥夺了这些文献的独特性，也使得它们脱离了其写作背景。如果我们在加洛林框架内合理解读这四份文献的话，会发现它们旨在参与 9 世纪的政治对话。它们应该被归为训诫类文献，以便走出抽象的体裁讨论和"教会思想"的有限空间，并被安放于加洛林政治对话的核心位置。

关键词　"君主镜鉴"　加洛林　阿奎丹的丕平　虔诚者路易　秃头查理

---

　* 本文原载于 Thomas F. X. Noble, " Politics and Religion: Ideal and Reality in the Carolingian *Specula Principum*, " in " *Omnium Magistra Virtutum* ": *Studies in Honour of Danuta R. Shanzer*, ed. Andrew Cain and Gregory Hays, Turnhout: Brepols, 2022, pp. 391-404, 由作者授权翻译发表。

** 托马斯·诺尔，美国圣母大学历史系荣休教授；李云飞，暨南大学文学院历史系教授。

近几十年来，研究"宗教"和"政治"的关系比过往很长一段时间，变得既有趣又急迫。在接下来的文章中，我想与读者一起回到 9 世纪，回到加洛林世界，举出四种明显属于宗教性质的文本，以便思考其中的宗教内容和政治蕴意。他们通常被称为 *Specula Principum*，即"君主镜鉴"，具体包括圣米耶（St. -Mihiel）的斯马拉德（Smaragdus）811 年或 812 年写给当时阿奎丹国王虔诚者路易的《王者之道》（*Via Regia*），[①] 奥尔良的约纳斯（Jonas）于大约 831 年献给虔诚者路易的儿子、当时阿奎丹国王丕平的《论国王的职责》（*De Institutione Regia*）[②]，赛杜里乌斯·司各特（Sedulius Scottus）869 年写给秃头查理（Charles the Bald）的《论基督教统治者》（*Liber de rectoribus christianis*）[③]，以及兰斯的辛克马大约 873 年同样写给秃头查理的《论国王的位格和职分》　（*De regis persona et regio ministerio*）。[④] 汉斯·胡波特·安敦（Hans Hubert Anton）关于这四种作品的导论已经发表了 50 年，但依然属于奠基之作。[⑤] 这四种文本满含对国王们的道德劝诫，旨在让他们长期掌权，成功维持统治，赢得永恒救赎。文本大量援引圣经和教父作品，尤其是安布罗斯（Ambrose）和奥古斯丁（Augustine）的作品。约纳斯援引了一行维吉尔的诗句，但很可能抄录自奥古斯丁的《上帝之城》。[⑥] 辛克马从泰伦斯（Terence）的作品（长篇箴言）中引用了一个短句，从奥古斯丁对西塞罗的一个较长引语中，转引

---

① *Via Regia*, PL 102, col. 931-970.

② Jonas d'Orléans, *Le métier du roi* (*De institutione regia*), ed. Alain Dubreucq, Sources chrétiennes 407, Paris, 1995；作品定年参见 pp. 45-49。

③ *Liber de rectoribus christianis*, ed. Sigmund Hellmann, *Sedulius Scottus*, Quellen und Untersuchungen zur lateinischen Philologie des Mittelalters 1. 1, Munich, 1906, pp. 1-91. 英译本参见 Edward Gerard Doyle, *Sedulius Scottus on Christian Rulers and the Poems*, Medieval and Renaissance Texts and Studies 17, Binghamton, 1983, pp. 49-96。

④ *De regis persona et regio ministerio*, PL 125, col. 833-856.

⑤ Fürstenspiegel und Herrscherethos in der Karolingerzeit, Bonn, 1968.

⑥ Jonas, *Inst.* 5, ed. Dubreucq, p. 208, 引用 Verg. Aen. 6. 853, "parcere subiectis et debellare superbos"。约纳斯此处可能取用自 Augustine, *Civ. Dei* 1. 6, ed. Bernhard Dombart and Alfons Kalb, vol. 1, Leipzig, 1928, p. 10。

了西塞罗的一句话。① 除此以外，这些文本并未提及或引用其他古典作家。它们列举过若干基督教皇帝作为例子，但没有提及任何古典时期的世俗人物。

它们的确是宗教文献。那么，政治在何处呢？我的回答是，政治藏在表象之下。朱迪丝·巴特勒（Judith Butler）在 1990 年写了一本有关"性别困扰"（Gender Trouble）的名著。② 我无意蹭她的盛名，只是想谈谈"归类困扰"（genre trouble）。大批学者围绕"镜鉴"作品已有丰富积累，而且镜鉴作品总体来说毫无疑问不只是加洛林、中世纪或西方的现象。③

① Hincmar, *De regis persona*, praef., PL 125, col. 833C, 引用 Ter. *Andr.* 68 "obsequium amicos, veritas odium parit"; 18, PL 125, cols. 845D–846A, 引用 *Pro Ligario* 37 "nulla de virtutibus tuis nec admirabilior nec gratior misericordia est", 作为对 Augustine, *Civ. Dei* 9.5, ed. Dombart and Kalb, p. 375 的更长段引用的一部分。

② Judith Butler, *Gender Trouble*: *Feminism and the Subversion of Identity*, London, 1990.

③ 这里无意全面征引所有相关文献。较早的一项重要研究是 Lester K. Born, "The *Specula Principis* of the Carolingian Renaissance," *Revue belge de philologie et d'histoire* 12 (1933): 583–612; 同一位作者为他的 *The Education of a Christian Prince*: *Desiderius Erasmus*, New York, 1936 所作的长篇导言（pp. 1–130, esp. 99–130）仍然很有价值。首个全面的研究参见 Wilhelm Berges, *Die Fürstenspiegel des hohen und späten Mittelalters*, Leipzig, 1938。特别从哲学视角出发的有价值的观察，参见 Pierre Hadot, "Fürstenspiegel," *Reallexikon für Antike und Christentum* 8 (1972): 555–632。中世纪晚期的情况，参见 Cary J. Nederman, "The Mirror Crack'd: The *Speculum Principum* as Political and Social Criticism in the Late Middle Ages," *The European Legacy* 3 (1998): 18–38。更新、涵盖面更广的研究，参见 *Specula Principum*, ed. Angela de Benedictis, Frankfurt, 1999。在这本论文集中，汉斯·胡伯特·安东（Hans Hubert Anton）讨论到了我感兴趣的归类问题："Gesellschaftsspiegel und Gesellschaftstheorie in Westfranken/Frankreich: Spezifik, Kontinuitäten und Wandlungen," pp. 51–120。杰出的总结性研究可参见 *Lexikon des Mittelalters*, vol. 4, Munich, 2002 中 Fürstenspiegel 下的条目，尤其是 Anton, "Lateinisches Mittelalter," cols. 1040–1049; Michael Richter, "Volkssprachliche Literatur," cols. 1049–1053; Christian Hannick, "Byzantinischer Bereich und slavische Literaturen," cols. 1053–1058; Lutz Richter-Bernberg, "Arabisch-slamisch-osmanischer Bereich," col. 1058。我引用这些研究是因为它们涵盖面极广，同时征引丰富，尽管其中的引用文献都至少是 20 年前的了。此后再无如此全面的研究。对斯马拉德《王者之道》的细致研究，参见 Otto Eberhardt, *Via Regia*: *Der Fürstenspiegel Smaragds von St Mihiel und seine literarische Gattung*, Munich, 1977, 留意这本书的副标题。Raffaele Savigni, *Giona di Orleans*: *una ecclesiologia carolingia*, Bologna, 1989, esp. pp. 111–144 是很重要的研究。关于辛克马，安东之后的重要研究参见 Jean Devisse, *Hincmar archevêque de Reims 845–882*, vol. 2, Geneva, 1975, pp. 671–723。

这种研究绝大部分聚焦于追溯某种文本的源头，探索一种文本影响另一种文本的方式，形成一种近乎美德清单的东西，即我们的德国同行所说的Herrschertugenden（统治者美德），并推断这种美德清单存在于文本中。换言之，这种研究大致就是判定某个文本是否属于镜鉴作品这种类型。在维泰博的戈德弗里（Godfrey of Viterbo）大约1180年撰写《诸王镜鉴》（*Speculum regum*）① 之前，没有文本直接在题名中包含speculum这个字眼。从12世纪后期到16世纪，出现了数十种君主镜鉴。我敬重这些研究，从中获益良多。但这些研究困扰着我，因为它们抽去了具体文本的特殊性，夺走了文本的语境，在加洛林文本上强加一种归类、主题和类型。而我觉得，文本的作者未曾想到这样一种主题或类型。我想论证的是，如果在一种加洛林框架下正确阅读的话，我提到的这四种文本可以说都意在参与9世纪的政治评议。

为此，我需要绕道迂回，建立上述框架，因为我准备考察的四种镜鉴应该就是在这种框架中致力于加洛林政治的。我将首先谈谈一种可以用于讨论加洛林政治的大范围统治。接着，我将转向加洛林政治所发生的特殊场域。最后，我将谈谈加洛林政治评议的话语，亦可称为言说或修辞。

梅克·德·荣在一系列研究中揭示出，加洛林时期的"教会"（ecclesia）和"国家"（respublica）并非思想行动的不同领域。② 它们虽非一枚钱币的正反两面，但却是同一个政治体彼此互补的两个方面。约翰内斯·弗里德（Johannes Fried）认为，加洛林世界里没有政治体，只有

---

① Hadot, "Fürstenspiegel," 556。

② "*Ecclesia* and the Public Domain in the Carolingian World," in *Italy and Early Medieval Europe： Papers for Chris Wickham*, ed. Ross Balzaretti, Julia Barrow, and Patricia Skinner, Oxford, 2018, pp. 486-500；"*Ecclesia* and the Early Medieval Polity," in *Staat im frühen Mittelalter*, ed. Stuart Airlie, Walter Pohl, and Helmut Reimitz, Vienna, 2006, pp. 113-132；"*Sacrum palatium et ecclesia*：L'autorité religieuse royale sous les Carolingiens（790-840）," *Annales： Histoire, Sciences Sociales* 58（2003）: 1243-1269；"The Empire as *Ecclesia*," in *The Uses of the Past in the Early Middle Ages*, ed. Yitzhak Hen and Matthew Innes, Cambridge, 2000, pp. 191-226.

教会思想（Kirchendenken）。这意味着，任何表达要么仅仅专门关注教会
领域，要么只是在政治体中无足轻重的教会人士的表达。① 与此相关，学
者们讨论了加洛林世界里是否可以说"公共场所"（public）。这具有双
重意义。是否一定存在尤尔根·哈贝马斯（Jürgen Habermas）所说的
"公开性"（Offentlichkeit），是否有可能在探讨 9 世纪的时候，讨论在
众人面前发生、大家看得见、能够影响每位参与者的事情?② 在第一个
问题上，我的回答是，没有，加洛林人没有哈贝马斯所讨论的 18 世纪
那种小酒吧、咖啡馆和宣传单，但正如我将论证的，那里也有讨论、
争辩和解决要事的公共场所。在第二个问题上，即我们是否有可能确
定有一种不存在上述事情的"公共场所"，或者我们谈论它不至于犯时
代颠倒的严重错误? 实际上，就像克里斯·维克汉姆（Chris
Wickham）③ 所揭示的，也正如安德烈·格吕宁（Andrey Grunin）④ 更为
细致地阐述的那样，几乎可以确定存在加洛林公共领域或场所，在那
里发生过我们可以称之为政治的事情。蒂莫西·罗伊特（Tim Reuter）⑤
认为，在加洛林集会举行的时候，会创造一种公共场所；当集会解散的时

---

① "Der karolingische Herrschaftsverband im 9. Jahrhundert zwischen Kirche und Königshaus," *Historische Zeitschrift* 235（1982）：1-43.

② *The Structural Transformation of the Public Sphere*：*An Inquiry into a Category of Bourgeois Society*，trans. Thomas Burger and Frederick Lawrence，Cambridge，MA，1962（repr. 1989）. 哈贝马斯的理论之于中世纪的相关性在 *L'espace public au moyen age*：*débats autour de Jurgen Habermas*（ed. Patrick Boucheron and Nicolas Offenstaat，Paris，2011）中得到了多方面考察，尽管在早期中世纪时被忽略了。

③ "Consensus and Assemblies in the Romano-Germanic World：A Comparative Approach," in *Recht und Konsens im frühen Mittelalter*，ed. Verena Epp and Christoph H. F. Meyer，Vorträge und Forschungen 82，Sigmaringen，2017，pp. 389-426. 围绕相同话题的十分有用的研究是 *Political Assemblies in the Earlier Middle Ages*，ed. Paul S. Barnwell and Marco Mostert，Studies in the Early Middle Ages 7，Turnhout，2003。参见后文中对该论文集中一篇文章的引用。

④ "Imaginer l'empire. Étude d'un concept étatique carolingien et evolution du vocabulaire politique dans royaume et l'empire franc entre 768-840 et dans *Francia occidentialis* entre 840-877,"（PhD diss. , University of Avignon，2010）. 统一标题下的论文概要，参见 *Revue de l'Institut français d'histoire en Allemagne* 3（2011）：146-151.

⑤ 即 Timothy Reuter，作者此处用了昵称。——译者注

候，公共场所也随之消失。① 虽然加洛林世界和哈贝马斯笔下的世界有所不同，但是无论"公共场所"（public）还是"政治体"（polity）都不仅仅是近现代才有的现实（姑且不论这二者或者其中之一在罗马世界是否已经存在）。

这将我带到空间或者场所问题上来。学界通常要么从日耳曼派（Germanist）的视角，要么从罗马派（Romanist）的视角来评判加洛林王权。也就是说，国王们要么是一种（日耳曼人在条顿）森林（中原始）民主制度的产物，要么是继承了罗马专制制度的遗产。② 尽管两种观点都不完全错误，但都有夸大的成分。有关中世纪早期"国家性"（Staatlichkeit）的争论在近 20 年来颇为热烈，但最近有所降温。③ 思考"空间"问题，要求我暂且将这种争论搁置一旁。我不担心全然错误，只是打算论证，存在一种加洛林公共场所，即集会，而且集会是政治共同体的化身。

这一论点虽然颇为直白，但内含着若干问题。其中主要问题是什么是集会，进而要问集会干什么，最后要问何种集会关涉政治。

辛克马的《论宫廷治理》是大约 882 年写给国王卡洛曼（Carloman）的，其导言本身就是一种镜鉴。④ 该作品很可能只不过是 812 年阿达尔哈

---

① "Assembly Politics in Western Europe from the Eighth Century to the Twelfth," in *Medieval Polities and Modern Mentalities*, ed. Janet L. Nelson, Cambridge, 2006, pp. 193 - 216. 这本论文集是在罗伊特去世后集结他最重要的文章而成。

② 关于王权的研究文献难以想象的多。日耳曼派和罗马派之争可以上溯到 19 世纪（甚至更早），如格奥尔格·魏茨（Georg Waitz）和菲斯泰尔·德·古朗士（Numa Denis Fustel de Coulanges）。日耳曼派观点的经典代表是 Fritz Kern, *Kingship and Law in the Middle Ages*, trans. Stanley Bertram Chrimes, New York, 1956. 对于 *Das Königtum: Seine geistigen und rechtlichen Grundlagen*, Vorträge und Schriften 3, Darmstadt, 1963 论文集中一些作者来说，科恩的观点至少仍部分成立。向偏罗马派视角的转变在 *Early Medieval Kingship*, ed. Peter H. Sawyer and Ian Wood, Leeds, 1977 中十分明显。平衡的叙述参见 Janet L. Nelson, "Kingship and Royal Government," in *The New Cambridge Medieval History*, ed. Rosamond McKitterick, vol. 2, Cambridge, 1995, pp. 383–430。

③ 我仍旧认为，探寻该问题的最佳起点是 *Staat im frühen Mittelalter*, ed. Stuart Airlie, Walter Pohl, and Helmut Reimitz, Vienna, 2006。公正且全面的评估，参见 Christoph H. F. Meyer, "Zum Streit um den Staat im frühen Mittelalter," *Rechtsgeschichte/Legal History* 1（2010）：164–175。

④ Hincmar, *De ordine palatii*, ed. Thomas Gross and Rudolf Schieffer, MGH, Fontes Iuris Germanici Antiqui 3, Hannover, 1980。校勘本的导言（pp. 9 - 20）触及了筹备该作品涉及的关键议题。

德所写小册子的细微修订本。阿达尔哈德是查理曼的堂兄弟，不仅阅历丰富，而且与查理曼关系密切。这一文本极有可能为我们提供一幅整个 9 世纪的图景。辛克马（或者阿达尔哈德）说，加洛林王朝每年举行两次集会。一次冬季举行，显然只有为数不多的谋臣参加（"更为资深的人和卓越的谋臣们"）。另一次在一年中的晚些时候，除了"教俗要人"参加，还有主要前去接受建议或表达赞同的"少壮之人"（minores）。我无意参与"三月校场会议"（Marchfields）还是"五月校场会议"（Mayfields）的争论，也无意讨论"少壮之人"是不是全体军队或所有身份自由的法兰克人。① 我们有关这些集会细节的所有信息，几乎都来自叙述性文献，而这些文献实际上在具体信息方面可谓惜字如金。辛克马说，冬季会议确定细节，或者我们可以说，形成讨论事项，而随后的会议则贯彻落实。我们不妨假设此言属实，接着更多听听辛克马怎么说。他描绘了大会议前的情形，国王逐个探访帐篷，与法兰克的要人们畅谈（confabulando）。② 在一个美国人看来，这就好像三杯马丁尼午餐（Three Martini Launch）③ 或者政要富商打高尔夫球。当然，这是政治。但是，仅凭这点证据（或者说猜测），我们很难说它意味着什么。

实情并非如此直白。叙述性文献几乎总是告诉我们国王在何处度过圣诞节和复活节。他肯定有宫廷人士陪伴左右，这些聚会也可以称为集会。同样可以称为集会的，还有在不同地方举行的、规模各异的其他会议。丹尼尔·艾希勒（Daniel Eichler）已尝试为集会建立一种分类，④ 不过很难做得比蒂莫西·罗伊特更好。罗伊特曾说，集会是"统治者按照惯例召集一大批不属于身边近臣的人到自己面前而举行的会议"。⑤

---

① *De ordine palatii* 7, ed. Gross and Schiefer, pp. 82–86, lines 468–470, 474–478, 480–500.

② *De ordine palatii* 7, ed. Gross and Schiefer, p. 92, lines 590–599.

③ 指富商、政客、律师等精英人士在工作日中午叙谈、饮酒、休闲的活动和潮流。因常常饮用几杯马丁尼鸡尾酒而得名。——译者注

④ "Karolingische Höfe und Versammlungen-Grundvoraussetzungen," in *Streit am Hof in frühen Mittelalter*, ed. Matthias Becher and Alheydis Plassmann, Bonn, 2011, pp. 121–148.

⑤ "Assembly Politics in Western Europe," p. 435.

这些集会上发生了什么事情，极其难以确定。荣根·汉尼格（Jürgen Hannig）在一本细致深入的著作中说，我们可以见到的只是意愿表达（Willenserklärung），看不到意愿塑造（Willensbildung）。① 他指的是，我们至少可以从较大会议所发布的条令（capitularies）中获悉会议的结果。近几十年来，我们在探究意愿塑造方面已前进了一步。詹妮特·尼尔森（Jinty Nelson）② 相信，在举行大会议、发布确切决定、将条令公之于众之前，一定有许多前期的讨论甚至争辩。然而，没有任何文献为我们揭示这些讨论的细节。我们可以做一些富有学识的推测。尼尔森指出了一些证据，来说明会议的筹划、商议事项、草拟的书面文件、她所说的一种"熟识亲密的氛围"（atmosphere of familiaritas）以及像辛克马告诉我们的那种面对面接触。③ 如果出于讨论的需要，我们将宫廷等同于集会，那么就值得引用一下斯图亚特·艾尔利（Stuart Airlie）的评论："前往宫廷之人，络绎不绝。"④ 这一评论指向了我们所知有学者说的"关联度"（connectivity）。不可忘记的是，如前所述，辛克马称自己曾在宫廷参与议事。他当时的确在虔诚者路易的宫廷中，而林达·多尔蒙（Linda Dolmen）考察了虔诚者路易宫廷中的激烈而持久的争论。⑤ 梅克·德·荣

---

① *Consensus Fidelium : Frühfeudale Interpretationen des Verhältnisses von Königtum und Adel am Beispiel des Frankenreiches*, *Monographien zur Geschichte des Mittelalters* 27, Stuttgart, 1982.

② 即 Janet Nelson，作者此处用了昵称。——译者注

③ Janet Nelson, "How Carolingians Created Consensus," in *Le monde carolingien : Bilan, perspectives, champs de recherches*, ed. Wojciech Fałkowski and Yves Sassier, Turnhout, 2009, pp. 67–81. See also Bernd Schneidmüller, "Konsensuale Herrschaft: Ein Essay über Formen und Konzepte politischer Ordnung im Mittelalter," in *Reich, Regionen und Europa in Mittelalter und Neuzeit : Festschrift für Peter Moraw*, ed. Paul-Joachim Heinig, Sigrid Jahns, Hans-Joachim Schmidt, Rainer Christoph Schwinger, and Sabine Wefers, Berlin, 2000, pp. 53–87.

④ "The Palace of Memory: The Carolingian Court as a Political Center," in *Courts and Regions in Medieval Europe*, ed. Sarah Rees Jones, Richard Marks, and Alastair J. Minnis, York, 2000, p. 6.

⑤ "... evertit palatium, destruxit consilium: Konflicte im und um den Rat des Herrschers am Beispiel der Auseinandersetzungen am Hof Ludwigs des Frommen（830/31）," in *Streit am Hof im frühen Mittelalter*, pp. 285–316.

则通过细致研读帕恰修·拉德波特（Paschasius Radbertus）的作品，分析了虔诚者路易和秃头查理统治时期的冲突。① 克里斯·维克汉姆则说，记载（虔诚者路易的儿子们）内战的尼萨德（Nithard）赞扬秃头查理，因为秃头查理采纳进言；否定罗退尔，因为罗退尔不接受进言。② 查理·韦斯特（Charles West）论证说，秃头查理的宫廷"人声鼎沸，几近动武"。③ 埃里克·戈德贝格（Eric Goldberg）认为日耳曼人路易的宫廷充满活力、斗志昂扬。④ 由此看来，卡尔·布伦纳颇有先见之明，认为仅仅讨论国王与显贵之间的冲突意义不大，因为事实上在许多压力群体中都有争夺，正如我们现在所强调的。⑤ 马丁·格拉维尔（Martin Gravel）的近著为"关联度"的想法注入了强大的力量。⑥ 杰尼佛·戴维斯（Jennifer Davis）也相当敏锐地分析了尼尔森所说的"关联度"在实践中意味着什么。⑦ 传统观点认为，加洛林家族统治辽阔国家，靠的是一套单一的、富有凝聚力的制度。⑧ 与此不同，戴维斯指出，（加洛林）体制的特征是适应性和灵活性。用政治话语来说，这意味着诸多不同地区、群体、争议必须包容或者收纳到彼此的平衡关系中。因此，关联度就像一枚硬币的正面，其反面就是共识（consensus）。灵活性必然意味着予夺兼顾，而予夺兼顾一直是政治的核心要诀。

如今学界一般认同，加洛林政治共同体，即参与集会的人，寻求的是

---

① *Epitaph for an Era: Politics and Rhetoric in the Carolingian World*, Cambridge, 2019.

② "Consensus and Assemblies," pp. 389-390.

③ "Evaluating Conflict at Court: A West-Frankish Perspective," in *Streit am Hof im frühen Mittelalter*, p. 320.

④ "Dominus Hludowicus serenissimus imperator sedens pro tribunal: Conflict, Justice, and Ideology at the Court of Louis the German," in *Streit am Hof im frühen Mittelalter*, pp. 175-202.

⑤ *Oppositionelle Gruppen im Karolingerreich*, Veröffentlichungen des Institut für Österreichische Geschichtsforschung 25, Vienna, 1979.

⑥ *Distances, rencontres, communications: Réaliser l'empire sous Charlemagne et Louis le Pieux*, Collection Haut Moyen Âge 15, Turnhout, 2012.

⑦ Jennifer Davis, *Charlemagne's Practice of Empire*, Cambridge, 2015.

⑧ 经典研究如 François-Louis Ganshof, *Frankish Institutions under Charlemagne*, trans. Bryce and Mary Lyon, New York, 1968。

共识。斯蒂芬·帕卓尔德（Steffen Patzold）把阿达尔哈德/辛克马的撰述称为"共识政治的宣言"。① 共识要求有赞同方，但令人沮丧的是，我们无法有把握地说出这些赞同的群体。我们无法确定派别，更别说清点这些派别中的人物了。斯图亚特·艾尔利注意到，我们知道 794 年到 893 年在法兰克福举行过 31 次集会，但在所有参与这些集会的人中，我们能确定的仅仅有 202 人。② 如果我们把辛克马所说的信以为真的话，每次集会的参与者肯定都不止这个数。人的自然生命周期肯定意味着，精英阶层每隔一两代人就更新换代了，来自著名家族的人无疑是集会的常客，但因特殊情况参与集会的个别人则远非常客。③ 据我所知，没有任何文献记载谁应当或者受邀参加法兰克人的大会议，即 placitum generale。19 世纪德国研究政治制度史的历史学家们埋头苦干，竭力探求一种法律依据，以便确定哪些人享有进谏权（Mitspracherecht）。即使我们有大会议参加者的确切证据，他们也总是而且只是显贵——当然就此事而言只是男性显贵。这只是意味着，辛克马所说的"少壮之人"对我们来说是难觅踪影的。然而，这些"少壮之人"在文献中看起来又是强有力的执行者，负责将集会上的争议和决定通报给地方人士。④

还有另一条路径来思考共识。当人们赞同的时候，或者当人们赞同不再抗拒的时候，就会形成共识。这显而易见，几乎无庸赘述。但是，正如蒂莫西·罗伊特提醒我们的，"在一个保护尊严和面子就是保护财产权益

---

① "Konsens und Konkurrenz: Überlegungen zu einem aktuellen Forschungskonzept der Mediävistik," *Frühmittelalterliche Studien* 41（2007）：75–103，quotation at p. 78.

② "Talking Heads," in *Political Assemblies*, p. 38.

③ 极其细致的研究参见 Régine Le Jan, *Famille et pouvoir dans le monde franc（VIIe–Xe siècle）: Essai d'anthropologie sociale*, Paris, 1995。

④ 相关文献数量过于庞大，此处仅征引少数代表性研究：Nelson, "Dispute Settlement in Carolingian West Francia," pp. 45–64；Wendy Davies, "People and Places in Dispute in Ninth-Century Brittany," pp. 65–84；Chris Wickham, "Land Disputes and Their Social Framework in Lombard-Carolingian Italy, 700–900," in *The Settlement of Disputes in Early Medieval Europe*, ed. Wendy Davies and Paul Fouracre, Cambridge, 1986, pp. 105–24；Davies, *Small Worlds: The Village Community in Early Medieval Brittany*, London, 1988；Warren Brown, *Unjust Seizure: Conflict, Interest & Authority in an Early Medieval Society*, Ithaca, 2001。

的导火线的社会中，傲慢无礼无异于挑衅惹事"。① 这一解释与吉尔德·阿索夫（Gerd Althoff）的著作异曲同工。阿索夫在一系列著作中不时上溯到加洛林世界。他论证说，在处理公共事务时存在一套"游戏规则"（Spielregeln）。② 这套规则要求，在处理公共事务时，任何争议都应该受到压制，任何共识都应该得到彰显。在阿索夫看来，统治就像是精心"布置的"（staged）舞台演出。③ 对于加洛林时期来说，这一评价也许正确，也许并不正确，因为我们往往并不知道加洛林统治者们在集会上如何表达他们的观点，如何以一定方式把他们自己展示给参会者。④ 詹妮特·尼尔森举出了若干例证，证明统治者先于"臣民"（people）发言，甚至用俗语发言。但是我们无法知道国王的发言是常态还是例外，是有效还是无效。⑤ 她还从大会议后发布的条令文本中"听出"（heard）了查理曼的"话音"。⑥ 我不确定还能把这一论点推进到何处。学界在讨论中不仅从中世纪宗教和仪轨生活方面考察仪式，而且从公共生活方面考察它。在这种讨论中，阿索夫不仅著书立说，而且引领方向。⑦ 他和其他学者让我们受教良多，但我们必须警惕掉入他们所构建的刚性、正规范式的陷阱中。并非一切皆可精心"布置"，很可能游戏"规则"的数量和种类都比阿索夫

---

① "Assembly Politics," p. 439.

② *Spielregeln der Politik in Mittelalter : Kommunikation in Frieden und Fehde*, Darmstadt, 1997.

③ *Inszenierte Herrschaft : Geschichtsschreibung und politisches Handeln im Mittelalter*, Darmstadt, 2003.

④ Geoffrey Koziol, *The Politics of Memory and Identity in Carolingian Royal Diplomas : The West Frankish Kingdom（840-987）*, Utrecht Studies in Medieval Literacy 19, Turnhout, 2012 在运用表演理论（performance theory）阐释君主令状的筹备方面做了勇敢的尝试。

⑤ "How Carolingians Created Consensus," pp. 67-81, esp. 72-74.

⑥ "The Voice of Charlemagne," in *Belief and Culture in the Middle Ages : Studies Presented to Henry Mayr-Harting*, ed. Richard Gameson and Henrietta Leyser, Oxford, 2001, pp. 76-88. 也参见同一作者的 *King and Emperor : A New Life of Charlemagne*, Berkeley, CA, 2019, pp. 248-251, 258, 290-292, 389-394, 395-398, 422-423, 435-438, 472-474。

⑦ *Die Macht der Rituale : Symbolik und Herrschaft im Mittelalter*, Darmstadt, 2003.

所设想的更多。[1] 一些学者提出，阿索夫的阐释模式更适用于奥托王朝和萨利安王朝统治下的德国而不是加洛林世界。阿索夫本人也认可这一点。

此事在学术史上颇有影响，对我在本文中的论证同样有影响。仪式是阿索夫所说的"游戏规则"的核心。一批学者已经指出，无论约束着 10 世纪和 11 世纪仪式的规则是什么，它们并不能用于 9 世纪。可是，这一见解无助于我们理解 9 世纪。姑且不论有些学者怀疑在仪式安排之外是否存在整个仪式的概念，重要的是应当留意，我们事实上无法知晓中世纪的仪式，只能知晓对这些仪式的再现，菲利普·布克（Philippe Buc）批评学者们未能真正重视这一事实。[2] 这些再现未必都应归为虚假，但至关重要的是，应当意识到它们所描绘的场景被附加了作者的多重意图和理解。最近几年，一些学者尝试跳出或许可以称为仪式陷阱的范式，明确聚焦于语言，创造了"象征性语言"（symbolic language）和"象征性交流"（symbolic communication）这类标签语词。[3] 如果我们旨在理解加洛林政治以及该家族统治下共识的形成或打破，我不确定这种研究动向能解决何种问题。无论仪式研究还是象征性语言分析，都推定加洛林"公共场所"的"政治"属于交易，其中发挥支配作用的远非制度性的结构，而是不成文的规则。[4] 我觉得，近来学者们大多在唱着同一首赞美诗。另外重要的是，尽管谦逊殷勤和遵从礼俗可以说居于主导，但是很容易找到本想尽量礼貌但却最终失败的大量例证。伊琳娜·范·伦沃德（Irene van

---

① Wickham, "Consensus and Asemblies," pp. 414–415.

② *The Dangers of Ritual: Between Early Medieval Texts and Social Scientific Theory*, Princeton, 2001.

③ Ildar Garipzanov, *The Symbolic Language of Authority in the Carolingian World* (*c. 751–877*), Brill's Series on the Early Medieval World 16, Leiden, 2008; Christina Pössel, "The Magic of Early Medieval Ritual," *Early Medieval Europe* 17 (2009): 111–125. 后者基于作者 2003 年的剑桥大学毕业论文 "Symbolic Communication and the Negotiation of Power at Carolingian Regnal Assemblies"（我尚未读到）。参见 Leidulf Melve, "Assembly Politics and the 'Rules of the Game' (ca. 650– 1150)," *Viator* 41 (2010): 69–90. 与派瑟尔一样，梅尔沃使用了"象征性交流"这个术语。

④ Wickham, "Assembly Politics," pp. 410, 414; Melve, "Assembly Politics," pp. 69–70.

Renwoude）已表明，她所说的自由发言在中世纪早期要比此前学界所设想的更为流行、更为强大。① 自由发言的法兰克贵族们一定进行过史诗般的长篇大论，而其语言未必是象征性的。我觉得，这就意味着政治，并且倘若政治意味着形成共识，那么显贵们并不总是能够实现目标。换用阿索夫的话来说，并非一切都能够或者都是温文尔雅、和谐顺利地"布置"好的。

我现在就谨记有关加洛林政治的这种颇为根本的线索，转向本文最初所提及的四种文本。作为起点，我从斯马拉德开始："为了您所占有的尊位，为了您作为国王的职分，为了您所享有的基督徒之名，为了您所充当的基督代位者身份，您应尽您所能地做事。"② 在四位作者中，每一位都使用了"职分"一词来界定位于他们的建言中心位置的君主职务。③ 在每一位撰述者看来，国王的职分意味着一整套相当多的责任，表现为国王自己的道德塑造、对基督教民众所承担的义务以及超越一时之需和现实处境的服务愿望。这些责任是上帝交托的，统治者将对自己履行责任的情况向上帝述职。④ "职分"（ministerium）是从古典思想中的"义务"（officium）转变而来的。Officium 可以表述为义务或责任，就像西塞罗在《论义务》（*De Officiis*）清晰阐明的那样。⑤ 从义务到职分的转变，始于安布罗斯，而后经大格里高利（Gregory the Great）的铸造，其变为中世纪的形式。⑥ 加洛林对 ministerium 一词的使用有些特色。在查理曼和虔诚者路易统治时期，ministerium 被用于国王和教士的职位，国王被称为基督的代位者（vicar）。这一重要转变已有学者研究过，但最近由科琳娜·马戛尔汉-费拉（Corinne Margalhan-Ferrat）进行了全面考察。她注意到，将王权作为一种

---

① *The Rhetoric of Free Speech in Late Antiquity and the Early Middle Ages*, Cambridge, 2019.

② *Via regia* 18, PL 102, col. 958B.

③ Jonas, *De institutione regia* 4（"Quid sit proprie ministerium regis"）, ed. Dubreucq, pp. 198-202; Sedulius, *Liber de rectoribus* 1, ed. Hellmann, p. 52; Hincmar, *De regis persona* praef., PL 125, cols. 833D-834B.

④ Yves Congar, "L'ecclésiologie du haut moyen âge," Paris, 1968.

⑤ *De officiis*, ed. and trans. Ivor J. Davidson, 2 vols., Oxford, 2001.

⑥ *Regola pastorale*, ed. Giuseppe Cremascoli, Rome, 2008.

职分的声音在所有前边已经讨论的集会后形成的条令规定中回响不绝。① 看来，进言发挥了作用。

那么，这种职分是由什么构成的？四位撰述者中，每一位都列出了一套成体系的美德，并劝诫国王们践行：慈善、宽厚、慷慨、亲睦、谦卑、公正、宽容、耐心、虔敬、审慎。② 在这一点上，加洛林时期给国王们的镜鉴不同于我在另一篇文章讨论过的给世俗人士的六七种镜鉴。③ 差别在于，给世俗人士的镜鉴从普鲁登提乌斯（Prudentius）的《心灵斗争》（Psychomachia）获得启发，以对立冲突（conflictus）为框架展开。④ 撰述者们向世俗人士提出了七种主要的美德，分别对应并用于克服七宗重罪。给国王们的镜鉴虽然倡导若干关键的美德，却并未明确针对心灵的斗争。慈善、宽厚、慷慨、亲睦、谦卑、宽容、忍耐和虔敬并不在用于克服重罪的主要美德之列。

每位撰述者都谈到，国王必须服从上帝的律法，敬畏主，战胜恶。⑤ 尽管用词和侧重点略有差异，但每一种文本都谈到，国王必须克服通奸、奢靡、放纵、嗜酒、傲慢、易怒、暴虐、嫉妒、淫欲、贪念和家庭不和。⑥ 从中可以清晰无误地听到对十诫中"不可"条款的践行。不仅如此，人们可

① "Le concept de 'ministerium' entre littérature spéculaire et legislation carolingienne," *Specula Principum*, ed. De Benedictis, (as in n.9), pp.121–157.

② Smaragdus, *Via regia* 4–10, PL 102, col.941C–952A; Jonas, *De institutione regia* 3, ed. Dubreucq, pp.184, 190, 196; 6, p.212; 7, p.218; 8, p.220; Sedulius, *Liber de rectoribus* 10, ed.Hellmann, p.49; Hincmar, *De regis persona* 2, PL 125, cols.835B–836B; 19, col.846A–D; 28, cols.851B–52A.

③ "Secular Sanctity: Forging an Ethos for the Carolingian Nobility," in *Lay Intellectuals in the Carolingian World*, ed.Patrick Wormald and Janet L.Nelson, Cambridge, 2007, pp.8–36.

④ Aaron Pelttari, *The Psychomachia of Prudentius: Text, Commentary, and Glossary*, Oklahoma Series in Classical Culture 58, Norman, 2019.

⑤ Smaragdus, *Via regia* 3, PL 102, cols.939C–941C; 4, coll.942D–945A; 11, coll. 952A–953A; 31–32, coll.969B–970C; Jonas, *De institutione regia* 8, ed. Dubreucq, pp.220–224; 10, pp.232–236; Sedulius, *Liber de rectoribus* 1, ed.Hellmann, p.22; Hincmar, *De regis persona*, 16, PL 125, col.844B–D.

⑥ Smaragdus, *Via regia* 17–18, PL 102, cols.957B–958C; Jonas, *De institutione regia* 3, ed.Dubreucq, p.188; 9, pp.226–230; Sedulius, *Liber de rectoribus* 19, ed. Hellmann, p.87; Hincmar, *De regis persona*, 2, PL 125, cols.835B–836B.

以轻易将其视为一种基督教熔炉。不过我觉得，我们的四位撰述者可以主题更明确地进行解释。我相信，这种恶事清单——撰述者或许会称之为"罪"——并非某种潜在过错的抽象大杂烩（omnium getherum），而是明确地清点出了统治者和教士阶层必须对抗的一些瑕疵和失败。

四位撰述者都谈到，统治者必须能够克制自我，否则谈何控制别人。[①]其中斯马拉德、约纳斯和赛杜里乌斯还吁请国王做出表率，并要求其臣属同样做出表率。[②]除了在加洛林时代举行的各种集会上，国王们还能在哪里公开做出表率呢？约纳斯、赛杜里乌斯和辛克马告诫说，不应顾及人们的等级和权势。[③]在当时的集会中，国王通常接见显赫之人，这些显赫之人一般会表达自己的意愿。赛杜里乌斯说，因奸佞的近侍、可憎的觐见者、贪婪的宦官、愚蠢而可鄙的廷臣，君主会变坏。[④]通过查理曼统治晚年和虔诚者路易统治初期所产生的一些诗歌或梦幻作品——对此我在其他文章中已经讨论过[⑤]——我们可以相当肯定，当时对不忠而贪婪的官员有很大的担忧。

辛克马明确说，国王不能让情感左右自己，宽恕家庭内部成员的冒犯，因妻子的眼泪便宽恕犯下罪的儿子乃是不当的仁慈，不能因血缘关系就饶恕亲属。[⑥]约纳斯则说，儿子必须服从父亲，兄弟应当彼此亲睦。[⑦]赛杜里乌斯强调（国王们的）妻子应当充当贤内助，同时指出了统治者

---

① Smaragdus, *Via regia* 4, PL 102, cols. 941D‑945A; 7, coll. 946D‑947D; 24, coll. 963A‑964B; Jonas, *De institutione regia* 3, ed. Dubreucq, p. 188; Sedulius, *Liber de rectoribus* 2, ed. Hellmann, p. 25; Hincmar, *De regis persona* 2, PL 125, cols. 835B‑36B.

② Smaragdus, *Via regia* 17–18, PL 102, cols. 957B‑58C; Jonas, *De institutione regia* 3, ed. Dubreucq, p. 184; 9, p. 230（斯马拉德在此处明确奉劝官员不可背离他们的"宫廷责任"）; Sedulius, *Liber de rectoribus* 2, ed. Hellmann, p. 25。

③ Jonas, *De institutione regia* 3, ed. Dubreucq, p. 188; 4, p. 202; 5, p. 210; 6, p. 212; Hincmar, *De regis persona* 2, PL 125, 835B‑836B.

④ *Liber de rectoribus* 7, ed. Hellmann, pp. 41‑42.

⑤ "Greatness Contested and Confirmed: The Raw Materials of the Charlemagne Legend," *The Legend of Charlemagne in the Middle Ages*, ed. Matthew Gabriele and Jace Stuckey, New York, 2008, pp. 3‑21.

⑥ *De regis persona*, praef., PL 125, col. 834B; 19, col. 846A‑D; 29‑30, cols. 852B‑853D.

⑦ *De institutione regia*, Admonitio, ed. Dubreucq, pp. 160, 162‑64.

对其妻子和子女所负担的义务。① 四位撰述者中，每一位都在王族家庭内部冲突紧张的时刻撰述，这肯定不能说是巧合。虔诚者路易弄瞎侄子伯纳德（Bernard）的眼睛，将其废黜，将若干重要伯爵革职。虔诚者路易的儿子们在 830 年、833~834 年、840~844 年彼此激烈争夺。虔诚者路易的第二任妻子朱迪丝（Judith）在冲突中举足轻重，既是策动者，也是指控对象。秃头查理处决了不止六七位显赫的反对者。加洛林世界经历了一段严重的时期，唯有"内战"一词可以表达其严重程度。在涉及家庭关系的劝诫方面，忍耐和宽容实属明智建议。

约纳斯和赛杜里乌斯提醒国王，他们将在末日为自己的所作所为接受审判，他们的臣属同样将就处于自己权威之下的民众接受审判。② 罪，无论是何种层面的罪，在四位撰述者的笔下都是经常出现的，展现出其担忧。辛克马说，对广阔疆土的长期统治乃是上帝的赠礼，上帝允许死亡在任何时候降临，因此国王们必须时刻警惕自己的所作所为以及自己所任命的官员们的所作所为。③ 国王应当委任何种官员？四位撰述者意见完全一致，都认为官员们应当成熟、清醒、睿智，不能是撒谎者、奉承者、通奸者、捣乱者。④ 这些品质中没有一种以如此方式出现在美德和恶行的传统清单中，在我看来，它们都是对现实世界语重心长的警告。

赛杜里乌斯是列日（Liège）的一位教师，而其他三位撰述者都是位高权重之人。斯马拉德是一所重要修道院的院长。约纳斯在 9 世纪 20 年代和 30 年代的加洛林世界可以说是最重要的主教。辛克马则在长达 40 年的时间中参与了加洛林世界的各种重大事件。我觉得，这些撰述者都不是消极避世的杂家，不是（单纯的）教会思想家，他们都对自己熟悉的世界提出了

---

① *Liber de rectoribus* 5，ed. Hellmann，pp. 34-35.

② Jonas，*De institutione regia*，Admonitio，ed. Dubreucq，p. 166；12，pp. 252 – 258；Sedulius，*Liber de rectoribus* 3，ed. Hellmann，pp. 27-28.

③ *De regis persona*，6，PL 125，col. 840A-B.

④ Smaragdus，*Via regia* 28，PL 102，col. 966B-C；Jonas，*De institutione regia* 3，ed. Dubreucq，pp. 188 – 190；5，pp. 204，208 – 210；9，p. 230；Sedulius，*Liber de rectoribus* 6，ed. Hellmann，pp. 37 – 40；7，pp. 41 – 42；9，p. 46；Hincmar，*De regis persona* 2，PL 125，cols. 835B-836B.

可行的建议。当然，大部分建议都是以训诫（admonition）的形式表达的。无论如何，通过梅克·德·荣对 9 世纪中间几十年训诫文化的挖掘，我认为，我们可以将这四位撰述者都视为这种训诫文化的积极参与者。[①] 德·荣或者其他研究者都没有从这个角度引用过这四种文本，但是我觉得，在书架上，在学者们引用过的文献旁边，这四种文本"躺"得太"安逸"了。

作为结尾，我想指出有关我的四位撰述者的另外两点。这两点都属于学术热点，而且其中第一点很契合最近有关集会政治的研究。无论研究者在多大程度上追溯吉尔德·阿索夫，演说词和语言都至关重要。针对进谏和演说，我的四位撰述者的确有许多话想说。斯马拉德教导国王千方百计纳谏。[②] 四位撰述者均力劝国王在各种情形下都应博采众议。[③] 赛杜里乌斯说，应当经常举行教务会议，每年两三次，以便任何事情都可以在会上，在"友好的氛围中讨论斟酌"（benivola deliberatio）。[④] 教务会议只是加洛林时期诸种集会中的一种，许多教务会议是与 placitum generale，即辛克马所说的王国大会议一起举行的。"讨论"和"斟酌"意味着演说。显然，长篇大论、清晰表达和富有说服力是很重要的。斯马拉德说，国王的发言充满权威，无人可以反驳。[⑤] 他和赛杜里乌斯都说，国王应当和蔼可亲。另外，斯马拉德还说，国王讲话应当温和克制、亲切入耳。辛克马则补充说，国王讲话应当通畅雄辩。[⑥] 约纳斯和赛杜里乌斯从另一面入手，力劝国王避免无用、不当、散漫、有害和挑衅的讲话。[⑦] 梅克·德·

---

① *The Penitential State : Authority and Atonement in the Age of Louis the Pious*（814-840），Cambridge，2009.

② *Via regia* 20，PL 102，col. 959A.

③ Smaragdus，*Via regia* 20，PL 102，cols. 959A - 960B；Jonas，*De institutione regia*，Admonitio，ed. Dubreucq，pp. 150，164 - 166；Sedulius，*Liber de rectoribus* 2，ed. Hellmann，p. 25；Hincmar，*De regis persona* 4，PL 125，col. 837C-839B.

④ *Liber de rectoribus* 11，ed. Hellmann，pp. 50-51；19，p. 86.

⑤ *Via regia* 24，PL 102，col. 964A.

⑥ *Via regia* 5，PL 102，cols. 945A-946A；Sedulius，*Liber de rectoribus* 18，ed. Hellmann，p. 49；Hincmar，*De regis persona* 4，PL 125，cols. 837C-839B.

⑦ Jonas，*De institutione regia* 14，ed. Dubreucq，pp. 268 - 274；Sedulius，*Liber de rectoribus* 2，ed. Hellmann，p. 25.

荣注意到，《阿森尼乌斯悼词》（*Epitaphium Arsenii*）中有一段话提到了晓畅雄辩的重要性。① 詹妮特·尼尔森品味加洛林文献字里行间意蕴的能力可谓无人能及，她阐述了加洛林国王们的若干演说，其中包括俗语演说，并指出，国王的演说能够改变局面。另外，尼尔森说，"创造共识需要说服之术"。② 所有这些对纳谏的力劝和我们的四位撰述者提出的各种建议，倘若完全不起作用，那就不可理喻了。

我想说的最后一点针对的是我们的四位撰述者都强调甚至力劝的事情。他们劝诫国王照顾贫民、鳏寡、孤儿、受压迫者、破产者、外来人和朝圣者。③ 这一担忧经常出现在加洛林条令以及从查理曼统治时期到9世纪末的各种文学作品中。④ 我难以相信，在发布这些条令的会议上，显贵们作为主要参与者会很关心最底层的人。劝诫国王讲话和蔼可亲、清晰流畅、富有说服力的人，有可能是在极力帮助国王引导参加会议的人照顾贫弱者吗？滔滔不绝地强调国王的职责促使人们关注位高权重者之外的其他人吗？我认为加洛林的条令更多的是激励性而非描述性的文献。不管怎样，我接受我的四位撰述者的建议，审视了这些条令，觉得他们的建议发挥了作用。我倾向于认为，在当时进谏的大海中，我所讨论的四种文本不过只是冰山一角。

最后，我得出的只是一个中庸的结论。无论我们是否接受梅克·德·荣所辨析出来的一种训诫文化，我希望能够增补一些文本到训诫文献中，并启发您接受训诫文本在加洛林政治中发挥了一定作用的观点。换句话说，我尝试为解读"君主镜鉴"提供一种语境。倘若我的论证有点说服力，那么我或许就从文本类型的抽象领域和教会思想的有限领域中移除了镜鉴文本，并把它置于加洛林政治评说中更核心的位置。

---

① *Epitaph for an Era*（as in n. 31），pp. 71–73.

② "How Carolingians Created Consensus"（as in n. 28），p. 67.

③ Smaragdus, *Via regia* 9–11, PL 102, cols. 949A–953A；16, cols. 956B–957B；30, cols. 967B–969B；Jonas, *De institutione regia* 3, ed. Dubreucq, p. 188；4, p. 198；6, p. 214；Sedulius, *Liber de rectoribus* 19, ed. Hellmann, p. 87；Hincmar, *De regis persona* 2, PL 125, cols. 835B–836B.

④ 参见 Margalhan-Ferrat, "Le concept de 'ministerium'"。

弃绝魔鬼的道德神学：莱德拉德《论洗礼誓弃》的文本与语境[*]

刘　寅[**]

摘　要　法国国家图书馆 Lat. 12262 号抄本载有一篇以罪的道德神学为主题的论作《论洗礼誓弃》。这篇鲜受关注的文献由 798~816 年的里昂大主教莱德拉德撰写，呈送加洛林法兰克王国的国王和皇帝查理曼。应后者的要求，莱德拉德对洗礼仪式中"论弃绝撒旦以及他的作为和浮华"环节进行了进一步阐释。在 811 年前后的历史语境下，《论洗礼誓弃》体现了一位教会领袖如何通过从洗礼中被弃绝的欲念和罪的复犯出发，展开道德神学阐释，以回应他的君主对治下基督徒特别是教士阶层作风问题的道德关切。莱德拉德一方面积极响应查理曼对道德失范引发政教失序的忧虑，另一方面也明确否认道德问题的症结在于教士的财富问题。此外，通过吸收奥古斯丁在《上帝之城》中对"地上之城"的悲观分析，莱德拉德向查理曼表达了政教纪律在规范尘世生活中的严重局限。《论洗礼誓弃》使我们有必要重估以往对加洛林政治神学和政治文化的判断。

关键词　查理曼　洗礼　莱德拉德　道德神学

---

　*　本文得到国家社会科学基金青年项目"查理曼改革文献考释与实践机制研究"（21CSS025）的资助。文中将通篇使用以下缩写：CSEL = Corpus scriptorum ecclesiasticorum latinorum；CCSL = Corpus Christianorum：Series latina；PL = Migne, Patrologia latina；MGH = Monumenta Germaniae historica；SC = Sources chrétiennes。
　**　刘寅，浙江大学历史学院副教授。

法国国家图书馆 Lat. 12262 号抄本（下文中简称巴黎抄本）载有一篇以罪的道德神学为主题的论作。这篇鲜受关注的文献由 798～816 年的里昂大主教莱德拉德（Leidradus）撰写，呈送加洛林法兰克王国的国王和皇帝查理曼。[①] 莱德拉德在作品开头向查理曼陈述，自己先前应查理曼的要求对"基督徒更新和再生的圣事的问询"做出了答复，现已收到这位君主的反馈意见。大主教称，查理曼在赞许的同时，特别提点自己注意，"关于弃绝魔鬼及其相关事物（de abrenunciatione diaboli et earum que eius sunt rerum），我谈的不如虔敬的您期望的那样充分"。尽管不能确定查理曼仅意在指点自己认识到不足，还是希望自己再做回复，莱德拉德最终决定"对您提醒我意识到先前未能恰切回答的部分加以阐释，进而以这篇小文向最宽宏大量的您呈现"。[②]

文中所谓"基督徒更新和再生的圣事的问询"，所指乃是查理曼在810 年或811 年向他治下的诸多大主教发送通函，"希望了解你和你的隶属主教是如何向上帝的司铎和托付于你的民众教授和指导洗礼圣事的"。通函提出了十余个问题，涉及洗礼圣事中的所有主要环节，包括慕道者、考核礼、信经、弃绝魔鬼、呼气、驱魔、授盐、敷油等。查理曼要求大主教们针对问题进行阐释，同时反思"是否做到了如此理解和宣讲，以及是否恪守了自己所宣讲的"。[③]

如詹妮特·尼尔森所言，在查理曼的时代，作为基督徒入门仪式的洗

---

① 抄本的彩色高清数字摹本，见 https：//gallica. bnf. fr/ark：/12148/btv1b10546781r，2022 年 11 月 7 日访问。抄本皮纸上有一些虫蛀洞，导致部分文本缺失。让·马比隆（Jean Mabillon）对这封书信的编校本被雅克-保罗·米涅（Jacques-Paul Migne）收录于《拉丁教父集成》（*Vetera analecta, sive collectio veterum aliquot opera & opusculorum omnis generis, carminum, epistolarum, diplomaton, epitaphiorum, &, cum itinere germanico, adaptationibus & aliquot disquisitionibus R. P. D. Joannis Mabillon, Presbiteri ac Monachi Ord. Sancti Benedicti e Congregatione S. Mauri. Nova Editio …*，Paris：Montalant，1723，pp. 85－89＝PL 99，cols. 873B－884C）。本文通过 PL 本引用，同时根据抄本摹本修订。

② PL 99，cols. 873B－874A.

③ Susan Keefe, *Water and the Word*, Notre Dame, IN：University of Notre Dame Press, 2002, in 2 vols, no. 14, 2：262－263.

礼同时是加洛林基督教帝国这一政教共同体成员身份的基础标志。① 因此，教会如何"教授和指导洗礼圣事"，事关帝国政教秩序赖以维系的宗教—道德教化。大主教们提交查理曼审阅的洗礼释义共有七篇现存，其中就包括莱德拉德的释义。② 幸有巴黎抄本收录，我们得以了解，查理曼在收到大主教们的洗礼释义后，又进一步强调洗礼中的弃绝魔鬼值得更充分的阐述。里昂大主教的这篇短论便是由此而作（下文中简称《论洗礼誓弃》）。

巴黎抄本由四部分合订而成。③ 第一部分（fols. 1-71）誊抄于 9 世纪上半叶，内容是大格里高利的《教牧规章》（Regula pastoralis）。第二部分（fols. 72-110）誊抄于 11 世纪上半叶，内容是哲罗姆的《〈传道书〉释义》，但因最后数页皮纸遗失而内容不全。第三部分（fols. 111-135）誊抄于 12 世纪下半叶，内容上先是补全了第二部分中《〈传道书〉释义》所缺，之后又抄录了教会法学家沙特尔的伊沃（Ivo of Chartres）的短论一篇、布道词一篇和书信五封，以及大格里高利的《〈雅歌〉释义》和伊西多尔《旧约疑难》（Quaestiones in Vetus Testamentum）的一个片段。第四部分（fols. 136-148）誊抄于 9 世纪上半叶，内容是莱德拉德回复查理曼通函的洗礼释义和他的《论洗礼誓弃》。四部分合订的确切时间无法判定。苏珊·姬芙认为，巴黎抄本最初可能是主教进行教牧指导的用书。④ 但前数页皮纸上的题字表明，其在 12~17 世纪为努瓦永的圣埃卢瓦修道院（Saint-Eloi-de-Noyon）所有；之后，先后流转至巴黎郊外的圣莫代福塞修道院（Saint-Maur-des-Fossés）和圣日耳曼德佩修道院（Saint-Germain-des-Prés）；最后在 1795 年或 1796 年收归法国国家图书馆至今。

根据伯恩哈德·毕绍夫（Bernhard Bischoff）的研究，巴黎抄本的第

---

① Janet L. Nelson, "Religion in the Age of Charlemagne," in *Oxford Handbook of Medieval Christianity*, ed. John H. Arnold, Oxford: Oxford University Press, 2014, p. 493.

② Owen Phelan, *The Formation of Christian Europe: The Carolingians, Baptism, and the Imperium Christianum*, Oxford: Oxford University Press, 2014, pp. 171-189.

③ https://archivesetmanuscrits.bnf.fr/ark:/12148/cc73579r, 2022 年 11 月 7 日访问。

④ Susan Keefe, *A Catalogue of Works Pertaining to the Explanation of the Creed in Carolingian Manuscripts*, Turnout: Brepols, 2012, p. 322.

一部分和第四部分出自法兰西东北部的同一座缮写室。① 抄本 12 世纪时的所在地努瓦永位于同一区域。莱德拉德于 816 年卸任里昂大主教，退隐至苏瓦松的圣梅达尔修道院（Saint-Médard-de-Soissons）。② 苏瓦松距离努瓦永不远。因此，第四部分可能是以作者莱德拉德随身带去圣-梅达尔的个人作品集为样本的。这可以解释，为何在唯一现存抄本中，《论洗礼誓弃》是和莱德拉德的洗礼释义一同被抄录的。莱德拉德的洗礼释义另有三部抄本传世，分别誊抄于 9 世纪下半叶的里昂、10 世纪的西班牙和 14 世纪的阿维尼翁，表明其作为礼仪阐释文献有较持续和较大空间范围的影响力。③ 相比之下，《论洗礼誓弃》是一篇缺乏回响和影响的作品。但这并不应掩盖这篇文献对于揭示查理曼晚年教会改革的史学价值。

弃绝魔鬼是基督教洗礼圣事中必要且重要的环节。约克的阿尔昆（Aluin of York）在 8 世纪下半叶称"弃绝恶灵以及他的所有有害的浮华"为慕道者接受洗礼的第一步。④ 根据 8 世纪下半叶开始在法兰克流传的罗马仪程，主礼与候洗者在誓弃中做如下问答："你弃绝撒旦吗？答：我弃绝（Abrenuntio）。以及他的全部作为（operibus）？答：我弃绝。以及他的全部浮华（pompis）？答：我弃绝。"⑤ 包括大主教们对查理曼通函的回复在内，几乎所有现存各种形态的 9 世纪洗礼释义都把洗礼誓弃的对象（魔鬼及其作为和浮华）理解为宗教和道德意义上的罪过，进而把弃绝理解

---

① Bernhard Bischoff, *Katalog der festländischen Handschriften des neunten Jahrhunderts*（*mit Ausnahme der wisigotischen*）, Wiesbaden: Harrassowitz, 1998–2017, 3: 194, nos. 4801, 4802.

② 刘寅：《莱德拉德与里昂的"加洛林革新"》，《历史研究》2020 年第 5 期，第 137 页。

③ Keefe, *Water and the Word*, 1: 160–63, 2: 353; Matthias Tischler, "From Disorder to Order: The Scientific Challenges of Early Medieval Catalonia for Twenty-first-century Medieval Studies," in *Disorder. Expressions of an Amorphous Phenomenon in Human History*, ed. Mirko Breitenstein, Gert Melville, and Jörg Sonntag, Münster: Aschendorff, 2020, p. 117, n. 92.

④ Keefe, *Water and the Word*, no. 9, 2: 240.

⑤ *Le sacramentaire grégorien : Ses principales formes d'après les plus anciens manuscrits*, t. 1, *Le sacramentaire, le supplément d'Aniane*, ed. Jean Deshusses, Fribourg: Éditions universitaires, 1992, p. 183.《格里高利圣事书》中的弃绝仪程与记录了 6 世纪罗马入门圣事的《葛拉修圣事书》中一致。

为候洗者在品行和作风上立誓洗心革面。①

以莱德拉德提交给查理曼的洗礼释义为例。在以"论弃绝撒旦以及他的作为和浮华"为题的第三节中，莱德拉德称，慕道者抵制魔鬼，摒弃它的作为并拒斥它的浮华，以清洁自己的良心之家（domus conscientiae），等待基督的入住。仪式中的"我弃绝"是候洗者向上帝和它的天使而非凡人，以自己的品行（mores）而非声音，通过日常行为（actu uitae）而非舌头的声响做出的宣誓。通过化用《加拉太书》第 5 章第 19-1 节，莱德拉德将魔鬼的作为具体阐释为渎神、凶杀、偷盗、劫掠、欺诈、伪证等罪过。魔鬼的浮华被他阐释为虚妄的感官欢愉以及——通过援引 5 世纪迦太基教父阔吾德乌斯（Quodvultdeus of Carthage）——肉身的贪欲、眼目的贪欲和世间的野心。②

莱德拉德和同时代人的洗礼释义中这种对弃绝魔鬼的道德化阐释，在《论洗礼誓弃》的前言部分就被陡然提升为事关政教秩序的紧要问题：

> 经过您最为善意的训导，我意识到，相比于其他问题，魔鬼的作为和浮华应该得到更为详细的论述，这是因为，欲念（cupiditates）由魔鬼的作为和浮华而生，而世间的争端（scandala）因为欲念日益增多。更糟的是，教会领袖（ecclesiae rectores）和国家官员（reipublicae administratores）之间因为欲念生出不和。而最糟的是，教的人（doctores）和听的人（auditores）之间因为欲念萌发仇恨、引发敌对，毁谤四起。③

魔鬼引发欲念，欲念引发争端，进而引发世人之间的不和与敌对。莱

---

① Yin Liu, "Baptismal Renunciation and the Moral Reform of Charlemagne's Christian Empire," *Traditio: Studies in Ancient and Medieval History, Thought, and Religion* 76 (2021): 121-128.

② Keefe, *Water and the Word*, no. 25, 2: 362-363.

③ PL 99, col. 873D.

德拉德特意强调了两组现实中的对立冲突：一是在主教、修道院长等"教会领袖"和伯爵、公爵、宫廷官、君主封臣等俗人"国家官员"之间，二是在教会人士（"教的人"）和基督教民众（"听的人"）之间。[①]在莱德拉德看来，魔鬼的作为和浮华囊括了根植于人的欲念和骄傲的一切恶和败坏。由于基督徒没有恪守受洗前的誓弃，基督教社会复归于魔鬼和罪的统治。

　　前作洗礼释义中原本较为宽泛的道德阐释，何以在《论洗礼誓弃》变得具有如此明确的现实指向？最合理的解释是，莱德拉德对查理曼要求深入阐述弃绝魔鬼问题背后的潜台词心知肚明。

　　事实上，很可能就在大主教们提交洗礼释义后不久，查理曼在他先后颁布的两部君主条令中专门提到了基督徒的洗礼弃绝失效的问题。两部条令都是向 811 年全国集会参会人员提前发放的准备材料。[②]在前一部条令（MGH 本中编号 71，下文简称"条令 71"）中，查理曼枚举了打算与主教们、修道院院长们和伯爵们一对一面谈的若干问题。（I）[③]第一组问题涉及四个现实问题，其中第四个问题与莱德拉德《论洗礼誓弃》开篇提出的第一对现实社会冲突若合符节："要查问他们，在哪些事务上或哪些地方，教会人士妨碍在俗人士履行他们的职务、在俗人士妨碍教会人士履行他们的职务。要就这一问题讨论并调查：主教或修道院长应当以何种程

---

① "教的人"和"听的人"在早期中古语境中有多种意涵，参见 Charles Du Fresne Du Cange, *Glossarium mediae et infimae latinitatis*, Niort: L. Favre, 1883 – 1887, 1: 470b–471a, 3: 154b。考虑到莱德拉德的主教身份，"教的人"最可能指接受过教会教育和训练、承担宣道和教化工作的教会人士，"听的人"相应地指接受教牧关怀的基督徒。这也是大格里高利《教牧规章》中的用法。参见 Gregory the Great, *Règle pastorale*, ed. Floribert Rommel, SC 381–382, Paris: Éditions du Cerf, 1992, pp. 63–76。关于早期中世纪文献中 doctor 的概念，参见 Hannah W. Matis, *The Song of Songs in the Early Middle Ages*, Leiden: Brill, 2019, pp. 42–57。

② Janet L. Nelson, "The Voice of Charlemagne," in *Belief and Culture in the Middle Ages : Studies Presented to Henry Mayr-Harting*, ed. Richard Gameson and Henrietta Leyser, Oxford: Oxford University Press, 2001, pp. 76–88.

③ *Capitula tractanda cum comitibus episcopis et abbatibus*, MGH *Capitularia regum Francorum I*, ed. Alfred Boretius, Hannover: Hahn, 1883, no. 71, pp. 161–162. 条令在抄本中共 13 条，本文用罗马字母标识。

度介入世俗事务、伯爵或其他在俗人士应当以何种程度介入教会事务。"
（V）接下来，查理曼连续抛出两个关于洗礼誓弃的问题："每个基督徒在
洗礼中说什么以及弃绝什么。追随什么或忽视什么，会使一个基督徒的弃
绝失效。"（VI-VII）查理曼要求与会人士通过"反思我们的生活和品行"
以及"公开谈论自己的作风（conuersationem）"，反思"自己是否真是基
督徒"。（IX）"我们的牧者即主教的生活和品行"首当其冲，因为"他们
应当既通过言传也通过身教为上帝之民做好的榜样"。（X）

后一部条令（MGH 本中编号 72，下文简称"条令 72"）更明确地
以"改正我们的作风"为主题，同时，也更尖锐地批判教士阶层道德状
况："首先需要询问教会人士，即主教和修道院长，就他们的作风或者说
他们应当如何生活的问题，对我解释清楚。"（II）① 查理曼的核心质疑
是，以抛下尘世（seculum relinquere）自居的教士，何以不择手段地敛
财，（V-VII）何以"想要豢养武士并保有私产，而这些事本该是那些没
有完全弃绝尘世（seculum renunciauerunt）的人才会做的"。（VIII）在这
番抨击后，查理曼再度提出了洗礼誓弃的问题：

> 每个人在洗礼中向基督承诺和弃绝的是什么？尽管每个基督徒都
> 应当思考这个问题，教会人士尤其应当对之深究，因为他们必须在自
> 己的生活中为平信徒做出承诺和弃绝的范例。必须极为认真地考虑和
> 极为细致地辨析，追求什么或忽视什么会导致我们每一个人的承诺和
> 弃绝维持或失效。我们在洗礼中弃绝了其作为和浮华的那个撒旦或敌
> 人是谁？这必须考察清楚，以免我们中的任何人因为行恶而追随我们
> 在洗礼中早就弃绝的撒旦。（IX）

显然，洗礼誓弃的话语在这两部 811 年条令中被查理曼利用，矛头直

---

① François-Louis Ganshof, "Note sur les 'Capitula de causis cum episcopis et abbatibus
tractandis' de 811," *Studia Gratiana* 13 (1967): 1-25. 条令在抄本中共 13 条，本文
用罗马字母标识。

指教会人士的品行和作风。以抛下/弃绝尘世自命的教士阶层，本应成为全体基督教民众恪守洗礼中弃绝魔鬼之誓的道德榜样。但现实是，教士们在欲念驱使下败坏了应有的教牧关系，反倒成了洗礼誓弃失效的"榜样"。

在这个语境下，查理曼要求里昂大主教莱德拉德（或许还有其他大主教）更细致地阐述弃绝魔鬼问题，必然并非出于君主个人的求知兴致。在查理曼的体制设计中，大主教/都主教是君主与法兰克教会之间的核心枢纽，被赋予君主之下的最高教会职权，统辖教省内诸隶属主教（suffraganei），隶属主教则负责统辖所在教区内的教士。[①] 收到查理曼来函的莱德拉德，不可能听不出他的君主在弃绝魔鬼问题背后指向整饬教士作风的弦外之音。《论洗礼誓弃》因此可被理解为里昂大主教的一个道德神学回应。

《论洗礼誓弃》的正文大概可划分为下述若干论证阶段：[②]（1）什么是"弃绝"，基督的恩典何以使弃绝魔鬼成为可能。（III-V）（2）骄傲作为"众罪的起始"（initium omnis peccati），欲念作为"众恶的根源"（radix omnium malorum），以及骄傲和欲念之间两面一体的关系。（VI-IX）（3）何为魔鬼的"浮华"，欲力（libido）驱使下感官性的享受、放纵和沉溺。（X-XVI）（4）罪的分类。（XVII-XIX）（5）基督徒对罪和罪的肇始者魔鬼的回归、尘世中政教权威和惩戒、人与人的相争。（XX-XXIII）（6）如何克服占有的欲念，坚持与罪斗争，通过对上帝的爱和上帝的恩典克服罪。（XXIV-XXVI）较之前作洗礼释义，《论洗礼誓弃》的文本融贯性较差，多次出现对教父作品的大段摘录，语言风格上欠缺整合。这在文本的后半部分尤为显著。《论洗礼誓弃》很像是莱德拉德的仓促之作。文献源流分析表明，被使用最多的教父作品是奥古斯丁的《上帝之城》和尤利安努斯·波美里乌斯的《论默观生活》（De uita contemplatiua）。此

---

① Martin Gravel, *Distances, Rencontres, Communications. Réaliser l'empire sous Charlemagne et Louis le Pieux*, Brepols: Turnhout, 2012, pp. 205-217.

② 《论洗礼誓弃》在抄本上没有章节或段落。PL 本将全文分为 26 节，包括两节交代写作缘由的前言。本文依据这种划分用罗马字母标识。

外被援用的教父作品还包括哲罗姆的《那鸿书注释》和《驳约维尼亚努斯》，奥古斯丁的《忏悔录》、《教义手册》（*Enchiridion*）和书信 138，约翰·卡西安的《对谈录》（*Conlationes*），大格里高利的《约伯道德书》以及比德的《路加福音注释》。

但值得注意的是，《论洗礼誓弃》至少在一处以"创新性遵循"（innovative deference）[1] 的方式，刻意对教父引文做了微妙的调整。在阐述骄傲和欲念作为原罪如何进一步分化为多样的罪时，莱德拉德引用了奥古斯丁的《教义手册》（又称《论信望爱》）第 13 章"洗礼与原罪"中的一个段落。[2] 原文中，奥古斯丁逐一枚举了婴儿接受洗礼时洗去的原罪衍化出的六种形态：骄傲、渎神、凶杀、精神淫乱、偷窃和贪婪。莱德拉德改变了罪的排列次序，将其调整为骄傲、贪婪、渎神、凶杀、精神淫乱和偷窃。"贪婪，因为他渴望得到比满足自身需要更多（auaritia, quia plus quam illi sufficere debuit, appetiuit）"，被从最后一位提至第二位，仅次于骄傲。[3]

《论洗礼誓弃》中另有三处对贪婪的界定：（1）引用奥古斯丁《上帝之城》，将贪婪界定为"拥有钱财的欲力"（libido habendi pecuniam）。[4]（2）引用大格里高利《约伯道德书》，称"背叛、欺诈、欺骗、伪证、焦躁、暴力、铁石心肠而全无怜悯"源生自贪婪。[5]（3）引用卡西安《对谈录》，释贪婪为"爱钱"（amorem pecuniae）。[6] 以洗礼誓弃批判"爱

---

[1] 关于"创新性遵循"概念在加洛林研究中的运用，参见 Owen Phelan, "Catechising the Wild: The Continuity and Innovation of Missionary Catechesis under the Carolingians," *Journal of Ecclesiastical History* 61 (2010): 455-474, at 456。

[2] Augustine, *Enchiridion*, ed. Ernest Evans, CCSL 46, Turnhout: Brepols, 1969, p. 74.

[3] *De abrenuntiatione diaboli*, PL 99, cols. 876D-877A.

[4] *De abrenuntiatione diaboli*, PL 99, cols. 877D. 转引自 Augustine, *De civitate Dei libri XXII*, vol. II, ed. Bernhard Dombart, Leipzig: Teubner, 1905, XIV. 15, p. 37。

[5] "De auaritia proditio, fraus, fallacia, periurium, inquietudo, uiolentiae, et contra misericordiam obduratio cordis oriuntur." *De abrenuntiatione diaboli*, PL 99, cols. 880C-D. Cf. Gregory, *Moralia in Iob. Libri XXIII – XXXV*, CCSL 143B, ed. Marci Adriaen, Turnhout: Brepols, 1985, XXXI. 45, p. 1610.

[6] *De abrenuntiatione diaboli*, PL 99, cols. 881A-B. 转引自 John Cassian, *Collationes*, CSEL 13, ed. Michael Petschenig, Vienna: Verlag der Österreichischen Akademie der Wissenschaften, 1886, V. 1. 2, p. 121。

钱"之弊，还见于另一部莱德拉德时代的里昂文献。法国国家图书馆 Nouvelle acquisition latine 1740 号是一部 8 世纪早期的圣经抄本，前 94 页的页边和栏间有 400 余条针对旧约《申命记》的经文注解。这些注解极可能是在莱德拉德任大主教期间在里昂创作并抄录的，服务于里昂主教座堂学校的教士圣经教育。① 其中对《申命记》第 17 章第 17 节（"王不可娶多位妻子，免得他的心偏离；也不可为自己多积金银"）的注解如下：

> 所罗门没有遵守这条戒律，因为对女人的情爱而沦于偶像崇拜。但如今（nunc autem），教会中傲慢的司铎钟爱财富（diuitiarum amatores），耽于享乐，生活奢靡。因为自己的糟糕言行，他们没有把属民带去天上的故乡，而是把他们带向在洗礼中早已弃绝的尘世的欲望（concupiscentias mundi quas in baptismo renuntiauerunt），就像是使他们回了埃及。因为埃及是此世的喻象，埃及的生活即异教徒的作风（conuersatio gentilium）。②

可以看到，"钟爱财富"问题被置于突出的位置。有证据表明，法国国家图书馆 Nouvelle acquisition latine 1740 号抄本的《申命记》页边注的形成受到莱德拉德的影响。③ 具体到上述针对《申命记》第 17 章第 17 节的注解，两点与《论洗礼誓弃》的关联值得特别关注。首先，注解将

---

① 刘寅：《页边的见证：巴黎国图 NAL 1740 号抄本无名〈申命记〉注释与加洛林释经学》，《道风：基督教文化评论》2022 年第 1 期。

② "Hoc preceptum Salamon custodire neclexit qui amore mulierum inlectus, usque ad idolorum cultum declinauit；nunc autem in ecclesia sacerdotes elati, diuitiarum amatores, deliciis abluentes atque luxoriose uiuentes, subiectos sibi non ad celestem patriam prouocant sed exemplo prauitatis suae et uerbo, ad concupiscentias mundi quas in baptismo renuntiauerunt, quasi ad Egiptum reuocant. Egyptus enim figura est mundi, uita Egypti conuersatio gentilium." Paul-Irénée Fransen, "Un commentaire marginal lyonnais du Deutéronome du milieu du IXe siècle," *Revue bénédictine* 117（2007）：31 - 63, 339 - 382, at 60.

③ 刘寅：《页边的见证：巴黎国图 NAL 1740 号抄本无名〈申命记〉注释与加洛林释经学》，《道风：基督教文化评论》2022 年第 1 期，第 323~325 页。

"尘世的欲望"表达为洗礼誓弃的对象。这与《论洗礼誓弃》全篇紧扣魔鬼的作为和浮华引发"欲念"的道德心理学分析相当一致。其次，《论洗礼誓弃》中也专门"以通奸妇女和所罗门为寓"（sub specie mulieris adulterae et Salomon）展示魔鬼的浮华对人的诱惑。①

不仅如此，这条注解批判作风不良的教士以恶劣的榜样教坏基督教民众，致使他们背弃洗礼中的弃绝，乃至以不符合基督徒身份的作风生活，这与查理曼在条令 71 中第 6~10 条的训诫若合符节：

> 每个基督徒在洗礼中说什么以及弃绝什么。（Ⅵ）
>
> 追随什么或忽视什么，会使一个基督徒的弃绝失效。（Ⅶ）
>
> 认为自己可以蔑视上帝的戒律而不受惩罚者，以及蔑视上帝的威吓、认为威吓不会成真者，并非真信仰上帝。（Ⅷ）
>
> 我们需要扪心自问，自己是否真是基督徒。通过反思我们的生活和品行，这是非常容易知晓的，如果我们愿意坦诚地公开谈论自己的作风。（Ⅸ）
>
> 关于我们的牧者即主教的生活和德行，他们应当既通过言传也通过身教为上帝之民做好的榜样。因为我认为使徒保罗所言乃是针对他们："你们要一同效法我，也当留意看那些照我们榜样行的人。"（Ⅹ）②

以是观之，查理曼的 811 年条令、莱德拉德的《论洗礼誓弃》与里昂教士习用的《申命记》注释之间，仿佛存在一条依托洗礼誓弃阐述的整饬世风的改革话语在君主、大主教和地方教士间流通的线索。然而，《论洗礼誓弃》并非仅表达了改革交流中的共识，而是亦反映出张力甚至异见。这特别表现在莱德拉德在此文中拒绝像查理曼一样，把道德批判的矛头指向教士据有财富本身。

在条令 72 第 4~9 条中，查理曼抨击教士们未能如所自称的那样做到

---

① *De abrenuntiatione diaboli*, PL 99, col. 879D.

② *Capitula tractanda cum comitibus episcopis et abbatibus*, ed. Boretius, p. 162.

"抛下尘世"。他首先要求教会领袖们解释，"抛下尘世"是否仅仅意味着不携带武器或不公开结婚（Ⅳ）。[①] 这一质问把财富问题之于教士身份的重要性摆上台面：

　　还需要询问，每日始终以不择手段的方式积攒财产之人能不能说已抛了尘世，这些人以天国的福报哄劝，以地狱的永恒惩罚威吓，以上帝或某个圣徒的名义掠取富人或穷人的资产（这些人本性更为单纯、缺乏智识和谨慎），剥夺合法继承人的继承权。这使很多人陷入贫困，被迫行恶和犯罪。他们宣称走投无路而不得不行窃和抢劫，皆因其祖产被人掠走而无法继承。（Ⅴ）

　　还要询问他们，这种人是否算已经抛下了尘世：他们看到别人拥有的财产后，受攫取欲念驱使（cupiditate ductus propter adipiscendas），花钱让人做伪誓和假证；他们的世俗代理和教务长缺乏正义和对上帝的畏惧，而是残酷而充满贪欲，毫不介意做伪证；有关获得财产的问题，他们不问"如何（获得的）"，而是问"（获得了）多少"。（Ⅵ）

　　如何评价那些宣称出于对上帝、圣徒、殉道士或宣信者的爱而迁徙圣徒身体的骨头或圣骸的人，他们在迁往之处新建教堂，并竭力动员所有能动员的人向新教堂捐出财产……（Ⅶ）

　　我很讶异下述情况是如何发生的：有人明明已宣誓抛下尘世而且绝对不认可被任何人称为"世俗的"，却想要豢养武士并保有私产，而这些事是那些没有完全弃绝尘世的人才会做的……（Ⅷ）

　　每个人在洗礼中向基督承诺和弃绝的是什么？尽管每个基督徒都应当思考这个问题，教会人士尤其应当对之深究，因为他们必须在自

---

① 对条令 72 第 4 条的分析，参见 Rachel Stone, "'In What Way Can Those Who Have Left the World Be Distinguished?': Masculinity and the Difference between Carolingian Men," in *Intersections of Gender, Religion and Ethnicity in the Middle Ages*, ed. Cordelia Beattie and Kirsten A. Fenton, Basingstoke: Palgrave Macmillan, 2011, pp. 12-33。但斯通并没有强调查理曼在"非武装"和"不结婚"之外寻找第三项重要的教士身份认同（财富问题）的意图。

己的生活中为平信徒做出承诺和弃绝的范例……（IX）

可见，查理曼的批判不仅指向教士追求财富，甚至延及教士保有财产（propria…retinere）的合法性。按照条令的逻辑，教士追求和保有财产就意味着他们"没有完全弃绝尘世"（nondum in totum seculum renunciauerunt），因此无法做到为普通基督徒在洗礼誓弃上垂范。

反观《论洗礼誓弃》。莱德拉德在正文开始后不久就对舍弃（renunciare）和弃绝（abrenunciare）做出明确的词义区分：

> "舍弃"与"弃绝"需要加以分辨。"舍弃"和"弃绝"区别在何？两者的区别在如下意义上是显而易见的，即我们舍弃合法之事，但弃绝非法之事；舍弃喜爱之物，但弃绝诱惑之物；舍弃父母，但弃绝魔鬼。①

在查理曼的条令 71 和条令 72 中，这两个拉丁词则是完全同义和可互换的。② 《申命记》第 17 章第 17 节的里昂页边注也用 renunciare 而非 abrenunciare 称洗礼誓弃。那么，莱德拉德在《论洗礼誓弃》中严格区分 renunciare 和 abrenunciare 的理据何在？加洛林学者奥尔贝的哥特沙克（Gottschalk of Orbais，c. 808 – 868）于 9 世纪中叶所撰《语法文编二》（*Opusculum grammaticum II*）中，存在如下一则笔记："'弃绝'和'舍弃'的差别在于，我们弃绝非法之事，舍弃合法之事；我们弃绝魔鬼、

---

① *De abrenuntiatione diaboli*, PL 99, cols. 874D–875A.
② "每个基督徒在洗礼中说什么以及弃绝（abrenunciet）什么。追随什么或忽视什么，会使一个基督徒的弃绝（renunciationem uel abrenunciationem）失效。"（条令 71 第 6～7 条）"每个人在洗礼中向基督承诺和弃绝（abrenunciat）的是什么？尽管每个基督徒都应当思考这个问题，教会人士尤其应当对之深究，因为他们必须在自己的生活中为平信徒做出承诺和弃绝（abrenunciationis）的范例。必须极为认真地考虑和极为细致地辨析，追求什么或忽视什么会导致我们每一个人的承诺和弃绝（abrenuntiationem）维持或失效。我们在洗礼中弃绝（renunciauimus）了其作为和浮华的那个撒旦或敌人是谁？这必须考察清楚，以免我们中的任何人因为行恶而追随我们在洗礼中早就弃绝（renunciauimus）的撒旦。"（条令 72 第 9 条）

它的所有作为和浮华，我们舍弃财富及其自身用途（diuitiis et propriis facultatibus）。"① 现有研究无法告诉我们这则笔记的原本语境和出处。② 该笔记与莱德拉德《论洗礼誓弃》存在的表述差异则使源流问题更加复杂难解。但如果把词意区分放回到《论洗礼誓弃》正文第一部分自身的文意逻辑之中，我们可以看到，莱德拉德希望表达的是对教士和基督徒这两种身份认同的区分。

莱德拉德把"舍弃"和"弃绝"理解为两种约定（pactio）。"舍弃"（此世）被界定为基督与追随他作战的士兵之间的约定，《路加福音》第14章第33节（"任何人，如不曾舍弃所有一切，就不能做我的门徒"）和第9章第61节（"主啊，我要跟从你，但允许我先去舍弃家里的人"）的经文受引为证。基督的士兵毫无疑问指教士。"弃绝"魔鬼及相关物则是被接纳入教会怀抱、成为基督徒的约定。③ 莱德拉德对两种约定差异的进一步表述，重点围绕"据有"（tenere）或"占有"（habere）展开：

据有那些属于此世之物但却并不因此被此世所据有，这样的人做到了舍弃他全部拥有的。他据有世间之物来使用（in usum），所欲求的则是永恒之物。去除了此世的欲念（cupiditate mundi），神圣的爱在舍弃者中增殖和完成。因此，想要拥有上帝者需舍弃此世

---

① Gottschalk of Orbais, *Opusculum grammaticum II*, ed. Cyrille Lambot, *Oeuvres théologiques et grammaticales de Godescalc d'Orbais*, Louvain："Spicilegium sacrum Lovaniense" Breaux, 1945, p. 470.

② 《语法文编二》的文本性质非常复杂，可能由原本记录在泥板和皮纸边料上多条札记连缀誊录而成。学界对《语法文编二》及哥特沙克的其他札记汇编的文献学价值和史学价值的探索，还处在较为初步的阶段，参见 Warren Pezé, "Débat doctrinal et genre littéraire à l'époque carolingienne: les opuscules théologiques de Gottschalk d'Orbais," *Revue de l'histoire des religions* 234 (2017): 25–72; Robert Gary Babcock, "The *Opuscula De rebus grammaticis* of Gottschalk of Orbais and Jerome's *Ad Furiam* (*Epistula* LIV)," *Revue Bénédictine* 132 (2022): 14–24.

③ *De abrenuntiatione diaboli*, PL 99, cols. 873C–D. "基督的士兵"在加洛林语境中是对教士的指称，参见 Gerda Heydemann, "Nemo militans Deo implicat se saecularia negotia: Carolingian Interpretations of II Timothy II. 4," *Early Medieval Europe* 29 (2021): 55–85.

（renunciat mundo），但出于喜爱而屈服于现世用途（terrenis facultatibus）的人，并没有做到舍弃此世。任何意欲成为基督的门徒者会出于对基督的爱而轻视所有此世之物，即便他占有它们。他们因此占有如不占有（sint habentes tanquam non habentes）。他们知道不要自傲，也不要依赖不可靠的钱财，而是依赖那赐予我们一切的生的上帝。因此他们占有现世用途是为了维持生存，从而可以用之侍奉他们渴望其永恒善好的上帝。这是因为，在神圣经文中被谴责的是欲念，而非用途。他们小心谨慎，出于生存的需要而非对拥有的爱而占有。然而，没有约定允许我们占有应当被弃绝之物，因为它们不能与上帝同时被占有。魔鬼、他的作为和他的浮华必须被从内心彻底弃绝，以至于我们和它们再无任何瓜葛，这样我们才能避免落入其陷阱而复归魔鬼的统治。①

可见，在莱德拉德看来，教士依旧可以出于用途而非欲念（如爱钱）而拥有此世之物，这并不违背"舍弃"的约定；但基督徒绝不应以任何方式重新追随魔鬼和它引发的罪念，否则就是违背了"弃绝"的约定。这样的阐释与哥特沙克《语法文编二》中所见"舍弃财富及其自身用途"的表述显然不一致，因而更有可能是莱德拉德的个人见解而非因循前说。更重要的是，通过这种论证，莱德拉德不但把教士的财富问题切割于《论洗礼誓弃》的中心论题（"弃绝"）之外，还维护了教士"占有如不占有"的权利。这是身为教会领袖的莱德拉德希望向查理曼表达的立场。

如果说查理曼最关切的是，教士和平信徒洗礼誓弃的失效在自己治下的基督教帝国中引发的政教身份认同危机，那么，莱德拉德则聚焦于，因复犯（iterum revertens）已弃绝的罪念而生的罪、纷争和惩罚统治之下的人世处境。《论洗礼誓弃》超过一半的篇幅是对罪的道德心理学分析，基于对波美里乌斯、奥古斯丁、卡西安和大格里高利的援引。理解罪和何以犯罪的必要性，在莱德拉德的前作洗礼释义的最后部分已有表达。里昂大主教针对"是否恪守了自己所宣讲的"问题向查理曼表达了如下反省：

---

① *De abrenuntiatione diaboli*，PL 99，cols. 875A–B.

　　我之前一直都不知道，现在也还是不知道，一个人是否能够履行根据神圣戒律应当恪守之事。这是因为，我们每天努力自我约束地生活，但与此同时，由于遗忘、被骗或软弱，或者更糟的是，出于我们自己的意愿，我们每天都在犯罪。如果我们不理解自己不凭意愿的作为，我们何以能够履行我们凭意愿的作为，如经中所言："谁能理解过犯？"（《诗篇》第18章第13节）不过，经书亦说"吾上帝为你宣示吾的道路"（《诗篇》第118章第26节），我认为这说的是关于罪业我们能够做什么，而非关于我们的其他行为，如经中所言："我说，我将向我的主告解我自己的不义。"（《诗篇》第31章第5节）每日犯罪的我们如何恪守自己所宣讲的呢？[①]

　　在《论洗礼誓弃》中，罪的分析之后是对罚的讨论。上帝以灾异、战争和疫病等形式降下天罚。不仅如此：

　　　　因为这些［罪］的缘故，不仅出于愤怒也是为了我们的悔罪，上帝从天上向我们降下责罚，同时，他还安排诸权（potestates）统治我们，我们必须服从。为了改正这些罪过，他们颁布法律、裁断案件、施加惩戒、监禁、酷刑、鞭笞、流放、截肢、剥夺财产和各色死刑，但罪无法被从此世除掉（auferri non possunt de mundo）。因为这些罪过而诞生了教会权威、谴责、绝罚、逐出教会、悔罪法规和谴责，但罪无法被从教会除掉（auferri non possunt de ecclesia）。设立法官，创设职务，派人执行惩戒，为的是矫正罪（corrigantur），但可朽的生命遭受的最大不幸在于，当我们认为正义被树立、邪恶被定罪、无辜者被还清白时，受无知所欺，很多时候却事与愿违，以致邪佞得胜复归，无辜受惩。[②]

---

①　Keefe, *Water and the Word*, no. 25, 2：380.

②　*De abrenuntiatione diaboli*, PL 99, cols. 881D–882B.

这段话的出处不明。^① 其中的用词让人联想到查理曼的 802 年《钦差通用条令》。条令第 25 条中要求伯爵和伯爵副手确保窃贼、劫匪、杀人犯、通奸者等"依照律法接受矫正和惩处"（emendentur et castigentur secundum legem），从而"把所有这些恶从基督之民中除掉"（omnia haec mala a christiano populo auferatur）；第 33 条要求严惩乱伦之罪，"把这种不洁彻底从基督之民中除掉"；第 36 条要求以砍掉右手和剥夺财产的重罚处置伪证之罪，"把这种最坏的恶行从基督之民中除掉"。^② 与这部条令中反映出的查理曼通过律法建立政教秩序的改革意愿对比，更能看出莱德拉德在《论洗礼誓弃》中对罪与罚的道德神学态度：此世的政教秩序和惩戒手段是因罪而创设的，但不能灭除罪，更不可能消除"教会领袖和国家官员之间的无数纷争……我们彼此间的盲目争斗"。^③

莱德拉德毫无疑问受到了奥古斯丁的影响。事实上，《论洗礼誓弃》的最后部分大量取材于《上帝之城》，被引段落依次出自：22 卷 22 章（关于人类在共同的悲惨处境下受到的惩罚）、19 卷 6 章（关于人审判人时常有失误）、15 卷 4 ~ 5 章（关于地上之城的争斗和善好在分享中变多）、21 卷 15 ~ 16 章（关于人与罪作战）。^④ 极鲜见有其他早期中世纪文献摘录或引用《上帝之城》中的上述段落。《论洗礼誓弃》体现出与加洛林时代主流非常不同的《上帝之城》接受个案。^⑤ 通过希波教父的话，莱德拉德在《论洗礼誓弃》篇末强调，必须坚持"对罪的战争"（bellum

---

① 内容接近的表述见于成书于 950 年之前的一部礼仪文本（*De divinis officiis*, PL 101, cols. 1173D-1202D, at 1197D, 参考 Cyrille Vogel, *Medieval Liturgy: An Introduction to the Sources*, Washington, D. C.: Pastoral Press, 1986, p. 13）。两者应有共同的源头。这段文字与《上帝之城》22 卷 22 章 3 节也有局部的相似之处。

② *Capitulare missorum generale*, 25, ed. Alfred Boretius, MGH *Capitularia regum Francorum I*, Hannover: Hahn, 1883, no. 33, p. 91-99, at 96-98.

③ *De abrenuntiatione diaboli*, PL 99, cols. 882B-883A.

④ *De abrenuntiatione diaboli*, PL 99, cols. 882B-884C. 对比奥古斯丁《上帝之城：驳异教徒》（修订译本），吴飞译，上海三联书店，2022，第 1155 ~ 1156、934 ~ 935、657 ~ 659、1075 ~ 1077 页。

⑤ 对比参考 Sophia Moesch, *Augustine and the Art of Ruling in the Carolingian Imperial Period: Political Discourse in Alcuin of York and Hincmar of Rheims*, London: Routledge, 2020。

contra uitia），但不能只依靠"法律的命令"，"圣灵的襄助"不可或缺，"罪只有被上帝之爱征服了，才算被征服了"。①

　　综上所述，莱德拉德的《论洗礼誓弃》是一个非常独特的加洛林神学文本。在 811 年前后的历史语境下，它体现了一位教会领袖如何通过从洗礼中被弃绝的欲念和罪的复犯出发，展开道德神学阐释，以回应他的君主对治下基督徒特别是教士阶层作风问题的道德关切。莱德拉德一方面积极响应查理曼对道德失范引发政教失序的忧虑，另一方面也明确否认道德问题的症结在于教士的财富问题。此外，通过吸收奥古斯丁在《上帝之城》中对"地上之城"的悲观分析，莱德拉德向查理曼表达了政教纪律在规范尘世生活中的严重局限。在这个意义上，《论洗礼誓弃》使我们有必要重估以往对加洛林政治神学和政治文化的判断。

---

①　*De abrenuntiatione diaboli*，PL 99，cols. 884B–C. 译文参考奥古斯丁《上帝之城：驳异教徒》（修订译本），第 1075~1077 页。

能与德：艾因哈德《查理大帝传》所见之家族王权[*]

李隆国^{**}

摘　要　艾因哈德的《查理大帝传》使用了许多独特巧妙的叙事策略来达成其为查理曼辩护的目的。本文聚焦于作者化失败或挫折为德行叙事的写作技巧，选取三个案例进行分析：加洛林王名之获得、查理曼帝名之获得以及加洛林家族王权之继承。透过这些案例，我们不仅可以感受到当年那位不倒翁廷臣的高超叙事技巧，也能顺藤摸瓜，探知作者写作之时所针对的某些政治争鸣，一窥加洛林王室的合法性策略乃至其政治背景。作为历史叙事，《查理大帝传》的显性结构是查理曼的个人生平，隐性结构则是加洛林家族王权的传承历史。

关键词　查理曼　《查理大帝传》　艾因哈德　加洛林

在 814 年查理曼去世之后，王国境内流行着若干批评意见，为此艾因

* 本文系国家社科基金一般项目"加洛林王朝后期的政治与政治思想研究"（18BSS024）的研究成果。文章曾得到马克垚、王晴佳及由王老师主持的史学史文章会成员以及刘群艺、刘寅、宁飞、季小妍等师友的指正，深表感谢！
** 李隆国，北京大学历史学系副教授。

哈德写作了《查理大帝传》，为自己的恩主进行辩护。① 作为成功的廷臣，艾因哈德的辩护非常巧妙，给读者留下了"最真实可靠"的良好读后体验。但是，在若干关键之处，艾因哈德行文模糊，使人难测其究竟。20世纪初，法国历史学家路易·哈尔芬基于史源批判认为，这是因为作者刻意模仿古代罗马作家苏埃托尼乌斯的《罗马十二帝王传》，以致削足适履、词不达意。用他的评价来说，《查理大帝传》不过是狗尾续貂的"第十三篇帝王传"而已。②

20世纪中叶以降，随着语言学转向的发生，叙事技巧分析成为研究的新宠。2019年法国历史学家米歇尔·索特联合语言学家克里斯蒂安娜·维拉赫-科斯莫全面修订了路易·哈尔芬的拉汉对照本。在长篇导言中，她们重点分析了传记的叙事结构与技巧。③ 有学者甚至将《查理大帝传》视为某种君王镜鉴类型的作品，似乎艾因哈德想要通过讲述查理曼的生平以提炼出理想的君王类型并规谏虔诚者路易。④ 如此，艾因哈德就游走在词不达意的拙劣模仿者与细腻地表达政治诉求的讽谏高手之间。

作为廷臣，艾因哈德是讽谏高手，而作为曾衔命出使罗马教廷的特使，艾因哈德也娴熟于辞令。在有些地方，艾因哈德的辩护方式较为直接显明。例如，对于驼背丕平等人的叛乱，艾因哈德把责任推卸给查理曼当时的妻子法斯特拉达；对于查理曼的女儿们的贞洁问题，艾因哈德故意漏掉细节。⑤

① Thomas F. X. Noble trans., *The Life of Charlemagne and Louis the Pious: The Lives by Einhard, Notker, Ermoldus, Thegan and the Astronomer*, Pennsylvania: The Pennsylvania State University Press, 2009, pp. 12-13.

② Louis Halphen, ed., et trans., *Eginhard: Vie de Charlemagne*, Paris: Librairie ancienne honoré champion, 1923, p. xi.

③ Michel Sot and Christiane Veyrard-Cosme trans., *Vie de Charlemagne*, Paris: Les belles lettres, 2019.

④ 甘茨的批评：David Ganz, "Einhard's Charlemagne: The Characterization of Greatness," in Joanna E. Story, ed., *Charlemagne: Empire and Society*, Manchester: Manchester University Press, 2005, pp. 38-51。

⑤ Sidney Painter, "Forward," in *The Life of Charlemagne*, trans. Samuel Epes Turner, Ann Arbor: The University of Michigan Press, 1960, p. 11.

在若干敏感之处，艾因哈德模糊用语、转移视角，巧妙地将查理曼的缺陷转化为德行叙事。例如，有关查理曼的学习和识字问题，早就有学者透过传记的文字游戏，指出其背后反映的尴尬真相：查理曼其实并不识字。[①]加拿大史家保罗·达顿经过更加细腻的分析，证实了这一点。即便如此，达顿仍然追随艾因哈德，曲折地替查理曼辩护。通过将查理曼晚年的习字活动置于当时加洛林小写字体诞生并推广的文化背景之中，达顿礼赞查理曼至老仍不忘学习书写的求知精神。[②] 受限于其评价，达顿不能深入揭示艾因哈德化缺陷与失败为德行描述的叙事策略，而这一叙事策略可以提示我们更为鲜活地感受字面意思背后受到争议的查理曼以及加洛林家族政治。

本文先分别从加洛林王名、帝号的个案，说明艾因哈德的辩护技巧。透过艾因哈德关切的辩护文字，我们大致可以窥见如何记忆查理曼，以及背后存在的一些政治争鸣。第三个个案选择作者有关查理曼没有童年的说法进行分析，揭示《查理大帝传》这个传记文本的显性结构与隐性结构，借此更好地理解艾因哈德通过个人传记为加洛林家族政治进行辩护的写作动机，并窥知加洛林早期政治，尤其是作为其核心的家族政治的特点。

一 案例1：王名与国王之能

传记开篇有关加洛林先公先王的叙述篇幅相对较长，旨在说明加洛林家族如何获得王名，从而实现改朝换代。这一类目也是《罗马十二帝王传》的标配之一。虽然如此，艾因哈德的处理仍然显得颇为令人瞩目。这三节内容早已成为经典的王朝更迭叙事故事，即著名的懒王故事。[③] 近来更有研究者从虔诚者路易宫廷政治的角度，将这一历史故事视为艾因哈

---

① Paul Pascal, "Charlemagne's Latin," *Neophilologus* 54 (1970)：19~21.

② Paul E. Dutton, *Charlemagne's Mustache and Other Cultural Clusters of a Dark Age*, New York：Palgrave Macmillan, 2004, pp. 69-92.

③ 朱君杙：《"墨洛温懒王"历史叙述的政治意图》，《经济社会史评论》2018 年第 1 期，第 79~81 页。

德对虔诚者路易的委婉讽谏。① 将虔诚者路易比作亡国之君，似乎不大可能，这段话的本意仍然是为加洛林王权进行合法性辩护，它既与整篇传记的辩护色彩相合，也展示出很高的叙事技巧。

王朝鼎革涉及三个主角：墨洛温家族（gens Meroingorum）、加洛林家族以及罗马教宗。扮演者分别是："懒王"——墨洛温末代国王希尔德里克，他是有名无实的无用国王（inutile nomen regis）；矮子丕平，他则是拥有财富和实权的无名之王（opes et potentia）；他们之间的替换关系分别通过罗马教宗扎迦利和斯蒂芬二世的"命令"（iussu）最终得以实现。

中译本依据英译本，给罗马教宗斯蒂芬添加了一个注释："艾因哈德此处有误。当时任教皇的是扎哈里亚斯（741~752 年在位），而非斯蒂芬二世（752~757 年在位）。"② 如果这一注释可靠的话，那么就意味着艾因哈德在开篇第一句就发生了记忆错误。

如果考察其缘起的话，这个注释已有近 200 年的学术史。1829 年佩尔茨编辑的第一版德意志文献集成本传记，就"发现"了这一表述上的"瑕疵"，并做了解释："由于在丕平称王仪式举行之前扎迦利教宗去世了，所以艾因哈德认为是斯蒂芬批准了前任的决定。这里应与丕平的第二次加冕仪式无关。"佩尔茨并不认为这是一处硬伤，而是理解不同所致。但在 1880 年魏茨修订该版本的时候，在这条注释之后增加了一个断语："事实上我认为，是艾因哈德弄错了。"1911 年伊格尔在编辑第六版的时候，在此处沿袭魏茨的说法的基础上，又增加了进一步的说明，解释艾因哈德为什么出错。他认为在艾因哈德版《法兰克王家年代记》（即修订本）中，"基督第 750 年"条下记载了丕平称王的事件，没有提到教宗之名，而在"基督第 754 年"条下却提到了罗马教宗斯蒂芬的名字。"艾因

---

① P. S. Barnwell, "Einhard, Louis the Pious and Childeric III," *Historical Research* 78 (2005): 129-139.

② 艾因哈德：《查理大帝传》，戚国淦译，商务印书馆，1979，第 5 页。按，扎哈里亚斯即扎迦利。

哈德很容易就发生了误会",① 以为所涉及的一直都是这位教宗。经研究发现，艾因哈德似乎利用了一个错误的教宗名录。②

2001 年，英国学者罗萨蒙德·马基特里克撰文提出，在称王的过程中，矮子丕平与教宗方面的实际来往只有一次，即 753～754 年斯蒂芬二世北上拜访矮子丕平，而扎伽利教宗的批准，则将这一日期提前，并挪用到称王时在位的教宗扎伽利的身上，以便将加洛林王朝的篡位粉饰为合法取代。托马斯·诺布尔于 2009 年推出的新英译本吸纳了这一新成果。他在此处出注曰："（该教宗）任期为 752～757 年。他于 754 年造访了法兰克尼亚，但是大多数史料认为，是教宗扎迦利（741～752 年在位）于 751 年允许法兰克人立丕平为王。"③ 似乎艾因哈德的记忆没错。那么到底是艾因哈德记忆有误，将 751 年丕平（第一次）称王时的教宗扎伽利误以为斯蒂芬二世，抑或他故意将 754 年斯蒂芬二世为矮子丕平和两位王子（查理曼和卡洛曼）加冕称王视为丕平称王的正宗算法呢？

在第 3 节，艾因哈德似乎又犯了一个类似的错误，不过这一次是他所计算的丕平在位年数偏短。"丕平借助于罗马教皇的力量由宫相成为国王以后，就独自统治法兰克达十五年之久，甚至还要长些。"④ 此处，中译者仍然借用了英译者的注释，"丕平在位时间实际为十七年，由 751 至 768 年"。佩尔茨的注释以及伊格尔的补充注释似乎更加客观一些："如果丕平的统治从 751 年 11 月的第一次膏立开始算，在位时间为 16 年 10 个月；如果从第二次膏立和卡洛曼的儿子们被削发之时，即 754 年算起，则在位时间不到 15 年。"⑤ 托马斯·诺布尔也同样添加了注释："事实上 751～768 年在位，艾因哈德通过家族谱系强调，是教宗命令丕平称王。但

---

① 以上注释皆出自一个长注。O. Holder-Egger, G. Waltz, and G. H. Pertz, eds., *Einhardi vita Karoli Magni*, MGH Scriptores rerum Germanicarum in usum scholarum separatim editi 25, Hannover: Hahn, 1911, p. 3, n. 1.
② Martina Hartmann 致作者的邮件，2021 年 2 月 15 日。
③ Noble trans., *Charlemagne and Louis the Pious*, p. 21, n. 4.
④ 艾因哈德：《查理大帝传》第 3 节，第 7 页。
⑤ O. Holder-Egger, G. Waltz, and G. H. Pertz, eds., *Einhardi vita Karoli Magni*, p. 5, n. 4.

无论如何加洛林家族是篡位者。有些学者对教宗的作用抱有疑问。"① 诺布尔将艾因哈德的意图也理解为通过教宗洗白丕平篡夺王位，但他没有将之与系年联系起来考察。

这两处的表述和注释所涉及的问题，是矮子丕平称王的年份。众所周知，艾因哈德在作传时，《法兰克王家年代记》的修订本，即俗称的"艾因哈德本"是重要的参考资料。在年代记中，如佩尔茨所言，分别在"基督第 750 年"条下和"基督第 754 年"条下叙述了矮子丕平的两次加冕称王仪式，第二次的加冕膏立仪式由罗马教宗斯蒂芬二世主持。如果以 750 年作为丕平称王的年份，那么对应的罗马教宗是扎迦利，丕平的在位年份为 18 年或更久；如果以 754 年为丕平称王的年份，主持加冕膏立仪式的是教宗斯蒂芬二世，丕平的统治时期为 14 年或更久。如果按照年头来计算，即 750 年和 754 年分别作为丕平统治的第一年，那么 768 年丕平去世之年就分别为丕平统治的第 19 年和第 15 年。如果艾因哈德以 754 年教宗斯蒂芬二世为丕平、查理曼和卡洛曼膏立加冕为丕平作为国王统治年代的计算始点，则"15 年或者更久"的措辞非常恰当，不仅表明了他偏向的年份是 754 年，而且也暗示，以另外的年份计算，得出的统治时期会"更久"。

如果艾因哈德是以 754 年教宗斯蒂芬二世为矮子丕平主持加冕仪式作为其王朝统治的开始，那么他所提及的教宗名字和丕平的统治年份就没有任何差错。艾因哈德的这个所谓"错误"别有深意在焉！有关丕平称王的时间记载方式，即如何记述矮子丕平分别在 750 年或 751 年的苏瓦松和 754 年的巴黎两次加冕，8 世纪末 9 世纪初的早期加洛林历史记载可以被分成三种类型。② 以《弗莱德加编年史（续编）》为代表，其中仅提及苏瓦松那一次；《法兰克王家年代记》则提及了这两次仪式；像艾因哈德这样仅仅提及 754 年由罗马教宗斯蒂芬二世主持的膏立加冕仪式，属于第

① 以上注释皆出自一个长注。O. Holder-Egger, G. Waltz, and G. H. Pertz, eds., *Einhardi vita Karoli Magni*, p. 25, n. 14.

② 相关的工具书参见 John F. Boehmer, Engelbert Muehlbacher, and Johann Lechner, eds., *Die Regesten des Kaiserreichs unter den Karolingern*, *751–918*, Innsbruck: Verlag der Wagner'schen Universität-Buchhandlung, 1908, p. 32。

三种类型。《法兰克王家年代记》代表了主流的叙事方式，而第一种和第三种都相对少见。追随艾因哈德的，可能只有《圣高尔修道院编年史繁本》，"借助于罗马教宗斯蒂芬的权威，在国王希尔德里克被废黜并削发之后（他受洗之时另外取的名字叫但以理），丕平老爷由宫相被立为国王"。① 这段话中除说明希尔德里克被废的那句话外，与《查理大帝传》的行文一模一样。该编年史成书于 9 世纪中期，稍晚于艾因哈德的传记，不排除编年史抄袭艾因哈德的可能性。

与丕平称王的系年问题密切相关的是有关称王史事的叙述。艾因哈德以详细的笔墨和独特的方式坐实了墨洛温末代国王有名无实、加洛林宫相有实无名的矛盾，将王朝更迭视为解决这一矛盾，以使王名与王权实力相符的转化过程。"（墨洛温王室）久已失去了一切权力，除了国王的空洞称号以外，什么都没有了，因为国家的财富和权力都入于宫廷长官——宫相之手，由他们操纵全权。国王是满足于他的空洞称号的。……除了宫相凭自己的高兴许给他的不可靠的生活费以外，他自己只有一处收入很微薄的庄园，此外一无所有。……但是宫相管理着国家的政事和对内对外的一切事务。"②

随后艾因哈德对查理曼的祖父和父亲的实力与功业进行了详细的说明，尤其强调，当末代墨洛温王希尔德里克被废之时，矮子丕平业已"俨然是按世袭的权利"行使着王国治理的职能。至少从矮子丕平的父亲查理·马特削平了法兰克王国境内的暴君们（tyrannos）之后，他就已经这样管理着王国。而且这种尊荣无人可比，因为无论从家世抑或财富的角度来看，加洛林家族都要比其他家族优胜，所谓"门第显赫、家资富有"是矣。

尽管如此，艾因哈德还是充分强调了国王名分来自罗马教宗。开篇他说丕平成为国王是"根据罗马教皇斯蒂芬的命令"，在第 3 节开头他又说丕平"借助于罗马教皇的力量"称王。有实力、财富、世系宫相职位并

---

① *Annales Sangallenses maiores*, MGH Scriptores（in Folio）1, ed. Georg Heinrich Pertz, Hannover: Hahn, 1826, p. 74.
② 艾因哈德：《查理大帝传》第 1 节，第 5~6 页。

实际上统治法兰克王国的丕平，是从罗马教宗那里获得了国王之名，从宫相成为国王。英国学者巴恩韦尔撰文，在总结了诸家之说后提出，艾因哈德的开篇很有可能针对的是 816 年虔诚者路易邀请罗马教宗斯蒂芬四世来到兰斯再次举行膏立加冕仪式。这一仪式以及虔诚者路易采取的政教合一的举措，在当时引发了争议。艾因哈德援引虔诚者路易的祖父矮子丕平的先例，以为虔诚者路易辩护。通过将丕平称王设定于一个非常特殊的场合，艾因哈德委婉地劝勉虔诚者路易不仅不能成为教宗的傀儡，而且还要更加强有力地对付对手。①

巴恩韦尔此说稍嫌阐释过度。这里较为合理的推测方向似乎应该回到马基特里克的新观点，即加洛林早期史书捏造了教宗扎伽利对丕平称王的批准，以将篡位粉饰为合法的替代。马基特里克的推测同样有些阐释过度。加洛林早期史书确实存在美化王朝更替的倾向，这也是古今中外改朝换代之后历史书写的特色之一；8 世纪晚期的加洛林史书，《弗莱德加编年史（续编）》和《法兰克王家年代记》极力提供王朝更替的众多合法性，如贵族推举、教宗的批准和神圣的膏立加冕仪式等等，使得王朝更替合法化。与这些史料相比较，《查理大帝传》对王朝更替的合法性美化非常独特。同样强调内因加外因，但是，对艾因哈德来说，内因仅限于家族实力，外因则是教宗的权威。加洛林王朝的建立就变成了加洛林家族与罗马教宗之间的联合，法兰克贵族的推举作用消失了。

其实，艾因哈德知道贵族的支持对加洛林王权至关重要。在随后简要说明丕平的功业之时，他没有提及丕平分别于 754 年和 755 年（或 756 年）率军远征意大利。但是，在后面描写查理曼远征意大利之时，艾因哈德无意中通过比较又提及了丕平的远征，说矮子丕平在远征中遭遇了挫折，因为许多贵族扬言要离开国王，中途回转，为此丕平的远征不得不草草收场（celerrime conpletum），远远比不上查理曼这一次远征的辉煌战果——彻底消灭了伦巴第王国，控制了意大利。叙述丕平称王之时，艾因

---

① P. S. Barnwell, "Einhard, Louis the Pious and Childeric III," *Historical Research* 78 (2005): 129-139.

哈德的考量，仍然还是将挫折转化为德行辩护，矮子丕平实际上控制了王权，但是他不称王，在教宗的命令之下，又不得不称王。一如查理曼，不得不称帝。

毋庸讳言，将丕平获得王名归结于罗马教宗的提法，在后世将会产生深远的影响。例如 12 世纪的大史学家弗赖兴的奥托，其在《双城史》中添加评论说："由此，罗马教宗获得了改换王朝的权威。"① 但是，在《查理大帝传》中，艾因哈德的处理方式可能与处理查理曼的帝号一样，是强调矮子丕平和查理曼获得名号过程中的德行，尽管查理曼有帝王之德，但是他不愿意称帝，又不得不接受帝号。同理，矮子丕平本来就有国王之能，拥有国王之实，但是却没有称王，而是迫于教宗的命令，不得不成为国王。这套修辞后来的发展并不符合艾因哈德的原意，归根结底还是因为罗马教宗与法兰克王权之间的原有主次关系被打破乃至被颠倒。用奥托的话来说，就是帝权因为将资源都赠送给教会而虚弱不堪，而教宗的权威则与日俱增。不论后来如何衍化，艾因哈德强调的国王之能奠基于国王之实，似乎是一条非常实用的王权原则。

二 案例 2：帝号与帝王之德

艾因哈德在传记的第 4 节中说："凡是需要或值得记载的事情，一概不予省略。"《查理大帝传》分类叙事，每类事项之下再大体按照年代顺序讲述。传记的第 1~4 节为序曲，说明加洛林家族获得王位的过程；第 5~17 节讲述查理曼的国内外事业；第 18~27 节，涉及私生活与习惯；传记的最后（第 28~33 节）讲述帝国治理和传主的去世。通过与艾因哈德所模仿的苏埃托尼乌斯的《罗马十二帝王传》比较可知，传记的类目基本上抄自《罗马十二帝王传》。似乎可以将那些模仿苏埃托尼乌斯的类

---

① Adolf Hofmeister, ed., *Ottonis Episcopi Frisingensis Chronica sive Historia de duabus civitatibus*, MGH Scriptores rerum Germanicarum in usum scholarum separatim editi 45, Hannover: Hahn, 1912, V. xxiii, p. 250.

目，归为"需要"（cognitu necessaria）之列，即帝王传记需要提及的事项。其余类目就是属于值得记载（cognitu digna）的了。据大卫·甘茨统计，全书只有"查理曼加冕称帝"（第 28 节）和"立虔诚者路易为共治皇帝"（第 30 节）两节在苏埃托尼乌斯那里无对应章节。它们值得记载而由作者特意载录。尽管在这两处，艾因哈德没有用到 digna 的字眼，但在讲述查理曼称帝引发君士坦丁堡皇帝的不满之时，用了其反义词"不满"（indignatibus）。查理曼立虔诚者路易为共治皇帝这一政治决策导致"世界震动"（non minimum terroris）。

800 年圣诞节，查理曼在罗马圣彼得大教堂加冕称帝。这可能并非476 年或者 480 年西罗马帝国皇帝消失之后的第一次，却是蛮族第一次成功地登上帝位。由于其罕见性，查理曼称帝自然引发了巨大的争议。考虑到 10 年前，他指使奥尔良主教提奥多尔夫写作《查理之书》，猛烈抨击罗马皇帝及其宗教政策，而现在，他自己就要成为皇帝。从抨击罗马皇帝到歌颂罗马皇帝，这种转变来得太过突然。所以，当 799 年称帝的形势业已明朗之时，查理曼一方面巡视纽斯特里亚海防，并到当地请教重要的谋臣，另一方面于 800 年在美因茨召集王国大会，商讨称帝事宜。

令人更加焦虑的是，在称帝之后，查理曼的帝号迟迟得不到君士坦丁堡皇帝的认可。尽管如艾因哈德所言，他频频地派遣使节前往君士坦丁堡，要与那里的罗马皇帝称兄道弟（第 28 节），但一直是他自己这一头热，直到 12 年之后方得到东方的认可。虔诚者路易登基之后，他也非常重视派往君士坦丁堡方面的使节，他的罗马皇帝的名号一直得不到东方的承认，所获得承认的只是帝号或者法兰克皇帝的名号。[1] 在这种内外舆论背景之下，如何表述查理曼的称帝，就是一个十分敏感的话题。在传记中，艾因哈德转述了查理曼的话，说明查理曼本不愿意称帝。"他最初非常不喜欢这种称号，他肯定地说，假如他当初能够预见到教皇的意图，他那天是不会进教堂的。"（第 28 节）

---

[1]　"Concilium Parisiense a. 825," MGH *Concilia aevi Karolini [742–842]* , ed. Albertus Werminghoff, Hahn, 1908, pp. 475–480.

查理曼亲密廷臣的这种表述，对于深受帝国之累的德语学界非常有吸引力，形成了著名的"不愿称帝的查理曼"说。20 世纪中期，德语学界开始挑战这一陈说。费希特瑙认为，艾因哈德的表述是在模仿苏埃托尼乌斯，援引称帝之时古代罗马帝王推辞之惯例。艾因哈德通过这种修辞手法，彰显了查理曼的帝王美德，即在权力面前保持谦逊和克制。[1] 希拉姆则通过图像、钱币等资料证明，查理曼在称帝之前业已有许多迹象表明这一事件是有安排的，换言之，他事先不可能不知道称帝的议程。[2]

1958 年，德国学者赫尔穆特·伯伊曼综合他们的观点，更加系统地说明了这句话的不可靠性。他认为，艾因哈德并不是在讲述历史真实，而是在塑造查理曼的形象。依据其他叙事资料，伯伊曼提出了法兰克式帝权理论。查理曼并非不愿意称帝，而是不愿意接受教宗利奥三世所提供的帝权理论，做一位"罗马皇帝"。法兰克式帝权理论强调获得帝名是一个名副其实的过程，即名分来自法兰克王国的扩张。[3] 此后厄尔曼进一步将这一观点发扬，即查理曼和利奥分别代表两种不同的帝权理论，所谓罗马式和非罗马式帝权观念，以说明中古帝权与教权冲突之由来。[4] 20 世纪 90 年代，厄尔曼的学生珍妮特·尼尔森进一步修正她的老师的观点，将查理曼的帝权观念等同于拜占庭的帝权观，与罗马教宗的帝权观不同。她认为这种帝权观的最佳表述就是"在亚琛统治着罗马帝国"。[5]

查理曼的说法只是一种事后的抱怨，因为艾因哈德在传记中也间接表

---

[1] Heinrich Fichtenau，"Karl der Grosse und das Kaisertum," *Mitteilungen des Instituts für Österreichische Geschichtsforschung* 61（1953）：257–334.《新编剑桥中世纪史》也认为艾因哈德的这个转述是帝王传记中常用的修辞手法。参见 Paul Fouracre，"Frankish Gaul," in *The New Cambridge Medieval History*，vol. II，ed. Rosamond McKitterick，Cambridge：Cambridge University Press，1995，p. 105。

[2] 李隆国：《名实之间：学术棱镜中的查理曼称帝》，王晴佳、李隆国主编《断裂与转型：帝国之后的欧亚历史与史学》，上海古籍出版社，2017，第 307~321 页。

[3] Helmut Beumann，"Nomen imperatoris. Studien zur Kaiseridee Karls d. Gr.，" *Historische Zeitschrift* 185（1958）：515–549.

[4] 沃尔特·厄尔曼：《中世纪政治思想史》，夏洞奇译，译林出版社，2011，第 52~70 页。

[5] Janet Nelson，*King and Emperor*：*A New Life of Charlemagne*，Oakland，California：University of California Press，2019.

达过，查理曼事先肯定知道称帝活动。在说明查理曼的穿着习惯之时，传记特地强调了查理曼对本族服饰的偏爱；作为对比，传记提到查理曼仅有两次穿上了漂亮的罗马式服装，其中第二次似乎应该就是在罗马加冕之前穿的盛大的皇帝服饰："由于哈德良的继任者利奥教皇的请求，他穿上长外套、外衣、罗马式的鞋子以外，他从来不肯穿着它们。"（第23节）艾因哈德说查理曼去过罗马四次，前三次分别为774年、781年和788年，最后一次前往罗马，就是800年为利奥教宗伸张正义并加冕称帝。在加冕之前，查理曼肯定要穿上皇帝礼服。

艾因哈德说查理曼不愿意称帝，一方面如研究者所揭示的那样，是为了说明查理曼谦逊的美德足以媲美古代罗马诸帝，但是另一方面，他巧妙地将查理曼无心的抱怨转化为德行的彰显。将传主的抱怨和遭遇的挫折与失败转化为德行，这是一种很独特的辩护策略，也是非常成功的修辞手法。称帝叙事是传记最为独特的部分，最值得讲述。作为蛮族，查理曼竟然称罗马皇帝，东部正宗的罗马皇帝长期不予承认。对于未能获得帝号认可这一长达10余年的外交挫折，艾因哈德将这一历史大事描写为彰显查理曼帝王之德的系列叙事。

首先，帝王之德与宗教虔诚密切相关。"虽然他这样重视罗马，但是在他统治的四十七年间，他只有四次到罗马去履行誓言和奉献祷词。"（第27节）最后一次去罗马，引发了称帝事件。艾因哈德将称帝事件置于叙述查理曼的虔诚部分来书写，作为虔诚（fidem regis）尤其是替罗马教宗利奥三世主持正义的结果。

其次，查理曼在获得帝号的过程中，尽管充分展示了自己的谦卑之德，但最终被迫接受帝号。不仅如此，面对东部皇帝的妒忌，查理曼不以为意，尽显其宽容大度之风，耐心地本着兄弟友爱之情，屡屡派遣使臣到东部去联络感情。

最后，查理曼在临终前选择儿子虔诚者路易作为共治皇帝。806年，查理曼安排传国计划，他采用的是分国方略，让希尔德嘉德与自己所生的三个儿子——小查理、意大利的丕平和虔诚者路易分享国土。到813年，三个儿子中仅有虔诚者路易幸存。这个时候，查理曼没有执着于原有的分国策略，而是将虔诚者路易立为共治皇帝。艾因哈德说，此举不仅受到王国内外一致称赞，更是受到神启（divinitus）的激励，故而查理曼的声名增加，列国宾服。但这一举措引发了严重的政治后果。艾因哈德没有提到查理曼另立伯纳德为意大利王。

表面上看，艾因哈德似乎不那么看得上帝号。他倾向于称查理曼为王而非帝，也特别强调查理曼的法兰克文化与习惯。但是，这只是硬币的一面，另一面则是他认为帝号才是"值得"记录的事情。实际上，艾因哈德文本的高潮是称帝，或者说，叙事的终点是称帝。尽管艾因哈德的传记往往被分为两个部分——"他在国内外的事业"和"私生活和性格"，但艾因哈德的叙述其实分为三个部分：先写查理曼在国内和国外的业绩，然后写他的习惯和兴趣，最后写国家行政管理和他统治的结束。传记被分为两个部分，最早从 14 世纪开始，而且抄本数量也不多。①

艾因哈德刻意淡化了从宫相到国王之间的政治变化，但也透露了称王之后重要变化之一是礼仪上的差异，国王主持王国大会并接待外交使节。称帝之后似乎也是如此，作为皇帝，查理曼的治理似乎也主要体现在文化方面。艾因哈德在第三部分列举了修订法兰克法典、编订其他蛮族法典、编订法兰克语语法、收集歌颂法兰克先王的歌谣，以及按照法兰克生活习惯分别给 12 个风和 12 个月另取新名。称王和称帝之后，都有一套相应的礼法，是作为国王的矮子丕平和作为皇帝的查理曼去履行的。

称帝之实是保护以罗马教宗为代表的罗马教会，受到强调的帝王之德是虔诚和心胸宽广，而称帝之后的治理，则是模仿罗马文化授予法兰克人一套礼法。从行文结构来讲，称帝置于传记的结尾部分，彰显了这是查理曼一生努力所取得的最高成就之一，而帝号叙事则旨在彰显查理曼的帝王之德。

---

① 以抄本 10C* 为代表；10C* 抄本即维也纳皇家图书馆抄本第 N. 990 号，Georg Heinrich Pertz, ed., *Einhardi vita Karoli imperatoris*, MGH Scriptores II *Scriptores rerum Sangallensium. Annales, chronica et historiae aevi Carolini*, Hannover: Hahn, 1829, p. 445. n. w。

三　案例3：没有童年的查理曼与加洛林家族

传记在开篇缺少了传记写作的必要元素，忽略了查理曼的童年。在讲述加洛林家族王权兴起，直到查理曼吞并了弟弟的王国、独自控制整个法兰克王国等事实时，艾因哈德需要聚焦于查理曼个人，为此有必要讲述查理曼的童年。但艾因哈德决定对此保持沉默，并特意为这个部分的缺失做了一个说明："任何有关他的出生、幼年时代，甚至少年时代的事，由我来谈都会是可笑的，因为我找不到任何有关这方面的记载，而可以自称对这些事情有亲身了解的人，也没有一个仍然活着。因此我决定不在不知道的问题上费时间。"（第4节）

艾因哈德其实透露了，他知道曾经有许多人了解查理曼的童年，尽管在写作的时候他们业已不在人世。这个时候，我们需要打断阅读的节奏，审视艾因哈德的叙事策略。艾因哈德如此刻意说明，旨在替传主辩护，同时也往往会间接地透露出传主生活中的某种缺陷或不便于讲述的故事。表面上看，艾因哈德似乎确实在恪守眼见为实的写作原则，以便确保叙事的可靠性，但实际上，查理曼的童年似乎存在着巨大的争议，从辩护的角度而言，查理曼不该有童年。

从生日来看，查理曼似乎确实没有童年。几乎所有的加洛林史书都记载查理曼生于742年，但德国学者马提亚斯·贝歇尔考证出，查理曼实际上出生于748年。[1] 当查理曼出生的时候，他在历史记忆中已经6岁了，他的童年几乎已过去了一半。从这个角度讲，似乎可以说查理曼没有童年。贝歇尔认为查理曼生日被修改，可能是因为矮子丕平要掩饰自己称王进而杀害兄弟姐妹的政治动机，即为了保持自己这一支血脉对于政治权力的独占。对他的这一观点，我们似乎也可以存疑。但是，查理曼的童年是在丕平称王时期度过的，里面涉及血淋淋且秘辛的家族内部争斗。艾因哈

---

[1] Matthias Becher, "Neue Überlegungen zum Geburtsdatum Karls des Grossen," *Francia* 19 (1992): 37-60.

德也知道有一些人对此津津乐道，但他无法为之合理辩护，只能选择沉默，并且提醒读者，沉默是最可靠的方式。

艾因哈德当然知道查理曼的一些童年故事。例如他在后文中提到，"从幼小时候起，他就在宗教生活里长大……"（第 26 节）当然，艾因哈德也没有细说查理曼小时候如何礼敬教会。一如他惯有的风格，随后跳到了查理曼晚年修筑圣玛利亚大教堂的事情上。查理曼不仅没有童年，而且对他正式登基成为国王之前的故事，艾因哈德也惜墨如金。当查理曼在父亲死后接掌王权，按照传记的算法，那时查理曼已 26 岁。我们知道，查理曼曾在 754 年被罗马教宗斯蒂芬二世膏立为法兰克王。在随后写给丕平家的书信中，斯蒂芬二世也是这么称呼丕平父子三人为法兰克王。这一方面说明在艾因哈德的记忆中，在父亲在世时，查理曼这位法兰克王算不上真正的国王，另一方面也暗示着传记安排的隐性线索。

查理曼的童年缺失，使传记的隐含主线变得较为清晰可辨。首先艾因哈德追溯加洛林王权的起源，叙述至查理曼独自掌控王国，接着讲述这位国王领导的历次战争，说明通过这些活动，法兰克王国大规模扩张，国王的威名传遍全世界，引起各族臣服，并赢得了波斯王（阿拉伯帝国）的友谊；同时也因为称帝引发了君士坦丁堡方面的妒忌。然后作者转向传主的个人生活与习惯，为他称帝做铺垫。最后是讲述帝国治理，整个叙事以帝位传承而告终。

《查理大帝传》的第一部分以加洛林家族称王开篇，以各种国际名声和友谊、巩固安全而终篇。其中查理曼获得帝号也是重要标志之一。在这一部分，传记讲述了凭借加洛林家族的实力和查理曼的能力，查理曼不断征战，使法兰克王国不断扩张，领土倍增，终于能够与阿拉伯帝国（波斯帝国）和拜占庭帝国平起平坐，共享当时的世界霸权。尽管因为实力获得帝号引发了君士坦丁堡皇帝的妒忌，但这是查理曼这位有实力的国王的辉煌时刻。在第二部分，传记转向传主的兴趣和习惯，重点描述查理曼的各种生活美德，尤其彰显其帝王之德，以查理曼称帝为高潮。凭借查理曼无与伦比的爱与虔诚，帝号被加洛林家族获得。第三部分无缝续接第二部分，继续叙述查理曼的帝国治理。像个真正的皇帝那样，查理曼授予法兰克人礼法、给风和月定名、编订各族法典、编订法兰克语语法、收集歌颂法兰克先王事迹的歌谣等等。通过治理，查理曼的帝号落到实处。对于国王而言，拥有财富和实力是本，扩张王国是职责；那么对于皇帝而言，具备德行为本，而以教民以礼法为其实务。

传记的末尾，叙述查理曼的死亡。死亡不可避免，从圣徒传的角度来说，死亡不仅是新生，而且也是永生的开始。但是，艾因哈德并没有选择这种方式，他仍然从俗人的角度，描述查理曼如何超脱地面对人人都得走向的人生终点。不仅如此，查理曼还通过立遗嘱将自己的动产全部变卖，将所得的四分之三捐献给帝国境内的 21 个大主教区，用以救济穷人。查理曼临终前对财产的处理可谓切实地遵循了基督的吩咐："可去变卖你所有的，分给穷人，就必有财宝在天上。"（《马太福音》第 19 章 21 句）有关查理曼的个人生活和德行的叙述自然而然地引向他的个人虔诚，并引发称帝事件，再顺理成章地转向帝国治理、选择共治皇帝、去世、立遗嘱以及执行情况。因此传记的第二和第三部分衔接自然，它们共同构成了一个相对紧凑的叙事。在这个以彰显帝王之德的叙事结构中，立遗嘱实际上推动称帝叙事走向高潮。

艾因哈德不惜长篇摘录查理曼的遗嘱，一方面固然是继续帝王之德的叙事，表彰查理曼的虔诚，另一方面则是说明继承帝位的虔诚者路易也完全具有其父虔诚的美德。至此传记结束。"他的儿子路易由于天命攸归而继位，批阅了上述文件，并且在查理死后立即以最大的热诚把这些安排付诸实施。"（第 33 节）在 A 类抄本中，传记结束之后，虔诚者路易的图书馆馆长杰尔瓦尔德填补了 6 句诗行，说明这篇传记旨在颂扬虔诚者路易。

> 谨以这几句诗行向你、伟大的皇帝献上；
> 永恒的礼赞和记忆；
> 仆人、乞求者杰尔瓦尔德，善意地；
> 将你的卓越之名传遍星际。
> 愿谨严的你知道，可爱的读者；

神奇的艾因哈德把查理曼的这部传记书写。[1]

杰尔瓦尔德的解读提醒我们，传记也是在颂扬虔诚者路易。

《查理大帝传》三部分之间联系密切，以王位的获得开篇，以帝位的传承终篇，以矮子丕平称王开始，以虔诚者路易继承帝位结束。这一结构使我们注意到，在替查理曼辩护之外，艾因哈德也在替加洛林王权辩护。甚至可以说，传记的表面线索是查理曼的人生，而隐含线索则是加洛林家族王权。传记既是查理曼的个人传记，也是有关加洛林家族王位传承的历史。在这种结构中，查理曼没有童年似乎就不显得那么奇怪了。

因此，艾因哈德不仅讲述了查理曼作为帝王的一生，也讲述了他所代表的家族王权故事。传记开篇的王位继承与传记结尾的帝位传承形成对称，两个王位传承故事首尾呼应，分别支撑加洛林家族王权拱形历史的起点和终点。加洛林家族政治开始的时候，矮子丕平获得王位，并传王位给查理曼，查理曼获得了帝位，并顺利地传给虔诚者路易。在第 18 节，传记的中心位置，艾因哈德讲述了查理曼的家庭成员，作为拱形历史的高潮，以此为轴，整个传记呈现为较为平衡的对称叙事。

因此颇具象征意味的是，传记开篇的第一个词便是"家族"，尽管说的是被加洛林家族所取代的墨洛温家族。在随后讲述加洛林家族实力的时候，艾因哈德也强调了家族的"世袭性"（velut hereditario），说明加洛林家族比其他家族更加声名显赫（claritate generis）。尽管艾因哈德并没有明确地提出"加洛林家族"[2] 这个完整的词，但是通过查理曼这个家族的杰出成员，传记不仅是替查理曼辩护，而且也是为加洛林家族作为国王和皇帝的统治进行辩护。这说明，加洛林家族王权的维系，并不像我们想象得

---

[1] O. Holder-Egger, G. Waltz, and G. H. Pertz, eds., *Einhardi vita Karoli Magni*, p. xxix.

[2] 该词似乎要到 10 世纪加洛林家族传承终结之时，才在史书中出现。例如维杜金德的《萨克森史事》使用的加洛林（家族）王朝（regno Carolorum stirpi）。H.-E. Lohmann and Paul Hirsch, eds., *Widukindi Monachi Corbreiensis Rerum Gestarum Saxonicarum Libri Tres*, MGH Scriptores rerum Germanicarum in usum scholarum separatim editi 60, Hannover: Hahn, 1935, I. xxix, p. 42.

那么稳定，以至在加洛林王朝建立 70 余年之后，艾因哈德还要追溯查理曼的帝权来源，并说到虔诚者路易继承帝位符合天意。

结语：个人与家族

加洛林早期史书无不对加洛林家族进行不同程度的歌颂。但与这些史书相比，艾因哈德的传记还是有其独特之处。艾因哈德对加洛林家族成员普遍非常尊敬，鲜有贬词，对于加洛林家族的后人，基本上没有任何的指责。传记确实提到一些男性成员犯下了错误，并巧妙地为他们开脱。查理曼与弟弟卡洛曼之间的关系比较紧张，一如惯例，传记将责任推卸给卡洛曼一方，但是艾因哈德并没有指责卡洛曼，而是让卡洛曼手下的贵族们做了替罪羊。再如，查理曼的长子驼背丕平叛乱，这是大不敬，但是艾因哈德也没有使用消极的评议之词，而是将过失推卸给查理曼当时的王后法斯特拉达，因为她的残暴，查理曼失去了一贯的善良和仁慈。这些辩护之词暴露了艾因哈德的政治偏见：褒奖列王及其子孙，而贬抑王室中的外戚和贵族。

当加洛林王室男性成员之间发生公开的冲突之时，艾因哈德非常谨慎地避免评论乃至提及，而是将冲突的人物置于不同的场合分别加以描述，似乎冲突不曾发生过，而冲突的主角各得其宜，甚至受到褒奖。例如虔诚者路易与他的侄子意大利王伯纳德于 819 年发生直接冲突，导致伯纳德受到极刑处置，被刺瞎双眼并因此丧命。在叙述查理曼传承帝位之时，艾因哈德只提及了虔诚者路易，而没有提及几乎同时的另一起王国继承安排，即允许伯纳德继承意大利王位（第 30 节）。相关的论述出现在第 19 节，"在对待他们（意大利王丕平遗留的孩子）的态度上，查理最有力地证明了他的家庭感情，因为他的儿子一死，他就指定孙子伯纳德继承其父，并把孙女收来同自己的女儿一起抚养"。

家族政治由于实现王权的家族分享，与之伴生了家族内部的权力斗争。如何处理这些王室丑闻，对当时的历史写作提出了非常严峻的挑战。从最早的《弗莱德加编年史（续编）》尽量避免提及家族内斗，到查理曼统治中期的《法兰克王家年代记》开始提及，再到《法兰克王家年代记》修订本开始掩过饰非，将冲突的责任推卸给王室成员之外的人和力量。艾因哈德的作品晚出，达成了一种非常折中而客观的历史叙事，在充分尊重加洛林王室后代的同时，非常细腻巧妙地道出历史的真相，不得罪任何王室的男性成员。这种巧妙的平衡，似乎使艾因哈德居于加洛林历史叙事美化加洛林王室男性后代趋势中的一个顶峰位置，无怪乎一代人之后的廷臣瓦拉弗里德盛赞艾因哈德是位不倒翁。"当法兰克人的国家由于多种多样的骚乱而动摇，并且在有些部分濒于毁灭的时候，他是如此令人惊异而又幸运地权宜行事，而且在上帝的庇祐［佑］下，能够这样地省察自身，因之他明智的盛名，虽有多人嫉妒和多人揶揄，却不曾非时地从他身上消失，也不曾置他于不可挽救的危难之中。"（"瓦拉弗里德的序言"）

加洛林家族政治前接墨洛温家族政治，后启中古盛期家族政治。艾因哈德的传记贬抑贵族和外戚，正面褒奖加洛林家族后裔，充满爱的加洛林家族与法兰克王权和帝权互为表里，塑造了理想的家族政治典范，并垂范于后世。为了替查理曼和加洛林家族的统治辩护，艾因哈德使用了独特的"美颜"话语策略。对于特定的缺陷和失败，艾因哈德并不对任何否定观点直接批驳，而是曲线辩护、转换角度，从传主如何努力弥补缺陷和失败的角度，将失败批评转化为德行话语，将辩护与赞美巧妙地结合。一个目不识丁的文盲查理曼由此变成了至老不倦地学习的君王。在成功辩护的同时，传记给正反双方都留下了余地，并通过转换视角，搭建了一个更为高大的评论空间，在容纳不同评价的同时，经过"美颜"处理，于辩护与褒奖中给读者留下了真实可靠的印象。如同瓦拉弗里德在传记序言中所强调的那样："在他对他的伟大首领备至颂扬的同时，也为好奇的读者提供了丝毫不假的真情实况。"

但是，处在加洛林王朝早期的艾因哈德并不会意识到自己辩护策略的某些致命失误，同样，处在加洛林王朝中期的瓦拉弗里德也不会看到。加洛林家族获得帝王名号的辩护策略，非常成功地将加洛林帝王刻画为迫不得已登基的有德之君。艾因哈德为了彰显加洛林帝王的德行刻意地强调，矮子丕平和查理曼分别获得王名和帝名的方式属于受迫式，是由罗马教宗的权威授予，以彰显他们谦逊的美德。在当时，这可能仅仅是一套光鲜的辩护性政治话语，因为教宗已被加洛林王室牢牢地控制。随着加洛林王朝的实力衰减，教宗逐渐成长为独立的政治力量，这套修辞话语将会产生相反的后果。话语一旦被创造出来，就有了它自身的历史命运和衍化逻辑。艾因哈德的辩护修辞过于美丽，影响深远，以至于很快就拥有了独立的话语价值，并随之逐渐脱离上下文，不再受到艾因哈德原意所左右，而是被新的政治力量及其利益诉求所借用，被罗马教廷利用，为其权利伸张鼓与呼，并反对查理曼的遗产。或许，史学研究的魅力就在于话语与历史之间的不确定性互动吧！

多样与融合：加洛林帝国族群和法律多元主义的调和[*]

斯蒂芬·艾斯德尔斯　赫尔穆特·海米茨 著　刘　寅 译[**]

摘　要　加洛林时代的法律多元性可以追溯到墨洛温时代。为了便于在广大地域上和人口中建立统治，墨洛温统治者允许自治并授予各种特权。加洛林家族控制和取代墨洛温王朝统治之时，这种治理框架依然存在。为了获得合法性，加洛林王室将法兰克认同作为共识政治的新焦点。8世纪法兰克史书将法兰克认同和统一性系于加洛林王室之上。这并不仅仅是一种政治修辞，也是加洛林王室将墨洛温时代对国王的宣誓效忠加以转化之政治理论的组成部分。但是将族群传统及其共同体日益政治化的策略，也会不利于加洛林王室将墨洛温时代诸王国加以政治整合的治理努力。从8世纪90年代开始加洛林政治以改革的方式对此加以校正，加洛林王室和知识分子也在加紧反思帝国模式及其思想资源。随后创建的帝国系统为不同的法兰克认同和其他认同提供了融合框架。除了其普遍性诉求，加洛林帝国也保留了前帝国时期的政治结构。加洛林帝国融合后罗马时代的法律诉求和

---

[*] 本文原载于 Stefan Esders and Helmut Reimitz, "Diversity and Convergence: The Accommodation of Ethnic and Legal Pluralism in the Carolingian Empire," in *Empires and Communities in the Post-Roman and Islamic World*, c. 400–1000 CE, ed. Rutger Kramer and Walter Pohl, Oxford: Oxford University Press, 2021, pp. 227–252, 由作者授权翻译发表。

[**] 斯蒂芬·艾斯德尔斯，柏林自由大学弗里德里希·迈内克研究所教授；赫尔穆特·海米茨，普林斯顿大学历史系教授；刘寅，浙江大学历史学院副教授。

社会结构的尝试并没有导致它们被吸纳进单一的体系，而是强化和转化了不同社会、法律、政治和族群共存的既有社会和政治组合。这也是此后加洛林王室和后加洛林时代在地方及以上层面继续发展的政治整合和组织模式。

关键词　加洛林　法兰克认同　族群　法律　效忠誓言

约在公元 820 年，即查理曼复兴罗马帝国将近二十年后，也即查理曼之子虔诚者路易接手年轻的帝国数年后，路易收到了里昂大主教阿戈巴尔德的一通书信。在这封长信中，里昂大主教抱怨道，他"不仅在不同地区和城市，甚至在很多人家中"观察到存在"非常多不同的法律"。据阿戈巴尔德说，"五人同行或围坐一处，其中没有任何两个人接受同一种法律"（nullus eorum communem legem cum alterum habeat）。① 对于阿戈巴尔德来说，这不是一个基督教帝国该有的法律秩序。通过援引圣保罗的《歌罗西书》，阿戈巴尔德强调，基督教的共同体想象业已抹去了不同人群间的差异。基督促生了"不分希腊人和犹太人，受割礼的和未受割礼

---

① Agobard of Lyon, *Adversus legem Gundobadi*, ed. Lieven van Acker, *Agobardi Lugdunensis opera omnia*, CC CM 52, Turnhout, 1981, 4, pp. 19-28, at 21: "ubi non est gentilis et Iudeus, circumcisio et preputium, barbarus et Scitha, Aquitanus et Langobardus, Burgundio et Almannus, servus et liber, sed omnia, et in omnibus Christus." 对这段话的新近精彩讨论，参见 Karl Ubl, "Der Entwurf einer imaginären Rechtsordnung im 9. Jahrhundert: Die Kapitulariensammlung des Benedictus Levita," *La productivité d'une crise: Le règne de Louis le Pieux (814-840) et la transformation de l'Empire carolingien/ Produktivität einer Krise: Die Regierungszeit Ludwigs des Frommen (814-840) und die Transformation des karolingischen Imperiums*, ed. Philippe Depreux and Stefan Esders, Ostfildern, 2018, pp. 185-204。关于阿戈巴尔德对法律和族群多样性的立场，同样参见 Raffaele Savigni, "Agobardo di Lione tra Impero cristiano e genesi delle nationes: Un sondaggio sul lessico politico carolingio," *Scritti di storia medievale offerti a Maria Consiglia de Matteis*, ed. Berardo Pio, Spoleto, 2011, pp. 655-673。Stefan Esders, *Agobard, Wala und die Vielfalt gentiler Rechte: Zwei Studien zu Rechtspluralismus, Personalitätsprinzip und Zeugnisfähigkeit im Karolingerreich*, Ostfildern（待出）将阿戈巴尔德的这封书信系年于819年或稍晚。关于阿戈巴尔德，参见 Ernst Boshof, *Erzbischof Agobard von Lyon: Leben und Werk*, Cologne, 1969; Stuart Airlie, "I, Agobard, Unworthy Bishop," in *Ego Trouble: Authors and Their Identities in the Early Middle Ages*, ed. Richard Corradini, Matthew Gillis, Rosamond McKitterick, and Irene van Renswoude, Vienna, 2010, pp. 153-160。

的，未开化的人、斯基泰人，为奴者和自由人"的共同体（3：9-11）。
这应当同样适用于加洛林帝国，加洛林政权治下的不同共同体和人群不该
存在区别（"不分阿奎丹或伦巴第，勃艮第或阿拉曼尼"）。① 阿戈巴尔德
接下来又数度引用保罗书信（所引基本出自《哥林多前书》和《哥林多
后书》）。随后，他回到法律多元主义的问题，向路易皇帝发问："加洛
林帝国中严重的法律差异难道不会有碍于伟大神圣的大一统事业吗？"②
皇帝应当最终在他的帝国内为整个基督教共同体创立单一的法律。

　　需要留意的是，阿戈巴尔德的基本观点是有非常具体的语境的。这封
书信事实上是对新皇帝路易在 816 年和 818/819 年颁布不久的法律的回
应。与加洛林皇帝们绝大多数的立法一样，法令是以条令（capitulary）的
形式发布的，即罗列君主指示的一系列条目（capitula）的清单。③ 路易
816 年和 818/819 年颁布的条令是篇幅相对较大的条目集合，是对加洛林
帝国中不同法律的增补条款，即路易所说的"我意欲增补的条目"
（capitula quae nobis addere placuit）。④

　　这些不同的法律体现了高度多元的立法和法律传统。其中绝大多数产
生于与加洛林时代很不一样的晚期罗马世界，呈现出罗马和非罗马法律
规范和实践的各色杂糅。⑤ 西罗马帝国的中央集权政府曾把一部分这类

① Agobard of Lyon, *Adversus legem Gundobadi*, ed. van Acker, 3, p. 20.
② Agobard of Lyon, *Adversus legem Gundobadi*, ed. van Acker, 4, p. 21.
③ 这些条令的校勘本，参见两卷本的 *Capitularia regum Francorum*, ed. Alfred Boretius and Victor Krause, MGH Capit. 1 and 2, Hannover, 1883-1897。新校勘本在准备中。更多的书目和对进行中的项目的报告，参见 *Capitularia : Edition of the Frankish Capitularies*, http: //capitularia. uni-koeln. de/en/。
④ *Capitula legi addita*, ed. Boretius, no. 134, pp. 267-269, and no. 139, pp. 281-285.
⑤ 近期的综述，参见 Detlef Liebs, "Roman Law," in *Cambridge Ancient History*, Vol. 14, *Late Antiquity : Empire and Successors*, AD 425-460, ed. Averil Cameron, Bryan Ward-Perkins and Michael Whitby, Cambridge, 2008, pp. 238 - 259; Thomas M. Charles-Edwards, "Law in the Western Kingdoms, 5th to 7th Cent. ," *Cambridge Ancient History*, Vol. 14, *Late Antiquity : Empire and Successors*, AD 425-460, ed. Averil Cameron, Bryan Ward-Perkins and Michael Whitby, Cambridge, 2008, pp. 260 - 287; Michel Rouche and Bruno Dumézil, eds. , *Le bréviaire d'Alaric : Aux origines du code civil*, Paris, 2008 中的论文; Detlef Liebs, "Geltung kraft Konsens oder kraft königlichem Befehl? Die Lex Romana unter den Westgoten, Burgundern und Franken," in *Recht und Konsens im frühen Mittelalter*,

法律吸收入帝国框架之内，但在西罗马帝国政权解体后，这些法律彼此间的关系不得不以新的方式被重新加以界定。为了适应帝国法律结构的退场，西罗马帝国的不同继承国在旧有法律和法典（包括罗马法的规范、传统和实践在内）之外，引入了新的法律和立法形式。

在法兰克王国的历史中，包括在法兰克王国崛起成为罗马帝国最重要的继承国之时（早在加洛林家族开始统治欧洲大陆大部之前），对这种法律多样性的调和一直都是特别重要的议题。[①] 在加洛林家族之前统治法兰克王国的墨洛温王朝，在 500 年前后建立了对相当于现代法国领土的统治。在完成对前西罗马帝国高卢行省绝大部分地区的征服之后，墨洛温王朝的统治疆域吸收了若干先前存在的权力单元，包括由勃艮第国王统治的罗讷河沿岸地区和卢瓦尔河以南的西哥特王国领土。在这些区域，蛮族和罗马将领曾通过与地方和地区罗马精英合作经营新兴的"小罗马"。[②] 这些区域的新

ed. Verena Epp and Christoph Meyer, Ostfildern, 2017, pp. 63 – 84; Patrick Wormald, "The Leges Barbarorum: Law and Ethnicity in the Post-Roman West," *Regna and Gentes: The Relationship between Late Antique and Early Medieval Peoples and Kingdoms in the Transformation of the Roman World*, ed. Hans-Werner Goetz, Jörg Jarnut and Walter Pohl, Leiden, 2003, pp. 21 – 54; Stefan Esders, *Römische Rechtstradition und merowingisches Königtum: Zum Rechtscharakter politischer Herrschaft in Burgund im 6. und 7. Jahrhundert*, Göttingen, 1997。关于罗马法及其各种改编本在晚期罗马帝国和后罗马时代的历史，参见 Detlef Liebs, *Römische Jurisprudenz in Gallien: Mit Studien zu den pseudopaulinischen Sentenzen (2. -8. Jahrhundert)*, Berlin, 2002; Detlef Liebs, *Die römische Jurisprudenz in Africa: Mit Studien zu den pseudopaulinischen Sentenzen*, Berlin, 1993; Detlef Liebs, *Die Jurisprudenz im spätantiken Italien (260-640 n. Chr.)*, Berlin, 1987。

① Esders, *Römische Rechtstradition*; 同样参见 Ian N. Wood, *The Merovingian Kingdoms, 481-751*, London, 1994; Eugen Ewig, *Die Merowinger und das Frankenreich*, 6th ed., revised by Ulrich Nonn, Stuttgart, 2012。

② Peter R. L. Brown, *The Rise of Western Christendom: Triumph and Diversity A. D. 200-1000*, 3rd ed., London, 2013, pp. xxvi – xxvii; Peter R. L. Brown, *Through the Eye of a Needle: Wealth, the Fall of Rome, and the Making of Christianity in the West, 350 – 550 A D*, Princeton, 2012, pp. 385 – 407; M. Eisenberg, "Building Litte Romes: Christianity, Identity and Governance in Late Antique Gaul," (Ph. D. diss., Princeton University, 2018)。对这个历史进程的最新综述，参见 Guy Halsall, *Barbarian Migrations and the Roman West: 376-568*, Cambridge, 2007; Walter Pohl, *Die Völkerwanderung: Eroberung und Integration*, 2nd ed., Stuttgart, 2005; Michael Kulikowski, "The Western Kingdoms," in *The Oxford Handbook of Late Antiquity*, ed. Scott F. Johnson, Oxford, 2012, pp. 31 – 59。

统治者把统治合法性建立在罗马帝国之前的委任上。随着时间的推移，与地方和地区精英达成共识和合作取代了帝国对统治合法性的认可。例如，在勃艮第王国，蛮族统治者颁布了两部新法：一部适用于该区域的非罗马公民，用以界定他们的身份、权利，以及他们与遵循罗马法的民众之间的关系；另一部则是针对王国中罗马人的法律更新和增补。[1]

墨洛温家族在几乎全高卢建立统治的历史进程与此不同。他们的首位基督徒国王克洛维在成功将统治延伸至今天法国的绝大部分领土后，并没有主要依托罗马帝国的委任标榜统治合法性。克洛维在前高卢行省确立统治，靠的主要是与之前已在罗马帝国内部形成的权力单元中的社会精英进行协商，通过向多个群体提供高度的自治权和特权，换取他们对其统治的臣服。[2] 在高度军事化的高卢北部，这种策略使克洛维能够聚集强大的军事资源和力量。但是，墨洛温政权在军事化程度低得多的南方诸个"小罗马"（从波尔多到蓝色海岸和普罗旺斯）确立统治时，依然遵循了这项基本原则。这些地区的法律和城市居民的权利依然有效。而且，在很多情况下，地方的行政结构和职务在墨洛温家族统治下也在延续。

结果就是，墨洛温法兰克国王不仅统治了一个在社会和族群的意

---

[1] 参见 Detlef Liebs, "Lex Romana Burgundionum," in *Handwörterbuch zur deutschen Rechtsgeschichte*, 2nd ed., vol. 3, Berlin, 2014, cols. 908 – 991; Clausdieter Schott, "Lex Burgundionum," *Handwörterbuch zur deutschen Rechtsgeschichte*, 2nd ed., vol. 3, Berlin, 2014, cols. 878–912; Alain Dubreucq, "La vigne et la viticulture dans la loi des Burgondes," *Annales de Bourgogne* 73 (2001): 39–55; Ian N. Wood, "The Legislation of Magistri Militum: The Laws of Gundobad and Sigismund," *Clio@ Themis* 10 (2016); Esders, *Römische Rechtstradition*。

[2] Stefan Esders, "Nordwestgallien um 500: Von der militarisierten spätrömischen Provinzgesellschaft zur erweiterten Militäradministration des merowingischen Königtums," *Chlodwigs Welt: Organisation von Herrschaft um 500*, ed. Mischa Meier and Steffen Patzold, Stuttgart, 2014, pp. 341–345; Halsall, *Barbarian Migrations*, pp. 269–272; Brent Shaw, "War and Violence," *Late Antiquity: A Guide to the Post-Classical World*, ed. G. W. Bowersock, Peter Brown and Oleg Grabar, Cambridge, MA, 1999, pp. 130-169, at 147-152.

义上高度多元的王国，而且还通过向王国内不同的法律共同体授予权利及向地区精英让渡自治权，强化了这种多样性，甚至使多样性程度倍增。墨洛温国王们以这种方式使他们自己在王国内的各个群体之间居中而立、不偏不倚，将自身置于彻底仰赖他们维系的权力均势的中心。① 现存最古老的法兰克法律《萨利克法典》（Lex Salica）的颁布，有可能就是在克洛维统治时期对外扩张的语境下此种协商的结果。② 迅速上升的克洛维政权对不同群体的习俗、特权和法律的认可，可能促使他的法兰克追随者希望自己的法律、法律传统和地位也得到确认。这可以解释，为何这部法典的成书方式不同于这一时期的任何其他法典。在《萨利克法典》早期版本中几乎看不到任何尝试将其习俗融入或整合进罗马世界的法律传统的迹象。③ 更重要的目的，是在墨洛温王国法律多元并立的格局中，确立作为一种独特的法律渊源和规范话语的法兰克人法。

　　对这种法律多元性的调和本身意味着长达多个世纪的学习过程。这不仅适用于受统治的诸共同体，对法兰克王国的统治者而言也是如此。④ 这

---

① 对更多相关文献的更详细讨论，参见 Helmut Reimitz, *History, Frankish Identity and the Framing of Western Ethnicity 550-850*, Cambridge, 2015, pp. 96-103。

② 关于《萨利克法典》，参见 Karl Ubl, *Sinnstiftungen eines Rechtsbuchs：Die Lex Salica im Frankenreich*, Ostfildern, 2017。

③ 参见 Ubl, *Sinnstiftungen*, pp. 67-98。

④ 在不同语境中对这个学习过程的观察，参见艾斯德尔斯的一系列论文：Esders, "Nordwestgallien"; Stefan Esders, "Spätantike und frühmittelalterliche Dukate: Überlegungen zum Problem historischer Kontinuität und Diskontinuität," *Die Anfänge Bayerns：Von Raetien und Noricum zur frühmittelalterlichen Baiovaria*, ed. Hubert Fehr and Irmtraut Heitmeier, St. Ottilien, 2012, pp. 425-462; Stefan Esders, "Late Roman Military Law in the Bavarian Code," *Clio@ Themis* 10（2016）。此外参见 Stefan Esders and Christine Reinle, eds., *Rechtsveränderung im politischen und sozialen Kontext mittelalterlicher Rechtsvielfalt*, Münster, 2005; Peter Hoppenbrouwers, "*Leges Nationum* and Ethnic Personality of Law in Charlemagne's Empire," *Law and Empire：Ideas, Practices, Actors, Rulers and Elites*, ed. Jeroen Duindam, Jill Harries, Caroline Humfress and Nimrod Hurvitz, Oxford, 2013, pp. 251-274; Thomas Faulkner, *Law and Authority in the Early Middle Ages：The Frankish Leges in the Carolingian Period*, Cambridge, 2016, pp. 29-45。

个过程导向了一个在多种法律秩序和传统的共存、互动和相互依赖中获得塑造的法律图景。这些各种各样的法律和习俗不仅在不同语境中被传抄和重新编排，而且在版本修订和新的共同体法律典章化中获得进一步发展（这些共同体只在罗马帝国统治终结后才被界定为法律共同体，如阿拉曼尼人法、巴伐利亚人法、利普里安人法）。

里昂大主教阿戈巴尔德的主教图书馆里藏有多部这类法典，此外还有其他重要的罗马法选集、汇编和抄本。他认为不久前确立的帝国框架本该有一个更融贯、更统一的法律秩序。在这个问题上，里昂大主教获得了很多现代史家的共鸣和认同，他们将阿戈巴尔德视为欧洲基督教大一统的代言人。这些史家中不乏将加洛林统治下罗马帝国的再造视为在更具整合性的政治体系中根植大公教会属灵一统的错失的历史良机。[1] 然而，在古代晚期和中世纪热望欧洲的统一，这更像一种浪漫想象而非历史现实。我们将会看到，与公元 800 年前后罗马帝国的再造相配合、由查理曼推动的立法实践表明，查理曼和他的政治谋士在重造帝国框架的问题上持有与阿戈巴尔德和认同他的现代史家非常不同的设想。802 年，这个复兴的帝国中的每一位居民都必须向皇帝的新头衔（nomen caesaris）宣誓效忠。与此同时，他们获得查理曼的承诺，各自不同的习俗和法律将会得到遵守和保存。[2]

事实上，加洛林帝国对法律多样性的调和具有决定性的意义。这不仅体现在增补法典条目（如查理曼之子虔诚者路易颁布的条令）上。[3] 加洛林时代对晚期罗马帝国法律、地方习惯法、晚期罗马和后罗马共同体的各种法律以及基督教和教会法进行了汇编和改编，现存的抄本流传证据十分丰富，特别是 9 世纪之后。[4] 一部如今保存在卡林西亚的圣保罗修道院的

---

① 参见 Brown, *Rise*, pp. 3–5。

② 参见 Stefan Esders, *Sacramentum fidelitatis : Treueidleistung, Militärorganisation und Formierung mittelalterlicher Staatlichkeit*, Berlin, 2009, pp. 306–431。详见下文。

③ *Capitula legi addita*, ed. Boretius, no. 134, pp. 267–269, and no. 139, pp. 281–285.

④ 新近综述，参见 Faulkner, *Law*。参见数据库 *Bibliotheca Legum*, http：//www. leges. uni-koeln. de。

9 世纪抄本是个特别有趣的例子。① 这部抄本的汇编者将后罗马时代不同的法律编入一册，包括法兰克的萨利克人法和利普里安人法、阿拉曼尼人法、勃艮第人法、一部罗马法摘要《埃吉迪乌斯罗马法摘录》（*Epitome Aegidii*）和加洛林条令。抄本末页录有宣誓效忠者的名录（Indiculus eorum qui sacramentum fidelitatis iuraverunt），记录的很可能是意大利国王、皇帝路易二世（875 年去世）对撒拉逊人的战役所需的新军。②

　　如果我们将加洛林王朝对罗马帝国的创造（或者说再造）与同时代的另一个罗马帝国，即恪守了晚期罗马帝国结构和意识形态的拜占庭帝国相比较，加洛林帝国体系似乎已然严重偏离了古代罗马帝国的一般模式。当然，西罗马帝国在 5 世纪末解体后，拜占庭帝国也并非没有改变。正相反，"不会灭亡的帝国"［约翰·霍尔顿（John Haldon）语］之所以能挺过严峻的危机和冲击，靠的就是灵活地适应彻底改变的状况，最大的变局无疑是阿拉伯军队对大量重要领土和资源的占夺，以及伊斯兰帝国的建立。③

---

①　St. Paul im Lavanttal, Stiftsarchiv, MS 4/1. 对抄本的描述，参见 Hubert Mordek, *Bibliotheca capitularium regum Francorum manuscripta: Überlieferung und Traditionszusammenhang der fränkischen Herrschererlasse*, Munich, 1995, pp. 685–695。对抄本及其编撰和传播的全面讨论，参见 Stefan Esders, Wolfgang Haubrichs, and Massimiliano Bassetti, *Verwaltete Treue: Ein oberitalienisches Originalverzeichnis (breve) mit den Namen von 173 vereidigten Personen aus der Zeit Lothars I. und Ludwigs II.* （待出）。相关语境，参见 Clemens Gantner, "'Our Common Enemy Shall Be Annihilated': How Louis II's Relations with the Byzantine Empire Shaped His Policy in Southern Italy," *Southern Italy as Contact Area and Border Region during the Early Middle Ages: Religious-Cultural Heterogeneity and Competing Powers in Local, Transregional and Universal Dimensions*, ed. Kordula Wolf and Klaus Herbers, Cologne, 2018, pp. 295–314; Clemens Gantner, "Kaiser Ludwig II. von Italien und Byzanz," *Menschen, Bilder, Sprache, Dinge: Wege der Kommunikation zwischen Byzanz und dem Westen*, Vol. 2, *Menschen und Worte*, ed. Falko Daim, Christian Gastgeber, Dominik Heher and Claudia Rapp, Mainz, 2018, pp. 103–112。

②　St. Paul im Lavanttal, Stiftsarchiv, MS 4/1, fol. 184r. 参见 Esders, Bassetti and Haubrichs, *Verwaltete Treue*。

③　John F. Haldon, *The Empire That Would Not Die: The Paradox of Eastern Roman Survival 640–740*, Cambridge, MA, 2016; John F. Haldon, "The Paradox of the Medieval East Roman State-Collapse, Adaptation, and Survival," in *Empires and Communities in the Post-Roman and Islamic World, c. 400–1000 C. E.*, ed. Rutger Kramer and Walter Pohl, Oxford, 2021, pp. 89–120.

但是，如霍尔顿所示，旧的罗马帝国统治模式的取向、共享的罗马-基督教认同以及罗马法的观念（最后这一点同样关键），对拜占庭帝国的社会和政治凝聚作用巨大。①

拜占庭帝国和加洛林帝国的结构性差异，对当时的人来说想必是显而易见的。加洛林政治人物与拜占庭和罗马教宗在 800 年前后关乎西罗马帝国复兴的对话和磋商，是有现存证据的。② 在复兴帝制前后的数十年中，我们还可以观察到研习"旧罗马"和"新罗马"的资源和模式的大量努力。③ 然而，这并不仅仅是一项"效仿帝国"（imitatio imperii）的工程。对过去和当下的罗马帝国历史的研究，使加洛林王朝的知识分子和政治人物得以思考两个罗马帝国的共存问题，同时，有助于他们发展其他的新帝国世界观。④ 阿戈巴尔德给路易皇帝的书信似乎就可被归于此类反思，甚至是关于这些不同观点的争议。⑤

在这类争论中另一个突出的声音来自查理曼传记的作者艾因哈德。艾因哈德认为，法律改革和法律统一远非迫切之事。在给查理大帝所写的传记中（传记的完成时间很有可能比阿戈巴尔德的那封书信晚十

---

① Haldon, *Empire*, esp. pp. 122-132.
② Rudolf Schieffer, *Neues von der Kaiserkrönung Karls des Großen*, Munich, 2004; Rudolf Schieffer, "Karl der Große, Irene und der Ursprung des westlichen Kaisertums," *Auf der Suche nach den Ursprüngen : Von der Bedeutung des frühen Mittelalters*, ed. Walter Pohl, Vienna, 2004, pp. 151-158; Janet Nelson, "Why Are There so Many Different Accounts of Charlemagne's Imperial Coronation?" in *Courts, Elites and Gendered Power in the Early Middle Ages : Charlemagne and Others*, ed. Janet Nelson, Aldershot, 2007, pp. 1-27; Thomas Ertl, "Byzantinischer Bilderstreit und fränkische Nomentheorie : Imperiales Handeln und dialektisches Denken im Umfeld der Kaiserkrönung Karls des Großen," *Frühmittelalterliche Studien* 40 (2006): 13-42 (内含关于查理曼加冕的海量文献的综述). 同样参见 Jennifer Davis, *Charlemagne's Practice of Empire*, Cambridge, 2015, pp. 362-364.
③ 参见 Clemens Gantner, Rosamond McKitterick and Sven Meeder, eds., *The Resources of the Past in Early Medieval Europe*, Cambridge, 2015 中的论文。
④ Nelson, "Why Are There so Many?"; Ertl, "Byzantinischer Bilderstreit".
⑤ 关于阿戈巴尔德的书信如何介入更大范围内关于加洛林帝国法律体制的争论，参见 Ubl, "Entwurf".

年以上），① 艾因哈德对他在加冕称帝后旋即启动的法律改革有简短的讨论。② 在艾因哈德的记述中，抹除多样性并不是重点。查理曼主要以两部法兰克法典（《萨利克法典》和《利普里安法典》）为对象，尝试调和其矛盾之处，对已不合时宜的法规加以改进。但即便在这项工作中，皇帝的改革成效也较为有限，只不过是增补了若干条目而已。③ 艾因哈德的《查理大帝传》以苏埃托尼乌斯的奥古斯都传记为模板。将查理曼的法律改革与历史上首位奥古斯都的法律改革相比较，查理曼收效甚微的努力——至少艾因哈德的简略评述给我们留下这种印象——事实上令人惊讶地偏离了旧的罗马帝国模板。

　　已有研究充分表明，艾因哈德这部篇幅不长的查理曼传记是一个精心打造的文本，其中的沉默、含沙射影、对文体的有意识选择和塑造这位北方的新皇帝的创造性改编，均内含深意。④ 查理曼和屋大维·奥古斯都的差别有助于我们理解，在拉丁西部世界终于走出晚期罗马帝国幽深的阴影之时，对罗马帝国的加洛林式复兴究竟意味着什么。罗马帝国的合法性建立在罗马文明和政治的优越性之上，而将其他民族和族群认同吸收进帝国

---

① 关于《查理大帝传》撰写时间的争论，参见 Rosamond McKitterick, *Charlemagne : The Formation of a European Identity*, Cambridge, 2008, pp. 7 – 20; Steffen Patzold, "Einhards erste Leser: Zu Kontext und Darstellungsabsicht der 'Vita Karoli'," *Viator* 42 (2011): 33 – 55; Matthias Tischler, *Einhart's Vita Karoli : Studien zur Entstehung, Überlieferung und Rezeption*, Hannover, 2001; David Ganz, "Einhard: Identities and Silences," *Ego Trouble : Authors and Their Identities in the Early Middle Ages*, ed. Richard Corradini, Matthew Gillis, Rosamond McKitterick and Irene van Renswoude, Vienna, 2010, pp. 153–160。精确的定年之所以困难，可能是因为艾因哈德撰写《查理大帝传》的时间跨度较大。查理曼去世后，关于其统治的对话和争议持续了很多年，《查理大帝传》需要在这个语境中理解。

② Patzold, "Veränderung".

③ *Einhardi Vita Karoli Magni*, ed. Oswald Holder-Egger, et al., MGH SS rer. Germ 25, Hannover, 1911, 29, p. 33.

④ Rudolf Schieffer, *Neues von der Kaiserkrönung Karls des Großen*, Munich, 2004; Rudolf Schieffer, "Karl der Große, Irene und der Ursprung des westlichen Kaisertums," in *Auf der Suche nach den Ursprüngen : Von der Bedeutung des frühen Mittelalters*, ed. Walter Pohl, Vienna, 2004, pp. 151–158; Janet Nelson, "Why Are There so Many Different Accounts of

社会构造的能力，正是罗马政治、文化和社会优越性的体现。① 加洛林帝国与此不同，从一开始它就是一个由不同的政治、族群和法律共同体组成的拼盘。在 8 世纪下半叶征服了半个欧洲之后，加洛林帝国面临的首要挑战，是以何种方式调和后罗马西部世界在帝国终结后逐步发展出的社会、政治和宗教实践的多样性。这类社会、政治、宗教的一部分工程和实践，甚至有意识地致力于将这些社会从罗马帝国的过去中解放出来，另一部分工程和实践则致力于在当时尚存的罗马帝国（拜占庭帝国）模式之外提供别样的模式选项。加洛林的"帝制复兴"（*renovatio imperii*）是囊括所有这些后罗马实践并在"基督教–帝国框架"中调和其间差异的重要努力。但是，与帝国模式的结合并未导致这些后罗马社会实践和经验被吸收进某种单一的帝国想象之中。我们观察到的其实是在帝国框架中对这些后帝国社会和政治实践的重组和强化。

如果我们不把这个进程视作对理想化的拉丁西部世界或是加洛林时代欧洲统一的偏离，而是将其看作加洛林帝国本身的重要特征之一，那么，问题就不是为什么加洛林政治没有能够建立一个代替或吸收其他差异的大

Charlemagne's Imperial Coronation?" in *Courts, Elites and Gendered Power in the Early Middle Ages: Charlemagne and Others*, ed. Janet Nelson, Aldershot, 2007, pp. 1–27; Thomas Ertl, "Byzantinischer Bilderstreit und fränkische Nomentheorie: Imperiales Handeln und dialektisches Denken im Umfeld der Kaiserkrönung Karls des Großen," *Frühmittelalterliche Studien* 40 (2006): 13–42（内含关于查理曼加冕的海量文献的综述）。同样参见 Jennifer Davis, *Charlemagne's Practice of Empire*, Cambridge, 2015, pp. 362–364。另见 Johannes Fried, "Papst Leo III. besucht Karl den Großen in Paderborn oder Einhards Schweigen," *Historische Zeitschrift* 272 (2002): 281–326。

① 可参考文献包括 Emma Dench, *Romulus' Asylum: Roman Identities from the Age of Alexander to the Age of Hadrian*, Oxford, 2005; Clifford Ando, *Imperial Ideology and Provincial Loyalty in the Roman Empire*, Los Angeles, 2000; Greg Woolf, *Becoming Roman: The Origins of Provincial Civilization in Gaul*, Cambridge, 1997。同样参见 Anna Dolganov, "Reichsrecht und Volksrecht in Theory and Practice: Roman Justice in the Province of Egypt," *Tyche* 34 (2019): 27–60; Anna Dolganov, "Imperialism and Social Engineering: Augustan Social Legislation in the Gnomon of the Idios Logos," *Dienst Nach Vorschrift: Vergleichende Studien zum "Gnomon des Idios-Logos"*; *3. Internationales Wiener Kolloquium zur Antiken Rechtsgeschichte*, ed. Kaja Harter-Uibopuu and Thomas Kruse, Vienna, 2021; Anna Dolganov, *Empire of Law: Legal Culture and Imperial Rule in the Roman Province of Egypt*, (Ph. D. diss., Princeton University, 2018)。

一统帝国认同。真正的问题应该是，在对加洛林帝国中不同法律和族群共同体的调和与平衡中，为什么帝国框架承担了如此重要的功能。为追寻这个问题的答案，我们需要回望加洛林政权在重建帝制之前 8 世纪的往事，特别是其在查理曼接受加冕前的那个世纪中为合法化王位篡夺所采取的策略。

一　早期加洛林国王统治下认同的政治化

为 8 世纪中叶加洛林家族取代墨洛温统治正名的最重要策略之一，是对法兰克认同的工具化和调用。在将自身呈现为法兰克王国（regnum Francorum）合法统治者的努力中，加洛林政治人物和史家将不同的、有时彼此竞争的法兰克认同概念凝聚成一个对法兰克共同体的共同想象。[1] 对 750/751 年丕平篡位的现存最早记载很可能成文于事件发生后不久。丕平的堂叔希尔德布兰德在记述丕平登基之后，旋即声明自己及其子尼贝龙格为这本史书的作者。[2] 这两位加洛林家族成员把他们的记述安置于一部编年史中。在现代校勘本中，这部编年史被认为是 7 世纪《弗莱德加编年史》的续编。然而，正如罗杰·科林斯令人信服的论证，这两位作者的企图和成就远不止续写那本墨洛温时代的编年史。[3]《弗莱德加编年史》较老的版本很可能形成于丕平家族（加洛林家族 7 世纪时的先祖）的文化和政治中心。[4] 希尔德布兰德和尼贝龙格这两位后来的加洛林史家重编和重写了《弗莱德加编年史》中早期历史的部分，编纂出一部新史书《法兰克人史书和纪事》（*Historia vel Gesta Francorum*），在一部叙述从世界开端到当下时代的历史

---

① 参见 Reimitz, *History*, pp. 295-334, 对在以下若干段落中概括的观点有更详细的讨论。

② *Continuationes Chronicarum Fredegarii*, ed. Bruno Krusch, MGH SS rer. Merov. 2, Hannover, 1888, 34, p. 182.

③ Roger Collins, *Die Fredegar-Chroniken*, Hannover, 2007.

④ Ian N. Wood, "Fredegar's Fables," in *Historiographie im frühen Mittelalter*, ed. Anton Scharer and Georg Scheibelreiter, Vienna, 1994, pp. 359 – 366; Andreas Fischer, "Rewriting History: Fredegar's Perspective on the Mediterranean," in *Western Perspectives on the Mediterranean: Cultural Transfer in Late Antiquity and the Early Middle Ages*, 400- 800 A. D., ed. Andreas Fischer and Ian N. Wood, London, 2014, pp. 55 – 76; Andreas Fischer, *Die Fredegar-Chronik: Komposition und Kontextualisierung*（待出）.

著作中论证丕平统治下加洛林家族崛起成为王室的合法性。

墨洛温时代的编年史家为丕平的亲戚提供了实现目标的绝佳基础。旧版《弗莱德加编年史》中已经凸显了加洛林先祖在维护法兰克王国的福祉和稳定上发挥的重要作用，特别是梅斯主教阿努尔夫和宫相丕平。同时，这部编年史还体现出一种法兰克共同体的视角，作为国王之外墨洛温王国政治整合的聚焦。① 法兰克精英阶层在编年史中被视为王国的共同事业和更大福祉的肩负者。例如，在墨洛温国王们无法自行解决彼此之间冲突的情况下，就需要"法兰克人的判决"（*iudicium Francorum*）来找寻解决之法。②

这两位加洛林史家并非仅依赖这本墨洛温时代的编年史来编纂新史书。《弗莱德加编年史》的历史记述止于 7 世纪 40 年代。两位加洛林作家在续写时还使用了另一部史书《法兰克人史纪》（*Liber Historiae Francorum*）的部分内容。《法兰克人史纪》成书于 8 世纪 20 年代。当时，未来的国王丕平的父亲查理·马特已基本实现了对墨洛温政治的掌控。但《法兰克人史纪》不是为查理·马特或加洛林家族，而首先是为西法兰克精英阶层撰写的，后者担心在新的政治架构中会失去中心位置。《法兰克人史纪》的作者想要提醒他（或她）的读者——其中包括元首（princeps）查理·马特——这些法兰克精英在王国的稳定和未来中承担着重要角色。③ 然而，《法兰克人史书和纪事》中对这些文本的组合、重新编排和续写，不仅为一种共同的法兰克过往拓宽了地理视野，也延展了法兰克团结精神的政治视野，

---

① Reimitz, *History*, pp. 231-236.

② E. g. , *Chronicae Fredegarii*, ed. Bruno Krusch, MGH SS rer. Merov. 2, Hannover, 1888, IV. 37, 40, pp. 138-140. 参见 François Bougard, "Du 'jugement des Francs' au 'jugement de l'armee': Ou l'ombre de Velleius Paterculus," *Faire lien: Aristocratie, réseaux et échanges compétitifs: Mélanges en l'honneur de Régine Le Jan*, ed. Laurent Jégou, Sylvie Joye, Thomas Lienhard and Jens Schneider, Paris, 2015, pp. 259-267. 关于《弗莱德加编年史》中的具体阐释，参见 Helmut Reimitz, "Die Franken und ihre Geschichten," in *Neue Wege der Frühmittelalterforschung: Ergebnisse und Perspektiven*, ed. Walter Pohl and Bernhard Zeller, Vienna, 2018, pp. 201-217。

③ Magali Coumert, *Origines des peuples: Les récits du Haut Moyen Âge occidental (550-850)*, Turnhout, 2007, pp. 322-332; Richard A. Gerberding, *The Rise of the Carolingians and the Liber Historiae Francorum*, Oxford, 1987, pp. 146-172.

同时还实现了《弗莱德加编年史》中法兰克认同的政治定义与《法兰克人史纪》中法兰克共同体天命意识的结合。①

通过对法兰克认同的不同概念的整合，由加洛林史家编撰的这部历史文本聚集了政治认同、基督教信仰认同和族群认同。这在加洛林家族将自身合法化为法兰克国王（reges Francorum）的过程中扮演了重要角色。发生在加洛林政权统治早期、以基督教为基础的族群认同的政治化，构成了加洛林时代族群的历史和突出地位的关键因素，这一点在别处已有更充分的探讨。② 然而，加洛林政治人物及其史家并不是单纯地宣扬族群，他们的主要目标是整合法兰克认同的不同概念和对法兰克历史的不同观点，这首先体现为加洛林家族成员将记录了墨洛温时代过往的各种法兰克历史整合入新兴加洛林国王统治下的共同未来的能力。

在这个意义上，丕平的亲戚希尔德布兰德对丕平登上法兰克王位的记述，是这部《法兰克人史书和纪事》的高潮。这是以法兰克人对未来国王的同意和法兰克人与未来国王之间的共同体意识为主题的热烈交响。法兰克人的一致决定（una cum consilio et consensu omnium Francorum）和全体法兰克人的推选（electione totius Francorum）使丕平得以称王。③《法兰克人史书和纪事》之后的记述（止于 768 年）延续了对法兰克人与新任加洛林国王之间共同体意识的强调。④

---

① 关于《法兰克人史纪》的天命视角及其对圣经史诗和法兰克史诗的整合，参见 Helmut Reimitz, "The History of Merovingian Historiography," in *The Oxford Handbook of the Merovingian World*, ed. Bonnie Effros and Isabel Moreira, Oxford, 2020, pp. 463 – 488. 同样参见 Philip Dörler, "The Liber Historiae Francorum—A Model for a New Frankish Self-Confidence," *Networks and Neighbours* 1 (2013): 23–43。

② Reimitz, *History*, pp. 444–455.

③ *Continuationes Chronicarum Fredegarii*, ed. Krusch, 33, p. 182. 参见 Matthias Becher and Jörg Jarnut, eds., *Der Dynastiewechsel von 751: Vorgeschichte, Legitimationsstrategien und Erinnerung*, Münster, 2004 中的论文；以及 Josef Semmler, *Der Dynastiewechsel von 751 und die fränkische Königssalbung*, Dusseldorf, 2003; Rosamond McKitterick, "Die Anfänge des karolingischen Königtums und die Annales regni Francorum," in *Integration und Herrschaft: Ethnische Identitäten und soziale Organisation im Frühmittelalter*, ed. Walter Pohl and Max Diesenberger, Vienna, 2002, pp. 151–168。

④ 关于这一部分，参见 Collins, *Fredegar-Chroniken*, pp. 82–95。

这种关于共识的史书编纂被《法兰克王家年代记》的作者进一步发扬光大。《法兰克王家年代记》要么成书于宫廷，要么成书于与加洛林宫廷关系密切者之手。① 年代记的第一部分记述了 768/771～788 年丕平之子查理曼的事迹，从中尤其能看出这种肯定性的修辞。年代记作者一再赞颂的不只是这位伟大的国王（Carolus rex），同时还有他连同法兰克人（una cum Francis）的行动，以及法兰克人的同意和共同体意识。我们多次看到查理曼聚集"全体法兰克人"（omnes Franci），与他们一同进发，"与法兰克人一道"（una cum Francis）取得胜利。②

二　忠诚的"再定向"

8 世纪加洛林史书中对法兰克人与他们的加洛林国王的共同体意识和一体性的寻唤，不仅是政治修辞，还是当时政治理论的一部分。加洛林家族借之重释了墨洛温王国的民众必须向他们的国王所做的宣誓效忠。过去三十年中的研究凸显了这些效忠誓言对于墨洛温和加洛林王国的重要意义。马蒂亚斯·贝彻（Matthias Becher）的研究表明，宣誓效忠是加洛林统治最初数十年的一个棘手议题。在专著《誓言与统治》（*Eid und Herrschaft*）中，贝彻令人信服地证明，《法兰克王家年代记》788 年之前部分作者的主要写作目标之一，是证明加洛林统治者以法兰克统治者的身份要求效忠宣誓的合法性。③ 对后罗马继承政权更深入地研究，解释了"效忠宣誓"（sacramentum fidelitatis）为何对加洛林国王如此重要。事实上，早在加洛林家族登上历史舞台之前，效忠宣誓已经是后罗马时代诸国王继承罗马的统治、在王国中确立主要军事和司法权威的治权

---

① 参见 McKitterick, *Charlemagne*, pp. 31 - 56; Nelson, "Why Are There so Many?" p. 12。关于《法兰克王家年代记》788 年之前的部分, *Eid und Herrschaft: Untersuchungen zum Herrscherethos Karls des Großen*, Sigmaringen（Matthias Becher, 1993）依旧值得参考。

② 参见 Reimitz, *History*, pp. 342-345。

③ Becher, *Eid*, pp. 74-77.

（imperium）合法性基石之一。①

效忠誓言是罗马军队忠诚誓言的翻版。在罗马军队中，无论是常规军还是盟军的士兵，都必须宣誓服从某位罗马军官的命令。② 誓言似乎给军队提供了在待遇、权利和特权问题上协商谈判的机会。③ 后罗马时代绝大多数的国王是罗马帝国的官员或总督出身，他们把誓言转化为全体民众向新统治者臣服、承认其最高军事和法律权威的手段。

在高卢绝大部分地区确立墨洛温统治的过程中，克洛维一世（511年去世）也采用了这种手段。在他的生命走向终结时，克洛维实现了对前高卢诸行省绝大部分地区的控制，成功地成为高度军事化的权力区域（特别是高卢北半部）的统治者。④ 征服无疑推动了这个进程。但高度军事化的地区整合入共同的政治框架，地区统治者、将军和精英之间的协商和共识同样重要，甚至更加重要。⑤ 通过合约性的方式认可王国中不同的政治空间和行政单元享有一定程度的自治权，克洛维得以确立对这个军事性的君主政权的领导地位。⑥ 成功的政治整合对军事资源的积累具有重要意义，进而为征服高卢南部地区（先是507年征服西哥特王国，后是克洛维的诸子统治时期征服勃艮第王国）打下基础。政治整合对于克洛维经

① Stefan Esders, "Rechtliche Grundlagen frühmittelalterlicher Staatlichkeit: Der allgemeine Treueid," in *Der frühmittelalterliche Staat: Europäische Perspektiven*, ed. Walter Pohl and Veronika Wieser, Vienna, 2009, pp. 423-434; Stefan Esders, "Faithful Believers': Oaths of Allegiance in Post-Roman Societies as Evidence for Eastern and Western Visions of Community," in *Visions of Community in the Post-Roman World: The West, Byzantium and the Islamic World, 300-1100*, ed. Walter Pohl, Clemens Gantner and Richard Payne, Aldershot, 2012, pp. 357-374; Esders, *Sacramentum fidelitatis*.

② Stefan Esders, "Les implications militaires du serment dans les royaumes barbares (Ve-VIIe siècles)," in *Oralité et lien social au Moyen Âge (Occident, Byzance, Islam): Parole donnée, foi jurée, serment*, ed. Marie-France Auzepy and Guillaume Saint-Guillain, Paris, 2008, pp. 17-24.

③ Esders, "Rechtliche Grundlagen," pp. 423-427.

④ Halsall, *Barbarian Migrations*, pp. 303-310; Matthias Becher, *Chlodwig: Der Aufstieg der Merowinger und das Ende der antiken Welt*, Munich, 2010, pp. 149-158; Wood, *Merovingian Kingdoms*, pp. 41-50; Ewig, *Merowinger*, p. 20.

⑤ Esders, "Nordwestgallien".

⑥ Esders, "Nordwestgallien," p. 351.

营与其他后罗马王国的精英阶层（特别是南方的西哥特王国）之间的公共关系可能也发挥了作用。①

不幸的是，关于克洛维统治下的效忠誓言没有证据留存下来，但誓言持续的重要性在后来的文献中有很多记述，例如图尔的格里高利写作于 6 世纪末的《历史十书》。国王希尔德贝尔特二世（596 年去世）的税吏来到图尔城时，格里高利提醒他们，克洛塔尔一世曾授予这座城市免税权，此外还有克洛塔尔的继承人的承诺：作为对国王的誓约（sacramenta）的交换条件，这座城市不会再承担新项税负。② 现存于一部范本文书集（编撰于 6 世纪末）的两篇范本文书（formulas），使我们一窥统治者一方对誓言的看法。第一篇范本文书最可靠的定年是 613 年克洛塔尔二世成为墨洛温王国唯一统治者之后。范本文书的主题是对伯爵（comes）、公爵（dux）和国老（patricius）的任命，特别强调未来的官员负有责任保证其行政辖区内的民众完全忠诚。无论是法兰克人、罗马人、勃艮第人或是其他族群之人（omnis populos ibidem commanentes, tam Franci, Romani, Burgundionis vel reliquas nationis），都应当依据他们的法律和习俗生活并接受统治（secundum lege et consuetudine eorum）。③ 对勃艮第人的提及表明，这篇范本文书的模板可能是在勃艮第地区使用过的某个文件。第二篇范本文书最有可能成文于奥斯特拉西亚子王国建立，即 623 年为克洛塔尔二世之子达戈贝尔特分国时，或 633/634 年为达戈贝尔特之子西格贝尔特

---

① Bernhard Jussen, "Chlodwig der Gallier: Zur Strukturgeschichte einer historischen Figur," *Chlodwigs Welt: Organisation von Herrschaft um 500*, ed. Mischa Meier and Steffen Patzold, Stuttgart, 2014, pp. 27 – 43; Sebastian Scholz, *Die Merowinger*, Stuttgart, 2015, pp. 55–58（关于写给主教们的书信）; Ian N. Wood, "Arians, Catholics and Vouillé," in *The Battle of Vouillé, 507 C. E.: Where France Began*, ed. Ralph W. Mathisen and Danuta Shanzer, Boston, 2012, pp. 139–149。

② E. g., Gregory of Tours, *Decem libri historiarum*, ed. Bruno Krusch and Wilhelm Levison, MGH SS rer. Merov. 1. 1, 2nd ed., Hannover, 1951, IX. 30, pp. 448–449; 关于这段记载和对墨洛温时代相关问题的全面讨论，参见 Esders, *Sacramentum fidelitatis*, pp. 226–305。

③ *Carta de ducato et patriciatu et comitatu*. 参见 Marculf, *Formulae*, ed. Karl Zeumer, MGH Formulae 1, Hannover, 1886, I, 8, pp. 47–48。

三世分国时。一位地方伯爵以国王命令权（royal ban）的名义召集城市、村庄和城堡的民众，向国王和他的儿子宣誓效忠，并提供军事支持（fidelitatem et leudesamio），一位钦差（missus）代表国王在场接受了宣誓。这篇范本文书清楚地表明，效忠被视为适用于所有民众的至高原则，无关民众的族群认同。①

7 世纪末以降，首位加洛林国王丕平的先祖丕平二世和查理·马特逐步实现了对墨洛温王国政治和墨洛温宫廷的控制，垄断了地方向墨洛温宫廷表达诉求的通路。但效忠宣誓的对象依旧是墨洛温国王。② 非常可能的是，作为官员，加洛林家族成员自身也向国王宣誓效忠过，第一位加洛林国王丕平也不例外。他的誓言似乎在称王时已得到解除。③ 在登上王位八年之前，丕平和他的哥哥卡洛曼在 743 年扶植了一位墨洛温家族成员为王，结束了七年的空位期。④ 在将自己塑造为墨洛温家族合法继任者的努力中，加洛林家族尝试对誓言进行重新阐释。墨洛温王国的属民对他们的墨洛温"法兰克国王"的效忠，逐步被阐释为不仅针对国王而且针对王国所代表的共同体——法兰克人——的效忠。因此，对法兰克共同体及其全体成员一致同意的统一化想象，不但为加洛林家族提供了取代墨洛温王国统治的合法性，而且使他们可以以新"法兰克国王"的身份，取代墨洛温国王成为宣誓效忠的对象。

对这种政治理论的推广不仅见于 751 年之后的史书中，加洛林家族在

---

① Marculf, *Formulae*, ed. Zeumer, I, 40, p. 68.

② 关于加洛林家族崛起的新近讨论，参见 Paul Fouracre, *The Age of Charles Martel*, London, 2000; Andreas Fischer, *Karl Martell: Der Beginn karolingischer Herrschaft*, Stuttgart, 2012。

③ Theophanes, *Chronographia*, ed. Karl de Boor, Leipzig, 1883, I, p. 403; Harry Turtledove trans., *The Chronicle of Theophanes: An English Translation of Anni Mundi 6095 – 6305* (*A. D. 602–813*), Philadelphia, 1982, p. 95. 塞奥法尼斯错误地将事件定年于 724 年。基于这部史料，图书馆馆员阿纳斯塔修斯在他的拉丁语编年史中误将这个时间定年于世界纪元第 6234 年，即公元 734 年：Anastasius Bibliothecarius, *Chronographia tripartita*, ed. Immanuel Bekker, *Theophanis chronographia ex recensione Ioannis Classeni*, Vol. 2, *Praecedit Anastasii Bibliothecarii Historia ecclesiastica, ex recensione Immanuelis Bekkeri*, Bonn, 1841, p. 222。

④ Semmler, *Dynastiewechsel*, p. 23.

称王前的数年中，对这种策略已经做了细致的发展和检验。例如，在以法兰克王国和墨洛温国王的宫相身份颁布的官方文书中，丕平和卡洛曼延续其父查理·马特的做法，称自己为"元首"（principes）和"公爵"（duces）。但与查理·马特不同的是，他们把头衔与法兰克人之名相结合，自称是"法兰克人的元首和公爵"。① 王国中私人令状的抄写员很快就接受使用这个创新称谓。在加洛林宫相使用此头衔的最早证据出现的同一年，就已经有抄写员开始用"法兰克人的元首和公爵"的统治来对文书系年。②

文书中的称谓变化看似只不过是加上了不起眼的法兰克人之名，实际上却意味着对头衔的彻底重释。③ 在之前若干世纪中，"公爵"只是法兰克王国军队领袖的功能性头衔，并没有族群的意涵。当这个头衔与某个族群名称连用时，它的意思是某个公爵领（ducatus）——如巴伐利亚、利普里安或阿拉曼尼公爵领——的国王官员和/或法兰克总督。在这个意义上，公爵头衔和法兰克人之名的结合开了加洛林政权自我合法化策略的先声，后由加洛林史家加以完善。新头衔宣扬了加洛林家族对法兰克王国的执掌和对法兰克人民利益的代表，如同法兰克人的国王所做的那样（或者是本应做到的那样）。与此同时，属民对墨洛温王朝"法兰克人的国王"的宣誓效忠，被释为对法兰克人和他们的统治者的宣誓效忠。在丕平称王之前的数十年里，加洛林"法兰克人的公爵"承担了维护和更新誓言的责任，对宣誓效忠的上述阐释倾向也越来越明显。

在现存最早使用"法兰克人的元首和公爵"头衔的文书出现十年后，丕平的亲戚新编了《法兰克人史书和纪事》，不仅通过推广法兰克共同体的统一化想象来重新定向或引导属民效忠，还通过对被打破而后修复的誓

① Herwig Wolfram, *Intitulatio I : Lateinische Königs- und Fürstentitel bis zum Ende des 8. Jahrhunderts*, Graz, 1967, pp. 141-155.

② in prino（！）anno post obitum Carlo maioro regnante domno Carlomanno duce Francorum（*Traditiones Wizenburgenses : Die Urkunden des Klosters Weissenburg : 661 - 864*, ed. Ludwig Anton Doll and Karl Glöckner, Darmstadt, 1979, no. 235, p. 466, December 1, 741）；anno secundo principatu Carlomanno et Pippino ducibus Francorum（*Traditiones Wizenburgenses*, ed. Doll and Glöckner, no. 24, p. 176, January 18, 743）.

③ Wolfram, *Intitulatio I*, pp. 148-151.

言和协约的讲述将这种想象情节化。丕平在称王之前就不得不召集军队，因为萨克森人违背了他们对丕平的兄长卡洛曼的效忠宣誓。萨克森人在被击败后依照古制服从于法兰克人的法律（iure Francorum sese, ut antiquitus mos fuerat）。他们还承诺从今往后保持效忠，并全额交纳他们过去向墨洛温国王克洛塔尔二世交纳的贡赋。①

与萨克森人的冲突在《法兰克人史书和纪事》后面的叙事中再次出现，就紧接着751年丕平登基。萨克森人再度叛乱，新任国王出兵讨伐，因为他们再次背弃了曾向"上述国王"（praefatus rex）承诺的效忠（fides）。这里的表述明显指向同部史书前面关于第一次萨克森叛乱的章节，即丕平迫使萨克森人臣服，并向尚未称王的他交纳曾向克洛塔尔二世交纳的贡赋。"上述国王"这个短语没有提及姓名，将两位国王的角色合二为一，结合在新任"上述国王丕平"身上：他索取贡赋和对法兰克统治的忠诚，这是按照克洛塔尔二世的定制。但是，自然只有新任"上述国王"能够动员全体法兰克人的军队（commoto omni exercitu Francorum）对萨克森人用兵。被击败之后，萨克森人向丕平求和，宣誓（sacramenta）维持和平、保持忠诚，并交纳比之前所承诺的更多的贡赋。②

对新任国王作为法兰克权利和诉求的保卫者的强调，同样可以在丕平于次年（754）对伦巴第人发动的战役中看到。在教宗向这位国王和法兰克人（tam ipsi regi quam et Francis）求援后，丕平"按照法兰克人的习俗"召集"所有法兰克人"（omnes Franci sicut mos Francorum），随后发动对伦巴第人及其国王艾斯图尔夫的战役。③ 艾斯图尔夫在战败后通过"法兰克人的显贵"（per optimates Francorum）求和。他宣誓（sacramenta）保持和平并承诺从今以后尊重法兰克人的合法统治（ut nunquam a Francorum ditione se abstraheret）。艾斯图尔夫还承诺，绝不会再反叛国王丕平和法兰

---

① *Continuationes Chronicarum Fredegarii*, ed. Krusch, 31, p. 181. 编年史之前的部分提到了萨克森人向克洛塔尔支付贡赋（*Chronicon Fredegarii*, ed. Krusch, IV. 74, p. 158），《法兰克人史书和纪事》的作者重新安排并续写了这部分叙事。

② *Continuationes Chronicarum Fredegarii*, ed. Krusch, 34, p. 182.

③ *Continuationes Chronicarum Fredegarii*, ed. Krusch, 36, p. 183.

克显贵（proceres Francorum），绝不会再对使徒宗座开战。① 但是，与萨克森人的情况一样，艾斯图尔夫再度违背誓言。丕平不得不率法兰克人的全部军队二次出征。艾斯图尔夫屈服于过于强大的法兰克军队，再次请法兰克贵族——"法兰克人的主教和显贵"（episcopi et proceres Francorum）——出面调停。《法兰克人史书和纪事》的作者在此处反复提到"法兰克人和主教的判决"（per iudicium Francorum vel sacerdotum）和誓言（sacramenta）的重新确立。② 与萨克森人的例子一样，史书中重复描述了艾斯图尔夫的臣服仪式。如出一辙的是，在臣服于丕平的法兰克统治（ditio Francorum）与墨洛温过往之间，战胜伦巴第人的记述构成了建立关联的指涉链上的一环。"依照古制服从于法兰克人的法律"：③ 萨克森人（以及其他族群）对法兰克人的旧誓约，如今要向加洛林国王做出。④

对希尔德布兰德的叙事在 751 年之后的续写表明，说服法兰克王国的精英和利益团体接受新的政治架构及其合法性是一项持续进行的工程。《法兰克王家年代记》可以证明这一点。《法兰克人史书和纪事》的叙述止于 768 年，《法兰克王家年代记》接续了其合法化加洛林统治的史书编纂传统。《法兰克王家年代记》对 788 年之前政治事件的描述表明，在 768 年丕平去世后继任者查理曼统治的前数十年间，加洛林政权的合法性依旧是个棘手的问题。上文已简略提到，《法兰克王家年代记》作者与加洛林宫廷关系密切。不过，大量的文本断裂表明，这部史书经历过多个阶段的编校。⑤ 不同的编校者尝试根据加洛林王国（后来成为帝国）不断变化的状况和可能，在史书编纂中呈现相应的社会和政治共识形态。《法兰克

---

① *Continuationes Chronicarum Fredegarii*, ed. Krusch, 37, pp. 183–184.

② *Continuationes Chronicarum Fredegarii*, ed. Krusch, 38, p. 185.

③ *Continuationes Chronicarum Fredegarii*, ed. Krusch, 31, p. 181.

④ 相同的仪式似乎在 775 年被用于萨克森人。参见 *Annales regni Francorum*, ed. Friedrich Kurze, MGH SS rer. Germ 6, Hannover, 1895, a. 775, pp. 40, 42: Ibi omnes Austreleudi Saxones venientes…et dederunt obsides…et iuraverunt sacramenta, se fideles esse partibus supradicti domni Caroli regis. Similiter。

⑤ 对这些断裂的文本的细致讨论，参见 McKitterick, *Charlemagne*, pp. 31–56, 它对《法兰克王家年代记》编撰问题的海量文献提供了更多的参考建议。

王家年代记》文本的断裂和改写因此可被视为此种尝试留下的痕迹。第一处明显的断裂出现在 788/789 年条目对罢黜强大的巴伐利亚公爵塔希洛的记述中。[①] 在此之前的叙事明显延续了《法兰克人史书和纪事》的路线，服务于为加洛林统治的合法化正名。罢黜塔希洛构成了这部分《法兰克王家年代记》叙事的完结，是为加洛林家族作为法兰克王国合法领袖的成功及其实力精心编制的交响曲。在查理曼罢黜公爵之前，塔希洛被指控违背了对法兰克国王（丕平和查理曼）、他们的子孙和法兰克人的效忠誓言。[②]

三　激发替代选项：加洛林王国中的政治敌对　与法律传统

我们很难明确了解加洛林史家所回应的争议或反对是什么。加洛林家族似乎一度成功实现了对历史编纂的垄断，以推广他们关于共同的过去和未来的说辞。[③] 但是，法兰克王国的东部边缘区域的法典编纂提供了可能的线索，使我们可以探寻，一些团体如何对加洛林统治合法性的政治理论做出回应。巴伐利亚法和阿拉曼尼法的编订时值加洛林家族开始借助法兰克共同体的统一想象为其准国王地位正名。特别值得关注的是，两部法律

---

① *Annales regni Francorum*, ed. Kurze, aa. 788, 789, pp. 80–86.

② Becher, *Eid*; Herwig Wolfram, *Salzburg, Bayern, Österreich: Die Conversio Bagoariorum et Carantanorum und die Quellen ihrer Zeit*, Vienna, 1995, pp. 337–344; McKitterick, *Charlemagne*, pp. 118–127; Stuart Airlie, "Narratives of Triumph and Rituals of Submission: Charlemagne's Mastering of Bavaria," *Transactions of the Royal Historical Society* 9 (1999): 93–120. 同样参见 Max Diesenberger, "Dissidente Stimmen zum Sturz Tassilos III," in *Texts and Identities in the Early Middle Ages*, ed. Richard Corradini, Rob Meens, Christina Pössel and Philipp Shaw, Vienna, 2006, pp. 105–120。

③ Stuart Airlie, "The Cunning of Institutions," *The Long Morning of Medieval Europe: New Directions in Early Medieval Studies*, ed. Jennifer R. Davis and Michael McCormick, Aldershot, 2008, pp. 267–271; Helmut Reimitz, "Nomen Francorum obscuratum: Zur Krise der fränkischen Identität zwischen der kurzen und langen Geschichte der Annales regni Francorum," *Völker, Reiche, Namen im Mittelalter*, ed. Matthias Becher and Stefanie Dick, Paderborn, 2011, pp. 279–296. 同样参见 Rutger Kramer, Helmut Reimitz and Graeme Ward, *Historiography and Identity III. Carolingian Approaches*, Turnhout: Brepols, 2021。对反对群体的重构，参见 Karl Brunner, *Oppositionelle Gruppen im Karolingerreich*, Vienna, 1979; Karl Brunner, "Auf den Spuren verlorener Traditionen,"

编订本如何调用了有别于加洛林家族所使用的合法性资源。

这两部法典只有加洛林时代或更晚的抄本存世，但从两个文本中都能看出更早期的版本层次。① 尽管无法对文本形成史做准确的层次重构，我们有理由认为，两部法律的起源可以上溯到 7 世纪墨洛温国王的立法活动。但是，两部法典的现存编订版本似乎都是回应 8 世纪加洛林家族崛起的产物。《阿拉曼尼法典》的绝大多数现存抄本都强调这部法律由阿拉曼尼公爵兰特弗里德（Lantfrid，去世于 730 年）更新，一部分抄本提到了墨洛温国王克洛塔尔二世的时代，"阿拉曼尼民族的法"（Lex gentis Alamannorum）是在那时颁布的。②《阿拉曼尼法典》兰特弗里德版本的一些最古老抄本表明，法典经贵族集会，由阿拉曼尼民众和他们的公爵制定。③

绝大多数《巴伐利亚法典》的现存抄本甚至由同一个序言开篇，说明法典是由墨洛温国王达戈贝尔特一世连同四位"显赫之人"（viri inlustri），即克劳迪乌斯（Claudius）、查多英杜斯（Chadoindus）、马格努斯（Magnus）和阿吉鲁尔夫（Agilulf）一道颁布的。④ 对墨洛温统治者作

Peritia 2（1983）：1-22；以及新近研究 Diesenberger，"Dissidente Stimmen"。同样参见 Richard Broome，"Pagans, Rebels and Merovingians: Otherness in the Carolingian World," *The Resources of the Past in Early Medieval Europe*, ed. Clemens Gantner, Rosamond McKitterick and Sven Meeder, Cambridge, 2015, pp. 155-171。这篇论文对本文中描述的某些机制在圣徒传史料中的体现有精彩的讨论。

① Harald Siems, "Lex Baiuvariorum," *Handwörterbuch zur deutschen Rechtsgeschichte*, 2nd ed., vol. 3, Berlin, 2014, cols. 869-878; Harald Siems, "Herrschaft und Konsens in der Lex Baiuvariorum und den Decreta Tassilonis," in *Recht und Konsens im frühen Mittelalter*, ed. Verena Epp and Christoph Meier, Ostfildern, 2017, pp. 299-359; Stefan Esders, "Spätrömisches Militärrecht in der Lex Baiuvariorum," *Civitas, iura, arma: Organizzazioni militari, istituzioni giuridiche e strutture sociali alle origini dell'Europa*（sec. III-VIII）, ed. Fabio Botta and Luca Loschiavo, Lecce, 2015, pp. 43-78; Esders, "Spätantike und frühmittelalterliche Dukate".

② Lex Alemannorum, ed. Karl August Eckhardt, MGH LL nat. Germ. 5, 1, Hannover, 1966, p. 62.

③ Lex Alemannorum, ed. Eckhardt, p. 62: Convenit enim maioribus nato populo Alamannorum una cum duci eorum Lanfrido vel citerorum populo adunato.

④ Lex Baiuvariorum, ed. Ernst von Schwind, MGH LL nat. Germ. 5, 2, Hannover, 1926, Prologue, pp. 197-203.

为立法者的强调，以及对墨洛温显贵及其头衔的确认，可以被恰当地理解为反对加洛林合法性策略的表态。《巴伐利亚法典》的序言将法典的历史与远为广阔的法律史联系在一起。序言一开始就引用了塞维利亚的伊西多尔《词源》中关于立法历史的表述。① 从人类历史的首位"立法者"摩西开始，之后是对古希腊、埃及和罗马立法史的冗长回顾，直到《提奥多西法典》的编纂和法律的基督教化。在把法律史叙事延伸到墨洛温时代之前，序言作者插入了一段对罗马世界转型过程中法律和立法更加宏观的观察（这句话并非出自伊西多尔）：法律史的下一个阶段表现为"每个民族从他们的习俗中发展出自己的法律"（deinde unaquaque gens propriam sibi ex consuetudine elegit legem）。作者接下来谈到墨洛温时代的立法，从克洛维之子提乌德里克一世开始。提乌德里克命令将法兰克人、阿拉曼尼人和巴伐利亚人的法律记录成文（iussit conscribere legem Francorum et Alamannorum et Baioariorum），因为"每个民族都根据他们各自的习俗接受他的统治"（Baioariorum unicuique genti qui in eius potestate erat，secundum consuetudinem suam）。②

哈拉尔德·西姆斯（Harald Siems）的新近研究表明，重构和定年 7 世纪后期以降《巴伐利亚法典》的编订史层次和阶段，是一项无法实现的工作。③ 法典的不同编订者似乎从一开始就在不断地重写整个文本。序言的形成史以及它何时被添入法典，同样是无法获解的问题。甚至存在这样一种可能：这段序言最初不是用于《巴伐利亚法典》，而是用于在不限于巴伐利亚公爵领的更大区域内颁布的多部法律。④ 现存抄本中，尽管这段序言经常出现在《巴伐利亚法典》之前，但它也会出现在其他法典之前或之后，如《萨利克法典》、《阿拉曼尼法典》、《西哥特法典》或名为

---

① Cf. Isidore of Seville. *Etymologies*，ed. Wallace M. Lindsay，Oxford，1911，repr. 1966，V. 1；Lex Baiuvariorum，ed. von Schwind，Prologue，pp. 198-199.

② Lex Baiuvariorum，ed. von Schwind，Prologue，pp. 201-202.

③ Siems，"Herrschaft"；Siems，"Lex Baiuvariorum".

④ Esders，"Spätrömisches Militärrecht".

《埃吉迪乌斯罗马法摘录》的罗马法简编。①

无论如何，就在加洛林宫相加大力度合法化自身作为法兰克王国实际统治者的同时，强调国王立法的序言与巴伐利亚法律的结合不啻一项强硬的声明。通过确认由墨洛温国王颁布的古老权利，《巴伐利亚法典》现存版本的编纂者很可能预见到了加洛林家族将会僭取王权。

但是，一旦加洛林家族称王，他们回应这种挑战的方式并不限于统合不同的历史叙事。他们还诉诸古老而可畏的法律传统，特别是《萨利克法典》。首位法兰克基督教国王克洛维很可能在 6 世纪初向高卢北部的一个法兰克群体确认了这部法典。在克洛维在高卢行省的绝大部分地区建立统治的背景下——而这些地区中又存在着各种各样的法律秩序和法律共同体——要求确认《萨利克法典》的群体可能认为有必要获得国王的承诺，以保证在他们所在的高卢北部地区自身的地位和习俗（consuetudines）可以得到尊重和保护。② 法典的某些部分对克洛维时代的人来说想必已是十分古旧。③ 但在 6 世纪期间，这部法律在（一个或多个）法兰克群体的区分策略中所扮演的角色越来越重要，逐渐被认为保存了独特的法兰克传统和模式。卡尔·乌布尔（Karl Ubl）关于《萨利克法典》的专著中甚至用了"他者性的丰碑"（monument of alterity）的说法。④ 在晚期罗马色彩浓

---

① 参见冯·施温德（von Schwind）为校勘本撰写的导言（第 187~188 页）；关于《埃吉迪乌斯罗马法摘录》的抄本，参见多米尼克·特朗普（Dominik Trump）即将完成的博士论文，以及 Detlef Liebs, "Vier Arten von Römern unter den Franken im 6. bis 8. Jh.," *Zeitschrift der Savigny-Stiftung für Rechtsgeschichte. Romanistische Abteilung* 133 (2016): 459-468 中的评论。

② 法典的适用极有可能最初仅限于高卢北部地区，参见 Etienne Renard, "Le Pactus legis Salicae, règlement militaire romain ou code de lois compilé sous Clovis?" *Bibliothèque de l'École des Chartes* 167 (2009): 321-352; Karl Ubl, "L'origine contestée de la loi salique: Une mise au point," *Revue de l'Institut Français d'Histoire en Allemagne* 1 (2009): 208-234。

③ Karl Ubl, "Im Bann der Traditionen: Zur Charakteristik der Lex Salica," *Chlodwigs Welt: Organisation von Herrschaft um 500*, ed. Mischa Meier and Steffen Patzold, Stuttgart, 2014, pp. 423-455.

④ Ubl, *Sinnstiftungen*, p. 67.

重的大环境下，这部法典体现出一种作为他者的标志的符号功能。在墨洛温时代，它的功能更多体现为承担特殊的和替代性传统和模式的一个基准点。

在 8 世纪中叶丕平登上法兰克王位后不久，新王显然也希望借助法典维护可畏的法兰克传统的声望，因此下令制定了新版本的《萨利克法典》。编校者对以不同版本流通的文本进行了重新组织，把六十五条重编为一百条，但似乎并没有对法律做实质性的更新。《萨利克法典》"丕平本"（recensio Pippina）的现存抄本没有体现出任何澄清在当时显然已不可理解的段落的努力。① 这个版本的现存抄本中存在大量的串行、缺字、误抄和其他错误。

对文本含义缺乏关心，意味着相比其实际内容，在当时"丕平本"的象征意义对编校者来说更为重要。这一点更明显的体现是为法典文本提供了全新框架的新序言。序言把"著名的法兰克民族"（gens inclita Francorum）称颂为新选民："著名的法兰克民族，为造物主上帝所立，武装有力，信守和约，慎于决策，肉体高贵，纯洁无瑕，形容卓绝，勇猛、迅捷、坚韧，归信大公信仰，与异端绝缘；即便是尚在奉行蛮族仪式时就在上帝的启示下寻求知识之匙，根据他们的习俗渴求典章，恪守虔敬。"② 新序言还加入了法典墨洛温版本旧序言中的一段话，将法兰克人群体的共识认定为立法的基础。③ 序言随后以祷文的形式继续称颂法兰克人的荣耀。④ 对法兰克人的正统基督教信仰和对任何异端远离的强调表明，查

---

① Ubl, *Sinnstiftungen*, pp. 151-154.

② Lex Salica, ed. Eckhardt, Prologue, 1, pp. 3-4. 对该文本的讨论及翻译，参见 Garrison, "Franks," pp. 129-134, 加里森认为用圣经经文包装法兰克人的现象并没有那么重要，但更细化、（在我们看来）更具说服力的观点，参见 Gerda Heydemann, "The People of God and the Law: Biblical Models in Carolingian Legislation," *Speculum* 95（2020）: 89-131。

③ Cf. *Pactus legis Salicae*, ed. Eckhardt, 1-2, pp. 2-3; with *Lex Salica*, ed. Eckhardt, p. 5.

④ Lex Salica, ed. Karl August Eckhardt, MGH LL nat. Germ. 4, 2, Hannover, 1951, Prologue, 4, pp. 6-7.

理·马特和他的儿子在 8 世纪 40 年代早期发动宗教立法之后，法兰克认同的宗教框架获得了新的维度。[1] 在新法典结尾处，编校者还加入了旧版本的结语对法兰克王国在墨洛温国王统治下的立法史做了简要概括，但随后添补了一份法兰克国王名录（从不知姓名的首位法兰克国王到墨洛温国王克洛塔尔和希尔德贝尔特），其中最后一位即首位加洛林国王丕平。[2]

整部《萨利克法典》"丕平本"似乎在处处针对《巴伐利亚法典》，很可能实际上确实如此。乌布尔认为，"丕平本"的颁布背景可能是 761 年丕平在迪伦（Düren）"为了祖国的福祉和法兰克人的利益"（pro salute patriae et utilitate Francorum）召开的集会。[3] 前墨洛温王国的公爵领是政治敌对和整合的聚焦点。在加洛林政权蔚除了绝大多数公爵领后，瓦伊法尔和塔希洛是加洛林王国中最后仅存的公爵。[4] 瓦伊法尔于 768 年去世。在阿奎丹被重新整合进法兰克王国的同时，丕平国王在一部条令中宣称，在阿奎丹，"所有人（homines），不管是罗马人还是萨利克人，都应当拥有自己的法律（eorum leges habeant）。如果有人从另外的省份迁入（advenerit），他应当根据出生地的法律（secundum legem ipsius patriae）生活"。[5] 丕平的继任者查理曼没有在阿奎丹再任命新公爵，而是在 781 年将年幼的儿子路易立为阿奎丹王。[6] 与此同时，查理曼开始加紧实施罢黜

---

[1] Matthew Innes，"Immune from Heresy: Defining the Boundaries of Carolingian Christianity," *Frankland: Essays for Dame Janet Nelson*, ed. Paul Fouracre and David Ganz, Manchester, 2008, pp. 111-135.

[2] Lex Salica, ed. Eckhardt, Epilogue, pp. 188-194. 参见 Eugen Ewig, "Die fränkischen Königskataloge und der Aufstieg der Karolinger," *Deutsches Archiv zur Erforschung des Mittelalters* 51 (1995): 1-28。

[3] *Continuationes Chronicarum Fredegarii*, ed. Krusch, 42, p. 186. 参见 Ubl, *Sinnstiftungen*, pp. 160-163。

[4] Rudolf Schieffer, *Die Karolinger*, Stuttgart, 2006, pp. 85-86.

[5] *Pippini capitulare Aquitanicum*, ed. Alfred Boretius, MGH Capit. 1, Hannover, 1883, no. 18, a. 768, 10, p. 43.

[6] Mayke De Jong, *The Penitential State: Authority and Atonement in the Age of Louis the Pious, 814-840*, Cambridge, 2009, pp. 14-19, 提供了更多的参考文献。

最后一位公爵——他的表兄塔希洛的计划。[1] 他最终花了七年时间才罢黜了这位巴伐利亚公爵。《法兰克王家年代记》中对于塔希洛事件字斟句酌的编排表明，这次罢黜在 8 世纪 80 年代具有高度的微妙性和敏感性。[2]

　　不过，主要问题与其说是塔希洛不愿向加洛林统治者宣誓效忠，毋宁说是他似乎坚持要求自己以加洛林国王代表的身份在公国中接受宣誓效忠。[3] 一份公元 800 年之后的弗莱辛的令状甚至还在强调，主教阿尔贝奥（Arbeo，783 年去世）"更忠于"（fidelior）查理曼而非塔希洛。[4] 但是，对这种忠诚纽带的强化恰恰正是加洛林家族将僭取法兰克王位的行为合法化时所采用的策略。与加洛林家族在登上王位前的做法一样，塔希洛也在他的令状和文书中使用"公爵和元首"的头衔。[5] 由此观之，尽管加洛林时代的史家和当代学者都常常将塔希洛事件呈现为一场凯旋庆典，但事实似乎并非如此。塔希洛事件更像是确立加洛林-法兰克权威的一场终极考验。

四　加洛林帝国对法律多元主义的调和

　　然而，罢黜加洛林王国内的最后一位公爵并没有宣告法兰克性（Frankishness）的胜利。事实上，就在罢黜塔希洛的次年，一场加洛林认

---

① Becher, *Eid*; Herwig Wolfram, *Salzburg, Bayern, Österreich: Die Conversio Bagoariorum et Carantanorum und die Quellen ihrer Zeit*, Vienna, 1995, pp. 337 – 344; McKitterick, *Charlemagne*, pp. 118 – 127; Stuart Airlie, "Narratives of Triumph and Rituals of Submission: Charlemagne's Mastering of Bavaria," *Transactions of the Royal Historical Society* 9 (1999): 93–120. 同样参见 Max Diesenberger, "Dissidente Stimmen zum Sturz Tassilos III," in *Texts and Identities in the Early Middle Ages*, ed. Richard Corradini, Rob Meens, Christina Pössel, and Philipp Shaw, Vienna, 2006, pp. 105–120.

② *Annales regni Francorum*, ed. Kurze, aa. 788, 789, pp. 80–86.

③ Wolfram, *Salzburg*, pp. 342–344.

④ *Traditionen Freising*, ed. Theodor Bitterauf, *Die Traditionen des Hochstifts Freising*, vol. 1, Munich, 1905, no. 193b (a. 804), p. 183.

⑤ Wolfram, *Intitulatio I*, pp. 173–185. 关于与阿奎丹公爵瓦伊法尔的策略的对比，参见 Philippe Depreux, "Auf der Suche nach dem princeps in Aquitanien (7.–8. Jahrhundert)," in *Die Anfänge Bayerns: Von Raetien und Noricum zur frühmittelalterlichen Baiovaria*, ed. Hubert Fehr and Irmtraut Heitmeier, St. Ottilien, 2012, pp. 551–566。

同政治的彻底革命开始启动。① 《法兰克王家年代记》的作者对于罢黜塔希洛的余波的叙述，可能已经透露出新政策的风向。尽管塔希洛被指控违背了对法兰克国王、他们的子孙和法兰克人的宣誓效忠，但判决是由法兰克人、巴伐利亚人、伦巴第人和萨克森人做出的。② 在塔希洛被罢黜后不久，《法兰克王家年代记》告诉我们，多族群组成的军队出征伦巴第的贝内文托公爵领和东部敌对的阿瓦尔帝国。与此同时，新政策在法律文献中亦有证据。789 年，查理曼发布君主命令，要求所有自由民都必须向这位加洛林国王宣誓效忠。③ 民众在宣誓时应当"不怀假意和恶念"，但法兰克人之名却没有被提及。④ 国王的钦差被要求解释誓言的意义和内涵，同时还要对中央权威忽视族群的法律一事（quod multi se conplangunt legem non habere conservatam）展开调查。查理曼明确表示，他希望每个人所对应的法律都应得到维护（ut unusquisque homo suam legem pleniter habeat conservata），钦差还须查明每个人根据出身适用何种法律（per singulos inquirant，quale habeant legem ex natione）。⑤ 就在此前一年，查理曼下令修订《萨利克法典》，并确认了《西哥特罗马法》

---

① 关于 8 世纪 90 年代的改革，参见 *Admonitio generalis*, ed. Hubert Mordek, Klaus Zechiel-Eckes and Michael Glatthaar, *Die Admonitio generalis Karls des Großen*, MGH Fontes iuris 16, Hannover, 2012, pp. 13-17（导言部分）; Karl Ubl, "Die erste Leges-Reform Karls des Großen," in *Das Gesetz-The Law-La Loi*, ed. Andreas Speer and Guy Guldentops, Berlin, 2015, pp. 75-92; Steffen Patzold, "Die Veränderung frühmittelalterlichen Rechts im Spiegel der 'Leges' -Reformen Karls des Großen und Ludwigs des Frommen," in *Rechtsveränderung im politischen und sozialen Kontext mittelalterlicher Rechtsvielfalt*, ed. Stefan Esders and Christine Reinle, Hamburg, 2005, pp. 63-99; Davis, *Charlemagne's Practice*, pp. 350-364。

② *Annales regni Francorum*, ed. Kurze, a. 788, p. 80.

③ *Capitulare missorum*, ed. Boretius, no. 26, a. 792 vel. 786, pp. 66-67; 关于将该条令定年于 789 年，参见 Becher, *Eid*, pp. 79-86; Esders, *Sacramentum fidelitatis*, pp. 310-317。

④ 同样参见 789 年誓言程式，见于 *Duplex capitulare missorum*, ed. Boretius, no. 23, a. 789, 18, p. 63; De sacramentis fidelitatis causa, quod nobis et filiis nostris iurare debent, quod his verbis contestari debet: "Sic promitto ego ille partibus domini mei Caroli regis et filiorum eius, quia fidelis sum et ero diebus vitae meae sine fraude et malo ingenio"。

⑤ *Capitulare missorum*, ed. Boretius, no. 26, 1, a. 792 vel. 786, p. 66.

（Lex Romana Visigothorum）。①

　　新政策不仅在查理曼加冕称帝后得以延续，还在确立帝国框架的努力中进一步完善。802 年，另一部条令要求全体民众向查理曼的新头衔——"恺撒之名"（nomen caesaris）宣誓效忠。与此同时，针对不同法律的全面改革也开始推行。② 但这场法律革命并不涉及对旧法律（阿拉曼尼法、巴伐利亚法、勃艮第法和"哥特"/罗马法）的全面重制或重修，其重心放在了对这些法律的重新编排上，使它们成为可以平等共存、相互兼容的法律传统。同时，《萨利克法典》的新编校本得到制订，相较之前，编校者花了较大力气使法典文义通畅。③ 但编校者同样移除了强调法兰克人卓越地位的长序言（长序言四十年前才被添加入法典）。新的法律被记录成书，因为加洛林政治人物和法律人士似乎接受了塞维利亚的伊西多尔视"法"（lex）为成文法的狭义理解。图林根人④、萨克森人⑤和弗里西亚人⑥的"法"（leges）都得到汇编。一部非常特别的现存法典源出于生活在加洛林帝国东北部边缘、阿莫尔河（Amor）沿岸（大概相当于今天的荷兰中部地区）的一个法兰克人群体。⑦

　　这部法律在现代校勘本中被称作《卡马维法兰克人法》（Lex Francorum Chamavorum）。这是因为，这部法律所适用族群在汉姆兰

---

① 参见 Esders, *Sacramentum fidelitatis*, pp. 306-321。

② Patzold, "Veränderung".

③ Ubl, *Sinnstiftungen*, pp. 174-181.

④ Peter Landau, "Die Lex Thuringorum-Karls des Großen Gesetz für die Thüringer," *Zeitschrift der Savigny - Stiftung für Rechtsgeschichte, Germanistische Abteilung* 118 (2001): 23-57.

⑤ Heiner Lück, "Der wilde Osten: Fränkische Herrschaftsstrukturen im Geltungsbereich der Lex Saxonum und Lex Thuringorum um 800," in *Von den leges barbarorum bis zum ius barbarum des Nationalsozialismus: Festschrift für Hermann Nehlsen zum 70. Geburtstag*, ed. Hans-Georg Hermann, Thomas Gutmann, Harald Siems, Mathias Schmoeckel and Joachim Rückert, Cologne, 2008, pp. 118-131; Faulkner, *Law*, pp. 46-83. 关于萨克森认同精彩而简洁的研究，参见 Robert Flierman, *Saxon Identities*, A. D. 150-850, London, 2017。该书提供了更多的参考文献。

⑥ Harald Siems, *Studien zur Lex Frisionum*, Ebelsbach, 1980. 关于加洛林时代弗里西亚认同的历史，参见 Broome, "Pagans"。该论文作者正在撰写一部关于早期中世纪弗里西亚认同的专著。

⑦ Hoppenbrouwers, "*Leges Nationum*"; Faulkner, *Law*, pp. 29-45; Ubl, *Sinnstiftungen*.

（Hamaland）的生活区域等同于卡马维人（Chamavi）所在区域。① 然而，这部法律在抄本中写作"关于在阿莫尔河沿岸使用法律的记录"（notitia vel commemoratio de illa ewa quae se ad Amorem habet），② 这个群体所在区域更可能是汉姆兰西南部。③ 该法律共同体明确地自我认同为法兰克人。法律中反复出现同样适用于其他法兰克人的条款。在加洛林王国的帝国重组和不同法律、不同族群共同体间彼此关系的当时语境中，这些生活在加洛林帝国东北边缘地区的法兰克人的所在区域有很多弗里西亚人和萨克森人。他们因此希望自己作为更高等的族群的身份得到确认。在与国王命令权和教会相关的问题上，这些法兰克人希望拥有与其他法兰克人一样的法律。但涉及地位分类问题时——在赔偿金（wergild）上的体现，即杀人行为所支付的补偿——这些法兰克人宣称自己的价值要比这一地区中的任何其他自由民高出三倍。新的帝国秩序显然使这个群体对自己相对于加洛林帝国中其他群体的身份产生关切，特别是相对于那些刚刚获得法律身份的群体，如弗里西亚人和萨克森人。

生活在巴伐利亚和阿拉曼尼的新帝国居民似乎也处在不确定状态中。从这些地区的若干现存令状看，公证员和抄写员看上去不愿意采用新皇帝的文秘署对查理曼的王国系年和帝国系年的清楚区分。④ 记录查理曼的宫廷官员——或者称钦差（missi）——主持召开的司法集会的令状，清楚地向地方抄写员展现了查理曼在加冕称帝后不久采用的

---

① 参见 Heiner Lück，"Lex Francorum Chamavorum，" *Handwörterbuch zur deutschen Rechtsgeschichte*，2nd ed.，vol. 3，Berlin，2014，col. 885；Hoppenbrouwers，"*Leges Nationum*，" pp. 258-262；Stefan Esders，"Lex Francorum Chamavorum，" in *Reallexikon der Germanischen Altertumskunde*（待出）；Marios Costambeys，"An Aristocratic Community on the Northern Frankish Frontier 690-726，" *Early Medieval Europe* 3（1994）：39-62。

② *Lex Francorum Chamavorum*，ed. Rudolf Sohm，MGH LL 5，Hannover，1875-1889，p. 271.

③ 参见 Esders，"Lex Francorum Chamavorum"。

④ 参见 Warren Brown，"The Idea of Empire in Carolingian Bavaria，" *Representations of Power in Medieval Germany*，*800-1500*，ed. Simon MacLean and Björn Weiler，Turnhout，2006，pp. 37-55；Heinrich Fichtenau，"'Politische' Datierungen des frühen Mittelalters，" *Intitulatio II*，ed. Herwig Wolfram，Vienna，1973，pp. 454-548。

皇帝头衔。萨尔茨堡大主教阿尔恩（Arn of Salzburg）是巴伐利亚最著名的钦差之一。802 年，阿尔恩的一位公证员把令状的签署日期定年为查理曼作为国王统治的第 33 年和作为奥古斯都统治的第 2 年（anno xxxiii et secundo regnante et imperante domno nostro Carolo gloriosissimo Augusto）。① 802 年的另一份当地令状提到，民众在同一年向"上主查理曼皇帝"（domnus imperator Karolus）效忠宣誓。② 但是，在记录一般性交易而非司法集会的令状中，巴伐利亚的抄写员似乎决意利用 regnum 一词的含混性，既指帝国和王国，又指从前的巴伐利亚公爵领或由加洛林皇帝的诸子之一、查理曼的继承人虔诚者路易统治下的新的巴伐利亚"国"（regnum）。③

距离巴伐利亚不远的雷蒂亚（Raetia）也有类似的现象。早在 8 世纪 70 年代，④ 查理曼向雷蒂亚的统治者和民众保证维持他们的"法律和习俗"（lex et consuetudo），只要他们忠于他（fideles），并接受他的特别保护（mundeburdum vel defensio）。⑤ 对该地现存史料的研究清楚地表明，查理曼对这个之前以公爵领为组织形态的地区的"法律和习俗"合法性的肯定，具体体现为《库尔罗马法》（Lex Romana Curiensis）⑥ 和成文于 800 年前后的《雷米条款》（Capitula Remedii）。⑦ 在雷蒂亚，"法律和习俗"

---

① Traditionen Freising, ed. Bitterauf, 183（a. 802），p. 174.

② Traditionen Freising, ed. Bitterauf, 186（a. 802），p. 178.

③ Brown, "Idea," esp. pp. 46-52.

④ Reinhold Kaiser, "Autonomie, Integration, bilateraler Vertrag: Rätien und das Frankenreich im frühen Mittelalter," Francia 29（2002）: 14-15, 24-25.

⑤ Chartae Latinae Antiquiores : Facsimile Edition of the Charters Prior to the Ninth Century, Vol. 1, Switzerland, ed. Albert Bruckner, Olten, 1954, no. 3, p. 7.

⑥ Harald Siems, "Zur Lex Romana Curiensis," Schrift, Schriftgebrauch und Textsorten im frühmittelalterlichen Churrätien, ed. Heidi Eisenhut, KarinFuchs, Martin Hannes Graf and Hannes Steiner, Basel, 2008, pp. 109-136.

⑦ Harald Siems, "Recht in Rätien zur Zeit Karls des Großen: Ein Beitrag zu den Capitula Remedii," Wandel und Konstanz zwischen Bodensee und Lombardei zur Zeit Karls des Großen : Kloster St. Johann in Müstair und Churrätien, Wandel und Konstanz zwischen Bodensee und Lombardei zur Zeit Karls des Großen : Kloster St. Johann in Müstair und Churrätien, ed. Hans Rudolf Sennhauser, Katrin Roth-Rubi and Eckart Kühne, Zurich, 2013, pp. 199-238.

事实上意味着一定程度上受法兰克法律影响的罗马法。①

　　位于加洛林帝国东南边缘的伊斯特里亚半岛提供了一个非常著名的例子，可以进一步揭示加洛林帝国的统治如何强化地方法律传统。该地区先前属于拜占庭帝国，在阿瓦尔战争（发动于 791 年）前不久被纳入查理曼的统治之下。② 约在 804 年，即罗马帝国的复兴和阿瓦尔战争结束后不久，伊斯特里亚地区召开了一次集会，集会记录留存至今。集会发生在里扎纳（Riziano/Rižana），距离今天的科佩尔不远。③ 在集会上，当地民众对约翰公爵怨声载道。很显然，约翰为新加洛林统治者效力，负责该地区的军事组织。加洛林帝国与阿瓦尔人作战期间，约翰利用职务之便，向伊斯特里亚民众强加各种义务和税费。在法兰克世界，这是战时常有的做法。但是，伊斯特里亚的民众抗议了这种行径并向查理曼申诉。查理曼派出三位钦差——一位名叫伊佐（Izzo）的司铎，另外两位名叫卡多拉（Cadolah）和艾欧（Aio）——前往伊斯特里亚，当着公爵本人和格拉多宗主教福尔图纳图斯（Fortunatus）的面，听取 172 位伊斯特里亚民众代表的投诉，进而调解这场冲突。代表投诉内容的清单很长：

　　　　在古时候，当我们被希腊人的帝国统治时，我们的先祖把职位交给一位护民官，同时，有副护民官和副手在他手下提供协助，他们会根据级别列队去领圣餐，每个人根据级别在集会上落座……但如今，

---

① Reinhold Kaiser, *Churrätien im frühen Mittelalter: Ende 5. bis Mitte 10. Jahrhundert*, 2nd ed., Basel, 2008, pp. 15-39.

② 参见 Walter Pohl, *The Avars: A Steppe Empire in Central Europe, 567-822*, Ithaca, 2018, pp. 372-399。

③ 关于这次集会，参见 Harald Krahwinkler, *Friaul im Frühmittelalter: Geschichte einer Region vom Ende des 5. bis zum Ende des 9. Jahrhunderts*, Munich, 1992, pp. 29-66; Stefan Esders, "Regionale Selbstbehauptung zwischen Byzanz und dem Frankenreich: Die inquisitio der Rechtsgewohnheiten Istriens durch die Sendboten Karls des Großen und Pippins," *Eid und Wahrheitssuche: Studien zu rechtlichen Befragungspraktiken im Mittelalter und früher Neuzeit*, ed. Stefan Esders and Thomas Scharff, Frankfurt am Main, 1999, pp. 49-112。

我们的公爵约翰任命百夫长管理我们，把民众分派给他的儿子、女儿和女婿，他们驱使这些穷人为他们建造殿宇……我们以前从不需要提供草料，从不需要在庄园地产上劳作，从不需要照看葡萄园，从不需要烧石灰，从不需要建房屋，从不需要修屋顶，从不需要养狗和驯狗，从不需要像我们现在这样缴纳赋税：我们（以往）每头牛交 1 斗（modium），我们以前从不像现在这样为羊交税——我们现在每年都上交绵羊和羊羔……我们的公爵约翰把这一切都据为己有，希腊人的军务长官（magister militum）从未这样做过……我们被迫从事这些奴役性的劳作，被迫承受我们描述的这些负担。我们的先祖从没有沦落至此。我们因此陷入贫困，我们在威尼西亚（Venetia）和达尔马提亚（Dalmatia）的所有邻人，以及过去统治过我们的希腊人，都讥笑我们的先祖。上主查理皇帝如果施以援手，我们就可以逃离现在的绝境；否则，我们生不如死。①

伊斯特里亚民众代表随身带着他们在拜占庭统治时期的税负清单。② 他们还在支付这些税负，但公爵看上去并没有把钱上交帝国中央，而是据为己有。他还取缔了旧政治结构，征收新的税负，向民众摊派各种役务，甚至强迫伊斯特里亚人为（信仰异教的）斯拉夫人（他用教会什一税的钱雇来的雇佣兵）提供居所。③ 现在，伊斯特里亚民众要求他们的新罗马皇帝恢复他们过去在拜占庭罗马皇帝统治下享有的"习惯"（consuetudines）。

这份文件的结尾记载，伊斯特里亚民众从查理曼和他的代表那里得到了对他们的权利的确认。《法兰克王家年代记》提到，806 年，即里扎纳

---

① Harald Krahwinkler, *In loco qui dicitur Riziano… Zbor v Rižani pri Kopru leta 804/Die Versammlung in Rižana/Risano bei Koper/Capodistria im Jahre 804*, Koper, 2004, pp. 74-79.

② 以清单方式表示"习惯"（consuetudines）的这种实践，与法兰克王国中的常见做法很不一样，参见 Esders, "Regionale Selbstbehauptung," pp. 64-65。

③ Esders, "Regionale Selbstbehauptung," pp. 58-59.

集会之后不久，查理曼向威尼西亚和达尔马提亚颁布敕令。[①]

　　不幸的是，这些敕令没有存世。但里扎纳集会至少使我们了解这些敕令所回应的诉求和问题的大致情况。我们原本或许会期待在里扎纳集会和后续的亡佚敕令中看到新加冕的皇帝和他的宫廷以罗马帝国的姿态示人，但实际上完全没有这种迹象。正相反，以一种彻底的后罗马方式，旧帝国先前臣民的诉求（例如伊斯特里亚民众的代表所做的申诉）被作为地方或区域共同体的特权得到处理，授予特权以换取忠诚。这具有决定性的历史意义。虔诚者路易在 814 年继任成为皇帝，伊斯特里亚民众要求新皇帝确认他们的权利。虔诚者路易的令状明确提到了里扎纳集会，保证维持他的父亲基于伊佐、卡多拉（Cadolah）和艾欧的纠问所做的裁决（iudicatum quod legati domini et genitoris nostri Izo presbiter et Cadolah atque Aio comites per iussionem eiusdem domini et genitoris nostri inter vos constituerunt）。[②]

结　语

　　从里扎纳集会的例子看，与拜占庭帝国对比，加洛林王朝针对先前的帝国权利和法律特权的授予，看上去更像封建性的而非帝国性质的。然而，这种方式成为加洛林帝国的通行模式，进而延至后加洛林欧洲的社会和国家。但是，加洛林帝国体制的起源可以上溯到墨洛温王国以及通过授予自治权和特权（这种授予有时是影响深远的）在多元的领土和民众中建立起的墨洛温统治术。这种统治方式创造一种墨洛温式的政治均势：国王处于共识政治的中心。这种政治均势在绝大多数时间里运行良好。当加洛林家族开始控制墨洛温政治并最终篡夺法兰克王位时，这依旧是基础性的体制架构。

---

①　*Annales regni Francorum*, ed. Kurze, a. 806, pp. 120–122.

②　Louis the Pious, *Diplomata*, ed. Theo Kölzer, *Die Urkunden Ludwigs des Frommen*, MGH DD Kar. 2, Wiesbaden, 2016, no. 82, pp. 200–202; Esders, "Regionale Selbstbehauptung," pp. 110–111.

为了使国王的新角色合法化，加洛林家族利用法兰克认同作为新的共识政治的聚焦。然而，一旦他们在先前墨洛温王国的所有地区和领土上成功称王，族群传统和共同体的持续政治化，同样会与加洛林统治的政治整合发生冲突。这些地区的精英阶层采用了与加洛林家族一样的策略，把自己塑造成习用别样的族群和法律传统（如巴伐利亚、阿拉曼尼、图林根或阿奎丹的习惯）的共同体。在 8 世纪 90 年代开启的改革语境中——这也是加洛林政治人物和知识分子加强对帝国模式和帝国资源的反思的时期——加洛林政权对这种局势发展做出了回应。① 随后创立的帝国架构为调和所有这些族群的诉求以及各种法兰克人群体自身的诉求（如生活在阿莫尔河沿岸的法兰克人）提供了框架。在帝国框架中，借助普遍性的宣誓效忠，加洛林家族得以集中力量加强王朝的统治合法性、政治权威和军事能力，只要他们承诺维持并尊重各个地区和各个群体的法律传统。

这也反映在誓言程式中。"如同属下根据法律应向他的上主那般忠诚"（sicut per drictum debet esse homo domino suo），这可以被理解为某种限定，即忠诚只在现存法律的限制内有效。② 但是，这个例子同时也反映出，为何加洛林政权在统一法律和确立更普遍的法律标准上的努力如此局限。"八项国王命令权"（octo banni）——保护教会、鳏寡孤独和穷人，禁止诱拐妇女（raptus）、掠夺和打劫，宣扬普遍和平，提供军役的义务等——的添加是一个很好的例子。"八项国王命令权"的首次表述出现在查理曼加冕称帝前不久颁布的《萨克森条令》（Capitulare Saxonicum）③ 和所谓的《命令权汇要》（Summula de bannis）中，确立了

① 参见 Davis, *Charlemagne's Practice*, pp. 350-364; Nelson, "Why Are There so Many?" 同样参见 Walter Pohl, "Creating Cultural Resources for Carolingian Rule: Historians of the Christian Empire," in *The Resources of the Past in Early Medieval Europe*, ed. Clemens Gantner, Rosamond McKitterick and Sven Meeder, Cambridge, 2015, pp. 15-33。

② Stefan Esders, "Fidelität und Rechtsvielfalt: Die *sicut*-Klausel der früh- und hochmittelalterlichen Eidformulare," in *Hiérarchie et stratification sociale dans l'Occident médiéval (400-1100)*, ed. François Bougard, Dominique Iogna-Prat and Régine Le Jan, Turnhout, 2008, pp. 239-255.

③ *Capitulare Saxonicum*, ed. Boretius, no. 27, a. 797, 1, p. 71.

对任何违反行为处以六十索里达的罚款。① 这八项条目的标准同样被要求添入法兰克法、伦巴第法、巴伐利亚法、勃艮第法和罗马法的汇编中。现存证据表明这种添加确有落实。② 上文中讨论的《卡马维法兰克人法》（或称"关于在阿莫尔河沿岸使用法律的记录"）对此似乎也有所提及："关于我们像其他法兰克人一样所遵守的君主的命令权"（De banno dominico similiter habemus，sicut alii Franci habent）。③ 大概可以肯定，这些条目的添加意在使地方法中的国王特权神圣不可侵犯。这在 802 年格外强调"恺撒之名"的普遍效忠宣誓中得到了强化。④ 但是，除上述这些略早于 800 年或 800 年之后的举措之外，统一法律和引入法律标准的努力似乎十分有限，因为所有这类立法需要通过地方贵族的共识才能取得较高的合法性。

这并不意味着 800 年加冕称帝后的普遍诉求无关紧要。事实上，807 年查理曼对圣地的调查清楚地表明，加洛林帝国在 800 年后的权威申明能够延伸到前东罗马帝国统治区域。⑤ 宣称对远在查理曼统治领土之外的基督徒负有责任，这显然是一种可以上溯至首位基督徒皇帝君士坦丁的帝国姿态。然而，这种申明不应该模糊这样一个事实：加洛林帝国的内部组织依旧是一套在根本上属于后罗马式的和前加洛林式的结构。加洛林帝国对多种后罗马法律诉求和多样社会结构的调和，并没有导致这些诉求和结构被吸收进某个单一的系统，而是转化和强化了一种由多样的社会、法律、政治和族群共同体构成的社会-政治分层。与同时代的另一个罗马帝国

---

① *Summula de bannis*, ed. Boretius, no. 110, p. 224（载于一部 9 世纪早期的法兰克西北部法律抄本）。关于定年和抄本，参见 Mordek, *Bibliotheca*, pp. 17-18。

② *Capitulare Italicum*, ed. Boretius, no. 98, a. 801, 2, p. 205; *Capitula in legem Baiwariorum addita*, ed. Boretius, no. 68, a. 801-813, 1-3, pp. 157-158; *Capitulare Aquisgranense*, ed. Boretius, no. 77, a. 801 - 813, 2, p. 171; 同样参见 *Capitula Francica*, ed. Boretius, no. 104, c. 6, p. 214, l. 20-24。

③ *Lex Francorum Chamavorum*, ed. Sohm, p. 271。

④ *Capitulare missorum generale*, ed. Boretius, no. 33, a. 802, 5, 7, 40, pp. 93, 98。

⑤ 参见 Michael McCormick, *Charlemagne's Survey of the Holy Land : Wealth, Personnel, and Buildings of a Mediterranean Church between Antiquity and the Middle Ages*, Washington, DC, 2011。

（拜占庭帝国）对比，这种拼图式的体制可能看上去非常"不帝国"。但是，这是加洛林帝国最重要的遗产之一。它在地方和超地方层面创造的政治整合和政治组织模式，在之后几个世纪的加洛林时代后期和后加洛林时代的社会中得到了发扬。

奥托王朝境内的敕令[*]

斯蒂芬·帕卓尔德 著　李隆国 译[**]

摘　要　本文探究加洛林敕令在后加洛林时代的传承和应用。奥托帝国鲜有新敕令颁布，但抄录了一些 9 世纪的加洛林敕令。本文旨在通过研究这些抄本，反思加洛林帝国的成文法律文化与奥托时代口传和仪式性法律文化构成的对比。通过调查 17 份加洛林敕令的抄本，尤其是两个重要个案——梅斯抄本和美因茨抄本，作者发现抄录者试图利用加洛林敕令来为其面临的法律诉求服务。因此，作为法律文献汇编的抄本，有助于我们理解其制作的现实背景和法律需求。

关键词　加洛林敕令　抄本　法条汇编　法律文化　奥托王朝

一　导言

敕令通常被认为是墨洛温国王和加洛林国王颁布的规范性文本，而奥托王朝则没有颁布过。[①] 依据这种观点，最后一份敕令乃是西法兰克王卡

---

　*　本文原载于 Steffen Patzold，"Capitularies in the Ottonian Realm," *Early Medieval Europe* 27（2019）：112–132，由作者授权翻译发表。

**　斯蒂芬·帕卓尔德，图宾根大学中古史研究所教授；李隆国，北京大学历史学系副教授。

①　本文使用的缩写如下：MGH Capit. 1/2 = MGH Capitularia I，ed. A. Boretius，Hanover，1883；Ⅱ，ed. A. Boretius and V. Krause，Hanover and Leipzig，1897。参见 H. Keller and

洛曼于 884 年签发,① 或者是天真汉查理在 920 年签发的文书。② 在对东莱茵河地区 10~11 世纪社会的重要研究中，杰尔德·阿尔托夫和哈根·凯勒强调，与此前的王朝相比，奥托王朝的统治和社会实践更多地带有浓厚的口头和仪式色彩。在他们看来，在奥托政府和社会中，口头和符号化的交流方式、礼仪、庆典和仪式，发挥了比书面法令更为重要的作用。③ 在一系列重要文章中，杰尔德·阿尔托夫尤其强调，国王和贵族之间解决冲突并不是依据成文法而是基于不成文的政治游戏规则（Spielregeln）、公开表演的礼仪和仪式。④

G. Althoff, *Die Zeit der späten Karolinger und Ottonen. Krisen und Konsolidierungen*, 888–1024, Gebhardt, Handbuch der deutschen Geschichte 3, Stuttgartm 2008, p. 32; H. Mordek, *Karolingische Kapitularien*, in *Überlieferung und Geltung normativer Texte des frühen und hohen Mittelalters*, Vier Vorträge, gehalten auf dem 35. Deutshcen Historikertag 1984 in Berlin, Quellen und Forschungen zum Recht im Mittelalter 4, Sigmaringen, 1986, pp. 25–50, at 25. 尽管在《中古史辞典》中的 "敕令" 条目 [*Lexikon des Mittelalters* 5 (1991), Sp. 943], 莫尔德克承认, "在 10 世纪和 11 世纪奥托和萨利安王朝仍会遇到加洛林敕令的'盲目追随者'"。

① *Karolomanni capitulare*, MGH Capit. 2, 287, pp. 371–375.

② K. Ubl, "Kapitularien," in *Germanische Altertumskunde Online* (in press) 在提及查理三世的敕令时表达的看法。敕令为: Karoli III. capitula de Tungrensi episcopatu proposita, MGH Capit. 2, 290, pp. 378–381。

③ 例如参见 H. Keller and G. Althoff, *Die Zeit*, pp. 348–368; G. Althoff, "Memoria, Schriftlichkeit, symbolische Kommunikation. Zur Neubewertung des 10. Jahrhunderts," in *Zwischen Pragmatik und Performanz. Dimensionen mittelalterlicher Schriftkultur*, ed. C. Dartmann, T. Scharff and C. Weber, Utrecht Studies in Medieval Literacy 18, Turnhout, 2011, pp. 85–102; idem, "Das ottonische Reich als regnum Francorum?" in *Deutschland und der Westen Europas*, Vorträge und Forschungen 56, ed. J. Ehlers, Stuttgart, 2002, pp. 235–261; H. Keller, *Ottonische Konigsherrschaft. Organisation und Legitimation königlicher Macht*, Darmstadt, 2002. 20 世纪 90 年代以来，关于公元 1000 年前后是否存在 "封建转型" 或者 "封建革命"，法国、英国和美国学界已有充分讨论，参见最新的出版物: C. West, *Reframing the Feudal Revolution. Political and Social Transformation Between Marne and Moselle*, c. 800–c. 1100, Cambridge Studies in Medieval Life and Thought: Fourth Series, Cambridge, 2013. 这一争论尚未出现对奥托帝国和萨利安帝国的研究中。

④ 参考 G. Althoff 的重要贡献，尤其是 "Königsherrschaft und Konfliktbewältigung im 10. und 11. Jahrhundert," *Frühmittelalterliche Studien* 23 (1989): 265–290; idem, "Konfliktverhalten im 10. und 11. Jahrhundert," *Geschichte in Wissenschaft und Unterricht* 41 (1990): 745–751; "Genugtuung (satisfactio). Zur Eigenart gütlicher Konfliktbeilegung im

这种观点并非没有史料基础。我们知道奥托时代仅有七份文件以敕令为名，其中五份在意大利颁布且适用于意大利，头两份可能属于奥托一世统治时期，① 其余三份在 996~1002 年颁布，其时为奥托三世统治。② 尽管如此，后来的这三份文件几乎完全不同于加洛林先前的形式，其中两份各仅有一个条目，第三份很有可能是教务会议决议。此外，在阿尔卑斯山以北地区仅存两份奥托敕令。第一份是 951 年 1 月颁布的《法兰克福敕令》，只有两个条目，而且还是源自此前的模板。③ 第二份签署的日期是亨利二世于 1019 年 9 月 1 日之后在斯特拉斯堡召开的会议日期，因为米兰大主教、拉文纳大主教、皮亚琴察主教、韦尔切利主教、帕尔马主教和其他意大利主教的出席而引人注目。④ 因此至少可以推论在阿尔卑斯山以北的帝国地区奥托君王似乎没有签发新的法律文本。

但是我们能否真正将加洛林文化和奥托文化截然分开？前者在中央制定规范性文本，然后以文本形式发布，打官司的人会合法地贯彻并据此解

Mittelalter," in *Modernes Mittelalter: Neue Bilder einer populären Epoche*, ed. J. Heinzle, Frankfurt am Main and Leipzig, 1994, pp. 259 - 282; "Otto Ⅲ. und Heinrich Ⅱ. in Konflikten," in *Otto Ⅲ. -Heinrich Ⅱ. Eine Wende?* Mittelalter-Forschungen Ⅰ, ed. Bernd Schneidmüller and Stefan Weinfurter, Sigmaringen, 1997, pp. 77-94; "Ungeschriebene Gesetze: Wie funktioniert Herrschaft ohne schriftlich fixierte Normen?" in idem, *Spielregeln der Politik im Mittelalter. Kommunikation in Frieden und Fehde*, Darmstadt, 1997, pp. 282-304。

① *Capitulare Veronense de duello iudiciali*, ed. L. Weiland, MGH Constitutiones Ⅰ, Hanover, 1893, 13, pp. 27-30; *Edictum Papiense de duello*, ibid., 16, p. 37（然而仅有一个条目）。

② *Capitulare de servis libertatem anhelantibus*, ed. L. Weiland, MGH Constitutiones, Ⅰ, 21, pp. 47-48; *Capitulare de iustitia*, ibid., 22, pp. 48-49; *Capitulare Ticinense de praediis ecclesiarum neve per labellum neve per emphytheusin alienandis*, ibid., 23, pp. 49-52. 关于 9 世纪晚期意大利法律文化的变化，参见 S. Maclean, "Legislation and Politics in Late Carolingian Italy: The Ravenna Constitutions," *Early Medieval Europe* 18（2010）: 394-416。

③ Capitulary of Frankfurt 951, ed. E. -D. Hehl, MGH Concilia 6. Ⅰ, Hanover, 1987, 17, pp. 178-184（包括关于文本模板的信息）。

④ *Capitulare Argentinense de mutua successione maritorum et de interfectoribus*, ed. L. Weiland, MGH Constituiones Ⅰ, 32, p. 64.

决他们的冲突；而后者则基于口传而非成文法律，统治者不停地努力劝慰贵族进行合作，通过口传的政治游戏规则来解决冲突。[1] 当我们考虑到地区差异时，这种二分之势就不再存在。因为日耳曼路易在他统治帝国东半部时并没有签发新的敕令。因此，对于莱茵河以东地区这个断点可能要早到 830 年。[2] 但是没有人尝试将东部加洛林王国的统治视为"半口传式"。[3]

下面就加洛林王朝和奥托王朝之间政治和法律实践的断裂这一主流观点，我想提出一个反证。本期的其他文章说明，对法律文本的使用和再使用导致的延续性可以上溯到古代晚期。那我们为什么要在 9 世纪止步呢？我们应该严肃地考虑奥托时期将敕令作为政治、司法和解决争端的重要工具。[4] 为了观察这些延续性，事实上我们有必要问何谓敕令。我将证明，不宜将敕令视为统治者颁布的法令，而应该作为一系列在宫廷大小会议上讨论的议题（至少以现存的样子），它们被记录下来，在地方上继续被重写。实际上只有通过对史料的再评价，我们方可对这些文本（作为去中央化的敕令条目汇编）在 10 世纪和 11 世纪初被持续使用的情况有更加真切的了解。

---

[1]　G. Althoff, *Die Ottonen*, Urban-Tachenbucher 473, 2nd ed., Stuttgart, 2013, pp. 231–232.

[2]　S. Patzold, *Episcopus*, *Wissen über Bischöfe im Frankreich des späten 8. bis frühen 10. Jahrhunderts*, Mittelalter-Forschungen 25, Ostfildern, 2008, p. 538; G. Althoff, *Kontrolle der Macht: Formen und Regeln politischer Praxis im Mittelalter*, Darmstadt, 2016, pp. 39–56, 作者也认识到了虔诚者路易统治时期政治实践上的关键性变化。晚期加洛林和早期奥托时期政治实践的类似性，参见 R. Deutinger, *Königsherrschaft im Ostfränkischen Reich: Eine pragmatische Verfassungsgeschichte der späten Karolingerzeit*, Beiträge zur Geschichte und Quellenkunde des Mittelalters 20, Ostfildern, 2006。

[3]　相反，津田拓郎在考察叙事史料之后，发现在整个 9 世纪东法兰克王国政府的运作仍然基于书写。T. Tsuda, "War die Zeit Karls des Grossen 'die eigentliche Ära der Kapitularien'?" *Fruhmittelalterliche Studien* 49 (2016): 21–48, at 47.

[4]　基于对调查 (inquisitio) 的分析，另有学者也阐述了加洛林和奥托政治实践的延续性，参见 D. S. Bachrach, "Inquisitio as a Tool of Royal Governance under the Carolingian and Ottonian Kings," *Zeitschrift der Savigny-Stiftung für Rechtsgeschichte*, *Germ. Abt.* 133 (2016): 1–80。

二 作为史料的敕令

在中古早期，敕令并不被视为一种单独的规范性文本。[1] 时人使用敕令（capitulare）这个词，[2] 其含义远较现代学术术语要广泛（甚至不同）。[3] 相反，并非所有今天被视为敕令的文本都被时人称为敕令。其他广泛使用的术语还有法令（edictum）、教令（decretum）和规定（constitution）。[4] 这些文本中的相当一部分起初并没有名称，[5] 它们自身使用的语汇也往往非常模糊。它们通常被视为"诸条目"（capitula），即"条款"或"事项"。"敕令"变成一种独特的规范性历史文本是在近代早期随着重要的编辑项目发生的。[6]

---

[1] 以下参见 Maclean, "Legislation," pp. 395 – 397; B. Mischke, "Kapitularienrecht und Urkundenpraxis unter Kaiser Ludwig dem Frommen (814 – 840)," (Ph. D. diss., Universität Bonn, 2013), pp. 4–22。津田拓郎已对 9 世纪中期是否存在清晰的敕令文本体裁表达过质疑，T. Tsuda, "Was hat Ansegis gesammelt? Über die Zeitgenössische Wahrnehmung der Kapitularien in der Karolingerzeit," *Concilium medii aevi* 16 (2013): 209–231; and idem, "War die Zeit," p. 23。

[2] 现存最早的例子是赫斯塔尔敕令，MGH Capit. I, 20, p. 47。关于文本内容，参见 C. Haack, "Kapitular von Herstal," in *Germanische Alterumskunde Online*, DOI 10.1515/gao_ 40。也参见第二次赫斯塔尔敕令，H. Mordek, ed., "Karls des Großen zweites Kapitular von Herstal und die Hungersnot der Jahre 778/779," *Deutsches archiv für Erforschung des Mittelalters* 61 (2005): 1 – 52, at 50。另外参见 F. L. Ganshof, *Was waren die Kapitularien?* Darmstadt, 1961, pp. 14–16。

[3] 例如可以指文本的条款系列，或者税收簿，或者缴纳名单，例见 Ganshof, *Kapitularien?* pp. 14–15。

[4] Ganshof, *Kapitularien?* p. 16; G. Schmitz, "Art. Kapitularien," *Handwörterbuch zur deutschen Rechtsgeschichte* 2 (2011), cols 1604–1612, at 1605.

[5] 也请参见 P. Depreux, "Zur Nützlichkeit bzw. Nutzlosigkeit von Kunsttiteln für Kapitularien (am Beispiel der Nummern 134 – 135, 143 – 145 und 178 aus der Boretius-Edition)," *Deutsches Archiv für Erforschung des Mittelalters* 70 (2014): 87–106。

[6] 至少从巴吕茨的编辑本开始，É. Baluze, *Capitularia regum Francorum*, 2 vols., Paris, 1677。尤其参见第一卷的前言，c. iii–vi。也请参见 Maclean, "Legislation," p. 396，认为敕令的法学分类是"19 世纪德意志文献集成的编者才开始采纳的分类法"。

　　但不管怎样，学者们总是理所当然地认为敕令是由统治者签发的。[①]这种观点确实有一定道理，绝大多数著名敕令文本肯定是以统治者的名义发布全境，例如 789 年查理曼的《广训》（Admonitio generalis），806 年的《分国诏书》，或者虔诚者路易 823/825 年发布的《致全国各阶层训令》（Admonitio ad omnes regni ordines）。后者甚至包括如何抄录并传递的清晰指令。[②] 这些源自王室与皇室的文本还可以从安瑟吉斯 827 年所编订《敕令汇编》的结构中得到支持。这位圣万德里尔修道院院长把敕令按照统治者来编排，因此清晰地表明它们是帝国法令。[③] 似乎时人包括加洛林王室也认为这些条令来自统治者的权威。[④]

　　然而，如果我们考虑到这些文本的传承过程，就会了解到更为复杂的局面。没有哪一份现存敕令抄本的制作与加洛林宫廷相关。[⑤] 历史学家可能会继续重构这些规范性文本从宫廷向外发布的过程，但在很多不同地

---

① Mordek, "Karolingische Kapitularien," p. 25；以及 C. U. Pössel, "Authors and Recipients of Carolingian Capitularies, 779–829," in *Texts and Identities in the Early Middle Ages*, Forschungen zur Geschichte des Mittelalters 13, ed. Richard Corradini et al., Vienna, 2006, pp. 253–276, at 253; M. Costambeys, M. Innes and S. MacLean, *The Carolingian World*, Cambridge, 2011, p. 182. 另一种更加开放的解释是密歇克提出的"实用性界定"（Mischke, *Kapitularienrecht*, pp. 22–23）："将敕令视为'统治手段'，借此人们可以灵活地应对特定的需求。"

② Admonitio ad omnes regni ordines, MGH Capit. 1, 150, pp. 303–307, at c. 26, p. 307. 对此文本的重要解释仍然是 O. Guillot, "Une 'ordinatio' méconnue. Le capitulaire de 823–825," in *Charlemagne's Heir. New Perspectives on the Reign of Louis the Pious (814–840)*, ed. R. Collins and P. Godman, Oxford, 1990, pp. 455–486. 反对将此类文献视为"御制"，参见 M. de Jong, "Admonitio and Criticism of the Ruler at the Court of Louis the Pious," in *La culture du haut moyen âge, une question d'élites?* Haut Moyen Âge 7, ed. F. Bougard, R. Le Jan and R. McKitterick, Turnhout, 2009, pp. 315–338, at 322–323. 有关敕令条目集的收藏和传播的其他指示，参见 Mischke, *Kapitularienrecht*, pp. 13–16。

③ 参见 Ansegis, *Collectio capitularium*, ed. G. Schmitz, MGH *Capitularia*, n. s. 1, Hanover, 1996, Praefatio, p. 433："capitula, quae per intervalla temporum a praefatis sunt principibus edita"。

④ 案例请参见 Pössel, "Authors and Recipients," pp. 267–268; cf. also MacLean, "Legislation," p. 415。

⑤ Mordek, "Karolingische Kapitularien," pp. 32–33, 莫尔德克讨论了少数敕令，它们至少有助于认识敕令是如何被制作的。

点——在帝国宫廷之外——以册子本形式制作的抄本传统，保存的并非统治者的法令，而是条目的汇编（也包括其他文本）。①

强调文本传承的这一面似乎略显迂腐。然而如果我们将其传播方式与另一类史料即赠地文书相比较的话，事情一下子就明晰起来了。在文书学中，研究对象究竟是原始文书还是文书摘录（cartulary）至关重要。如果与赠地文书类比一下，则要将敕令区分为统治者的某份法令抑或以图书形式汇编的敕令集，即由文本的接收者所编订的册子本。对于敕令来说，方法上的困难在于——与赠地文书不同——没有一份单独的原始敕令流传下来。我们仅仅通过一系列的不同条目汇编成册才能了解到这些敕令。② 很显然，这些汇编对于理解何谓敕令应该能起到关键性作用。

这种必要性还因两个进一步的发现而变得更加迫切。首先，很显然编订者大量干预了敕令汇编的文本形式。他们往往只从能够找到的目录中对敕令有选择地加以收录，进行重新排序和编号。有时候编者会用自己的话复述或者摘录条文。③ 其次，这些汇编在制作其他汇编时起着关键性作

---

① 马基特里克认为存在一个靠近宫廷的"法律缮写室"，它也可能制作了一些现存的敕令抄本：McKitterick, "Zur Herstellung von Kapitularien. Die Arbeit des Leges-Skriptoriums," *Mitteilungen des Instituts für Österreichische Geschichtsforschung* 101 (1993): 3 – 16。对此观点的反对，参见 K. Ubl, "Gab es das Leges-Skriptorium Ludwigs des Frommen?" *Deutsches Archiv für Erforschung des Mittelalters* 70 (2014): 43 – 65。对法律缮写室的最新讨论，显然还没有关注到乌贝尔的新发现，参见 T. Faulkner, *Law and Authority in the Early Middle Ages. The Frankish Leges in the Carolingian Period*, Cambridge Studies in Medieval Life and Thought: Fourth Series, Cambridge, 2016, pp. 193-247。

② 关于敕令集的意义，参见 Mordek, "Karolingische Kapitularien," pp. 37-40。

③ 例子之一就是 *Capitulare Missorum*, MGH Capit. 2, 188, pp. 9-10。在印本中的敕令文本仅存两种抄本（Hamburg, Staats- und Universitätsbibliothek, 141 a in scrinio; Berlin, Staatsbibliothek Preußischer Kulturbesitz, Phill. 1737）. In Barcelona, Archivo de la Corona de Aragón, Ripoll 40, 文本包括无数导致歧义的异文，已经被收入 MGH Capit. 2, 189, pp. 10-11。在如下抄本 Munich, Bayerische Staatsbibliothek, Clm 3853, Heiligenkreuz, Stiftsbibliothek, 217 和 Paris, BnF, Lat. 3878 中，我们只发现了印刷本中的第 1 条、第 2 条和第 4 条。另外这些条文并没有按照顺序出现，而是 33 条敕令的一部分（参见 n. 35）。但是抄本 Paris, BnF, Lat. 10758 提供了另一种版本。尽管这仅是个案，其独特性可能并不在于异文，而在于这么多异文在经历了传承的无常之后仍能保存下来。

用。院长安瑟吉斯在9世纪20年代称自己的汇编是基于零散的册页，①也就是基于类似"原始的"敕令。但是他属于例外。绝大多数收录敕令的抄本是编者利用或者将以抄本形式存在的敕令加以汇编的结果，或者全文抄录，②或者摘录并添加材料编成。③安瑟吉斯的汇编也很快就跟其他条令汇编在了一起，因此大部分是作为更大规模汇编中的一个组成部分被传抄的。④

从敕令的旧德意志文献集成本能够看出，那时的几代学者试图从各种不同的抄本中找出接近原始状态的法令。⑤然而在许多情形下，我们甚至不能确定是否存在这种原始状态的法令。⑥许多敕令汇编有可能反而反映了敕令产生的多元性交流背景：它们很有可能代表了各种不同的文本类型，以供统治者、宫廷和贵族商议之用。它们可能是为大会议或者小会

---

① Ansegis, *Collectio capitularium*, Praefatio, pp. 432-433: "Sed quia in diversis sparsim scripta membranulis per diversorum spatia tempora fuerant, ne oblivioni traderentur… placuit mihi praedicta in hoc libello adunare quae invenire potui capitula praedictorum principum iussu descripta…"

② 例如抄本 Vatican, Biblioteca Apostolica Vaticana, Pal. Lat. 582 和 Paris, BnF, Lat. 9654，包括三种更早的敕令集：（1）查理曼晚期或者虔诚者路易早期编制的敕令集；（2）829 年之后；（3）864 年之后（或者甚至晚到 884 年?）。抄本似乎制作于桑斯，参见 H. Mordek, *Bibliotheca capitularium regum Francorum manuscripta. Überlieferung und Traditionszusammenhang der fränkischen Herrschererlasse*, MGH Hilfsmittel 15, Munich, 1995, pp. 562-563, 780-781。

③ 对敕令条目集的摘录加以汇编的两个重要范例，是两种意大利抄本，现存 Wolfenbüttel, Herzog August Bibliothek, Blankenb. 130 和 Paris, BnF, Lat. 4613。参考 Mordek, *Bibliotheca*, pp. 920-943, 469-476。

④ 关于它的传承史，参见 G. Schmitz, MGH *Capitularia*, n. s. 1, pp. 71-191。

⑤ 利用对两份抄本的个案研究，*Capitulare Aquisgranense*（MGH Capit. I, 77, pp. 170-172）和 *Capitula de praescriptione temporis*（MGH Capit. 2, 195, pp. 25-26），帕卓尔德的研究参见 S. Patzold, "Das sogenannte 'Capitulare Aquisgranense' Karls des Großen und die letzte Reforminitiative Ludwigs des Frommen im Jahr 829," *Deutsches Archiv für Erforschung des Mittelalters* 71（2015）：459-473。

⑥ 也可以参见 T. Faulker, "Carolingian Kings and the *leges barbarorum*," *Historical Research* 86（2013）：443-464，他认为在查理曼和虔诚者路易统治时期的法律改革中，统治者和宫廷所起的作用比至今所想的要小得多（包括制作《法律补充之敕令》），他尤其抛弃了那种认为"国王们隐身于几乎每种现存法律文本编制活动背后的想法"（p. 464）。

议、正式会议或者不那么正式的会议使用的草稿或者决策建议,① 列举将要讨论的事项,② 由某位参会者对尚待讨论问题所做的私人记录。③ 某些现存敕令汇编甚至可能全部是某位编者基于可用的材料编订而成的独特敕令条目集。④ 即使像查理曼 802 年发布的《巡查钦差通用敕令》⑤ 或者 794 年的《法兰克福敕令》这样著名的敕令,⑥ 其传承也是问题多多。基于它们在 19 世纪编辑本中的形态,这些敕令有可能是中古晚期编者的作品而非加洛林统治者所制定。⑦

---

① 对于这些与 829 年相关的文本,参见 S. Patzold,"Die Kapitularien der Jahre 828/829 und die Handschrift Barcelona, Archivo de la Corona de Aragón, Ripoll 40," *Regnum semper reformandum* (in press), ed. P. Depreux and S. Esders。另外的例子,参见 M. Glatthaar,"Die drei Fassungen des Doppelkapitulars von Diedenhofen/Thionville (805/806): Entwurf-Erlass-Revision," *Deutsches Archiv für Erforschung des Mittelalters* 69 (2013): 443-478。

② 这些零散的敕令条目集的题记 (inscriptiones) 公开描述了这样的功能。例如,Barcelona, Archivo de la Corona de Aragón, Ripoll 40, fol. 7rb,其中包含 3 个条目的敕令条目集 (德意志文献集成本并没有利用这个抄本,MGH Capit. 2,190,p. 11),题记曰:"这些敕令是为了供更多人应对广泛的法庭。"其他例子,参见 Pössel,"Authors and Recipients," p. 256; D. Hägermann,"Zur Entstehung der Kapitularien," *Grundwissenschaften und Geschichte. Festschrift für Peter Acht*, Münchener Historische Studien. Abt. Geschichtliche Hilfswissenschaften 15, ed. W. Schlögl and P. Herde, Kallmünz, 1976, pp. 12-27, at 19-23。

③ 例见 H. Mordek,"Unbekannte Texte zur karolingischen Gesetzgebung. Ludwig der Fromme, Einhard und die Capitula adhuc conferenda," *Deutsches Archiv für Erforschung des Mittelalters* 42 (1986): 446-470。

④ 对于慕尼黑抄本 Munich, Bayerische Staatsbibliothek, Clm 19414, fols 75v-79r 中的敕令条目集是查理曼的敕令 (应该系年于 805~813 年),还是某位后来编者的作品,目前尚无定论。文本一直是作为查理曼的未知敕令编辑的,参见 H. Mordek and G. Schmitz,"Neue Kapitularien und Kapitulariensammlungen," *Deutsches Archiv für Erforschung des Mittelalters* 43 (1987): 361-439, at 396-414;波科尔尼理由充分的疑问,见 R. Pokorny,"Eine Brief-Instruktion aus dem Hofkreis Karls des Großen an einen geistlichen Missus," *Deutsches Archiv für Erforschung des Mittelalters* 52 (1996): 57-83, at 78-79, n. 93。波科尔尼仅仅将这个文本视为"基于不同范本的一系列增补敕令条目和敕令条目集的摘录系列",或者教务会议决议将《广训》的内容变成教规,后来有位巡查钦差增补了 4 条摘录,讨论这一职位的职责。

⑤ MGH Capit. 1, 33, pp. 91-99.

⑥ MGH Capit. 1, 28, pp. 73-78.

⑦ 有关 802 年的敕令,参见 S. Patzold,"Normen im Buch. Überlegungen zu Geltungsansprüchen so genannter 'Kapitularien'," *Frühmittelalterliche Studien* 41 (2007): 331-350;

如果我们适当地注意文本的传承，那么，敕令不能再被视为源自统治者之手的规范性文本，而是接受者制作的敕令条目集。事实上，这也是现存一切证据所揭示的。而且，其他著作中所涉及法律文本的漫长历史表明，加洛林时代并非那么不同寻常。早在古代晚期，罗马皇帝的法律就在行省被收集起来并且流传开来。同样的，在加洛林时代和奥托时代之前的数个世纪里，旧的教会规范性文本以及罗马帝国的规范性文本，通过满足某些特殊的情形，发展出法律效力。[①] 这个现象并未止于 900 年前后，作为条目汇编的敕令也在 10 世纪和 11 世纪被编制，相对而言在西法兰克尼亚数量较多，但莱茵河以东地区也有。

胡贝尔特·莫尔德克怀疑过，这些晚期的抄本是否也具有法律功能，因为这些抄本经常不仅包含敕令，而且也包括各种各样的其他文本。莫尔德克表示，其中有些敕令似乎具有"装饰或者填补空白位置"的功能。他提出，这些可能是教会和世俗官员用的教材。[②] 相反，我想揭示 10 世纪和 11 世纪初编制的敕令条目汇编是在传承实用文本以便处理和解决争议。为此，时人认真地编辑他们的模板，为达成实用目的而查阅敕令抄

也参见 M. Glatthaar, "Subjektiver und indirekter Stil in den Kapitularien Karls des Großen. Ein Beitrag zur Frage ihrer Entstehung," *Deutsches Archiv für Erforschung des Mittelalters* 70（2014）：1-42。至于 794 年的敕令，文本传承只能追溯到 9 世纪 70 年代晚期或者 9 世纪 80 年代初在兰斯制作的一个抄本（Paris, BnF, Lat. 10758, pp. 25-35）。参见 H. Mordek, "Aachen, Frankfurt, Reims: Beobachtungen zu Genese und Tradition des 'Capitulare Francofurtense'（794），" *Das Frankfurter Konzil von 794. Kristallisationspunkt karolingischer Kultur*, Quellen und Abhandlungen zur mittelrheinischen Kirchengeschichte 80, ed. R. Berndt, Frankfurt a. M., 1997, pp. 125 – 148。《法兰克福敕令》其实是个综合而成的多元性文本，包括从多个叙述 794 年教务会议决议的史料摘录（对于此类叙述的独特特征，参见 Pössel, "Authors and Recipients," p. 256）、对《广训》的简要摘录，以及对个案所做的两项王室判决。（我计划研究这个文本）

① 参见其他作者的研究：James Corke-Webster, "Emperors, Bishops, Art and Jurisprudence: The Transformation of Law in Eusebius of Caesarea," *Early Medieval Europe* 27（2019）：12-34；Stefan Esders and Helmut Reimitz, "After Gundovald, Before Pseudo-Isidore: Episcopal Jurisdiction, Clerical Privilege and the Uses of Roman Law in the Frankish Kingdoms," *Early Medieval Europe* 27（2019）：85-111。

② 引文均来自 Mordek, "Karolingische Kapitularien," p. 39。

本，以在争议中获得优势。这种情形在诸多不同场合发生，我们应该在理解奥托文化时赋予敕令重要性。

三　奥托王朝境内敕令的使用情况：10 世纪的抄本

胡贝尔特·莫尔德克的《敕令集成》①罗列了奥托王朝境内制作的 17 份包含敕令的抄本（见表 1）。其中有两份抄本（第 6~7 号）来自弗赖兴（Freising），彼此关系密切。它们仅抄录了一个条目。②还有 3 份都只包含一种敕令，其中一个为 806 年查理曼的《分国诏书》（第 3 号），③一个为宫相卡洛曼于 742/743 年发布的《日耳曼教务会议决议》（Concilium Germanicum），④以及 789 年查理曼《广训》的摘录件（第 17 号）。⑤但是，即使我们将这些罕见的例子排除掉，也还有大约 12 份抄本，它们抄录了数量可观的敕令条目。

其余抄本的制作地点不详，但是至少可以确定一个大致的地理范围供我们讨论。从萨克森尼亚的科尔维修道院（第 10 号），经过富尔达修道院（Fulda，第 16 号）和洛尔施修道院（Lorsch，第 17 号）、美因茨（第 2、16 号）、梅斯（第 12 号），到南方的弗赖兴（第 6~9 号）、奥格斯堡（Augsburg，第 5 号）、康斯坦茨（第 14 号）和圣高尔修道院（St Gall，第 13、15 号）。如果考虑到还有大量抄本已散佚，这个地理范围的广泛性说明相关敕令抄本在 10 世纪很多地方都有制作。

通过这些抄本，我们发现了从 9 世纪开始的历史延续性。有些敕令条

---

① Mordek, *Bibliotheca*.

② Munich, Bayerische Staatsbibliothek, Lat. 6241, fol. 104r – v 和 Munich, Bayerische Staatsbibliothek, Lat. 6245, fol. 31ra-rb 都有相关记载。*Capitulum de sacrilegis*（a. 802/3?），ed. H. Mordek, "Von Wahrsagerinnen und Zauberern. Ein Beitrag zur Religionspolitik Karls des Grossen," *Archiv für Kulturgeschichte* 75（1993）：33–64, at 47–48.

③ MGH Capit. 1, 45, pp. 126–31.

④ MGH Capit. 1, 10, pp. 24–27.

⑤ *Admonitio generalis*, ed. M. Glatthaar, H. Mordek and K. Zechiel-Eckes, MGH Fontes 16, Hanover, 2012. 关于抄本，参见导言（p. 80）。

表 1　10~11 世纪奥托王朝境内的抄本

序号	敕令	日期	在第 217 页注释② 书中的来源
1	Berlin, Staatsbibliothek Preußischer Kulturbesitz, Phill. 1737	s. X^2	pp. 50–55
2	Gotha, Forschungsbibliothek, Memb. I 84	s. X/XI	pp. 131–149
3	Gotha, Forschungsbibliothek, Memb. II 189 (Fragmente)	s. X^1	pp. 152–153
4	Heiligenkreuz, Stiftsbibliothek, 217	s. X, end, south-east German	pp. 158–172
5	Munich, Bayerische Staatsbibliothek, Lat. 3853	s. X^2, south German, maybe Augsburg?	pp. 287–305
6	Munich, Bayerische Staatsbibliothek, Lat. 6241	s. $X^{3/3}$, Freising	pp. 319 –321
7	Munich, Bayerische Staatsbibliothek, Lat. 6245, fols 31–56	s. X^2, Freising	pp. 325–328
8	Munich, Bayerische Staatsbibliothek, Lat. 6285	s. X, Freising	pp. 328–329
9	Munich, Bayerische Staatsbibliothek, Lat. 6360	s. $X^{3/3}$, Freising or southern Carinthia	pp. 329–333
10	Münster, Staatsarchiv, msc. VII. 5201	s. $X^{2/4}$, a. 945 or soon after, Corvey	pp. 378–386
11	Paris, Bibliothèque nationale de France, Lat. 3878 +Weimar, Hauptsaatsarchiv, Depositum Hardenberg, Fragm. 9	s. X/XI, southern German, possibly Brixen	pp. 444–451
12	Paris, Bibliothèque nationale de France, Lat. 9654	s. X/XI, Lotharingia, probably Metz	pp. 562–578
13	St Gall, Stiftsbibliothek, 677	s. X (or around 870?), St Gall?	pp. 658–660
14	Stuttgart, Württembergische Landesbibliothek, HB VI 112	s. X, probably Constance	pp. 720–723
15	Stuttgart, Württembergische Landesbibliothek, iur 4° 134	s. X/XI, Alemannia, possibly St Gall	pp. 724–728
16	Città del Vaticano, Biblioteca Apostolica Vaticana, Pal. Lat. 583	s. X, middle of the century, Mainz, partly Fulda hands	pp. 797–799
17	Vienna, Österreichische Nationalbibliothek, 502	s. X, southern German, possibly Alemannia?	pp. 907–908

目集相对更成功，因此被抄录和编写的频率更高。安瑟吉斯的《敕令汇编》可谓黄金范本。① 828 年、829 年之后许多编订者对它进行了增补（第 1、2、4、5、11~12 和 14 号）②，至少有两个抄本（第 2、16 号）增补了归于大主教奥特加尔时期美因茨的助祭本尼迪克特·勒维塔（Benedictus Levita）名下的三卷敕令集——绝大多数内容是伪造的。③ 卢普斯·费里埃在 9 世纪 30 年代制作的《法律之书》（Liber Legum）④ 构成了另外三种抄本的基础，它们分别是慕尼黑巴伐利亚州立图书馆的抄本 clm 3853、海利根克罗伊茨（Heiligenkreuz）的抄本编号 217 以及巴黎法国国家图书馆拉丁文抄本 3878（第 4~5 号，第 11 号）。⑤

让我们简单考察一下某些特殊的样本。奥托王朝的统治地区显然对查理曼的《广训》非常感兴趣，⑥ 尽管并不必然意味着这份文本被完整抄录。该敕令的摘录也被认为值得传抄（第 10、13 和 17 号）。另外，奥托时期的抄本也保留了一些罕见的文本，例如科尔维抄本（第 10 号）中的查理曼的《萨克森敕令》。⑦ 源自阿拉曼尼亚的一份抄本（很有可能是在圣高尔修道院制作，第 15 号）是关于 808 年军队组织敕令目前仅存的中古抄本，⑧ 除此之外就只有近代早期赫罗尔德的编辑本了。

① 有关安瑟吉斯敕令集广泛而持续的接受史的充分讨论，参见 MGH Capitularia, n. s. 1, pp. 282-374。
② MGH Capit. 2, 184-193, pp. 2-20; 同样参见 F. L. Ganshof, "Am Vorabend der ersten Krise der Regierung Ludwigs des Frommen. Die Jahre 828 und 829," *Frühmittelalterliche Studien* 6 (1972): 39-54。
③ 新的校注本由西密茨（G. Schmitz）编辑，参见 http: //www. benedictus. mgh. de, 2016 年 11 月 17 日访问。
④ 参见 H. Siems, "Textbearbeitung und Umgang mit Rechtstexten im Frühmittelalter. Zur Umgestaltung der Leges im Liber legum des Lupus," in *Recht im frühmittelalterlichen Gallien. Spätantike Tradition und germanische Wertvorstellungen*, Rechtsgeschichtliche Schriften 7, ed. H. Siems, K. Nehlsen-von Stryk and D. Strauch, Cologne, 1995, pp. 29 - 72; O. Münsch, *Der Liber legum des Lupus von Ferrières*, Freiburger Beiträge zur mittelalterlichen Geschichte 14, Frankfurt a. M., 2001。
⑤ 参见 Mordek, *Bibliotheca*, pp. 289-290。
⑥ *Admonitio generalis*, ed. Glatthaar, Mordek and Zechiel-Eckes.
⑦ MGH Capit. 1, 27, pp. 71-73.
⑧ MGH Capit. 1, 50, pp. 136-138.

至关重要的是，这些 10 世纪的抄本并非仅仅用于修道院教学，也有实用的目的。它们并非简单地抄录老范本，而是精心设计过的。令人印象深刻的例子是柏林抄本 Phill. 1737。在这份抄本中，有人在 10 世纪后半叶（有可能是在梅斯或附近地区）借助安瑟吉斯的《敕令汇编》和虔诚者路易 828/829 年的敕令，仔细地编订了业已存在的敕令集。首先，他依据安瑟吉斯的文本增补了那些业已遗失的敕令条目，采纳了安瑟吉斯的编排方式和条目顺序。然后，他也依据安瑟吉斯的作品增补了其他完全在范本中不见的那些条目集。胡贝尔特·莫尔德克将这种方式相当刻薄地称为"不认真但是很聪明，尤其是他似乎并没有意识到安瑟吉斯作品的开头部分（到第 1 卷第 67 款）被漏掉了"。[①] 然而杰哈尔德·史密茨正确地注意到，该抄录者是中古早期最为勤奋的写手之一。[②] 聪明和勤奋都涉及我们的论点，在这个案例中显然有人对编制文本非常投入，认真考虑模板的结构以及自己的编写。

来自阿拉曼尼亚的斯图加特抄本（第 15 号），哈特穆特·霍夫曼认为它源自圣高尔修道院。[③]《阿拉曼尼法典》（第 1r~33r 页）之后是安瑟吉斯的《敕令汇编》（A 版，第 34r~136v 页），后面抄录了另一种篇幅较小的敕令条目集（第 173~179v 页），类似于赫罗尔德在 16 世纪依据一份现今已佚的抄本出版的印本。抄本之后的页面还有另一组敕令条目集（第 183r~199v 页），是对安瑟吉斯汇编的摘录本，自带标题（capitulatio）。在第 137r~163r 页，即安瑟吉斯的《敕令汇编》和第二部条目集之间，抄录了一份罗马法选集。首先是出自《埃吉迪乌斯罗马法摘录》（*Epitome Aegidii*）的大量选段，随后是查士丁尼的《新律》的第 5 条、《朱利安罗马法摘录》（*Epitome Juliani*）的 5 条摘录、451 年查尔西顿大公会议决议

---

① Mordek, *Bibliotheca*, p. 51.

② G. Schmitz, "Intelligente Schreiber. Beobachtungen aus Ansegis- und Kapitularienhandschriften," *Papsttum, Kirche und Recht im Mittelalter. Festschrift für Horst Fuhrmann zum 65. Geb.*, ed. H. Mordek, Tübingen, 1991, pp. 79-93, at 89-90.

③ H. Hoffmann, *Schreibschulen des 10. und 11. Jahrhunderts im Südwesten des Deutschen Reiches*, MGH Schriften 53, Hanover, 2004, vol. 1, p. 259.

的第 17 款，以及对《埃吉迪乌斯罗马法摘录》所做的其他 3 条摘录。[①]
查士丁尼《新律》的第 5 条涉及如何成为修士，以及在修道院生活了 3 年
之后是否仍可以被他的主人召回。《朱利安罗马法摘录》也讨论了类似问
题。这一部分摘录没有现存更早的模板了，因此它很有可能就是 10 世纪的
人制作的。这份实用的奥托法律抄本的其余部分，收入了《埃尔坎贝尔特
编年史简编》（Breviarium Erchaberti）以及圣高尔修道院"口吃者"诺特
克的补订，[②] 为读者提供自墨洛温王朝到 9 世纪晚期的简要法兰克史。

奥托时期有一些敕令集的抄本页还有注释和阅读记号（nota），有时
候是好几层的注释累积，也有不同的笔迹。这些迹象表明这些抄本被具体
而频繁地使用。早在 20 世纪 50 年代，在藏于斯图加特的一份 10 世纪敕
令抄本中，约翰·奥腾里特就辨认出康斯坦茨的贝诺尔德（1100 年去世）
所加标识的笔迹。换言之，至晚到 11 世纪后半叶，此书仍在被用于解决
司法纠纷。[③]

藏在巴黎法国国家图书馆编号 9654 的拉丁文抄本上也有同样丰富的
阅读笔记。这个抄本源自洛塔林吉亚地区（Lotharingian origin），可能制
作于梅斯；最迟在近代早期，此书藏于梅斯的圣文森特修道院（St-
Vincent）。[④] 这个抄本是个篇幅庞大的敕令集，也具有独特的历史。敕
令涉及的时段从丕平一世时期到 884 年卡洛曼国王时期，大体按照统
治者的先后顺序编排。这份重要的敕令集基于 3 份更早的敕令集汇编
而成。敕令后添加了另一份篇幅很长的法典文献，包括法兰克人法、
阿拉曼尼法和巴伐利亚法。[⑤]

---

① 详细的结构，参见 Mordek, Bibliotheca, pp. 725-728。
② Breviarium Erchanberti, ed. G. H. Pertz, MGH Scriptores 2, Hanover, 1829, p. 328
（尽管只是从 741 年开始）；Notker, Breviarii Erchanberti continuatio, ed. G. H. Pertz,
MGH Scriptores 2, Hanover, 1829, pp. 329f。
③ J. Autenrieth, Die Domschule von Konstanz zur Zeit des Investiturstreits. Die wissenschaftliche
Arbeitsweise Bernolds von Konstanz und zweier Kleriker dargestellt auf Grund von Hands-
chriftenstudien, Forschungen zur Kirchen- und Geistesgeschichte 3, Hechingen, 1956,
pp. 88-89.
④ 关于这个文本，参见 Mordek, Bibliotheca, pp. 562-563。
⑤ 对内容的简要介绍，参见 Mordek, Bibliotheca, pp. 563-576。

在抄本开篇读者一下子就会注意到许多密密麻麻的阅读笔记。这些笔记令人想起现代读者的习惯，就像用绿色荧光笔画文本的几乎每一行。笔记的丰富程度使得我们几乎无法确定这位热心笔记员的阅读动机。除了这些粗糙的笔记，抄本中还有其他笔记，如果不是三位，那也至少是两位读者留下的。其中一位读者的笔记似乎相当常见也容易辨认，他在字母 T 的下面写下独特的 A。胡贝尔特·莫尔德克认为这个符号很有可能是在抄本制作时写下的。[①] 标记者仅仅用这个符号标记个别段落，他的标记很有规律可循。他对那些涉及修道院自由、俗人影响和主教管控之间存在紧张关系的修道院感兴趣。

他标记了下面相应的段落（见表 2）：在何种条件下和什么年纪的女孩能够成为修女（第 2 条）；在 30 年不受争议地持有并提供目击证词之后，教会土地应该被视为国有土地（fiscal land，因此也就适用于司法调查程序）；[②] 人们如何在法庭上做证；只能由本地证人为有争议的地产做证（第 5 号）。

标记者也注意到：主教有权处罚那些在教区里犯罪的科洛尼（coloni），不管他们的领主是谁；如果领主不服，那么就会面临王室惩罚、开除教籍和公开谢罪（harmschar）的威胁（第 7 号）。另外，标记者也标记了涉及密谋和密谋者的处罚敕令（第 3 条），可能因为这条文本提到了密谋者将会被削发成为修士。

所有这些内容都源自我们称为敕令的文本。跟许多其他抄本一样，巴黎法国国家图书馆的拉丁文抄本编号 9654 也将敕令与被现代史家通常称为宗教会议决议（concilia）的文本混编在一起。在 845/846 年召开的莫城—巴黎教务会议通过的教令中，我们的标记者也找到了有用的信

---

①　Mordek, *Bibliotheca*, p. 572，他怀疑有"一名当时的校正者"，无论如何，他将这个标注记号与"抄本的其他笔记"加以区分，并不正确；尽管看起来与抄本页边的其他粗糙标记符号相比特别不同，但抄本也有许多类似的标记，业已标记在本文的表 2 中。

②　在抄本 Paris，BnF，Lat. 9654 中两次出现了相关的敕令，标记者也标记了两次（no. 4 and no. 6）。

表 2 巴黎法国国家图书馆藏 Lat. 9654 抄本中标记符号

序号	文件集	文本	来源
1	4v	Constitutum ut nulla abbatissa duo monasteria habere praesumat…	*MGH Capit.* 1, no. 14, c. 6
2	39r	Nec uero puelle indiscrete uelentur placuit nobis etiam…	Ansegis I, c. 101
3	51r	De conspirationibus quicumque facere praesumpserit et sacramento quamcumque	Ansegis III, c. 8
4	56v	Ut de rebus ecclesiarum quae ab eis…	Ansegis III, c. 91 (= addition : no. 191, c. 7)
5	60r	Testes uero de qualibet causa non aliunde querantur nisi de ipsi comitate in quo res…	Ansegis IV, c. 22
6	67r	Ut de rebus ecclesiarum quae ab eis…	MGH Capit. 1, no. 191, c. 7 (without chapter numeration)
7	73r	Ut missi nostri omnibus per singulas parrochias…	MGH Capit. 1, no. 259 (a. 853), c. 9
8	87r	Peruentum est siquidem ad nos… (gegen Laienäbte)	Council of Meaux-Paris 845/6, c. 10
9	92r	Prouidendum est regiae maiestati ut monasteria que ab omnibus…	Council of Meaux-Paris 845/6, c. 41
10	92v	Cavendum est et summopere cavendum… (gegen Simonie)	Council of Meaux-Paris 845/6, c. 43
11	93v	Ut canonici in ciuitate uel monasteriis sicut constitutum est in dormitoro dormiant…	Council of Meaux-Paris 845/6, c. 53
12	94r	Ut nemo episcoporum quemlibet sine certa et manifesta peccati causa…	Council of Meaux-Paris 845/6, c. 56
13	94v	Ut monachis de monasterio sine consultu uel praesentia episcopi…	Council of Meaux-Paris 845/6, c. 59
14	96r	Ut nemo quemlibet mortuum in ecclesia quasi hereditario iure…sepelire praesumat…	Council of Meaux-Paris 845/6, c. 72

息。其中有抱怨那些在自己土地上建立修道院的俗人将修道院视为他们的世袭地产并使得修士毫无自由可言的记录（第9号）。被标记的还有涉及买卖圣职的严厉禁令（第10款），以及所有律修士共同生活的规则（第11条）。另外，他对主教不得革除任何没有明显罪过之人教职的规定似乎也很感兴趣（第12条）。没有主教的同意，任何修士不得被逐出修道院，对此他也做了标记（第13条）。而且他也觉得如下段落有用，即任何人都不得葬于教堂里，除非主教或者教士认为死者的生活方式配得上这样的墓茔（第14条）。

可以想见，有人认为这些条文所涉事项具有广泛的用途。很有可能这些带有标记记号的敕令具有更为广泛的背景。我们的标记者对修道院和它们免于俗人干预的自由感兴趣（或者是修道院或者更泛泛地涉及它们的土地，或者院长的任命或者葬于教堂）。此外，他对于修道院与主教的关系感兴趣，也觉得涉及教产冲突的特殊法律问题有意思。

可惜我们并不能确定标记者的姓名。但可能抄本从梅斯转移到圣文森特修道院的时间不会太晚，因为标记者在10世纪晚期和11世纪初动手标记。在这种情形下，标记符号所显示的兴趣就能得到很好的解释。圣文森特修道院是梅斯主教迪特里希（Dietrich of Metz）于约970年创立的。[①]迪特里希并不仅仅是皇帝奥托一世的近亲，他也在奥托一世的兄弟、科隆大主教的照顾下接受教育并且升至高位。[②]圣文森特修道院是在果尔茨教会改革（Gorze reform）的背景下在梅斯创建的。第一任院长是名叫奥迪尔贝尔特（Odilbert）的修士，他在果尔茨修道院发愿成为修士。第一批

---

① P.-É. Wagner, "Culte et reliques de Sainte Lucie à Saint Vincent de Metz," *Mémoires de l'Académie nationale de Metz*, Metz, 2002, pp. 179-205, at 182-183（其中提到了教宗约翰十三世对于创建修道院的确认文书，日期为970年9月19日）；另外参见 M.-A. Kuhn, "Sainte Lucie, Saint Vincent: deux titulaires en concurrence pour l'abbatiale Saint-Vincent de Metz," *Mémoires de l'Académie nationale de Metz*, Metz, 2002, pp. 165-177, at 166（祝圣了修道院教堂的3个祭坛）。

② 关于迪特里希与奥托王室的关系及他的履历，参见 Wagner, "Culte," p. 182；以及 M. Parisse, "Thierry Ier, évêque de Metz（965-984），" *Les cahiers lorrains*, Heft 4（1965），pp. 110-117, at 111-112。

修士分别来自果尔茨和梅斯的圣阿努尔夫修道院（至少让布卢的西吉贝尔特在 11 世纪的《迪特里希主教传》中这么说）。① 并没有证据表明标记是由迪特里希或者主教奥迪尔贝尔特亲自做的，但是它们确实很好地迎合了当时的修道院改革背景，就像 10 世纪最后三十多年圣文森特修道院所经历的那样。然而无论如何，这些标记表明他对法律有具体务实的兴趣。有人显然想通过阅读大型法律文本以求在如何处理当时面临的涉及修道院自由和教产法律地位的重要问题上获得指导。

另一个有趣的例子是藏于哥达（Gotha）研究图书馆的抄本 Memb. I. 84，于公元 1000 年前后在美因茨制作，此后一直保存在那里的大教堂图书馆里。② 这本篇幅几达 400 页的厚重法律图书有不同时期不同的人所做的密集标记，尤其是在第一部分，即包含安瑟吉斯敕令集和本尼迪克特·勒维塔敕令集的那部分。不同的异读和校订在制作之后不久就被添加了。单个词语的校正往往由"或者"（vel）引导。例如，在第 35r 页：禁止教士带着猎犬、鹰隼或者税官（acceptores）打猎。在页边我们看到了校正：这句话并不是说"与税官一起"，而是说"或者与猎鹰一道"（vel accipitres）。在第 35v 页的难字 nonanes 处添加了注解"或称修女"（vel sanctimoniales）。在第 42r 页对一个毫无意义的 praestibus 标注"或称证人"（vel testibus）。许多校正都表明了校注者阅读文本的细致，辅之对内容的兴趣。不止一次，校注者在页边对大片文本做出校正时，会用单词"另外"（aliter）引导。③

本尼迪克特·勒维塔的敕令集尤其受到几位标注者的关注，其中最为勤奋的那一位利用一个独特且容易辨识的标注符号，很有可能是另一位读者用页边注解的方式对一些条目的内容添加了关键词。位于特定页面下边

---

① Sigebert von Gembloux, *Vita s. Deoderici episcopi Mettensis*, ed. G. H. Pertz, MGH Scriptores 4, Hanover, 1841, pp. 462-483, here c. 13-14, p. 470.

② Gotha, Forschungsbibliothek, Memb. I, 84. 关于抄本及其内容，参见 Mordek, *Bibliotheca*, pp. 131-149；关于它在美因茨抄本中的位置和日期，也请参见 H. Hoffmann, *Buchkunst und Königtum im ottonischen und frühsalischen Reich*, MGH Schriften 30. 1, Stuttgart, 1986, pp. 238-239。

③ Gotha, Forschungsbibliothek, Memb. I, 84, fols 114v, 115v, 122v, 132v.

的那些注解、在页边对某些条目所做的评价如"非常有用的条款"（capitulum perutile）或者"法"（lex），它们似乎出现得更晚一些。偶尔，不止一位读者在同一处做标注符号。因此，似乎这些条款能引起 11～12 世纪这段时期不同标注者的兴趣。

特别有意思的是，标记符号第一次出现于第 53r 页。[①] 尽管我们无法确定是谁添加了这些记号以及作于何时，但是许多被标注的段落似乎与某次司法争议密切相关，即甘德斯海姆争议（Gandersheim conflict）。在该抄本制作的公元 1000 年前后任美因茨大主教的维里吉斯（Willigis）涉案极深。这场美因茨大主教与希尔德斯海姆主教之间旷日持久且引人注目的边界纠纷始于 989 年。问题源自两位主教中谁应该主持奥托三世的近亲索菲娅成为甘德斯海姆女院长的仪式，该修女院由奥托王室于 9 世纪创建。那么甘德斯海姆修女院处在哪个主教区的权威之下呢？冲突在公元 1000 年重新爆发，这次是谁应当祝圣修道院的新教堂。其政治背景是，当年幼的国王奥托三世成年之后，由奥托三世身边的哪个人来替代帝国最具权威的大主教维里吉斯。取代维里吉斯的人是从 10 世纪 90 年代中期开始成为王室最具影响力的顾问、奥托的老师和太傅、希尔德斯海姆的伯安瓦尔德。这一争议持续剧烈升温直到 1002 年，并分别在甘德斯海姆、罗马、波尔德（Pöhlde）和法兰克福召集的教务会议上讨论过，皇帝和教宗西尔维斯特二世也进行过干预。可以预见的是，因为 1001 年甘德斯海姆女院长格尔贝尔嘉（Gerberga）的去世和索菲娅的继任，冲突升级。令希尔德斯海姆的伯安瓦尔德不快的是，新的女院长支持维里吉斯。伯安瓦尔德做出反应，将缺席的维里吉斯停职，直到后者在罗马得到了教宗西尔维斯特二世的宽恕，以及在波尔德教务会议上由教宗特使、年轻的枢机教士弗里德里

---

① 第一次出现是标记 *Capitulum in pago Cennomanico datum*，MGH Capit. 1，31，pp. 81-83。关于这个文本也请参见 Pössel，"Authors and Recipients," p. 258；以及新研究 C. West，"Carolingian Kingship and the Peasants of Le Mans：The Capitulum in Cenomannico pago datum," *Charlemagne: Les temps, les espaces, les hommes. Construction et déconstruction d'un règne*，Collection Haut Moyen Âge 34, ed. R. Grosse and M. Sot, Turnhout, 2018, pp. 227-245。

希执行索菲娅的祝圣仪式。①

我们主要通过希尔德斯海姆的视角来了解甘德斯海姆争议，他们这一方的一位教士提供了一份非常有偏见的记录，供我们了解争议的纠缠和变化。② 另外，我们还有希尔德斯海姆的伯安瓦尔德用过的教会法抄本。③ 哥达抄本给我们提供了无比珍贵的机会，去了解美因茨的视角。如果标注符号属于公元 1000 年前后的话，他们可能提供了美因茨方面对 1001 年维里吉斯停职事件的回应。本尼迪克特·勒维塔敕令集的许多条文被标注这一现象也特别适合于这一历史背景。其中一条讨论了女院长如何被任命的问题，很有可能用于支持索菲娅作为继承人的合法性。④ 另一条被标记的条文涉及神职人员必须在不同的教阶上各任职多

---

① H. Goetting, "Bernward und der große Gandersheimer Streit," in *Bernward von Hildesheim und das Zeitalter der Ottonen. Katalog der Ausstellung Hildesheim 1993*, ed. M. Brandt and A. Eggebrecht, Hildesheim, 1993, pp. 275–282; K. Görich, "Der Gandersheimer Streit zur Zeit Ottos III. Ein Konflikt um die Metropolitanrechte des Erzbischofs Willigis von Mainz," *Zeitschrift der Savigny-Stiftung für Rechtsgeschichte. Kanonistische Abteilung* 79 (1993): 56–94; E.-D. Hehl, "Der widerspenstige Bischof. Bischöfliche Zustimmung und bischöflicher Protest in der ottonischen Reichskirche," in *Herrschaftsrepräsentation im ottonischen Sachsen*, Vorträge und Forschungen 46, ed. G. Althoff and E. Schubert, Sigmaringen, 1998, pp. 295–344, at 316–329.

② "希尔德斯海姆记录" 仅仅作为《伯安瓦尔德传》的一部分流传下来。G. H. Pertz, ed., MGH Scriptores 4, pp. 754–782, at c. 13–22, pp. 764–769（但编校本的 "Cod. 2" 本并没有准确地再现传承的文本内容）。有关文本的制作日期、形式和可信度方面的问题，有不同意见，请参见 K. Görich and H.-H. Kortüm, "Otto III., Thangmar und die Vita Bernwardi," *Mitteilungen des Instituts für Österreichische Geschichtsforschung* 98 (1990): 1–57; 以及 M. Stumpf, "Zum Quellenwert von Thangmars Vita Bernwardi," *Deutsches Archiv für Erforschung des Mittelalters* 53 (1997): 461–496。

③ Wolfenbüttel, Herzog August Bibliothek, Helmst. 454.（关于抄本以及如何在甘德斯海姆争议期间被希尔德斯海姆方面利用，参见 Hehl, "Bischof," pp. 325–326）

④ Gotha, Forschungsbibliothek, Memb. I, 84, fol. 59v（= Benedictus Levita I, 384）: "Abbatissa eligatur a cuncta congregatione non secundum ordinem. sed quam melioris opinionis esse. constiterit. et quam meliores elegerint; Et qui eam eligunt. proponant sanctis euangeliis dicentes. quod non propter amititias. vel gratiam humanam. sed scientes eam fide rectam. et vita castam. et administratione dignam, ad omnemque statum monasterii utilem: Et tunc confirmetur ab episcopo, cui monasterium subiectum est."

少年才能升职——从驱魔员到司铎。① 我们知道教宗特使弗里德里希确实很年轻（尽管希尔德斯海姆的教士的记载特地强调他具有长者端方的行为方式）。② 因此这个条文很有可能对维里吉斯这一方有用。它提供了一个直接攻击那位教宗特使的机会，在波尔德教务大会上这位教士负责将维里吉斯去职。③

从美因茨的视角来看，甘德斯海姆争议的要害在于希尔德斯海姆主教不公平地拥有属于美因茨教会的教产。④ 偷窃教产的人将受到怎样的处置，乃是哥达抄本中另一条被标记条文的内容。⑤ 与此同时，维里吉斯不得不捍卫自己并反对停职处罚。对此，本尼迪克特·勒维塔敕令集提供了相当多的材料，因为主教被免职就是 9 世纪的这位伪造者最为关心的问题之一。确实，许多标记符号标注了那些强调主教享有特别尊严的条文，例如第一章之第 322 条论及教会人士的礼敬及服从；⑥ 又如第一章之第 402 条专门引用经文"不要碰我所膏立的人"，这里的受膏者就是指主教。⑦

同样令美因茨方面关心的还有那些条文，它们为审问主教设置了非常大的程序障碍。⑧ 然而还有一章也对 1001 年前后美因茨方面具有特别的

---

① Gotha, Forschungsbibliothek, Memb. I, 84, fol. 95r（ = Benedictus Levita III, 42）: "De dilatione temporum erga eos qui ad sacros ordines promoventur. Qui se divinę militię desiderat mancipari. sive inter lectores. sive inter exorcistas. quinquennio teneatur; Deinde acolitus. vel subdiaconus. quatuor annis. et sic ad benedictionem diaconatus si meretur accedat in quo ordine. quinque annis. si inculpate gesserit adherere debebit. et postea si probus fuerit. sacerdos efficiatur."

② Hildesheim memorandum（ = *Vita Bernwardi*, c. 22, p. 769, Cod. 2）: "Frithericus cardinalis presbiter sanctae Romanae aecclesiae, post quidem Ravennae archiepiscopus, Saxo genere, iuvenis aetate sed senior morum probitate, vicarius domni apostolici eligitur et dirigitur."

③ Görich, "Streit," pp. 83-89.

④ Görich, "Streit," pp. 77, 80.

⑤ Gotha, Forschungsbibliothek, Memb. I, 84, fols. 53v, 81r, 86r, 112r, 113r.

⑥ Gotha, Forschungsbibliothek, Memb. I, 84, fol. 54v（ = Benedictus Levita I, 322）.

⑦ Gotha, Forschungsbibliothek, Memb. I, 84, fol. 85r（ = Benedictus Levita I, 402）.

⑧ Gotha, Forschungsbibliothek, Memb. I, 84, fols. 93v, 101r, 103r, 103v, 106r, 106v, 107r, 107v, 109r, 111v, 113v, 120r.

吸引力，那就是有人迫使神职人员首先要对任何争议都寻求和平解决。① 另一条款规定主教不得被缺席判决，② 就像在波尔德时针对维里吉斯所发生的那样。

另一条重要的细节就是伯安瓦尔德曾两次缺席由维里吉斯召集的会议，而是派遣希勒斯维希的主教艾克哈尔德作为代表。依据希尔德斯海姆的记载，维里吉斯强烈抗议艾克哈尔德干涉那些与他无关的事情。后者则答复道，在从自己的教区被流放之后，他在希尔德斯海姆找到了避难所，因此支持该教区。③ 在来自美因茨的哥达抄本中，一条标记符号标记了涉及神职人员的条文，讨论那些离开自己的教区流转到另一教区的神职人员。④ 这一条似乎也说明那些被标记者标注的条款反映了公元 1000 年前后特定形势之下美因茨方面的关切点。

利用普吕姆的里吉诺的《教务会议事宜及教会纪律 2 卷》的一份美因茨抄本（Wolfenbüttel, Herzog August Bibliothek, 83. 21 Aug. 2°），安斯特-迪特尔·希尔业已注意到，维里吉斯利用了托名伊西多尔的伪作中的本尼迪克特·勒维塔敕令集和安吉尔拉姆教令集（Capitula Angilramni）来捍卫自己。⑤ 我们并不能证据确凿地证明维里吉斯也利用了公元 1000 年前后在美因茨制作的厚重法令汇编，其中也有全本的本尼迪克特·勒维塔敕令集，该抄本即哥达研究图书馆 Memb. I. 84 抄本。⑥ 虽然如此，抄本

---

① Gotha, Forschungsbibliothek, Memb. I, 84, fol. 113v（= Benedictus Levita III, 350）. 另外，注解将条文描述为 p［erutile［cap［itulum］。

② Gotha, Forschungsbibliothek, Memb. I, 84, fol. 107r（= Benedictus Levita III, 246）: "Quod iniuriarum actiones nonnisi praesentes accusare possint. Iniuriarum actiones nonnisi praesentes accusare possunt. crimen enim quod vindictę aut calumniae iuditium expectat. per alios intendi non potest. "

③ Hildesheim memorandum（= Vita Bernwardi, c. 20, p. 768, Cod. 2）.

④ Gotha, Forschungsbibliothek, Memb. I, 84, fol. 107r（= Benedictus Levita III, 245）. 标注记号标记了下面句子："Quod si alius alio transmigrante in locum viventis ordinatus est. tamdiu vacet sacerdotii dignitate. qui suam deseruit ecclesiam. quandiu successor eius quiescat in christo。"

⑤ Hehl, "Bischof," p. 322, n. 73 and pp. 327-328.

⑥ Hehl, "Bischof," p. 328, n. 92; idem, MGH Concilia 6. 1, Hanover, 1987-2007, pp. 180-181, 以及 idem, "Iuxta canones et instituta sanctorum patrum. Zum Mainzer Einfluß

中的标注记号表明这些主题如此符合甘德斯海姆激烈的政治冲突，以至于我们很难将它视为学校训练资料，或者是美因茨学者们纯粹为了满足好古兴趣的"产儿"。

四　结语

我已经提出敕令不宜被理解为统治者的法令，基于它们的传承过程可知它们或多或少是未定型的敕令条目。虽然最初的敕令条目已佚，但它们很有可能是在统治者和贵族之间进行各种交流的背景下产生的。[①] 它们在宫廷外不同的地方被收集起来。重要的是，正是在这些敕令汇编的基础上，后人不断抄录、摘录、编排和再编排新的汇编，敕令也正是以这种方式发挥了它们的法律效力。在 900 年前后这种敕令的生产并没有终止，甚至在莱茵河以东地区至 10 世纪和 11 世纪初仍继续进行：我们知道在东法兰克王国的一些不同地区编制了这些抄本。古老的敕令集被人们聪明地加以编排，不仅供修道院学校使用，而且也用于解决司法争端和政治冲突。安瑟吉斯的《敕令汇编》和虔诚者路易 828/829 年的敕令往往构成其核心内容，但是也会抄录、摘录其他资料综合为新的汇编。标注符号和注解证明至少其中有部分抄本不仅被用于教学，而且也被用于法律和政治实务。

这些都指向同一个方向：当我们研究奥托时代法律和政治的时候，要认真对待 10 世纪存在的抄本——它们或接受已有的抄本，或积极重编敕

---

auf Synoden des 10. Jahrhunderts," in *Papsttum*, ed. Mordek, pp. 117-133, at 131 with n. 45，抄本 Vatican, Biblioteca Apostolica Vaticana, Pal. Lat. 583，有此抄本的更多细节，这是美因茨利用的有关安瑟吉斯敕令集和本尼迪克特·勒维塔教令集的另一种范本，它甚至可能是哥达抄本的模板。

① Pössel, "Authors and Recipients," pp. 255-259，与旧法制史的狭隘视角相反，她正确地认为，并非所有的"敕令"都是王国大会的产物，它们也不需要以这样的发布形式来获得可靠性。然而我想将大部分现存敕令条目集的起源置于统治者、宫廷顾问和贵族之间协商的背景之中。我们知道此类讨论和会议通常在宫廷中举行，不只是限于王国大会的背景下（有时甚至不是当着统治者的面）。

令抄本。这一现象有助于重新理解加洛林的"校正"（correctio）改革和 11 世纪的教会改革运动（即格里高利改革）之间的关系。本文考察的那些在 10 世纪和 11 世纪初的莱茵河以东地区制作的敕令条目集抄本将加洛林"校正"改革的核心理念传递给它们的读者和使用者。如果假定 11 世纪许多再现的观念至少部分地受到了这些持续使用的敕令的影响，似乎不至于过于牵强。

另外，有关敕令的新视角也揭示了奥托时代的现代研究所遭遇的重大方法论困境。最近的许多研究将奥托王朝的统治视为"没有政府的王权"，认为奥托文化充满"符号和象征"，奥托社会像一个"半口传式"社会。这些研究主要基于奥托王朝境内制作的新文本，应该承认它们的数量不多。然而我们应该考察在这个时期制作的所有材料，包括旧文本的抄本。10 世纪和 11 世纪在莱茵河以东地区，旧的法律文本被再加工，与其他资料一起编入新的敕令集，因此具备了指涉当代的新意义。那些标注者和注解者对保存在图书馆和档案馆里的材料进行加工，同时他们探索着可用于解决政治和法律冲突的论点。这一大批来自奥托时代的史料至今仍基本上未得到充分利用，对它们的分析可能会彻底改变有关莱茵河以东地区 10 世纪和 11 世纪初社会与文化的认识。

斯塔布洛和科尔维修道院院长威巴尔德（1131~1158 年在职）的亲笔书信集[*]

玛蒂娜·哈特曼 著　李隆国 译[**]

摘　要　本文首先梳理了现代学者编辑斯塔布洛和科尔维修道院院长威巴尔德亲笔书信集的历史，说明由作者所编订德意志文献集成本的来龙去脉。基于对书信集的细致解读，作者揭示了该书信集的原本结构，即带有存档、供编订者威巴尔德随身携带、方便其应用查对的功能。随后利用这些书信文章生动而证据可靠地揭示了斯塔布洛和科尔维修道院院长政治生涯中一些隐晦的关键节点，也让我们更加真切地感受到当时的修道院生活。这些书信也带领读者触摸到了以神圣罗马帝国皇帝和罗马教宗为核心的政治世界，了解了威巴尔德当时的精神生活状态。

关键词　威巴尔德　斯塔布洛修道院　科尔维修道院　书信集　神圣罗马帝国

---

* 本文原载于 Martina Hartmann，"Das autographe Briefbuch Abt Wibalds von Stablo und Corvey（1131-1158），" in *Briefe als Quellen der landesgeschichtlichen Forschung*，ed. Stefan Patzold and Marcus Stumpf，Münster：LWL-Archivamt für Westfalen，2020，pp. 45-62，由作者授权翻译发表。

** 玛蒂娜·哈特曼，德意志文献集成研究所研究员；李隆国，北京大学历史学系副教授。

一 德意志文献集成系列史料中的书信体裁

早在 19 世纪，德意志文献集成中就收录了书信体裁，并有不同系列，近年来更有一些重要的书信集被编辑出版。这里我格外想强调由约瑟夫·里德曼发现并随后编辑的《因斯布鲁克书信集》，里面收录了一系列未公开的书信，尤其是涉及斯陶芬王朝诸王的书信。① 正在编辑之中的还有德意志文献集成书信集的第 9 卷，这一卷包括加洛林晚期的书信，即包括那些并非出自著名大主教、兰斯的欣克马尔之手的所有书信，他的部分书信将被编入书信集第 8 卷之第 1 和第 2 分册。② 第 9 卷所面临的问题是，要处理加洛林各王国相当零散的以及来自不同书信集的信函。尽管从 19 世纪就开始了编辑工作，但是将所有加洛林晚期的书信都汇编一处的愿望至今仍然难以实现。编辑者、伊索尔德·施罗德和我们这些慕尼黑的同事因此决定，首先将全部资料纳入一个数据库中，发布在德意志文献集成研究所的主页上，以便随时补充。③ 人们可以依据书信格式或者用写信人或者收信人的姓名进行全文检索，这样一来所有研究者都可以利用这个正在编辑的文本。我们也希望通过这种方式，读者可以利用数据库来参与编辑；如果发现了缺漏，我们就可以通过这个数据库在上面添加一个注释，说明所遗漏的书信或者提供某种修订。当然，这种方式也会碰到独特的问题，德意志文献集成研究所会想办法处理。

---

① Josef Riedmann, ed., *Die Innsbrucker Briefsammlung. Eine neue Quelle zur Geschichte Kaiser Friedrichs II. und König Konrads IV.* (MGH, Brief des späteren Mittelalters 3), Wiesbaden, 2017.

② Ernst Perels, ed., *Die Briefe des Erzbischofs Hinkmar von Reims*, Fasc. 1 (MGH Epp. 8, 1), Berlin, 1939 及 Rudolf Schieffer, ed., *Die Briefe des Erzbischofs Hinkmar von Reims*, Fasc. 2 (MGH Epp. 8, 2), Wiesbaden, 2018, 还缺第 3 卷和第 4 卷。

③ MGH Epp. 9 (http://www.mgh.de/datenbanken/epistolae/epp/).

二　威巴尔德的书信集及其版本

与加洛林时代的单通书信相比，斯塔布洛（Stablo）和科尔维（Corvey）修道院院长威巴尔德的书信集在传承上特别走运，我借此进入本文的主题。①

威巴尔德于1098年初出生于斯塔布洛地区的一个牧师家庭，② 他选择成为本笃会修士。而如果我们以历史学家弗赖兴的奥托或者哈维尔贝格的主教安瑟伦为例，在那个时候那些新修会，如西妥会和普莱蒙特莱（Prämonstratenser）修会都更加流行。威尔巴德于1117年加入沃尔索尔特（Waulsort）修道院，一年后转到斯塔布洛，随后担任修道院学校负责人，最终于1130年被推选为院长。很快他成功地将正走向衰退的修道院重新引入经济富庶和精神繁荣的新阶段。这一时期摩泽尔-马思兰地区的金银工艺制品可以作为佐证。③ 在某种程度上"祸福相依"，1147年，斯陶芬王朝的开国国王康拉德三世想到，让威巴尔德主持同样正面临经济衰退和纪律松懈的科尔维修道院。对此，这位斯塔布洛修道院院长竭力拒绝，他也希望教宗尤金三世能够明确拒绝这一提议，但是最终所有努力都没有用。威巴尔德就任威悉河畔的科尔维修道院院长，用他自己在一通书信中的话来说，该修道院远离他的前一座修

---

① *Das Briefbuch Abt Wibalds von Stablo und Corvey*, ed. Von Martina Hartmann, nach Worarbeiten von Heinz Zatschek und Timothy Reuter, 3 Bde. (MGH, Die Briefe der Deutschen Kaiserzeit 9), Hannover, 2012.

② 其生平参见 Franz-Josef Jakobi, Wibald von Stablo und Corvey (1098 – 1158), benediktinischer Abt in der frühen Stauferzeit (Veröffentlichungen der Historischen Kommission für Westfalen 10, 5), Ph. D. diss., University of Münster, 1979; Freya Stephan-Kühn, Wibald als Abt von Stablo und Corvey und im Dienste Konrads III, Ph. D. diss., Universität zu Köln, 1973; 以及书信集编者导言, ed. Hartmann, *Briefbuch* 1 (wie Anm. 4), S. ix-xi。

③ 参见 Susanne Witteking, Altar-Reliquiar-Retabel. Kunst und Liturgie bei Wibald von Stablo (Pictura et Poesis 17), Ph. D. diss., Universität zu Köln, 2004。

道院斯塔布洛，前往需要 6 天的路程。①

这个时候威巴尔德 49 岁，按照那时的平均寿命，他业已步入老年。在这种情形之下，为国王和宫廷长期服务之余，他还在努力给斯塔布洛修道院带来新的文化繁荣。很显然，威巴尔德决定，用书信集的形式构建一种便携式档案。② 现在书信集保存在列日（Lüttich），是一个不怎么显眼的小型常见抄本，尽管它并没有太多漂亮的插图，但近年来我有兴趣经常把它借来展览。我们并不只是处理一种普通的书信集，由于写信人赫赫有名而被汇编起来；这一书信集是一种工具书，为了方便斯陶芬王朝的重要王室修道院使用，它能很好地满足王室的枢密处、宫廷和那两座修道院的不同需要。

这个小小的抄本有 161 张，大约有 450 通由威巴尔德所写和收到的书信以及以其他人的名义所撰写的书信模板，例如以国王康拉德三世及其子亨利（六世）的名义。③ 书信并没有按照编年的顺序排列。中古早期的书信缺少日期太正常了，因为对于收信人来说，收信日期才有意义，由于漫长的寄送时间，寄信日期几乎没有什么意义。④ 450 通书信按照卷宗方式编排。这样子的话，当有更多的书信需要插入进来的时候，就可以安排到

---

① 有关威巴尔德的早年经历参见 Wahl Jakobi, *Wibald* (wie Anm. 5), S. 69-79。威巴尔德在第 124 通书信中做了相关说明, ed. Hartmann, *Briefbuch* 1 (wie Anm. 4), S. 226-254, 以及第 143 通书信, ebd., S. 306-310。

② Timothy Reuter, "Gedenküberlieferung und-praxis im Briefbuch Wibalds von Stablo," in Karl Schmid, Joachim Wollasch, eds., *Der Liber Vitae der Abtei Corvey. Studien zur Corveyer Gedenküberlieferung und zur Erschliessung der Liber Vitae*, Bd. 1, Wiesbaden, 1989, S. 161-177.

③ 书信集的编者导言对抄本的说明: ed. Hartmann, *Briefbuch* 1 (wie Anm. 4), S. xx-xxv。弗里德里希·豪斯曼在他编辑的康拉德三世和其子亨利（六世）之赠地文书集中, 也收录了威巴尔德书信集中所收之康拉德三世和亨利六世的书信（MGH *DD K* III, ed. Von Friedrich Hausmann, Wien/Köln/Graz, 1969）, 尽管它们并非赠地文书。除了威巴尔德的书信集所收书信, 年轻的国王亨利六世基本上没有留存任何赠地文书和书信。

④ 关于这个问题, 参见 Hartmut Hoffmann, "Zur mittelalterlichen Brieftechnik," in Konrad Repgen, Stephan Skalweit, eds., *Spiegel der Geschichte. Festgabe für Max Brauchbach zum 10. April 1964*, Münster, 1964, S. 141 - 170, 及 Giles Constable, *Letter and Letter-Collections* (Typologie des Sources du Moyen Äge Occidental 17), Turnhout, 1976。

最接近的卷宗之中。① 我们也应这样去理解抄本的抄录背景，这些书信是在斯塔布洛修道院和科尔维修道院收集起来的，而且是当威巴尔德不在该修道院的时候。当他返回到这两座修道院的某一座时，会将新收到的信件按照主题编排进随身携带的书信集中，并让人抄录一遍。在相当长的时期威巴尔德要处理各种各样的问题，所以书信集有较多的不同类型卷宗。

威巴尔德的书信集存在两个比较早期的现代编辑版本，即 1724 年由埃德蒙德·马尔滕和乌尔辛·杜兰德编辑的版本，以及 1864 年最终由菲利普·雅菲发表的版本。② 这两个版本的最大缺陷在于，书信并没有按照抄本的顺序编排，而是按照重拟的编年顺序编排，忽略了其卷宗特色。他们也不明白，威巴尔德的书信集是个便携式档案，供他随时查阅，以便了解以前在某个场合他的考量、写作和行为。而且这两个版本的书信编年顺序也不尽一致，编号彼此不同。③

有鉴于此，威巴尔德书信集的新版本，应该按照卷宗排序，即按照抄本中书信的顺序编排，此外还要按照最新的研究成果进行笺注。德意志文献集成研究所曾有一个老项目，早在 20 世纪初由维也纳大学的文书学家们承担。维也纳的历史学辅助学科研究者一直受托为德意志文献集成研究所编辑斯陶芬时期的王室文书。④ 因为威巴尔德大部分时间在为康拉德三世的枢密处服务，编辑书信集的新版本也就属于斯陶芬文书编辑项目的一部分。此外无他，尽管维也纳大学的历史学辅助学科研究者海因茨·扎切克不仅在 1929 年出版的教授资格论文中研究了

---

① 书信集的编者导言中收录有书信集的表格式目录，参见 ed. Hartmann, *Briefbuch* 1 (wie Anm. 4), S. xc-cxlv, 从中可以清晰发现其卷宗特色。

② Edmond Martène, Ursin Durand, *Seconde Voyage de deux Bénédictins de la Congregation de St. Maur*, Paris, 1724; Philipp Jaffé, *Monumenta Corbeiensia* (Bibliotheca rerum Germanicarum 1), Berlin, 1864.

③ ed. Hartmann, *Briefbuch* 3 (wie Anm. 4) 收录了为 Martène/Durand 和 Jaffé 相应版本编辑的索引表。

④ Bettina Pferschy-Maleczek, "Die Diplomata-Edition der Monumenta Germaniae Historica am Institut für Österreichische Geschichtsforschung (1875–1990)," *MIÖG* 112 (2004): 412–467.

威巴尔德的书信集，①　而且他将抄本全部转写一遍，并将其中的所有《圣经》引文都做了标注，这份成果至今仍保存在德意志文献集成研究所的档案室。但是扎切克是个确凿无疑的国家社会主义分子，他最终收回了出版合同，以便到布拉格投身于"最高任务"。二战之后他返回到维也纳大学，也被禁止重订原来的合同。他去世的时候担任维也纳军事历史博物馆的馆长，"Deutschlands und Osterreichs grosser Zeit（更加辉煌的德国与奥地利时代）"之友们为他谋得了这一差事。②　1980年，在德意志文献集成研究所做数字化编辑的英国中世纪学家提默西·罗伊特接了编辑新版本的任务，但是他已经在2002年去世，年仅55岁。③

　　当我于2004年接手这一项目时，还需要解决一系列的难题：不仅书信集所收书信数量很大，以至最终变成了3卷本，而且还有一个特别的挑战，那就是编辑既要了解斯陶芬王朝史，也要熟悉威斯特伐利亚地区即科尔维修道院及其周边地区的历史，以及斯塔布洛修道院所在的摩泽尔-马思兰地区即列日地区史。王朝历史与地方史如此紧密地联系在一起的情况在单独一部史料中尚属罕见。

　　基于这种背景，在维也纳发展起来的古典文本编辑软件（CTE）非常适合此类重编文本系统，因为整理好的书信业已采取了德意志文献集成版的最终格式，即有两套注释系统，在每页的下方有异文注释和评注，对于一项大型编辑工程而言，这起到不可估量的心理鼓舞作用。每当50通书信业已编好了文本和评注，就作为单独的数据放到德意志文献集成研究所的主页，以供读者反馈，是否存在错误或者漏掉的参考文献、出版物等等。

---

① Heinz Zatschek, "Wibald von Stablo. Studien zur Geschichte der Reichskanzlei und der Reichspolitik unter den älteren Staufern," *MIÖG Ergänzungsband* 10 (1928): 237-495.

② 关于此人参见 Karel Hruza, Heinz Zatschek (1901-1965), "'Radikales Ordnungsdenken' und 'gründliche, zielgesteuerte Forschungsarbeit'," in Ders., ed., *Österreichische Historiker 1900 - 1945. Lebensläufe und Karrieren in Österreich, Deutschland und der Tschechoslowakei in wissenschaftsgeschichtlichen Porträts*, Wien/Köln/Weimar, 2008, S. 677-792, 以及书信集的编者导言, ed. Hartmann, *Briefbuch* 1 (wie Anm. 4), S. xxviif. 。

③ Wilfrid Hartmann, "Nachruf Timothy Reuter," *DA* 58. 2 (2002): 891f. . 以及书信集的编者导言，参见 ed. Hartmann, *Briefbuch* 1 (wie Anm. 4), S. LXXf. 。

恰好针对书信和文书中出现的人名识别，地方史家提供了一些非常有帮助的反馈。威巴尔德的个别书信在 19 世纪就被翻译成不少比较生僻的语言（例如波兰语）出版，为此可以做个补充说明。此后随着德意志文献集成研究所里编辑工作的进展，我们会随时在网页上提供预编本和数据库。

三　威尔巴德书信集：作为斯陶芬早期一所本笃会修道院资料

书信集的首页可能在中世纪的时候就已佚，里面可能有涉及威巴尔德被选为科尔维修道院院长的相关说明。① 尤其是开篇的书信涉及教宗对威巴尔德获得第二座修道院的许可，而事实上这是违背教会法的。此处的这些信件富有说服力，如同书信集所努力证明的那样，获得了教宗的同意。科尔维修道院派遣使节拜见这个时候停留在第戎的尤金三世，使节在教宗房间外的候客厅等待了整整一天，以便获得接见。尽管当门被打开的时候，就像使节首领在 1147 年给威巴尔德所写的信中所说的那样，科尔维人希望他们可以立即获得召见以便处理他们的请求，但是结果证明是徒劳的。他们最终在没有完成任务的情况下返回了，而且在书信集中可以找到威巴尔德分别致国王和相关宗教会议的信函。可能威巴尔德业已预见到对科尔维选举结果的反对意见，尤金三世将不会那么轻易地赞同，因为他并不像教宗英诺森二世在 1137 年裂教中那样处在不利的位置，那时威巴尔德要被祝圣为卡西诺山修道院院长。这种事情需要时间，直到科尔维人和威巴尔德与国王和教宗达成一致，赞同他可以得到第二座修道院。②

显然威巴尔德在科尔维修道院也设立了与斯塔布洛修道院类似的奋斗目标，以改善修道院的状况。在一封致学校主管马奈戈尔德的长信中威巴尔德对此有言，科尔维修道院的宿舍狭小而年久失修，因此他要开始新的

---

① ed. Hartmann, *Briefbuch* 1（wie Anm. 4），S. XXXIIIf.，书信集的编者导言提到了早期的研究文献。

② 关于此事的讨论，参见 Stephan-Kühn, *Wibald*（wie Anm. 5），S. 56ff.；Jakobi, *Wibald*（wie Anm. 5），S. 69ff.。

基建。在南门入口处他要添上自己的名字，"注明我是第几任院长"，以及"用希腊字母在那里刻上源自阿波罗神庙的名言：认识你自己！"[①] 可惜的是，这里提到的新修道院建筑没有留下一丝痕迹，包括那个有铭刻的南门入口。但是在科尔维还保留着威巴尔德兴建的一座建筑，即属于加洛林时代的著名西侧建筑物中的高耸双塔钟楼。它充分证明，威巴尔德在中间首先拆除了原来的单一钟楼，代之以今天仍存的双塔。[②] 因此在科尔维修道院至少保留了威巴尔德兴建的一个明显建筑痕迹。另外那里也有与威巴尔德密切相关的生命之书（Liber Vitae），即修道院的兄弟之友录，[③] 今天保存在明斯特的州立档案馆。它表明，威巴尔德在第二座修道院采取了跟在斯塔布洛修道院类似的举措，以便通过兄弟修道院互相祈祷来加强本笃会修道院之间的联系，并改善科尔维修道院的状况。从抄本的设计可知它属于中古早期的兄弟之友录，修道院与萨克森、图林根、黑森、科隆、美因茨和缅因河地区的修道院缔结互相祈祷关系。抄本在赫尔马尔斯豪森修道院完成，出自威巴尔德在斯塔布洛的老师、莱茵豪森的院长莱茵哈德之手。尤其珍贵的是第 11 页整面的插图，表示科尔维修道院院长瓦里努斯和圣德尼修道院院长伊尔杜安站在主保圣徒斯蒂芬的两侧，左下方跪着副院长阿德尔贝特。抄本大约于 1152 年之后抄写，那时威巴尔德可能业已改善了修道院的物质基础，以至于修道院有能力完成如此精美的抄本。可见该院长的计划特别成功，而在他去世之后又复中断，因为抄本的剩余许多页码都保留着空白状态。

观察插图的时候，会让人不由自主地联想到科尔维修道院所抄录的西塞罗作品。它也是在威巴尔德的倡议下完成的，现在被保存在柏林的市立图书馆。尽管西塞罗是一位多神教作家，但也是威巴尔德所钟爱的

---

① 相关描述出自著名的第 142 通书信（致帕德博恩的马内戈尔德），参见 ed. Hartmann, *Briefbuch* 1（wie Anm. 4），S. 304f.；Jakobi, *Wibald*（wie Anm. 5），S. 279f.。

② 相关资料见 Jakobi, *Wibald*（wie Anm. 5），S. 280；Stephan-Kühn, *Wibald*（wie Anm. 5），S. 220ff.。

③ Karl Schmid, Joachim Wollasch, eds., *Der Liber Vitae der Abtei Corvey. Einleitung, Register, Faksimile*, Bd. 1, Wiesbaden, 1989；抄本为 Münster, Staatsarchiv Ms. I 133。

作家之一。① 院长对他的修辞和文风感兴趣，试图尽其所能地拥有这位作家的文本。书信集中有院长与后来的著名人士、达瑟尔的莱纳德的通信，商量出借西塞罗抄本事宜。②

有一些在书信集中反复出现的主题，其中之一涉及凯姆纳德和菲施贝克这两座教堂，它们是威巴尔德在就任科尔维修道院院长的时候从国王康拉德三世那里争取到的。这是两座修女院，里面的女性应当被驱逐出去，威巴尔德拟将它们改造为本笃会修道院。在获得两座教堂之后，威巴尔德还得向国王支付一笔数目可观的金钱。在经过多年的努力之后现在可以松一口气了，但威巴尔德仅仅成功地获得了凯姆纳德，③ 因为那时的院长嬷嬷朱迪斯，是被废黜的科尔维修道院前院长亨利一世的姐妹。朱迪斯确实犯了某些过失，她的生活作风并非毫无指责之处，例如浪费教产，以及当她凭借出身被立为院长嬷嬷时，她甚至还不到教规法定的年龄。朱迪斯本是格塞克修道院院长嬷嬷，她回到这所修道院，从事争取凯姆纳德教堂的任务。但威巴尔德并不能就此一劳永逸，因为与在斯塔布洛和科尔维进行必要的基建工程一样，他显然也在这里同时进行着教堂修缮工程。1149年 4 月 20 日，一位修士从教堂屋顶坠落而亡，对威巴尔德和那里的修士来说，教堂受到了玷污，因此在进行重新祝圣之前，不能在那座教堂里举

---

① 对藏在普鲁士国家图书馆文化部的柏林抄本（Ms. Lat. 252）第 1 页背面的插图有另外的分析，参见 Julien Maquet, "Wibald, un 'Cicéro chrétien'? Les connaissances juridiques et la pratique judiciaire d'un grand abbé d'Empire († 1158)," in Albert Lemeunier, Nicolas Schroeder, eds. , *Wibald en questions. Un grand abbé lotharingien du XIIe siécle*, Stavelot, 2010, S. 33-42, 尤其是第 36 页。科尔维修道院生命之书的插图在第 11 页以及第 6 页背面，影印版抄本：Schmid/Wollasch, *Liber*（wie Anm. 22）。

② 与达瑟尔的莱纳德的通信包括第 189 通、第 190 通、第 195 通和第 196 通书信，ed. Hartmann, *Briefbuch 2*（wie Anm. 4）, S. 401 - 404, 411 - 414. 也参见 Martina Hartmann, *Studien zu den Briefen Abt Wibalds von Stablo und Corvey zur Briefliteratur in der frühen Stauferzeit*（MGH Studien und Texte 52）, Hannover, 2011, S. 119 & 123.

③ 相关背景请参见 Friedrich Hausmann, *Reichskanzlei und Hofkapelle unter Heinrich V und Konrad III.*（Schriften der Monumenta Germaniae Historica 14）, Stuttgart, 1956, S. 193f. . Stephan-Kühn, *Wibald*（wie Anm. 5）, S. 96ff. . Jakobi, *Wibald*（wie Anm. 5）, S. 83ff. . Holger Rabe, "Die Überlieferung der Abteien Fischbeck und Kemnade von Corvey（1147-1152）," *Westfälische Zeitschrift* 142（1992）：211-242 提及了更早的研究文献。

行圣事。新的祝圣仪式需要其所属的明登主教海因里希来主持，而主教又拖延不予办理，因为他特别不乐见凯姆纳德变成一座男性修道院。威巴尔德恳求将事情上报给国王，并代为请求主教，也求助于教宗，借此给主教施加压力。当明登的海因里希没有任何反应的时候，他最终这么做了。但教宗尤金三世担心与德国主教中的一员发生争执，因此寻求一种所罗门式的解决方式：在一封致威巴尔德的书信中他说明了自己的看法，其实该教堂不需要重新祝圣，因为它根本就没有受到玷污，那位青年修士是摔断了脖子而死，并没有流血，因此根本不需要明登的海因里希参与就可以在凯姆纳德继续举行圣事了。

教宗的这通书信非常清晰地表明，海因茨·扎切克根本就错了，他将威巴尔德视为教宗派，而且认为，教宗尤金三世是在威巴尔德的帮助下处理德意志帝国事务，而国王康拉德三世当时正在进行第二次十字军东征的途中。扎切克受到太多政教之争和国家社会主义排斥教会倾向的影响了。

而在数年的努力之后，威巴尔德放弃了争取获得菲施贝克教堂的事情，[①] 国王也正式放弃了预定的金钱报酬。很显然这里并不存在修女们或者女嬷嬷的行为失当问题，以致威巴尔德的计划落空，而且教宗并不同意。菲施贝克修道院今天还在，在宗教改革时期它变成了一座新教女修道院，直到 1924 年，那里的修女中有 17 位有贵族祖先。现在加入新教修道院的女性，最好独身、守寡或者分居，也很有可能不超过 65 岁，还需要有独立的收入来源。目前在菲施贝克住着 8 名修女，2015 年选举了新的院长嬷嬷。即使在今天，威巴尔德在菲施贝克也会是拿着"一手坏牌"。

还是回到书信集。很显然，随着年龄的增长，威巴尔德深感管理两座修道院的辛劳，而且确实常常动念，不再操持院务。在书信集中，1151年上半年的一系列书信透露出威巴尔德想辞去斯塔布洛的院长职位，尝试用非常私人性的语言委婉告知修会。[②] 不出所料，他的提议遭到了强烈的

---

① 关于菲施贝克修道院，请参见上一个注释中提到的文献和 Renate Oldermann, *Stift Fischbeck. Eine geistliche Frauengemeinschaft in mehr als 1000 jähriger Kontinuität*, Bielefeld, 2005。

② Jakobi, *Wibald*（wie Anm. 5），S. 149f. .

反对。管家（Dekan）、威巴尔德特别信赖的修士海因里希认为这并不合适，如果他想辞去一所修道院的院长职位，那应该是科尔维修道院院长职位，因为他首先是斯塔布洛修道院的院长。斯塔布洛修道院传递出强大的道德压力，以至于威巴尔德最终放弃了这一打算。

他的个人危机可能源自他与国王康拉德三世的关系变僵了。一个原因是国王想让威巴尔德陪同中书令、威巴尔德从学生时代起的老朋友、维也德的阿诺德（Arnold von Wied）一道前往意大利觐见教宗，这趟罗马之行将为康拉德三世带来皇冠。[①] 威巴尔德很踌躇，因为他担心自己要负担昂贵的路费，而阿诺德则拖延时间，因为那个时候科隆大主教的位置空出来了，他想成为大主教。在国王对斯塔布洛修道院院长许诺承担旅费之后，威巴尔德表态，如果有必要他将为了国王骑驴前往意大利，并催促他的老朋友阿诺德启程，但是阿诺德总是能找到新的托词。国王最终等不及了，他托付康斯坦茨主教和巴塞尔主教启程去见教宗。威巴尔德担心他的影响力受到削弱，最终于1151年末踏上了前往意大利的行程。他返回之后不久，获知了国王的死讯，就出发去参加国王的葬礼并出席选举弗里德里希·巴巴罗萨为新国王的仪式。[②]

威巴尔德对两座修道院的关心令他关注前面提到的兄弟之友录。因此，他于1134年带着两位斯塔布洛的兄弟前往靠近利摩日的索利尼亚克修道院，与这座像斯塔布洛一样奉献给圣雷马克卢斯的修道院更新缔结的兄弟之友关系。[③] 然后他拜访了圣-莫尔-德福塞斯修道院，以便与它建立新的兄弟之友关系。[④] 有可能威巴尔德也试图通过强化每个本笃会修道院

---

① Jakobi, *Wibald*（wie Anm. 5），S. 151ff. . 威巴尔德的第 254 通书信（致中书令维也德的阿诺德）［ed. Hartmann, *Briefbuch* 2（wie Anm. 4），S. 41–44］，以及第 258 通书信（致康拉德三世）（ebd. , S. 550–552）诉说了这一出使所面临的困难。

② 有关威巴尔德 1151 年、1152 年意大利之行以及相应书信参见 ed. Hartmann, *Briefbuch* 1（wie Anm. 4），S. xviif. 。

③ Jakobi, *Wibald*（wie Anm. 5），S. 55. 协议文本参见 Joseph Halkin, Charles-Gustave Roland, *Recueil des chartes de l'abbaye de Stavolet-Malmédy*, Bd. 1, Brüssel, 1909, S. 321 Nr. 158。

④ Jakobi, *Wibald*（wie Anm. 5），S. 55 & Halkin /Roland, *Stavolet—Malmédy*（wie Anm. 30），S. 534 Nr. 288.

之间的联系，来应对像西妥会和普莱蒙特莱修会这样的新修会所属修道院之间存在的协同性，它们通过母子修道院关系和一年一度的总会大会来强化协同性。1149 年威巴尔德再次致信索利尼亚克修道院院长杰拉尔德，请求他更新两所圣雷马克卢斯修道院之间的协约并提供两对家兔。① 乍看这一请求似乎有趣且难以理解，但是当我们清楚 12 世纪斯塔布洛和科尔维修道院的经济处境的时候，这一请求就不再显得难以理解了：以繁殖能力强而著称的兔子不仅可以提供营养，而且它们的皮毛可用于制作暖和的冬季服装。威巴尔德的通信一再表明，有时会发生生活必需品极端匮乏的状况，以至于斯塔布洛的修士们向威巴尔德写信，请他尽快赶来，并给他们带来膳食，因为他们在下一次收获作物之前没有食物可吃。而且通过威巴尔德的老师莱茵哈德我们知道，他制作抄本出卖，以此确保修士们的生活费用。有一天有人偷窃了莱茵豪森修道院的两匹马，这对于修道院来说足以构成大灾难。② 我们还是应该说明，12 世纪的本笃会修道院通常处在贫困边缘，斯塔布洛修道院以及后来的科尔维并不总是特别乐见威巴尔德去王宫或者宫廷，因为旅行花钱，而且他们可能有时实际上无法承担旅行费用。另外威巴尔德自费到王宫去，可以借此从国王那里为修道院获得这样或者那样的特权，修道院的处境和经济状况也可以得到改善。

四　威巴尔德书信集：作为斯陶芬时代重要
　修道院的个案资料

　　威巴尔德书信集为考察王朝史和地方史提供了多方面的有趣线索，借助这一资料我们可以近距离地观察 12 世纪的某个人，了解他的忧愁、经济的匮乏和他生活的世界，这种机会其实并不多见。科尔维修

---

① Wibald, *Brief* Nr. 156 & 157, ed. Hartmann, *Briefbuch* 2（wie Anm. 4），S. 334-337.

② 关于莱茵豪森的莱茵哈德，参见 Stephan-Kühn, *Wibald*（wie Anm. 5），S. 154ff. . Jakobi, *Wibald*（wie Anm. 5），S. 40ff. 以及 Anm. 167。

道院经济匮乏的那些瞬间或者不经意间提到的信使们所遇到的困难，他们在科尔维和斯塔布洛之间来回奔走，竟然还有一位盲人信使，这些也特别有趣。

因此有必要再简短地介绍一下威巴尔德这个人。1130年他成为斯塔布洛修道院院长之后，罗退尔三世越来越频繁地请他加入王室枢密处参与大政方针的制订。① 威巴尔德参加了皇帝的第二次意大利之行，对他而言，这一经历构成了一个意想不到且激动人心的分界点，并最终使他陷入窘境：1137年皇帝前往意大利南部，迎击一直在开疆拓土的西西里诺曼王罗吉尔二世。在这种背景下，本笃会著名的卡西诺山修道院处在非常关键的位置，1136年罗吉尔二世希望立一个对自己友善的院长，并由对立教宗阿拉克莱特确认。在教宗英诺森二世的同意下，皇帝罗退尔废黜了罗吉尔宠信的人，而选立斯塔布洛的威巴尔德替代。因为卡西诺山修道院的档案管理员和图书馆长、助祭彼得当时不仅写作了一部修道院编年史，而且抄录了一些书信，使我们了解到这一时刻以及这件事情的某些方面。然而他并不耻于伪造虚构某些信件，以致我们需要在文学与真实之间进行细腻的区分。但很清楚的是，威巴尔德对前景并不乐观，虽然憧憬成为卡西诺山修道院的院长，但他可能清楚自己并没有可靠的政治背景，因此他没有参加9月19~20日举行的第一次选举，但这一决定对他并没有什么帮助。按照皇帝的意思，他必须接手这一职务，因为罗退尔也获得了教宗英诺森二世的同意。但他也没有辞掉斯塔布洛修道院院长职务。威巴尔德在卡西诺山任职的日子屈指可数。罗退尔三世率军回国之后，罗吉尔二世的力量再次增长。诺曼王明目张胆地威胁威巴尔德，如果他能控制卡西诺山并在那里发现威巴尔德的话，就会把威巴尔德吊在修道院的最高建筑上。威巴尔德不能长期抵挡这一威胁。那个时候他很清楚，皇帝已经远去，不能对他有所帮助。在1137年11月初一个有雾的夜晚，威巴尔德悄悄离开

---

① 威巴尔德在罗退尔三世时代的活动，在书信集（从康拉德三世时期才开始有书信）中并没有反映，参见 Hartmann, *Studien*（wie Anm. 24），S. 11ff.；相关资料有威巴尔德的书信、其他人的书信以及助祭彼得的卡西诺山修道院编年史。

了卡西诺山，他在返回之后从可靠的斯塔布洛送信给卡西诺山的修士们，说明自己放弃了院长权力，请求他们选立一位新的院长。他申明自己并非害怕丧命，而是考虑到他们的福祉。他将卡西诺山修道院院长戒指和印玺送还，并且解释，是卡西诺山修道院的管家提议了逃跑计划，并从修道院的金库中为他的行程提供了资助。① 到 1137 年底的时候，威巴尔德参与帝国政治的第一次经历就这么以逃脱新职务的方式结束了。因为 12 月 13 日罗退尔三世在返程途中于蒂罗尔地区的布莱腾旺去世，威巴尔德的逃跑并没有受到惩处。罗退尔去世后，这位院长支持斯陶芬家族的康拉德，并出席了推举他的仪式，为此新国王在一份颁发给斯塔布洛修道院的赠地文书中表达了感谢。②

在康拉德三世统治时期，首先要提到的时间节点是，当国王启程参加第二次十字军东征时，王朝被托付给他尚年幼的儿子亨利六世，实际上是让他所信任之人做摄政，其中就有斯塔布洛的威巴尔德。在威巴尔德书信集中，有年幼国王的 9 通书信。除了威巴尔德书信集中所载，我们没有发现有亨利的其他书信。威巴尔德确实负责代拟了亨利致他的父亲康拉德三世、致苏尔茨巴赫的贝莎（即他那嫁给拜占庭皇帝的婶婶）以及其他人的信件。③

威巴尔德与贝莎的丈夫、拜占庭皇帝曼努伊尔·科穆宁建立了特殊关系。从书信集中我们得知，1151 年夏曼努伊尔赠给这位院长一条昂贵的白色丝绸以感谢他的居间联络。④ 我们了解此事，因为书信集中有皇帝致

---

① 参见威巴尔德第 E 至第 G 通书信，in *Studien*, ed. Hartmann（wie Anm. 24），S. 38–44，这些信有卡西诺山抄录的两种抄本传世。

② 参见 1138 年 4 月 11 日康拉德三世给斯塔布洛修道院的赠地文书，in MGH. *DD K* III，S. 8–11 Nr. 5：“在我们的修道院他大方地赏赐着王室的荣耀。”

③ 它们首次被豪斯曼编辑，参见 ed. Hausmann, *DD K* III（wie Anm. 9），S. 521–532 Nr. 1–11。书信集中的书信第 17 通、第 45 通、第 71 通、第 82 通、第 83 通、第 88 通、第 93 通、第 217 通和第 218 通。

④ 第 316 通书信涉及威巴尔德（ed. Hartmann, *Briefbuch* 2［wie Anm. 4］，S. 668–670）；参见 Otto Kresten, "Der 'Anredestreit' zwischen Manuel I. Komnenos und Friedrich I. Barbarossa nach der Schlacht von Myriokephalon," *Römische Historische Mitteilung* 34/35（1992/93）：65–110，此处见第 87 页以降。

威巴尔德的一通书信，在书信中有特别的说明，信使带来了一条双层编织的白色厚重丝绸。书信中做这种说明，导致信使不能侵吞礼物。威巴尔德可能属于少数博学之士，能理解希腊文，使他注定能与拜占庭统治者交流。①

在 1152 年康拉德三世去世之后，继任的弗里德里希·巴巴罗萨的枢密处引入了许多全新人士，如班贝格主教艾伯哈德二世，导致关系紧张。威巴尔德的任务是为巴巴罗萨制作金银印玺各一枚，因为人们对斯塔布洛修道院金银匠的技能非常佩服。但是很快，艾伯哈德二世责备这位修道院院长未能足够快地制作和呈送印玺。这件事情让威巴尔德勃然大怒，在信中他提及了亨利五世枢密处的官员们，他年轻的时候就跟他们相识，而他们从未如此无礼地冒犯国王老成持重的顾问们，如同艾伯哈德二世冒犯威巴尔德那样。②

我们很难估计，威巴尔德在弗里德里希·巴巴罗萨的王宫里究竟拥有多大的影响力。但毫无疑问，年轻人在朝前挤，弗里德里希的统治风格也与康拉德三世不同，后者长期受病痛的折磨。而且书信集也不再提供像康拉德三世统治时期那样涉及王朝政治（Reichsangelegenheiten）的丰富书信。另外，我们也不要低估了威巴尔德所起的作用：费迪南德·奥普尔在数年前已经注意到，在 1156 年威巴尔德第一次出使拜占庭返回之后，弗里德里希·巴巴罗萨和拜占庭皇帝曼努伊尔·科穆宁一起向斯塔布洛赠送了一张现已不存、绘有基督受难图画的祭台供桌。

威巴尔德与拜占庭的交往经历促使弗里德里希·巴巴罗萨再次派遣威巴尔德前往拜占庭（有可能是他拥有希腊文知识）。1158 年夏季返程的艰辛对已 60 岁高龄的威巴尔德院长来说可能尤其困难，以致 7 月 19 日他在

---

① 参见书信集的编者导言，ed. Hartmann, *Briefbuch* 1（wie Anm, 4），S. lxxxvif. 。
② 第 338 通书信涉及这一点（ed. Hartmann, *Briefbuch* 2［wie Anm. 4］，S. 707 - 709）；也参见 ed. Hausmann, *Reichskanzlei*（wie Anm. 25），S. 232，以及 Kurt Zeillinger, "Friedrich Barbarossa, Wibald von Stablo und Eberhard von Bamberg," *MIÖG* 78（1920）：210-233, bes. S. 211f. 。雅柯布推测，1122 年初威巴尔德受邀加入王室枢密处，那时皇帝亨利五世在下罗塔林吉亚逗留了几个月，参见 Jakobi, *Wibald*（wie Anm. 5），S. 44。

莫纳斯提尔（Monastir）、今马其顿的比托拉（Bitola）去世。[①] 有趣的是，这个时候，续接弗赖兴的奥托写作《弗里德里希传》的拉赫温（Rahewin）记载，在 1159 年的 1~2 月，即在威巴尔德去世后半年（拜占庭方面显然很快就得到了消息），皇帝曼努伊尔派出的使团抵达了巴巴罗萨的宫廷，告知拜占庭方面与威巴尔德之死毫无干系。[②] 这条记载也再次清晰地说明，在斯陶芬时代斯塔布洛和科尔维修道院的院长威巴尔德对于东西方统治者来说有着怎样的意义。

五　身后事

斯塔布洛方面并没有留下其他有关威巴尔德死亡和身后事的资料，除了提到他在旅途中去世，去世后葬于所终之地的某个教堂里。他的同伴们返回故国，8 月他的死讯就传开了。科尔维修道院等到两年之后重新选举了一位新院长。[③] 这一迹象似乎表明，在威巴尔德所执掌的第二座修道院，人们很快就走出了他的影响，他们也可能相当容易地将书信集还给了斯塔布洛的修士们，因为斯塔布洛的修士们以一种截然不同的方式保存着他的记忆：他们选举威巴尔德的兄弟埃勒博尔德（Erlebald）为院长（1158~1192）。新院长决定，将他兄长的遗骨运回斯塔布洛，这件事情可能发生于 1159 年初或者夏季，可能也得到了弗里德里希·巴巴罗萨的支持，[④] 对此

---

① 有关 1157 年 10 月 6 日之后威巴尔德中断行程，参见 ed. Hartmann, *Briefbuch* 1（wie Anm. 4），S. xx。

② Hausmann, *Reichskanzlei*（wie Anm. 25），S. 250 以及 Anm. 3. 提及的相关资料，参见 Georg Waitz and Bernhard von Simson, *Ottonis et Rahewini Gesta Friderici I. Imperatoris*, MGH SS rer. Germ. 45, Hannover/Leipzig, 1912, S. 267。

③ Corvey Wilhelm Stüwer, "Corvey," in Rhaban Haacke, ed., *Die Benediktinerklöster in Nordrhein-Westfalen*（Germania Benedictina 8），St. Ottilien, 1980, S. 236-292, 引文在第 257 页，他指出在威巴尔德之后的时期资料很少。

④ 对于埃勒博尔德我们所知甚少，但是他经常作为信使出现在威巴尔德的书信中。参见 ed. Hartmann, *Studien*（wie Anm. 24），S. 106, 以及 Carl Schorn, *Eiflia Sacra oder Geschichte der Klöster und geistlichen Stiftungen der Eifel*, Bd. 2, Bonn, 1889, S. 47（Erlebald oder Aldebard）。

我们并没有什么原始的资料证明。16 世纪的弗兰西斯库斯·劳伦提在其编年史中则对此记载得非常详细。1159 年 7 月 26 日在默哀和兄弟们的一片哀悼声中，列日主教海因里希以及一些院长、教士和民众都在场，威巴尔德的遗骨被葬于斯塔布洛修道院教堂的主祭台前，位于合唱队座位与布道台之间。①

　　这是一个相当精确的说法，因此毫不奇怪，1994 年在修道院教堂发掘现场，人们正好发现了威巴尔德的遗骨，即劳伦提在编年史中所记载的那个位置。2009 年，恰好是他被安葬于斯塔布洛修道院 850 周年，以展览和学术会议的方式进行的深入考古研究报告发表了。我们现在对他有了更多的了解。对其遗骨的体质调查显示，威巴尔德身高 1.75 米至 1.80 米，超过当时许多人的身高。我们也知道，他死的时候犯有关节痛。他的死因可能是脏器出现了问题，但我们已经无法确知。②非同寻常的是，在出土的陪葬品中有漂亮的院长权杖，现在已得到良好的修复。③ 很显然斯塔布洛修道院学校了解珐琅工艺，一如我们通过已佚的雷马克卢斯祭坛饰品（Remaclus-Retabel）的众多画像所了解的那样。

　　最后，对于书信集我们也可以说，尽管不是每封信都有意思，但是其中有一系列的信能让我们观察到斯塔布洛和科尔维修道院的日常生活以及康拉德三世宫廷的生活。为此我想介绍一通书信作为最后一个例子：院长在书信集中描述了在宫中与国王共进晚餐，国王对逻辑学家的论证感到惊奇，并说，依照他的看法似乎不可能证明，人会是一头驴。威巴尔德对此写道："我对他说，这种事情事实上不可能发生，但这确实是可能的，当前提不明确的时候，还是可以推导出错误的结论。因为国王对此不理解，

----

① 编年史的这个段落由雅菲出版在 Jaffé, *Monumenta Corbeiensia*（wie Anm. 12），S. 607.

② 参见 Bernard Lambotte & Brigitte Neuray, "La decouverte de la tombe de Wibald et son mobilier funéraire," in Albert Lemeunier, ed., *Wibald de Stavelot, Abbé d'Empire* (†1158). *Un trésor à decouvrir*, Stavelot, 2009, S. 25–29. 其中有丰富的插图。

③ Bernard Lambotte & Brigitte Neuray, "Les trésors exhumés（crosse abbatiale, Sol et Luna, vitraux)," in ebd., S. 43–48. 其中有丰富的插图。

我给他演示了一个有趣的谬论。'您有一只眼睛'，我问他，他说是。'您有两只眼睛'，我又问，他再次承认之后，我说：'一加二得三，您也有三只眼睛。'当国王从许多类似的例子中了解了何谓逻辑之后，他对我说，哦，原来学者们也过着开心的生活啊。"①

---

① 请参考第 142 通书信［ed. Hartmann, *Briefbuch* 1（wie Anm. 4），S. 300f.］以及 Frank Rexroth, *Frohliche Scholastik. Die Wissenschaftsrevolution des Mittelalters*, München, 2018, S. 247。文献引用中经常会出现这个例子，参见 Loris Sturlse, *Philosophie im Mittelalter. Von Boethius bis Cusanus*, München, 2013, S. 202ff. 。

查理曼遇上祭司王约翰：12世纪神圣罗马帝国政治文化的抄本学探源[*]

李文丹^{**}

摘　要　查理曼封圣与祭司王约翰传说的诞生，是12世纪神圣罗马帝国重要的政治文化事件。学界以往的研究关注两者的政治目的，认为它们是塑造帝国神圣性、抗衡罗马教会的手段。本文以抄本学的方法，探究查理曼与祭司王约翰在流传上的共时性与相似性。本文首先分别梳理了查理曼与祭司王约翰的接受语境，将其在12世纪、13世纪的流行归因于中世纪人对历史、博物学、异域、十字军与末世预言等主题的长时段的兴趣。进而，在考察共同包含查理曼与祭司王约翰故事的抄本时发现，此类抄本在12世纪集中出现在南德意志-奥地利的本笃会和西多会修道院内，其内容构成展现了末世论影响下的"帝国转移"学说，与弗鲁托夫和奥托对普世史书写的构思十分相近。与此形成对照的是查理曼与祭司王约翰故事在13世纪法国的共同流传，后者的抄本语境是寰宇视野下的英雄传奇。

关键词　查理曼　祭司王约翰　抄本学　帝国转移　神圣罗马帝国

---

　*　本文系国家社科基金青年项目"神圣罗马帝国之意大利问题再研究（10~13世纪）"（22CSS024）阶段性成果。

**　李文丹，北京大学历史学系、西方古典学中心助理教授。

1165 年，由神圣罗马帝国皇帝腓特烈一世（1155～1190 年在位）主导，加洛林帝国的缔造者查理曼（800～814 年在位）在亚琛被封为圣徒；[①] 与此同时，一封署名为"祭司约翰"（Presbiter Johannes）的书信开始在欧洲流传；[②] 1164 年，传说中祭司约翰的祖先、《圣经》中的朝圣三王的遗骸，由意大利米兰迁至帝国中心城市科隆。查理曼统一了西部欧洲的大半领土，被同代人誉为"祭司王"（rex et sacerdos）、"天下共主"（dominus terrae），像大卫王一般扫除异端；[③] 而传说中的约翰来自东方，在信中同样自称为"祭司王"（rex et sacerdos）、"万主之主"（dominus dominantium），统治着伊甸园般的印度，富有且强大，他战胜了穆斯林，并将前往耶路撒冷保护圣墓。[④]《祭司约翰书信》的结尾更是列举了祭司

---

① 关于查理曼的封圣，参见 Knut Görich，"Karl der Große-ein 'politischer Heiliger' im 12. Jahrhundert?," in *Religion und Politik im Mittelalter: Deutschland und England im Vergleich*, ed. Ludger Körntgen and Dominik Waßenhoven，Berlin：De Gruyter, 2013, pp. 117–155。

② 《祭司约翰书信》并未留下书写日期。根据 13 世纪编年史家三泉的阿尔贝里克（Alberic de Trois-Fontaines）的记载，1165 年，祭司约翰、印度人的王向基督教世界的君主们送去了数封书信，特别是送给拜占庭皇帝曼努埃尔一世（1143～1180 年在位）和罗马帝国皇帝腓特烈一世。"Et hoc tempore presbiter Iohannes Indorum rex litteras suas multa admiratione plenas misit ad diversos reges christianitatis, specialiter autem imperatori Manueli Constantinopolitano et Romanorum imperatori Frederico," *Chronica Alberici monachi Trium Fontium a monacho novi monasterii Hoiensis interpolata*, ed. Paul Scheffer-Boichorst, MGH SS 23, Hannover：Hahn, 1874, a. 1165, p. 848.

③ "[...] sit dominus et pater, sit rex et sacerdos, sit omnium Christianorum moderantissimus gubernator auxiliante domino nostro Iesu Christo." *Libellus sacrosyllabus episcoporum Italiae*, in *Concilia aevi Karolini* [742 – 842]. *Teil 1* [742 – 817], ed. Albert Werminghoff, MGH Conc. 2/1, Hannover/Leipzig：Hahn, 1906, p. 14. 事实上，查理曼的"祭司王"头衔在史料中极为罕见。对查理曼祭司王头衔的讨论参见 Arnold Angenendt, "Karl der Große als 'rex et sacerdos'," in *Das Frankfurter Konzil von 794*, vol. 1, ed. Rainer Berndt, Mainz：Selbstverl. der Ges. für mittelrheinische Kirchengeschichte, 1997, pp. 255–278。

④ 《祭司约翰书信》的校勘本参见 *Der Priester Johannes*, 2 vols., ed. Friedrich Zarncke, Leipzig：S. Hirzel, 1879–1883。拉英对照本参见 *Prester John: The Legend and Its Sources*, ed. Keagan Brewer, Farnham e. a.：Ashgate, 2015。约翰前往圣地的计划参见 "In voto habemus visitare sepulchrum domini cum maximo exercitu, prout decet gloriam maiestatis nostrae humiliare et debellare inimicos crucis Christi et nomen eius benedictum exaltare," *Prester John*, ed. Brewer, p. 46。在史料中，约翰被称为"祭司约翰，印度人

王国度中的各个官职，充分体现了祭司与君王职能的统一："的确，我们的侍餐者是教长和国王，我们的侍酒者是大主教和国王，我们的内侍是主教和国王，我们的元帅是国王和大主教，厨师长是国王和修道院院长。"①

历史学家注意到了封圣查理曼与伪造《祭司约翰书信》的共时性和相似性，并据此推测它们共同服务于斯陶芬王朝"神圣帝国"（sacrum imperium）的政治神学。在2013年出版的《世界帝王：查理曼和帝国权威的构建（800~1229年）》一书中，拉托夫斯基（Latowsky）将这两个事件视为对腓特烈一世的礼赞。通过宣扬两位将宗教与世俗权力完美统一的君主，斯陶芬皇帝和帝国的"神圣性"得到了传统与当下的背书。结合帝国在11世纪主教授职权之争中的失败，以及腓特烈一世与教宗亚历山大三世（1159~1181年在位）冲突的背景，对查理曼与祭司王约翰的赞颂共同被理解为腓特烈一世抗衡罗马教会的政治策略。②

然而，晚近研究表明，腓特烈构建"神圣帝国"这一前提并非史实。根据苏洛夫斯基（Sulovsky）的学术史梳理，对斯陶芬帝国神圣性及其构建手段的过度阐释始于泽梅尔（Zeumer）等第二帝国的史学家。③ 俾斯麦1872年著名的宣言"我们不去卡诺莎"，将德意志民族国家构建的失败归结于罗马教会的阻挠，反映了当时政界与学界的主流思想。④ 现代学者需要辨析，这些含有目的论色彩的传统观念是否受到民族主义的影响，是否

的王"以及"祭司王"，本文统一使用"祭司王"称呼约翰，它比"长老约翰"等称呼更贴近中世纪人的理解。

① "Dapifer enim noster primas est et rex, pincerna noster archiepiscopus et rex, camerarius noster episcopus et rex, marescalcus noster rex et archimandrita, princeps cocorum rex et abbas." *Prester John*, ed. Brewer, p. 65.

② Anne Latowsky, *Emperor of the World: Charlemagne and the Construction of Imperial Authority, 800–1229*, Ithaca, NY e. a.: Cornell University Press, 2013, chapter 4, "In Praise of Frederick Barbarossa," pp. 173–214, esp. 182.

③ Vedran Sulovsky, "The Concept of Sacrum Imperium in Historical Scholarship," *History Compass* 17 (2019): 1–12.

④ *Die politischen Reden des Fürsten Bismarck*, ed. Horst Kohl, vol. 5, Stuttgart: J. G. Cotta'sche Buchhandlung, 1871–1873, p. 338. 参见 Sulovsky, "The Concept of Sacrum Imperium in Historical Scholarship," p. 3。

暗含着第二帝国的精神投射。事实上，"神圣帝国"在腓特烈一世 1200
余份官方文献中出现了不到 32 次，且用法不一。① 直至 20 世纪 90 年代，
彼得森（Petersohn）将"神圣罗马帝国"的话语构建归源于 12 世纪 80 年
代（即亨利六世时代）罗马城市公社的诉求，腓特烈一世与"神圣帝国"
构建的捆绑才被打破。② 至此，人们不能否认腓特烈对圣徒、圣物、圣地
的兴趣，然而，这些事件并不从属于一个明确的、有整体性的政治规划，
"神圣帝国"并非腓特烈时代一以贯之的政治神学。

那么，在脱离"神圣帝国"的旧论后，封圣查理曼与伪造《祭司约翰书
信》是否仍然相关，我们能否就此拓展对它们的认识？探寻两个历史事件的
联系和影响并非易事，时间和意义上的相关性远远不够，但联系与影响会留下
痕迹。中世纪的复合抄本提供了文本被接受的语境。封圣查理曼与伪造《祭
司翰书信》不仅在时空上重合，也在抄本中相遇。借此我们可以自下而上地
考察中世纪的读者如何理解事件及其所处的联系网，以及官方的政治宣传或
社会的时代精神如何渗透到人们的认知世界中。由于中世纪的抄本贵重、稀
少，抄本学研究固然局限在对权贵和知识精英阶层的考察，但抄本展现出的多
样性与差异性，有助于更加细致地描绘历史的多重面相。下文将依托抄本的
证据，分别梳理查理曼和祭司王约翰传说的流传，并着重讨论它们出现在
同一抄本中的背景与缘由，进而反观 12 世纪神圣罗马帝国的政治文化。

一　查理曼纪事：从信史到传奇

查理曼虽是 8 世纪生人，但关于他的信史和传说经久不衰，在 12 世

---

① Jochen Johrendt, "Friedrich Barbarossa und Alexander III. Die Universalgewalten in der Perspektive des 19. Jahrhunderts," *Friedrich Barbarossa in den Nationalgeschichten Deutschlands und Ostmitteleuropas* (*19-20 Jh.*), ed. Knut Görich and Martin Wihoda, Cologne: Böhlau, 2017, p. 174.

② Jürgen Petersohn, *Rom und der Reichstitel "Sacrum Romanum imperium,"* Stuttgart: Franz Steiner, 1994. 参见 Sulovsky, "The Concept of Sacrum Imperium in Historical Scholarship," p. 5. 相反观点参见 Stefan Weinfurter, "Um 1157. Wie das Reich heilig wurde," *Die Macht des Königs. Herrschaft in Europa vom Frühmittelalter bis in die Neuzeit*, ed. Bernhard Jussen, Munich: C. H. Beck, 2005, pp. 190-204。

纪达到了新的高潮。查理曼最早、最广为流传的传记是艾因哈德（Einhard）的《查理大帝传》（*Vita Karoli Magni*，814~830），现存 134 部抄本。[①] 同时代传记还有圣高尔僧侣、"口吃者"诺特克（Notkerus Balbulus）的《查理大帝纪事》（*Gesta Karoli imperatoris*，883~887），它包含了若干查理曼的奇闻轶事，最初默默无闻，直到 12 世纪才真正流行，并且几乎总是与艾因哈德的传记抄录在一起。[②]《法兰克王家年代记》（*Annales regni Francorum*，814~830）等加洛林时期的编年史也以查理曼的史事为中心。[③] 9 世纪起至中世纪晚期，上述几种带有官方色彩的史书常常收录于同一抄本中，形成"小查理曼汇编""大查理曼汇编"等不同组合。[④]

10 世纪以来，对查理曼的记述越来越富有传奇色彩。[⑤] 千禧年来临之际，在末世论的期待中，查理曼被想象为继承罗马帝国、使所有异教徒皈

[①]　校勘本参见 *Einhardi Vita Karoli Magni*, ed. Oswald Holder-Egger, MGH SS rer. Germ. 25, Hannover/Leipzig: Hahn, 1911, pp. 1–41。

[②]　校勘本参见 *Notker der Stammler, Taten Kaiser Karls des Großen（Notkeri Balbuli Gesta Karoli Magni imperatoris）*, ed. Hans F. Haefele, MGH SS rer. Germ. N. S. 12, Berlin: Weidmannsche Verlagsbuchhandlung, 1959, pp. XXIII–XXV, 1–93。中文研究参见朱君杙《竖立起"塑像金头"的查理曼——论结巴诺特克〈查理大帝事迹〉中的神学隐喻》，《历史教学》（下半月刊）2017 年第 11 期，第 59~66 页。

[③]　校勘本参见 *Annales regni Francorum inde ab a. 741 usque ad a. 829, qui dicuntur Annales Laurissenses maiores et Einhardi*, ed. Friedrich Kurze, MGH SS rer. Germ. 6, Hannover/Leipzig: Hahn, 1895, pp. 3–178。

[④]　详见 Matthias M. Tischler, *Einharts "Vita Karoli". Studien zur Entstehung, Überlieferung und Rezeption*, 2 vols., Hannover: Hahn, 2001, pp. 590–896。抄本举要 Vienne, ONB, Cod. 510; Munich, BSB, clm 17736; Paris, BnF, n. a. l. 310。根据 Tischler 的定义，"小查理曼汇编"由无序言版艾因哈德《查理大帝传》和《法兰克王家年代记》构成，"大查理曼汇编"由上述二者加上诺特克《查理大帝纪事》构成。

[⑤]　详见 Latowsky, *Emperor of the World*, esp. pp. 59–138。另参考 *The Legend of Charlemagne in the Middle Ages: Power, Faith, and Crusade*, ed. Matthew Gabriele and Jace Stuckey, New York, NY: Palgrave Macmillan, 2008; Matthew Gabriele, *An Empire of Memory: The Legend of Charlemagne, the Franks, and Jerusalem before the First Crusade*, Oxford: Oxford University Press, 2011; *The Legend of Charlemagne. Envisioning Empire in the Middle Ages*, ed. Jace Stuckey, Leiden/Boston: Brill, 2021。本段提到的史料均在上述著作中有所探讨。

依的"最后的普世帝王"（Last World Emperor）。① 例如，索拉特山的本笃
（Benedictus de Soracte）在其《编年史》（Chronicon，约 968）中首次记述
了查理曼前往耶路撒冷和君士坦丁堡，以和平手段征服异邦的旅程，尽管
事实上查理曼从未踏上意大利以东的土地。② 11 世纪末，教宗乌尔班二世
（1088~1099 年在位）为第一次十字军东征动员，一部写于圣德尼修道
院、名为《描述》（Descriptio qualiter，约 1080）的作品同样讲述了一个虚
构的故事：君士坦丁大帝梦到查理曼将解放耶路撒冷，继而，查理曼应他
的请求出兵击退穆斯林，收复圣地，将基督受难圣物带回法兰克王国，并
最终转赠给圣德尼修道院。③ 12 世纪最著名的查理曼传奇当属伪图宾
（Pseudo-Turpin）的《查理曼和罗兰的历史》（Historia Karoli Magni et
Rotholandi，1140~1185），它写于第二次十字军东征之际，并借鉴了《罗
兰之歌》（牛津抄本）的内容，约 150 部拉丁文抄本现存于世。在这部作
品中，圣雅各向查理曼显灵，请求他拯救自己在西班牙的墓穴，由此，查
理曼发动了四场抗击萨拉森人、征服西班牙的战争。④

    1170~1180 年，亚琛主教堂的一位律修教士完成了一部新《查理大帝
传》（Vita Caroli Magni imperatoris），它由腓特烈一世委托，是为查理曼封

① 对"最后的普世帝王"的研究参见 Hannes Möhring, *Der Weltkaiser der Endzeit. Entstehung, Wandel und Wirkung einer tausendjährigen Weissagung*, Stuttgart: Thorbecke, 2000. 后文有详细论述。

② *Il Chronicon di Benedetto, monaco di S. Andrea del Soratte e il "Libellus de imperatoria potestate in urbe Roma"*, ed. Giuseppe Zucchetti, Fonti per la Storia d'Italia 55, Rome: Tipografia del Senato, 1920, pp. 3-187. 该作品被视为对艾因哈德《查理大帝传》第 16 章的扩写，而非全新创作，参见 Gabriele, *An Empire of Memory*, p. 42. 现存一部抄本 Vatican City, BAV, Chig. F. Ⅳ. 75. 该抄本同时收录艾因哈德《查理大帝传》的节选（fol. 59r-109v），参见 Tischler, *Einharts "Vita Karoli"*, p. 470.

③ 校勘本参见 *Descriptio qualiter Karolus Magnus clavum et coronam Domini a Constantinopoli Aquisgrani detulerit qualiterque Karolus Calvus hec ad Sanctum Dyonisium retulerit*, *Die Legende Karls des Grossen im 11. und 12. Jahrhundert*, ed. Gerhard Rauschen, Leipzig: Duncker & Humblot, 1890, pp. 103-125. 现存两部抄本。

④ 校勘本参见 *Historia Karoli Magni et Rotholandi ou Chronique du Pseudo-Turpin: Textes revus et publiés d'aprés 40 manuscrits*, ed. Cyril Meredith Jones, Paris: Droz, 1936. 研究参见 Klaus Herbers, ed., *Jakobus und Karl der Große. Von Einhards Karlsvita zum Pseudo-Turpin*, Tübingen: Gunter Narr Verlag, 2003.

圣（1165 年）所作，体例为圣徒传，现存 34 部抄本。它是查理曼纪事的集大成者，既采信了艾因哈德《查理大帝传》、提甘（Theganus）《路易皇帝行述》（*Gesta Hludowici imperatoris*）、《法兰克王家年代记》等接近官方叙事的史书片段，也引述了本笃《编年史》、《描述》与《查理曼和罗兰的历史》等传奇文学中的虚构情节，同时，为了刻画查理曼的圣徒特质，对《圣经》的引用也大幅增加了。[①]

在与查理曼有关的著作中，以艾因哈德《查理大帝传》和伪图宾《查理曼和罗兰的历史》流传最广，两者分别是 10 世纪和 12 世纪查理曼纪事的代表。分析这两部纪事的流传语境，我们能看到中世纪人如何理解、纪念或利用查理曼其人其事。蒂施勒（Tischler）考察了 9~10 世纪与艾因哈德《查理大帝传》编纂在同一抄本中的文本，认为《查理大帝传》诞生的语境是虔诚者路易时代的帝国危机，抄本中的相关文本被归为以下类别：（1）君王镜鉴；（2）纪念性传记；（3）对法兰克王朝政治正统之确认，表现为查理曼与虔诚者路易双王传；（4）君王传记作为法典附录。[②] 与之形成鲜明对比的是，蒂施勒认为《查理曼和罗兰的历史》的创作灵感源于同时代的英雄史诗，它与西班牙的朝圣者和十字军战士紧密相连。[③] 根据不完全检索，《查理曼和罗兰的历史》的抄本语境可以归纳为：（1）君王传奇、英雄传奇，诸如多种亚历山大传奇、提尔王阿波罗尼乌斯传奇、《祭司约翰书信》；（2）耶路撒冷史、朝圣史和十字军史；（3）神秘的异域。[④]

我们可以看到，不同的篇目、组合、类别，构成了理解查理曼的不同语境，反映的是截然不同的时代诉求。在众多构成查理曼纪事传抄语境的

---

① 校勘本参见 *Die Aachener "Vita Karoli Magni" des 12. Jahrhunderts*, ed. Helmut Deutz, Ilse Deutz, and Karl Rauschen, Siegburg: Franz Schmitt, 2002。

② Matthias M. Tischler, "Tatmensch oder Heidenapostel. Die Bilder Karls des Großen bei Einhart und im Pseudo-Turpin," *Jakobus*, ed. Herbers, pp. 1-37, here p. 3, n. 12.

③ Tischler, "Tatmensch oder Heidenapostel. Die Bilder Karls des Großen bei Einhart und im Pseudo-Turpin," pp. 4-6.

④ 统计源自 www. mirabileweb. it 数据库中的抄本条目。该数据库收录的抄本信息少于实际。

文本中，下文选取《祭司约翰书信》着重探讨。它与查理曼封圣的共时性和相关性引人关注。本文的研究切入点是，祭司约翰与查理曼是否在 12 世纪抄本中享有共同的或相似的语境，这些语境能为我们理解神圣罗马帝国的政治文化提供何种线索。

二 祭司王约翰的传说

祭司王约翰传说的生成与流传极其复杂。斯利萨列夫（Slessarev）认为，这一传说的内核源于东方叙利亚教会的使徒托马斯行传，后者可追溯至 3 世纪的埃德萨。[①] 加迪尼（Giardini）等学者则认为，该传说受到了东方教会末世论传统下"最后的普世帝王"之影响，后者最初见于 7 世纪伪美托迪乌斯（Pseudo-Methodius）的末世论布道词。[②]

1122 年，一位声称来自印度圣托马斯教派的宗主教约翰（Johannes patriarcha Indorum）先后拜访了君士坦丁堡皇帝约翰二世·科穆宁（1118~1143 年在位）和罗马教宗卡利斯图斯二世（1119~1124 年在位），并在教廷讲述了当地人的皈依和圣托马斯的奇迹。有两则欧洲史料提及此事：其一是在场的兰斯圣雷米修道院院长奥多（Odo）的一封信；其二是一篇无名氏的短文，名为《印度宗主教前往教宗卡利斯图斯二世的罗马城》（Relatio de adventu patriarchae Indorum ad Urbem sub Calisto papa II），它流传更广，至少有 18 部抄本包含了这则记载，它也常常与《祭司约翰书信》出现在同一抄本中。[③]

1145 年，又一则有关祭司约翰的消息传至欧洲，尽管这两则消息的主人公并非同一个约翰。弗莱兴主教奥托（Otto of Freising, 1114~1158 年）是斯陶芬王朝国王康拉德三世（1138~1152 年在位）同母异父的弟

---

① Vsevolod Slessarev, *Prester John. The Letter and the Legend*, Minneapolis: University of Minnesota Press, pp. 88–92.

② Marco Giardini, "'Ego, Presbiter Iohannes, Dominus Sum Dominantium': The Name of Prester John and the Origin of his Legend," *Viator* 48 (2017): 195–230.

③ 校勘本参见 *Der Priester Johannes*, ed. Zarncke, pp. 831–846。

弟、腓特烈一世的叔父。① 他在《双城史》（*Historia de duabus civitatibus*，写于 1143~1146 年和 1157 年前后）中记载，十字军安条克公国的贾柏莱主教休（Hugo，episcopus Gabulensis）在教廷向尤金三世（1145~1153 年在位）报告了埃德萨陷落的消息，休还声称，有一位祭司王约翰是"聂斯托利派"（景教），是东方三王的后人，极其富有，他打败了波斯人，并将前往耶路撒冷朝圣。② 学界普遍认为，西辽大汗、"菊儿汗"耶律大石是祭司王的历史原型，他在 1141 年大败信仰伊斯兰教的塞尔柱苏丹的军队。这一消息经东方叙利亚基督教教徒加工——信仰佛教的耶律大石被杜撰为庇护基督徒、对穆斯林战无不胜的基督教君主——给处在困境中的十字军带去了希望。③ 不久后，尤金三世在 1145 年 12 月 1 日向基督教世界召集第二次十字军，次年 3 月，他将德意志皇帝亨利二世（1014~1024 年在位）封为圣徒，以鼓励康拉德三世率军出战。

就内容而言，奥托在《双城史》中对祭司王约翰的记述与《祭司约翰书信》中约翰的形象最为一致。两者共同包含的内容是"祭司王"（rex et sacerdos）东方基督教君主的身份、对东方穆斯林的胜利，以及他即将前往耶路撒冷拯救圣墓的计划。贝金汉（Beckingham）还指出，两者对"远东"偏颇的定义也出奇地一致。④ 奥托是已知的第一位报道祭司王约翰的作者，也是在《祭司约翰书信》诞生前唯一的一位。由于包含

---

① 奥托的生平参见 Otto，Bishop of Freising，*The Two Cities, A Chronicle of Universal History to the Year 1146*，trans. Charles C. Mierow，New York：Columbia University Press，1928（reprint 2002），pp. 3-1。

② "Iohannes quidam，qui ultra Persidem et Armeniam in extremo oriente habitans rex et sacerdos cum gente sua Christianus est，sed Nestorianus，" *Ottonis episcopi Frisingensis chronica sive historia de duabus civitatibus*，ed. Adolf Hofmeister，Hannover/Leipzig：Hahn，1912，pp. 363-367，esp. p. 365. 欧洲史料中的"聂斯托利派"即为东方叙利亚教会教徒，中文史料中的景教徒。尽管东方叙利亚教会乃至聂斯托利本人并不信奉所谓的二性二位说，"聂斯托利派"实为西方教会创造的蔑称，本文在引述史料时，仍选取与史料一致的称呼。

③ 此说法源自 19 世纪，学术史详见 *Prester John*，ed. Brewer，p. 7，n. 21。反对观点参见 Charles F. Beckingham，"The Achievements of Prester John，" in *Prester John，the Mongols and the Ten Lost Tribes*，ed. Charles F. Beckingham and Bernard Hamilton，Aldershot：Variorum，1996，p. 3。作者认为祭司王约翰传说并非源于历史事实。

④ Beckingham，"The Achievements of Prester John，" pp. 13-14。

《双城史》的抄本几乎全部在神圣罗马帝国境内，尤其集中在巴伐利亚-奥地利地区，①而奥托既是奥地利马克伯爵利奥波得之子，也在巴伐利亚的弗莱兴担任主教。我们有理由推测，《祭司约翰书信》的作者阅读过《双城史》中对祭司王的记载，也很有可能来自神圣罗马帝国。本文第四部分也将从抄本学的视角，再详述奥托、《双城史》与《祭司约翰书信》的关系。

1165 年前后，在查理曼封圣之际，《祭司约翰书信》在欧洲流传。这封信的收信人是拜占庭皇帝曼努埃尔一世，根据两部较早的拉丁文抄本（Wagner 编号 P8，P3）的记载，它由希腊语翻译而来。②然而无论在东方还是西方，人们都没有发现它的原件。学界至今无法确定它的作者或者说它的伪造者。戈斯曼（Gosman）、克雷费尔坎普（Knefelkamp）、汉密尔顿（Hamilton）等学者认为，腓特烈一世的文书处伪造了这一文献，即这封信没有希腊语或其他东方语言的原本；伪造的动机在于，将祭司王约翰塑造为集世俗权力与教会权力于一身的统治者，将他统治的印度塑造为有无尽财富、军力强大、信仰虔诚、和平统一的乌托邦国家，从而为与教宗分庭抗礼、被教宗绝罚的腓特烈背书。③科隆大主教、帝国首相达瑟尔的雷纳德（Rainald of Dassel，约 1120～1167），美因茨大主教、帝国首相克里斯蒂安一世（Christian I of Mainz，约 1130～1183），以及科尔维修道院长斯塔布洛的威巴尔德（Wibald of Stablo，1098～1158），都曾被认为是伪造书信的始作俑者。其原因是，他们在帝国政治中身居高位，反对教宗亚历山大三世，并与东方尤其是拜占庭有交往。④学界对《祭司约翰书

① 部分抄本的目录参见 http：//www. mirabileweb. it/title/chronica-de-duabus-civitatibus-otto-i-frisingensis--title/687，2023 年 1 月 10 日访问，抄本情况概览参见 *Ottonis episcopi Frisingensis chronica*，ed. Hofmeister，pp. XXIII-LXXXVIII。

② Bettina Wagner，*Die "Epistola presbiteri Johannis"*: *lateinisch und deutsch*；*Überlieferung*，*Textgeschichte*，*Rezeption und Übertragungen im Mittelalter*；*mit bisher unedierten Texten*，Tübingen：Niemeyer，2000，p. 245.

③ 学术史回顾参见 Wagner，*Die "Epistola presbiteri Johannis"*，pp. 244-253。

④ 详见 Martin Gosman，*La Lettre du Prêtre Jean. Les versions en ancien français et en ancien occitan*，Groningen：Bouma's Boekhuis，1982；Martin Gosman，"Otton de Freising et le Prêtre，" *Revue belge de philologie et d'histoire* 61（1983）：270-285；Jean Bernard Hamilton，

信》的阐释以挖掘其政治意图为主，如前所述，这与学界对斯陶芬王朝
"神圣帝国"的兴趣密不可分。然而，这样的解释忽视了《祭司约翰书
信》丰富的内容和广泛的流传。2022 年问世的论文《（重）望世界：十
二世纪巴伐利亚的祭司约翰》，反驳了学界长久以来将《祭司约翰书信》
视为腓特烈一世政治宣传品的观点。作者埃尔德维克（Eldevik）考察了
《祭司约翰书信》在 12 世纪的流传，为伪造书信的历史背景提供了新的
解释。他认为伪造者应来自德意志南部的修道院，书信反映的不仅是现实
政治，更是伪造者对历史、十字军和末世论的思考。[1] 在该文刊出时，本
文初稿已完成。由于共同采用了抄本学的方法，笔者对《祭司约翰书信》
的流传和起源的分析，与该文有相近之处。本文在构思和论述上的新意与
不同在于，通过"对观"查理曼与祭司王约翰这两个在流传上具有共时
性和相似性的人物，分析他们在 12 世纪共同流行的原因及其背后所蕴含
的思想观念与社会文化。

三　《祭司约翰书信》的抄本学探源

根据瓦格纳（Wagner）的整理，《祭司约翰书信》现存 234 份拉丁文

"Prester John and the Three Kings of Cologne," *Medieval History Presented to R. H. C. Davis*,
ed. Henry Mayr-Harting and Robert Ian Moore, London and Ronceverte, W. Virginia:
Hambledon Press, 1985, pp. 177 – 191, 转引自 *Prester John*, ed. Beckingham and
Hamilton, pp. 171–185; Ulrich Knefelkamp, *Die Suche nach dem Reich des Priesterkönigs
Johannes. Dargestellt anhand von Reiseberichten und anderen ethnographischen Quellen des
12. bis 17. Jahrhunderts*, Gelsenkirchen: Verlag Andreas Müller, 1986。在 2022 年的新
作《十字军时代东西方之间的祭司约翰传说》中，政教斗争仍被视作《祭司约翰书
信》的创作动机。详见 Ahmed M. A. Sheir, *The Prester John Legend between East and
West during the Crusades. Entangled Eastern-Latin Mythical Legacies*, Budapest: Trivent,
2022。

[1] John Eldevik, "(Re) Visions of the World. Prester John in Twelfth-Century Bavaria,"
*Visions of Medieval History in North America and Europe: Studies on Cultural Identity and
Power*, ed. Courtney M. Booker, Hans Hummer, and Dana M. Polanichka, Turnhout:
Brepols Publishers, 2022, pp. 357–377. （上线时间：2022 年 10 月 28 日）感谢浙江
大学刘寅老师的提示。

抄本、235 份俗语抄本。最早的抄本出现在法国北部，随后集中出现在四个区域，分别是法国北部-比利时-荷兰、巴伐利亚-奥地利、施瓦本地区和英格兰，在意大利却极为罕见（皮亚琴察的抄本为例外）。在早期的传抄过程中，《祭司约翰书信》演化出三个版本，在研究中被命名为版本 U，版本 u 和版本 B。最早的一批抄本，即 12 世纪下半叶的抄本，现存 20余部，其中有 15 部来自本笃会。[①] 以抄本的地域分布来看，《祭司约翰书信》的原始版本既可能源于法国北部（以版本 U 和版本 B 为主），也可能源自神圣罗马帝国（以版本 B 为主）。两者都是第二次十字军东征的主力，都有可能从罗马教廷或海外的十字军公国听到来自东方的祭司王传说。

《祭司约翰书信》篇幅不长，在多数抄本中仅占据 3 叶至 6 叶，它必然和众多文本共同收录在同一抄本中，这些文本构成了理解《祭司约翰书信》的历史语境。倘若《祭司约翰书信》是一部用于斯陶芬王朝政治宣传的作品，那么这一动机在它最初的流传语境中也应有所体现。倘若《祭司约翰书信》有其他的创作动机，也一定会在文本的传抄中有所保留。瓦格纳在她的研究中宽泛地分析了《祭司约翰书信》的流传语境，其结论是，祭司王约翰传说大量流传于修道院，它主要用于教育，其次作为书信的模板用于文体练习。[②] 然而，这一结论在统计学的意义上并不可靠，也无法回答与"神圣帝国"相关的具体问题，因为作者选取的对象过于宽泛，它包含了从 12 世纪至 16 世纪、从拉丁语到德语的全部文本，在此期间欧洲的政治与文化发生了翻天覆地的变化。

在本节中，笔者将考察范围缩小至 12 世纪、13 世纪包含《祭司约翰书信》的 62 部抄本，对与《祭司约翰书信》一同流传的文本分类归纳。统计的对象仅限于《祭司约翰书信》在"同时代"的抄写，排除了 14 世纪后增补的情况。12 世纪的抄本用来解释《祭司约翰书信》的生成语境

---

① 统计参见 Wagner, *Die "Epistola presbiteri Johannis"*, pp. 14, 239–241, 252。

② Wagner, *Die "Epistola presbiteri Johannis,"* pp. 268, 665。

无疑最为恰当。本文同时囊括13世纪抄本的原因在于，13世纪的抄本很有可能是12世纪抄本的副本，而其母本未必能流传于世。此外，从12世纪到13世纪，神圣罗马帝国乃至整个基督教欧洲，它们的思想文化是连续的而非断裂的。由于部分抄本暂时无法查阅，只能依靠其目录信息，所以笔者的统计并不精确，但它所反映的历史语境仍是有效的。这些在12世纪、13世纪与《祭司约翰书信》一同流传的文本，由多到少可以分为以下五类。①

　　第一类文本是史书，以君王纪事、普世史、民族史和古代史为主。

　　在君王纪事中，出现最多的是亚历山大传奇与查理曼纪事。亚历山大传奇例如尤利乌斯·瓦列里乌斯（Iulius Valerius）的《马其顿的亚历山大纪事》（*Res gestae Alexandri Macedonis*）及其衍生文本《亚历山大纪事节选》（*Epitoma rerum gestarum Alexandri Magni*），那不勒斯大祭司利奥（Archiprebyster Leo of Naples）的《亚历山大大帝的降生与胜利》（*Nativitas et victoria Alexandri Magni*）及其衍生文本《亚历山大征服者史》（*Historia de Preliis*）。它们由伪卡利斯提尼（Pseudo-Callisthenes）希腊语的亚历山大传奇翻译而来，还往往与虚构的亚历山大书信汇编在一起，例如《亚历山大致亚里士多德书信》（*Epistola Alexandri ad Aristotelem*）、《亚里士多德致亚历山大书信》（*Epistola Aristotelis ad Alexandrum*）和《亚历山大与丁迪姆斯书信》（*Collatio Alexandri cum Dindimi*）。查理曼纪事包括伪图宾的《查理曼和罗兰的历史》、艾因哈德的《查理大帝传》和诺特克的《查理大帝纪事》。而用于纪念查理曼封圣的亚琛查理曼传并没有与《祭司约翰书信》出现在同一抄本中。这也间接说明，这两个共时性事件并非源自斯陶芬宫廷的统一计划。其他君王纪事包括文学体裁的《提尔王阿波罗尼乌斯传奇》（*Historia Apollonii regis Tyri*）、史书体裁的弗莱兴的奥托的《腓特烈一世传》（*Gesta Friderici*）等。《祭司约翰书信》虽是书信体裁，但就其内容而言，也与君王纪事相似。这也使祭司王约翰和亚历山大、查

---

　　①　在统计中，若一个文本同时从属于多个类别，那么它会被重复归类，但这样的情况并不多见。

理曼一样，迅速成为流行文学中的经典形象，其故事也不断得到扩充。

在普世史中，弗莱兴的奥托的《双城史》和米歇尔山的弗鲁托夫（Frutolf of Michelsberg）、奥拉的埃克哈特（Ekkehard of Aura）（续）的《世界编年史》（*Chronicon universale*）出现最多，其他作品还有圣维克多的休（Hugo of St. Victor）的《普世史》（*Univsersalis historia*）、特拉波的马丁（Martin of Troppau）的《教宗与皇帝编年史》（*Chronica pontificum et imperatorum*）等。民族史包括蒙茅斯的杰弗里（Geoffrey of Monmouth）的《不列颠诸王史》（*Historia regum Britanniae*）、马尔谢讷的安德烈（André de Marchiennes）的《法兰克-墨洛温简史，或法兰克诸王纪事》（*Historiae franco-merovingicae synopsis sive Historia succincta de gestis et successione regum Francorum*）、可敬者比德（Bede）的《英吉利教会史》（*Historia ecclesiastica gentis Anglorum*）、克雷莫纳的柳德普兰（Liutprandus Cremonensis）的《复仇录或欧洲所成就之事》（*Antapodosis, retributionis, regum atque principum partis Europae*）等。古代史在古代君王纪事外，还包括保罗·奥罗修斯（Paulus Orosius）的《反异教史七书》（*Historiae adversus paganos*）、执事保罗（Paulus Diaconus）的《罗马史》（*Historia Romana*）、鲁福斯·菲斯特斯（Rufius Festus）的《罗马人简史》（*Breviarium rerum gestarum populi Romani*）、《特洛伊陷落记》（*Excidium Troiae*）、《斐洛克特底》（*De Philoctete*）、《波利米斯托》（*De Polymestore*）、达瑞斯·佛里癸俄斯（Dares Phrygius）的《特洛伊沦陷史》（*Historia de excidio Troiae*）和克里特岛的狄克提斯（Dictys Cretensis）的《特洛伊战役记》（*Ephemeris belli Troiani*）等。抄本中对历史类文本的整合往往能体现编纂者的意图，下文还将详细讨论。

第二类文本是博物学、百科全书著作，出现较多的是塞维利亚的伊西多尔（Isidorus of Sevilla）的《词源》（*Etymologiae*），萨克罗博斯科的约翰（Johannes de Sacrobosco）的《天体论》（*De Sphœra*），欧坦的洪诺留（Honorius Augustodunensis）的《世界图景》（*Imago mundi*）和《释义》（*Elucidarium*），索利努斯（Solinus）的《要事集》（*Collectanea Rerum Memorabilium*），艾赛西斯·艾斯特（Aethicus Ister）的《宇宙志》（*Cosmographia*），雷恩的马博德（Marbod of Rennes）的《宝石之书》

（*Liber lapidum*）。《祭司约翰书信》中对自然景观、奇珍异兽的列举和细致描述，正是体现了这样的兴趣。这些文本在本文重点关注的 12 世纪并不多见，在 13 世纪却成为主流，这与蒙古征服所开启的全球视野密切相关。

　　第三类文本是对异域与异教徒的记述，它们与祭司王约翰作为东方基督教君主的身份有关。与印度相关的作品例如无名氏的《印度宗主教前往教宗卡利斯图斯二世的罗马城之纪事》、《巴拉姆与约瑟法特传奇》、《印度地区与婆罗门志》（*Relatio de Indiae regione et de Bragmanis*）、《亚历山大与婆罗门纪事》（*Narratio de Alexandro et de Bragmanis*）；与蒙古相关的作品均出自 13 世纪，例如柏朗嘉宾（Johannes de Plano Carpini）的《蒙古史》（*Historia Mongolorum*）和鲁布鲁克（William of Rubruk）的《东行纪》（*Itinerarium ad partes orientales*）。寻找祭司王约翰不仅是中世纪远洋旅行者的目标所在，也成为抄本编纂中的热门主题。

　　第四类文本是有关圣地与十字军的著作，例如朝圣指南《耶路撒冷的圣所》（*Descriptio sanctorum locorum Hierusalem*），彼得·图德伯德（Petrus Tudebodus）讲述第一次十字军东征的《法兰克人和其他前往耶路撒冷的朝圣者事迹》（*Gesta Francorum et aliorum hierosolimitanorum*），兰斯僧侣罗贝尔（Robertus Monachus）的《耶路撒冷史》（*Historia Hierosolymitana*），维尔茨堡的约翰（John of Würzburg）的《圣地描述》（*Descriptio terrae sanctae*），《耶路撒冷宗主教书信》（*Epistola patriarchae Hierosolymitani*），耶路撒冷宗主教、僧侣艾玛尔（Haymarus Monachus）的《耶路撒冷战役的韵文》（*Rithmus de expeditione ierosolimitana*），斯特拉斯堡的勃查德（Burchardus Argentinensis）的《通往圣地之路》（*Iter ad terram sanctam*），《腓特烈一世皇帝在十字军中的事迹》（*Gesta Federici I imperatoris in expeditione sacra*），科格索尔的拉尔夫（Ralph of Coggeshall）的《英吉利编年史》（*Chronicon Anglicanum*）中关于理查一世参与第三次十字军的段落，维特里的雅克（Jacques de Vitry）的《耶路撒冷史》（*Historia Hierosolymitana*）等等。根据 12 世纪祭司王约翰的传说，祭司王战胜了中亚的穆斯林，将带领大军前往耶路撒冷，拯救圣墓。这与读者对圣地与十字军的宗教热情相吻合。

第五类文本是带有末世论色彩的著作，例如伪美托迪乌斯的《启示录》（*Revelationes*）、蒙蒂埃朗代的阿德松（Adso of Montier-en-Der）的《论敌基督的兴起及其时代》（*De ortu et tempore Antichristi*）、《西比尔预言》（*De Sibyllis*）、《末日前的 15 个征兆》（*De quindecim signis ante iudicium*）、《敌基督的游戏》（*Ludus de Antichristo*）、《论敌基督》（*De Antichristo*）、《启示录阐释》（*Expositio Apocalipsi*）等等。如前所述，祭司王约翰击退异教徒、保卫耶路撒冷的形象，使他成为末世图景中的重要角色。无论他被等同于"最后的普世帝王"，还是被阐释为"最后的普世帝王"在耶路撒冷的有力帮手，这一传说都关乎基督徒眼中的末世拯救。

上述统计表明，《祭司约翰书信》在 12 世纪、13 世纪的读者，表现出对史书、博物学、异域与异教徒、圣地与十字军以及末世论的广泛兴趣。这些兴趣是长时段的，彼此紧密相连，构成了欧洲基督教社会的文化底色，而非仅仅局限在神圣罗马帝国的政治思想中。没有抄本的证据表明《祭司约翰书信》是神圣罗马帝国为宣扬君权、教权的统一而作的。那么，是什么构成了抄本中连接查理曼与祭司王约翰的桥梁，祭司王约翰的传说与神圣罗马帝国有何关系，这是本文第四部分的考察对象。

四　查理曼、祭司王约翰与神圣罗马帝国的　　"帝国转移"学说

在 12 世纪、13 世纪，查理曼与祭司王约翰在为数不多的抄本中被联系在一起。弗莱兴的奥托将《双城史》献给斯陶芬宫廷时，曾对帝国首相达瑟尔的雷纳德写道："你们知道，所有的教导全在两件事上：舍弃与选择。"① 抄本的编纂也是如此。在书写材料如此昂贵的情况下，几乎每一卷抄本都有其目的与功用，抄本中篇目的选择并非随机的。在

---

① "Scitis enim, quod omnis doctrina in duobus constitit: in fuga et electione." *Ottonis episcopi Frisingensis chronica*, ed. Hofmeister, p. 4.

本节讨论的抄本中我们能看到，它们包含的内容远远超过了编纂者自身的生活背景，在时间、空间上涵盖了从异教文明到基督教文明、从东方到西方的纪事与传说。① 这些包含了查理曼与祭司王约翰故事的抄本恰好能分为两组：第一组抄本同时包含《查理大帝传》等查理曼正史纪事与《祭司约翰书信》，它们均源于12世纪下半叶的德意志-奥地利地区，对我们理解查理曼与祭司王约翰在神圣罗马帝国如何被接受至关重要；第二组抄本同时包含传奇类文本《查理曼和罗兰的历史》与《祭司约翰书信》，它们均源于13世纪的法国。笔者选取其中四个抄本为例，详细分析第一组抄本的内容构成及其思想背景，并以第二组抄本为参照。

构成第一组抄本的文本主要是史书，它们囊括了从古代到当代、从古代东方到欧洲再到耶路撒冷的世界历史，使抄本自身体现了"普世史"的特征。这些文本因为包含了划时代的历史人物，譬如亚历山大、查理曼和祭司王约翰，呈现了带有末世论色彩的"帝国转移"（translatio imperii，亦作"权力转移"）历史图景。表1中的抄本 Paris, Bibliothèque Nationale de France, Ms. Nouvelles Acquisitions Lat. 310 即是代表。那么，这样的构思从何而来？

表 1 Paris, Bibliothèque Nationale de France, Ms. Nouvelles Acquisitions Lat. 310

源地：德国-巴伐利亚-泰格湖（Tegernsee），本笃会；时间：12世纪下半叶。

fol. 1r–27v	奥罗修斯：《反异教史七书》（节选）
fol. 28r–96v	执事保罗：《罗马史》
fol. 96v–103r	鲁福斯·菲斯特斯：《罗马人简史》

① 代表性的抄本有 Paris, Bibliothèque Nationale de France, Ms. Nouvelles Acquisitions Lat. 310；Zwettl, Stiftsbibliothek, Cod. Zwetl. 299；Stuttgart, Württembergische Landesbibliothek, Cod. Hist. fol. 411；Arras, Bibliothèque Municipale, Ms. 184；Vienne, Österreichische Nationalbibliothek, Cod. 413；Madrid, Biblioteca Nacional de España, Ms. 9783；Vatican City, Biblioteca Apostolica Vaticana, Cod. Reg. Lat. 657；等等。

续表

fol. 103r–142v	亚历山大纪事合集，包含大祭司利奥的《亚历山大征服者史》、尤利乌斯·瓦列里乌斯的《马其顿的亚历山大纪事》、《亚历山大与丁迪姆斯书信》、《亚历山大致亚里士多德书信》等八篇与亚历山大有关的文本。
fol. 143r–155r	艾因哈德：《查理大帝传》，包含《法兰克王家年代记》和《查理大帝纪事》（节选）
fol. 155r–164v	"口吃者"诺特克：《查理大帝纪事》
fol. 164v–167v	《祭司约翰书信》（版本 B）
fol. 167v–226r	僧侣罗贝尔：《耶路撒冷史》（第一次十字军东征史）
fol. 226r–v	《耶路撒冷宗主教书信》（*Epistola patriarchae Hierosolymitani*）

资料来源：电子化抄本参见 https：//gallica. bnf. fr/ark：/12148/btv1b10032116r，2023 年 1 月 10 日访问。抄本内容描述参见 Rüdiger Schnell, *Liber Alexandri Magni: die Alexandergeschichte der Handschrift Paris, Bibliothèque Nationale, n. a. l. 310; Untersuchungen und Textausgabe*, Munich：Artemis, 1989, pp. 8 - 9, 省略了卷首和卷尾的插入页。Eldevik, "（Re）Visions of the World," pp. 367-370 也讨论了此抄本。

　　"帝国转移"① 学说源自犹太-基督教传统中线性的时间观和救赎的历史观。以哲罗姆、奥罗修斯为代表的早期基督教作家，将《旧约》但以理异象中的四巨兽解释为前后相继的四王国（regna），依次为亚述-巴比伦、米底-波斯、马其顿-希腊和罗马。② 与此相近的还有"六时代说"（aetates）。奥古斯丁在《上帝之城》中按照《圣经》将历史划分为六阶段，对应上帝创世的六天和人生从幼年到暮年的六个形态，

---

① 专著参见 Werner Goez, *Translatio Imperii: ein Betrag zur Geschichte des Geschichtsdenkens und der politischen Theorien im Mittelalter und in der frühen Neuzeit*, Tübingen：Mohr, 1958；概述参见 Graeme Dunphy, "Translatio imperii," in *Encyclopedia of the Medieval Chronicle*, ed. Graeme Dunphy and Cristian Bratu, Leiden/Boston：Brill, 2010, pp. 1438-1441；Heinz Thomas, "Translatio Imperii," in *Lexikon des Mittelalters*, 10 vols, ed. Robert-Henri Bautier e. a., Stuttgart：Metzler, [1977] -1999, vol. 8, cols. 944-946。本文概述参考了上述文献中的线索。

② 对四大帝国学说的研究，参见 Andrew B. Perrin and Loren T. Stuckenbruck, *Four Kingdom Motifs Before and Beyond the Book of Daniel*, Leiden/Boston：Brill, 2020。中文研究参见朱君杙、王晋新《长存多变的"巨兽"——论中古西欧史家"四大帝国"结构原则的运用》，《历史教学》（下半月刊）2016 年第 2 期，第 35—42 页。

其节点分别是创世、诺亚、亚伯拉罕、大卫、巴比伦之囚、耶稣的诞生和历史终结，它因伊西多尔、可敬者比德等作家的使用而广为流传。上述两种历史分期常常在中世纪普世史的书写中相融合，代表了基督徒对上帝计划中历史兴衰更替的认知。[①] 约尔达内斯（Iordanes）的《罗马史》（*De summa temporum vel origine actibusque gentis Romanorum*，亦作"时代的制高点，或罗马人的起源与事迹"）、执事保罗的《罗马史》，都直接或间接借助了"帝国转移"叙事，将罗马史纳入基督教普世史的框架中。[②]

查理曼800年加冕为罗马皇帝后，法兰克帝国被视为罗马帝国的继承者。按照"帝国转移"的观念，罗马的权柄转移到了法兰克人手中。然而这一观点在加洛林时代并不流行，其中一个例外是不来梅主教维莱德的传记（*Vita Willehadi*，约850），其作者指出，查理曼通过罗马人民的选举而加冕，并由（罗马）主教和神职人员共同见证，因此帝国的统治已被转移到法兰克人的领地了。[③] 千禧年来临之际，加洛林王朝皇权旁落。此时人们认为，罗马帝国——最后的世界帝国——行将就木，末世审判即将降临。对此，蒙蒂埃朗代的阿德松在献给西法兰克王后格尔贝佳（Gerberga）的著作《论敌基督的兴起及其时代》（约950）中反驳道，敌基督的时代还没有到来，只要掌握罗马帝国权力（Romanum imperium）

---

① 对中世纪历史分期的概述可参考雅克·勒高夫《我们必须给历史分期吗?》，杨嘉彦译，华东师范大学出版社，2018，第2~10页。基督教史学的兴起参见李隆国《伊西多礼〈辞源·论史〉与基督教编年史的兴起》，《古代文明》2013年第1期，第39~51页。对哲罗姆、奥古斯丁、奥罗修斯历史观的概述参见 Michael Idomir Allen, "Universal History 300-1000: Origins and Western Developments," *Historiography in the Middle Ages*, ed. Deborah Mauskopf Deliyannis, Leiden: Brill, 2003, pp. 17-42。

② Marek Thue Kretschmer, *Rewriting Roman History in the Middle Ages: The "Historia Romana" and the Manuscript Bamberg, Hist. 3*, Leiden-Boston, MA: E. J. Brill, 2007, pp. 234-235.

③ "［…］imperialis potestas［…］per electionem Romani populi in maximo episcoporum aliorumque Dei servorum concilio, ad Francorum translatum est dominium." Vita Sancti Willehadi, in *Scriptores rerum Sangallensium. Annales, chronica et historiae aevi Carolini*, ed. Georg Heinrich Pertz, MGH SS 2, Hannover: Hahn, 1829, p. 381. 参见 Goez, *Translatio Imperii*, pp. 62-76, esp. 72-73。

的法兰克国王尚在，罗马王权的尊严（dignitas Romani regni）就不会消失。[1] 阿德松也是首位将伪美托迪乌斯《启示录》中"沉睡的皇帝""最后的普世帝王"与法兰克君主联系起来的作家。他认为一位法兰克国王将会重新获得整个罗马帝国的权柄，成为最伟大的、最后的普世君主；他会将王冠与权杖放在耶路撒冷的橄榄山上，标志着罗马和基督教统治的终结。[2] 由此，"复活的查理曼"（carolus redivivus）的传说逐渐形成并在 11 世纪流传，而传说中复活的查理曼将领导十字军，在耶路撒冷战胜异教徒和敌基督，迎接天国的降临。[3] 这一形象与后世流传中的祭司王约翰已是十分接近。在 1000 年，根据目击者的记载，奥托三世（996～1002 年在位）更是掘开了查理曼的墓穴，看到查理曼在墓中正襟危坐。[4] "复兴罗马帝国"（renovatio Imperii Romanorum）的观念也再度兴起，甚至被奥托

---

[1] "Hoc autem tempus nondum uenit, […] quandiu reges Francorum durauerint, qui Romanum imperium tenere debent, Romani regni dignitas ex toto non peribit, quia in regibus suis stabit." *Adso Dervensis. De ortu et tempore Antichristi necnon et tractatus qui ab eo dependent*, ed. Daniel Verhelst, Corpus Christianorum, Continuatio Mediaevalis 45, Turnhout: Brepols, 1976, pp. 25 - 26. 参见 Goez, *Translatio Imperii*, p. 74; Bernd Schneidmüller, "Adso von Montier-en-Der und die Frankenkönige," *Trierer Zeitschrift für Geschichte und Kunst des Trierer Landes und seiner Nachbargebiete* 40/41 （1977/78）: 189-199; Möhring, *Der Weltkaiser der Endzeit*, pp. 144-148; Justine Audebrand, "La promotion d'une idéologie carolingienne autour de la reine Gerberge（milieu duXe siècle），" *Genre & Histoire*［*Online*］, 23 Printemps (2019), URL: http: //journals. openedition。org/genrehistoire/4150, 2023 年 1 月 10 日访问。格尔贝佳既是西法兰克国王路易四世的王后，也是神圣罗马帝国皇帝奥托一世的妹妹。

[2] "Quidam uero doctores nostri dicunt, quod unus ex regibus Francorum Romanum imperium ex integro tenebit, qui in nouissimo tempore erit et ipse erit maximus et omnium regum ultimus. Qui, postquam regnum suum feliciter gubernauerit, ad ultimum Hierosolimam ueniet et in monte Oliueti sceptrum et coronam suam deponet. Hic erit finis et consummatio Romanorum christianorum que imperii." *Adso Dervensis*, ed. Verhelst, p. 26。

[3] 关于 11 世纪查理曼复活的传说参见 Stephen G. Nichols, Jr., *Romanesque Signs: Early Medieval Narrative and Iconography*, New Haven, Conn.: Yale University Press, 1983, pp. 66-94。

[4] *Chronicon Novaliciense*, Lib. 3, Cap. 32, in "Intrauimus ergo ad Karolum. Non enim iacebat, ut mos est aliorum defunctorum corpora, sed in quandam cathedram ceu uiuus residebat." *Chronica et gesta aeui Salici*, ed. Georg Heinrich Pertz, MGH SS 7, Hannover: Hahn, 1846, p. 106. 参见 Nichols, *Romanesque Signs*, pp. 66-67。

三世用在了签发文书的金玺上。①

　　11 世纪、12 世纪，包括史学在内的知识文化全面复兴，伴随着诺曼征服、教会与帝国的政教之争等，社会剧烈动荡，"帝国转移"学说在欧洲各国的历史叙事中扎根，以证明他们各自的君主掌握着《圣经》中记载的"天命"。查理曼的称帝越来越明确地与"帝国转移"学说联系在一起，而奥托王朝对加洛林王朝的继承则被解释为帝国权力从法兰克人向德意志（法兰克）人的转移。② 在神圣罗马帝国，班贝格米歇尔山本笃会修道院院长（prior）弗鲁托夫（？~1103）的《世界编年史》和弗莱兴主教奥托的《双城记》，均以"帝国转移"学说来搭建历史叙述的框架，是对该观念最宏大、最具代表性的诠释。③ 弗鲁托夫与奥托的活动中心都在巴伐利亚。尽管弗鲁托夫的名气和政治影响力远不及奥托，但他的《世界编年史》更具开创性，也有助于我们理解本文所讨论的历史图景并不局限于斯陶芬王朝。

　　弗鲁托夫的《世界编年史》④ 遵从普世史的结构，记述从上帝创世至

① 关于"复兴罗马帝国"观念的综述参见 Patrick Corbet，"Art. Renovatio Imperii Romanorum,"in *Encyclopedia of the Middle Ages*，ed. André Vauchez e. a.，2 vols.，Cambridge：James Clarke & Co.，2000，vol. 2，pp. 1227-1228；专著参见 Percy Ernst Schramm，*Kaiser，Rom und Renovatio：Studien zur Geschichte des römischen Erneuerungsgedankens vom Ende des Karolingischen Reiches bis zum Investiturstreit*，2 vols. Berlin：Teubner，1929，vol. 1. rpt. Darmstadt：Wissenschaftliche Buchgesellschaft，1984。"复兴罗马帝国"作为施政纲领的说法在晚近受到了质疑，参见 Knut Görich，*Otto III. Romanus Saxonicus et Italicus. Kaiserliche Rompolitik und sächsische Historiographie*，Historische Forschungen 18，Sigmaringen：Thorbecke，1993。

② Goez，*Translatio Imperii*，pp. 102-104.

③ 同样具有代表性的作品还有《皇帝编年史》，它是第一部用德语写就的普世史，并且同样源自巴伐利亚。与该作品相关的外国研究参见 Alexander Rubel，"Caesar und Karl der Grosse in der Kaiserchronik. Typologische Struktur und die 'translatio imperii ad Francos',"*Antike und Abendland* 47（2001）：146-163；中文研究成果参见李腾《〈皇帝编年史〉中的帝国与教会——对中世纪盛期方言历史书写的考察》，《世界历史》2020 年第 2 期，第 126~139 页。

④ 校勘本参见 *Ekkehardi Chronicon Universale*，in *Chronica et annales aevi Salici*，ed. Georg Waitz，MGH SS 6，1844，Hannover：Hahn，pp. 33-223。本段对《世界编年史》的概述参见 Goez，*Translatio Imperii*，pp. 108-110；*Frutolfs und Ekkehards Chroniken und die anonyme Kaiserchronik（Frutolfi et Ekkehardi chronica necnon anonymi chronica imperatorum）*，ed. Franz-Josef Schmale and Irene Schmale-Ott，Darmstadt：WBG，1972，pp. 4-19；*Chronicles of the Investiture Contest. Frutolf of Michelsberg and His Continuators*，ed. Thomas John Henry McCarthy，Manchester：Manchester University Press，2014，pp. 19-29。

当代（11 世纪末）的历史，涉及古代东方帝国、希腊、罗马、罗马教会和民族王国（包括法兰克人、哥特人、阿玛宗人、匈人、伦巴第人和萨克森人的王国）。它参考并摘录的作品有尤西比乌、哲罗姆、奥罗修斯、伊西多尔、约尔达内斯、可敬者比德等人的著作，以及奥古斯丁的《上帝之城》、大祭司利奥的《亚历山大征服者史》、执事保罗的《伦巴第史》、艾因哈德的《查理大帝传》、维度金德的《萨克森人史》、克雷莫纳的柳德普兰的《复仇录》等等。在整合这些历史叙事的过程中，弗鲁托夫清晰地呈现了"帝国转移"的线索，他尤其强调了在特洛伊覆亡后罗马的建立，[①] 以及自君士坦丁大帝迁都始，罗马帝国的权柄留在了希腊皇帝手中，在 800 年通过查理曼加冕而转移至法兰克人，继而又通过亨利一世转移至萨克森人[②]。在这部作品关于第一次十字军的续写中，还记载了查理曼复活的传说。[③] 这再次印证了查理曼在"帝国转移"观念中的重要性，也提示了查理曼与祭司王约翰在角色上的相似性。

《世界编年史》中与古代史相关的内容，研究者认为弗鲁托夫极有可能使用了抄写于亨利二世时期、藏于班贝格主教堂的抄本 Bamberg, Hist. 3。[④] 这部以史书汇编为主的抄本包含了上述的亚述、希腊、罗马、法兰克、哥特、伦巴第等内容，也由于亚历山大的原因提及了印度（详见表 2）。克雷齐默（Kretschmer）将抄本 Bamberg, Hist. 3 的生成放置在

① *Ekkehardi Chronicon Universale*, ed. Waitz, p. 50.

② "Persarumque regnum Alexandriam translatum est; p. 90: sicque regnum eorum in Romanorum imperium devenit, ubi et usque hactenus et usque in finem mundi secundum prophetiam Danielis regni debetur succession." Ibid. p. 61. "A. D. 800 [...] Hucusque Romanum imperium a temporibus Constantini Magni, Helenae filii, apud Constantinopolim in Grecorum imperatoribus mansit, ex hoc iam ad reges immo ad imperatores Francorum per Karolum transit." Ibid. , p. 169. "Set quia, Karolorum stirpe in regno Francorum deficiente, regnum iam ad Saxones per Heinricum transfertur." Ibid. , p. 175. 参见 Goez, *Translatio Imperii*, pp. 109–110。

③ "Inde fabulosum illud confictum est de Karolo Magno quasi de mortuis in id ipsum resuscitato." *Ekkehardi Chronicon Universale*, ed. Waitz, p. 215.

④ 电子化抄本参见 https://www.digitale-sammlungen.de/de/view/bsb00140766? page =, 1, 2023 年 1 月 10 日访问，对抄本的研究参见 Kretschmer, *Rewriting Roman History in the Middle Ages*。

奥托王朝——尤其是奥托三世和亨利二世——的意大利征服（Italienzüge）
的历史背景下。他指出，Bamberg，Hist. 3 的母本可能来自意大利，由参
加过意大利征服（997~999）的哈尔伯施塔特主教阿尔努夫（Arnulf），
或是由亨利二世，或是由受邀参加主教堂祝圣（992）的意大利教会人士
带到了哈尔伯施塔特；随后亨利将副本 Bamberg，Hist. 3 作为礼物送给了
刚刚落成的班贝格主教堂。① 《世界编年史》涉及查理曼的部分，弗鲁托
夫没有采用 Bamberg，Hist. 3 中的内容，而是几乎完整抄录了同样保存在
班贝格的艾因哈德的《查理大帝传》（蒂施勒编号 Ba，抄本现今已遗
失），尤其是第 5 章至第 31 章（原文共 33 章）的内容。② 同时，他也较
多使用了《法兰克王家年代记》，而对包含轶事与传奇的"口吃者"诺特
克的《查理大帝纪事》引用较少。③ 弗鲁托夫所在的米歇尔山修道院正是
坐落于班贝格。抄本汇聚的中心往往是知识思想诞生传播之地，可以说，
弗鲁托夫的历史观念是对以抄本 Bamberg，Hist. 3 为代表的历史编纂传统
的继承。这一观点将在后文中不断得到印证。

表 2　Bamberg，Staatsbibliothek，Hist. 3

源地：德国-萨克森-哈尔伯施塔特（Halberstadt）；时间：996~1023 年。	
fol. 1r	献词 Dedicatio：从执事保罗至贝内文特公爵夫人阿德佩嘉（Adelperga）之信
fol. 1r-17v	伪奥勒留斯·维克多（Ps. -Aurelius Victor）：《历代恺撒概略》（Epitome de Caesaribus）

---

① Kretschmer, *Rewriting Roman History in the Middle Ages*, pp. 60-62. 班贝格对亨利二世
具有特殊意义。亨利二世从小在巴伐利亚长大，1007 年亨利二世不顾众多教会人士
的反对，亲自设立了班贝格主教区，在此建立了一座图书馆，并承诺捐赠出自己的
全部财产。1012 年班贝格主教堂落成，亨利与妻子逝世后安葬于此。参见 Stefan
Weinfurter, "Authority and Legitimation of Royal Policy and Action: The Case of Henry
II," in *Medieval Concepts of the Past: Ritual, Memory, Historiography*, ed. Gerd Althoff,
Johannes Fried, and Patrick J. Geary, Cambridge: Cambridge University Press, pp. 19-38。

② Tischler, *Einharts "Vita Karoli"*, p. 20.

③ Karl-Ernst Geith, *Carolus Magnus: Studien zur Darstellung Karls des Grossen in der
deutschen Literatur des 12. und 13. Jahrhunderts*, Bern e. a.: Francke, 1977, pp. 24-25.
弗鲁托夫似乎是最早引用《查理大帝纪事》的作者，引用内容参见 *Notker der
Stammler, Taten Kaiser Karls des Großen*, ed. Haefele, pp. XXIII-XXIV。

续表

fol. 17v-19r	列表:《世界各部分》(*De partibus mundi*);波尔米乌斯·西尔维乌斯(Polemius Silvius):《(罗马帝国)职官表》(*Laterculus*)
fol. 19r-21v	《亚述人、阿玛宗人、斯基泰人起源史》(*Exordia Assiriorum, Amazonum et Scitharum*)
fol. 21v-24r	《特洛伊陷落记》
fol. 24r-65v	执事保罗:《罗马史》
fol. 65v-83r	《法兰克人史纪》(*Liber Historiae Francorum*)
fol. 83r-104r	约尔达内斯:《罗马史》
fol. 104r-133r	约尔达内斯:《哥特人的起源与事迹》(*De origine actibusque Getarum*)
fol. 133r-191r	执事保罗:《伦巴第人史》(*Historia Langobardorum*)
fol. 191r-v	伊西多尔:《物性论》(*De natura rerum*) l. XXXVII
fol. 192v-219v	大祭司利奥:《亚历山大征服者史》
fol. 219v-223v	《论印度和婆罗门的民族》(*De gentibus Indiae et Bragmanibus*)
fol. 223v-228r	《亚历山大与丁迪姆斯书信》
fol. 228r-235v	《亚历山大致亚里士多德书信》
fol. 235v-350r	可敬者比德:《英吉利教会史》(1~5)
fol. 350r-351r	可敬者比德:《世界六时代编年史》(*Chronica de sex aetatibus mundi*)

弗鲁托夫的《世界编年史》极大地影响了弗莱兴的奥托的《双城史》,① 后者是神圣罗马帝国最重要的一部史书。它的题目恰如其分地反映了作品的主旨,它讲述的是地上的城如何在动荡中走向终点,天上的城如何降临。奥托同样以"帝国转移"为线索整合世界历史。在第一卷的序言中奥托写道:世界已处在时间的尽头,伟大的名字只留下长长的深影,罗马帝国不仅变得衰弱老朽,也愈发脆弱飘摇,满身泥泞,因为它的权柄经历了从罗马人到希腊(拜占庭)人,从希腊人到法兰克人,从法兰克人到伦巴第人,再从伦巴第人到德意志法兰克人的转移。② 值得注意

① Otto, *The Two Cities*, p. 25.
② "Nos autem, tanquam in fine temporum constituti, [...] magni stet nominis umbra. Ab Urbe quippe ad Grecos, a Grecis ad Francos, a Francis ad Lonbardos, a Lonbardis rursum ad Teutonicos Francos derivatum non solum antiquitate senuit, sed etiam ipsa mobilitate sui

的是，奥托有意使用了"德意志法兰克人"（ad Teutonicos Francos）和"德意志人，或根据其他说法是东法兰克人"（ad Teutonicos vel iuxta alios orientales Francos）这样的表述，① 强调了当下的斯陶芬帝国对查理曼帝国的继承。

奥托《双城史》中的末世论色彩十分浓厚。② 同奥古斯丁一样，奥托眼中的帝国不再是强大的而是衰弱的。在第六卷的结尾处，奥托哀叹道，《但以理书》视罗马帝国坚硬如铁，那脚是半铁半泥，直到一块非人手从山中凿出的石头将帝国完全打碎了。③ 这里的石头指的便是罗马教会，涉及的事件是 11 世纪以来帝国与教会的斗争，以及随之而来的帝国诸侯对皇帝的反叛，这些导致帝国分崩离析。④ 全书的第七卷则是历史叙事的最后一卷，讲述了从教宗维克多三世（1086～1087 年在位）至当时（约 1146）的历史。奥托对祭司王约翰的叙述也出现在第七卷的结尾，即在真正的末世时代。在第七卷，奥托延续了战乱与斗争的主题，包括德意志王位之争、罗马教会的分裂、英法的战事与内乱、诺曼人对教宗的囚禁等等，乃至在地中海彼岸，拜占庭皇帝与塞尔柱突厥人结盟，埃德萨陷落，格茨（Goetz）将第七卷视为"一部真正的灾难

---

① veluti levis glarea hac illacque aquis circumiecta sordes multiplices ac defectus varios contraxit." *Ottonis episcopi Frisingensis chronica*, ed. Hofmeister, p. 7. 翻译省略了部分内容。关于奥托与"帝国转移"学说参见 Goez, *Translatio Imperii*, pp. 111–122。关于《双城史》，参见 Hans-Werner Goetz, *Das Geschichtsbild Ottos von Freising. Ein Beitrag zur historischen Vorstellungswelt und zur Geschichte des 12. Jahrhunderts*, Cologne e. a. : Böhlau, 1984。

① *Ottonis episcopi Frisingensis chronica*, ed. Hofmeister, pp. 7, 29. 参见 Goez, *Translatio Imperii*, p. 116。

② Goetz, *Das Geschichtsbild Ottos von Freising*, pp. 264–275.

③ "Quod Romanum imperium, ferro in Daniele comparatum, *pedes ex parte ferreos*, *ex parte fictiles* habuit, *donec a lapide exciso de monte sine manibus percussum* subrueretur," *Ottonis episcopi Frisingensis chronica*, ed. Hofmeister, p. 305. 对比《但以理书》2：40–44。

④ 奥托的另一部著作《腓特烈一世传》也表达了类似的观点。参见 Goetz, *Das Geschichtsbild Ottos von Freising*, p. 260, 266; Goetz, "'Gespaltene Gesellschaft' und Einheitsideal. Bemerkungen zum Gegenwartsbild Ottos von Freising," *Zeitschrift für bayerische Kirchengeschichte* 50 (1981)：pp. 14–21。

史"。① 全书末卷即第八卷，以敌基督的到来、末世的审判和天国的降临结尾。

尽管奥托在第七卷中将斯陶芬的君主与祭司王约翰同时置于历史终结的大背景下，他并未将祭司王君权与神权合一的理想投射在帝国统治者身上，他所期望的始终是帝国与教会的和平与合作。奥托在《双城史》第四卷的序言中清晰地表述了对当下政教关系的看法："（世俗与教会）这两种权力应当按上帝的旨意各就其位，既不是混在一起，也不是集于一身，而是由两人分担。"② 在论及完美的"混合之城"（civitas permixta）时，即自罗马皇帝皈依基督教至主教受职权之争以前的历史时期，奥托强调："上帝的教会中有两人，一人享有祭司权力，一人享有国王权力……这段历史不是两座城的历史，而是一座城的历史，是混合之城的、基督教世界的历史。"③ 在写作第七卷时，教宗尤金三世正在召集第二次东征的十字军，而此后奥托本人也跟随德王康拉德三世参加了第二次十字军东征，并抵达了耶路撒冷。因此，根据奥托对"帝国转移"的理解，奥托笔下的祭司王约翰更可能是最后的罗马皇帝在耶路撒冷抗击异教徒的援手和保障，而非最后的罗马皇帝本身。这也是在众多抄本中《祭司约翰书信》与十字军著作编纂在一起的原因。

如上文所述，在《祭司约翰书信》诞生前，奥托是已知的唯一一位报道祭司王传说的作者。我们难以确定《双城史》是否启发了《祭司约翰书信》的创作，因为这则消息仍然可以通过口头流传的方式在欧洲传布。④ 然而值得注意的是，若干部包含了《双城史》的抄本，同时收

---

① Goetz, *Das Geschichtsbild Ottos von Freising*, p. 268.

② "Haec vero Deus ordinate et non confuse, id est non in una persona simul, sed separatim in duabus, quas nominavi, in ecclesia sua esse voluit." *Ottonis episcopi Frisingensis chronica*, ed. Hofmeister, p. 181.

③ "[…] cum duae in ecclesia Dei personae, sacerdotalis et regalis, esse noscantur […] non iam de duabus civitatibus, immo de una pene, id est ecclesia, sed permixta, historiam texuisse." *Ottonis episcopi Frisingensis chronica*, ed. Hofmeister, p. 309.

④ 关于口头流传的猜想，尚没有文献证据支持。参见 Beckingham, "The Achievements of Prester John," pp. 6-9。

录了《祭司约翰书信》并且均抄写于神圣罗马帝国境内。[①] 这或许能说明，这些抄本的编纂者认为祭司王约翰传说是《双城史》乃至"帝国转移"学说中极为重要的情节，并为《双城史》与《祭司约翰书信》建立了联系。

回到上文所述的抄本 Paris, Bibliothèque Nationale de France, Ms. Nouvelles Acquisitions Lat. 310，它源自 12 世纪下半叶巴伐利亚的泰格湖本笃会修道院，这里属于奥托任职的弗莱兴主教区。抄本的内容构成可以分为四部分，依次是罗马史、代表希腊史的亚历山大纪事合集、代表法兰克史的查理曼纪事合集以及第一次十字军东征史的相关文本。抄本以奥罗修斯《反异教史七书》亚当堕落的选段（I 1, 4）为开篇，以十字军收复耶路撒冷结束，清晰体现了带有"帝国转移"色彩的救赎史观，这与弗鲁托夫和奥托对普世史书写的构思十分相近。

地缘上的邻近与本笃会修道院间的交往也为"帝国转移"观念的传播提供了便利。就希腊史和罗马史的部分而言，施奈尔（Schnell）等学者认为，抄本 Ms. Nouvelles Acquisitions Lat. 310 的编者借鉴甚至是抄录了 Bamberg, Hist. 3 的部分内容，因为两者在材料的选取上极为相近。[②] 作为米歇尔山本笃会修道院院长的弗鲁托夫曾使用抄本 Bamberg, Hist. 3，关于此抄本的消息不难在本笃会中获知。对有关查理曼的部分，蒂施勒指出，抄本 Ms. Nouvelles Acquisitions Lat. 310 的编者抄录了保存在米歇尔山修道院的"大查理曼汇编"（编号 Go 2），后者包括艾因哈德的《查理大帝传》、《法兰克王家年代记》和"口吃者"诺特克的《查理大帝纪事》。蒂施勒推测，弗鲁托夫《世界编年史》的续写者埃克哈特与泰格湖修道院有密切交往，并将保存在米歇尔山修道院的"大查理曼汇

---

① 例如 Stuttgart, Würtembergische Landesbibliothek, Cod. Hist. fol. 411, Graz, Universitätsbibliothek, Hs. 433, Munich, Bayerische Staatsbibliothek, Clm 1001 和 Vienne, Österreichische Nationalbibliothek, Cod. 413。

② Schnell, *Liber Alexandri Magni*, passim, esp. p. 31; Kretschmer, *Rewriting Roman History in the Middle Ages*, p. 5; Eldevik, "（Re）Visions of the World," p. 369.

编”带到了相距不远的泰格湖。^① 抄本的最后一部分由三篇与第一次十字军东征史有关的文本构成：《祭司约翰书信》、本笃会僧侣罗贝尔的《耶路撒冷史》和报告胜利消息的《耶路撒冷宗主教书信》。由此可见，抄本编者将祭司王约翰视为十字军史的重要组成部分，并将它置于末世临近的历史图景中，象征着基督徒获得救赎的希望。

抄本 Ms. Nouvelles Acquisitions Lat. 310 的编者对查理曼、祭司王约翰与“帝国转移”学说的理解还可以在另一部同时抄录于泰格湖修道院的抄本 Munich, Bayerische Staatsbibliothek, Clm 19411 中得到印证。^②后者包含了弗莱兴的奥托的《腓特烈一世传》、《祭司约翰书信》和戏剧《敌基督的游戏》。《敌基督的游戏》是创作于泰格湖修道院的最著名的作品，它的上半部分讲述德意志皇帝统一且复兴了罗马帝国，像预言中的末世皇帝那样在耶路撒冷放下权杖；在戏剧的下半部分，敌基督靠欺骗与诡计在耶路撒冷施行统治，最终被挫败。^③ 可以看到，上述两部抄本分享了相似的末世图景，包含了对斯陶芬皇帝统治世界帝国、率十字军征讨异教徒的期望。

呈现末世论背景下“帝国转移”学说的抄本还有表 3 中的 Stuttgart, Württembergische Landesbibliothek, Cod. Hist. fol. 411。它同样源自 12 世纪下半叶的本笃会修道院，坐落于施瓦本的茨维法尔滕。茨维法尔滕的修道院院长恩内斯特（Ernest）曾与弗莱兴的奥托一同参加了康拉德三世领导

---

① Tischler, *Einharts "Vita Karoli,"* p. 858. Gotha, Forschungs- und Landesbibliothek, Memb. II 93 (Go 2), 参见 ibid., pp. 800–802。泰格湖抄本的编者打乱了原始的叙事，将传奇与史事杂糅在一起。对艾因哈德的《查理大帝传》中的若干章节，例如巴伐利亚战争（抄本所在地）、波斯人国王遣史、利奥三世受迫害和查理曼称帝等段落，编者补充了《查理大帝纪事》和《法兰克王家年代记》的相关内容，使细节更加生动丰满。参见 ibid., pp. 851–854。

② 电子化抄本：https://www.digitale-sammlungen.de/de/view/bsb00008249? page =, 1, 2023 年 1 月 10 日访问，研究参见 Helmut Plechl, "Die Tegernseer Handschrift Clm 19411, Beschreibung und Inhalt," *Deutsches Archiv für Erforschung des Mittelalters* 18 (1962): 418–501。

③ 概述参见 Möhring, *Der Weltkaiser der Endzeit*, pp. 176–184；Latowsky, *Emperor of the World*, pp. 149–160。

的第二次十字军东征（1147～1149）。① 抄本中的第一篇是《西比尔预言》，预言了最后的罗马皇帝与敌基督的战争，为抄本定下了末世论的基调。② 紧随其后的是三部以"帝国转移"为框架的普世史：弗鲁托夫与埃克哈特（续）的《世界编年史》、奥托的《双城史》与伯诺德的《编年史》。由于《世界编年史》不仅抄录了《查理大帝传》，也包含了插画形式的加洛林王朝谱系（fol. 143v），因而这部抄本与本文讨论的查理曼与祭司王约翰问题紧密相关。《世界编年史》的篇幅长达 200 余叶，是抄本中最重要的内容。仅仅占据 10 余叶的《双城史》则是极为简要的节选，③它恰好结束在祭司王约翰的相关段落，抄工还在页边标注"Ioh（ann）es"提示读者。再之后的《编年史》的节选尽管只有 1 叶，却涉及从圣卜尼法斯、查理曼直至修道院当代的历史。④ 抄本最后一部分由两部传奇作品《亚历山大征服者史》和《提尔王阿波罗尼乌斯传奇》组成，它们均与希腊和东方有关。

文本在抄本中的位置往往与抄本编者对文本的理解有关。Cod. Hist. fol. 411 的编者在《世界编年史》的 1100 年至 1101 年，插入了一则介绍耶路撒冷地理概况的《圣地评注》（fol. 177r-180r），目的是为第一次十字军东征（1099～1101）的相关叙事提供背景信息。⑤ 稍晚的时候，即 12 世纪末或 13 世纪，另一名抄工将《祭司约翰书信》（fol. 180r-182v）抄写在《圣地评注》之后的空白页上，作为对圣地与十字军信息的进一步补充。这些特征表明，在茨维法尔滕修道院的视野中，祭司王约翰和他统治的东方基督教国度是"普世史"的重要组成部分，是历史完

---

① Luitpold Wallach, "Berthold of Zwiefalten's Chronicle. Reconstructed and Edited with an Introduction and Notes," *Traditio* 13（1957）：153-248, here 171-172.

② 参见 Anke Holdenried, *The Sibyl and Her Scribes. Manuscripts and Interpretation of the Latin Sibylla Tiburtina c. 1050-1500*, Aldershot：Routledge, 2006。

③ 节选段落参见 *Ottonis episcopi Frisingensis chronica*, ed. Hofmeister, pp. LXIX-LXX。

④ 节选段落参见 *Die Chroniken Bertholds von Reichenau und Bernolds von Konstanz 1054-1100*, ed. Ian. S. Robinson, MGH SS rer. Germ. N. S. 14, Hannover：Hahn, 2003, p. 99。

⑤ Thomas John Henry McCarthy, *The Continuations of Frutolf of Michelsberg's Chronicle*, Wiesbaden：Harrassowitz Verlag, 2018, p. 174.

成"帝国转移"的重要一环，是罗马皇帝率十字军前往耶路撒冷、实现末世预言的重要保障。

表 3　**Stuttgart, Württembergische Landesbibliothek, Cod. Hist. fol. 411**

源地：德国-施瓦本-茨维法尔滕（Zwiefalten），本笃会；时间：约 1160~1170 年。

fol. 1v-4r	《西比尔预言》（Version II）
fol. 5v-207r	米歇尔山的弗鲁托夫、奥拉的埃克哈特（续）：《世界编年史》
fol. 177r-180r	《圣地评注》(*situs namque urbis ierusalem* ⋯)
fol. 180r-182v	《祭司约翰书信》（版本 C）
fol. 209r-221v	弗莱兴的奥托：《双城史》（节选至 VII 33）
fol. 221v-222r	圣布拉辛的伯诺德（Bernold of St. Blasien）：《编年史》（*Chronicon*）（节选）
fol. 223r-239r, 248r-254v	大祭司利奥：《亚历山大征服者史》（节选）
fol. 239r-247v	《提尔王阿波罗尼乌斯传奇》

　　资料来源：电子化抄本参见 http://digital. wlb-stuttgart. de/purl/bsz456292918，2023 年 1 月 10 日访问，抄本内容描述参见 Wilhelm von Heydt, *Die historischen Handschriften der königlichen öffentlichen Bibliothek zu Stuttgart*, vol. 1, Die Handschriften in Folio, Stuttgart：Kohlhammer, 1891, pp. 185 - 187; McCarthy, *The continuations of Frutolf of Michelsberg's Chronicle*, pp. 172-173。

　　本文考察的最后一部神圣罗马帝国境内的抄本是 Zwettl, Stiftsbibliothek, Cod. Zwetl. 299（见表 4）。它源自 12 世纪下半叶下奥地利的茨韦特尔熙笃会修道院，这里属于巴伐利亚的帕绍（Passau）主教区，如今地处德奥边境，与上文提及的几所修道院相距不远。奥托在出任弗莱兴的主教前，也曾是一名熙笃会的僧侣。根据蒂施勒的研究，该抄本中《查理大帝传》和《复仇录》的母本来自巴伐利亚的雷根斯堡。[①] 抄本 Cod. Zwetl. 299 的内容编排以时间为顺序，依次抄录了罗马、伦巴第、法兰克加洛林王朝和奥托王朝早期的历史，暗含了"帝国转移"学说的脉络，体现了德意志-奥地利地区历史编纂的鲜明特色。抄本中的《祭司约翰书信》为早期哥特字体，是时间略晚（12 世纪末或 13 世纪初）的增补。书信并非抄录于抄本留有的空白页

---

① Tischler, *Einharts "Vita Karoli,"* p. 577.

上，而是编者在抄本结尾处增加了一个独立的三对叠（ternio）。[①] 这或许能表明编者有意将祭司王约翰的故事放置于"帝国转移"的终点。

表 4　Zwettl, Stiftsbibliothek, Cod. Zwetl. 299（第二部分）

源地：下奥地利-茨韦特尔，熙笃会；时间：12 世纪末；版本 C。

fol. 130r–166v	维克多·维特瑟斯（Victor Vitensis）：《非洲行省迫害史》（*Historia persecutionis Africanae provinciae*）
fol. 166v–168v	图尔的格里高利：《七殉道者受难史》（*Passio septem martyrum*）
fol. 169r–233v	执事保罗：《罗马史》
fol. 233v–242v	执事保罗：《伦巴第人史》（节选）
fol. 242v–244r	《罗马皇帝职官表（至皇帝利奥三世，717—747 年在位）》（*Laterculus imperatorum ad Leonem III*）
fol. 244v–255v	艾因哈德：《查理大帝传》
fol. 255v–276v	克雷莫纳的柳德普兰：《复仇录：或欧洲所成就之事》
fol. 277r	《箴言》
fol. 278r–282v	《祭司约翰书信》

资料来源：抄本内容描述参见 Tischler, *Einharts "Vita Karoli,"* pp. 543–545。

五　与法国的对比

上文提到，有关查理曼的史事在 12 世纪、13 世纪逐渐演变为传奇。作为传奇人物的查理曼与祭司王约翰有了更多的共同点。查理曼传奇的代表是伪图宾的《查理曼和罗兰的历史》。这部诞生于 12 世纪中叶法国的虚构作品脱胎于古法语的《罗兰之歌》，据说与圣德尼修道院有关，后者声称拥有查理曼从圣地带回的圣物，并逐渐发展为法国的查理曼崇拜的中心。[②]《查理曼和罗兰的历史》包含更多的奇迹与异象，它将查理曼与穆斯林的战争置于叙事的核心，更是以教宗卡利斯图斯二世召集十字军为结

---

① *Der Priester Johannes*, ed. Zarncke, p. 893。

② Geith, *Carolus Magnus*, p. 258. 详见本文对《描述》的概述。

尾，反映的是 12 世纪所崇尚的骑士精神与捍卫圣地的宗教热忱。巧合的是，在本文查阅的抄本中，三部编纂于 13 世纪且同时包含查理曼与祭司王约翰故事的抄本均抄写于法国，选取的均是《查理曼和罗兰的历史》而非加洛林时代对查理曼的正史书写。这体现出与 12 世纪下半叶德意志-奥地利地区抄本截然不同的特征。

抄本 Vatican City, Biblioteca Apostolica Vaticana, Cod. Reg. Lat. 657 的内容构成伪图宾的《查理曼和罗兰的历史》、《祭司约翰传奇》、特洛伊传奇汇编和亚历山大传奇汇编，是一部纯粹以传奇为内容主体的抄本。抄本 Arras, Bibliothèque Municipale, Ms. 184 的内容构成包括伪美托迪乌斯的《启示录》、马尔谢讷的安德烈的《法兰克-墨洛温简史，或法兰克诸王纪事》、蒙茅斯的杰弗里的《梅林预言集》（Prophetiæ Merlini）、伪图宾的《查理曼和罗兰的历史》、《提尔王阿波罗尼乌斯传奇》和《祭司约翰书信》等文本，是一部合并了末世预言、英雄传奇与历史书写的抄本，其中，查理曼、阿波罗尼乌斯与祭司王约翰以传奇故事主人公的身份并列出现。抄本 Madrid, Biblioteca Nacional, Ms. 9783（举要见表 5）在内容构成上，分为查理曼、亚历山大、阿波罗尼乌斯、祭司王约翰、耶稣基督、巴拉姆与约瑟法特①等部分，这些文本均以传奇人物或圣人为中心，带有明显的虚构成分。抄本中还穿插了对炼狱与地狱的描述，最后以讲述十字军与圣地的文本为结尾。通过上述对比可以发现，在法国流传的包含查理曼与祭司王约翰故事的抄本，仍然部分保留了对末世论和十字军的兴趣，却失去了"帝国转移"学说的烙印。比起线性的、更贴近真实的历史叙事，上述源自法国的抄本展现了世界的广度与神秘性，而查理曼与祭司王约翰连同亚历山大、阿波罗尼乌斯，是其中最受欢迎的传奇人物。

---

① 关于巴拉姆和约瑟法特传奇及其流传演变，参见李腾《佛陀化圣："全球中世纪"视野下的巴拉姆与约瑟法特传奇》，刘新成、刘文明主编《全球史评论》第 22 辑，中国社会科学出版社，2022，第 166~184 页。

表5　Madrid，Biblioteca Nacional，Ms. 9783（举要）

源地：法国；时间：12世纪下半叶或13世纪。

fol. 1r–20r	伪图宾：《查理曼和罗兰的历史》
fol. 20r–47r	大祭司利奥：《亚历山大征服者史》
fol. 47r–48r	《亚里士多德致亚历山大书信》
fol. 48v–51v	《关于亚历山大天堂之旅的书信》（Epistula de itinere Alexandri ad Paradisum）
fol. 51v–57v	《亚历山大致亚里士多德书信》
fol. 57v–59r	《印度地区与婆罗门志》
fol. 59r–60r	《亚历山大与婆罗门纪事》
fol. 60r–64r	《论婆罗门的王丁迪姆斯》（De Dindimo rege Bragmanis）
fol. 64r–67v	尤利乌斯·瓦列里乌斯：《亚历山大纪事节选》
fol. 67v–79r	《提尔王阿波罗尼乌斯传奇》
fol. 79r–81v	《祭司约翰书信》（版本B）
fol. 86v–97r	《尼哥底母福音书》（Evangelium Nicodemi）/《救世主行纪》（Gesta Saluatoris）（典外文献）
fol. 98r–107r	《爱尔兰本笃修士特努格达洛所作地狱异象录》（Visio Tnugdali）
fol. 107r–108v	《恩斯罕僧侣异象录》（Visio monachi de Eynesham）
fol. 108v–118v	《有关救世主婴孩的书》（Liber de infantia Saluatoris）（典外文献）
fol. 122v–127v	《圣帕特里克的炼狱》（Purgatorium sancti Patricii）
fol. 127v–139	《巴拉姆与约瑟法特传奇》
fol. 149r–176v	彼得·图德伯德：《法兰克人和其他前往耶路撒冷的朝圣者事迹》（第一次十字军东征史）；《耶路撒冷的圣所》

资料来源：电子化抄本参见 http：//bdh-rd. bne. es/viewer. vm？ id = 0000049883&page = 1，2023年1月10日访问，抄本内容描述和概述，参见 Óscar de la Cruz Palma， "Vita beatorum Barlaam et Iosaphat. BHL 979 epitome * f，" in *Barlaam und Josaphat. Neue Perspektiven auf ein europäisches Phänomen*， ed. Constanza Cordoni de Gmeinbauer and Matthias Meyer， Berlin e. a.：De Gruyter，2015，pp. 441–526，here pp. 452–460；Jesse Keskiaho， "On the Transmission of Peter Tudebode's 'De Hierosolymitano itinere' and Related Chronicles. With a Critical Edition of 'Descriptio sanctorum locorum Hierusalem'，" *Revue d'histoire des textes*， 10（2015）：69–102，here 76–77。

结　论

查理曼与祭司王约翰的相遇似乎是一个"关公战秦琼"的故事。他们分别统治着西方与东方的帝国，时间相差 300 余年，然而在 12 世纪，他们成为脍炙人口的传奇人物，具有若干相似特征。前人研究将查理曼与祭司王约翰共同视作腓特烈一世宣扬帝国神圣性的政治手段。在腓特烈构建神圣帝国这一结论得到学界修正后，查理曼与祭司王约翰这两则传奇故事的关系却就此悬置。本文的切入点是查理曼与祭司王约翰在 12 世纪、13 世纪抄本中的共同流传，以此反推两者所共同享有的历史语境。

本文首先分别梳理了查理曼与祭司王约翰相关文本的流传概况。查理曼纪事的流传体现了从正史叙事到英雄传奇的演变。祭司王约翰传奇最初源于弗莱兴的奥托的报道，随后以《祭司约翰书信》为核心文本，与它编纂于一处的著作往往以历史、博物学、异域、十字军、圣地与末世预言为主题。没有抄本学上的证据能表明，查理曼与祭司王约翰是腓特烈塑造"神圣帝国"意识形态的工具。相反，它们根植于更为丰富的、长时段的文化语境。

进而，本文详细考察了共同包含查理曼与祭司王约翰的抄本。这些抄本的共同特征是大多抄写于修道院，以史书与传奇为主要内容，反映了 12 世纪、13 世纪以末世拯救、十字军使命为特征之一的时代精神。同时，这些抄本也分成了泾渭分明的两类。第一类抄本在 12 世纪下半叶的德意志南部和奥地利地区流传，抄本的内容构成体现了对"帝国转移"学说的阐释与演绎，查理曼与祭司王约翰在此成为末世论影响下普世史书写的一部分，祭司王约翰的出现暗示了罗马帝国行将结束。作为对照，第二类抄本在 13 世纪的法国流传，进入此类抄本的是查理曼传奇而非正史书写，祭司王约翰则代表了作为异域的印度，这类抄本间接反映了读者更加开阔的寰宇视野与对新知的好奇心。

在归纳查理曼与祭司王约翰在 12 世纪所共享的历史语境时，本文既追溯了抄本中展现的思想渊源，也探究了以抄本为媒介的知识中心之间的互动与影响。一言以蔽之，本文将抄本本身看作蕴含独立思想的个体。抄本编纂不仅是文本集成的结果，更体现了知识生成的过程与影响。在中世纪众多抄本中，查理曼与祭司王约翰的传奇共同流传的现象尽管只是一个极为微小的问题，但它展现了"帝国转移""最后的普世帝王"等观念的传承，反映了以弗鲁托夫、奥托为代表的历史写作与巴伐利亚班贝格、弗莱兴主教区抄本编纂的相互影响，体现了同一组故事在德意志-奥地利地区与法兰西地区截然不同的流传语境。抄本学不止于文献学，抄本所承载的信息值得更深入的挖掘与思考。

"好教宗"何为：中世纪盛期教宗传记中的资质与必要能力[*]

约亨·约伦特 著 袁毅欣 译 李文丹 校^{**}

摘　要　本文关注的是《教宗名录》① 中从利奥九世（1049~1054 年在位）到英诺森三世（1198~1216 年在位）的部分如何刻画教宗的不同特征。《教宗名录》可以视为对教宗的官方历史书写，由教宗身边的人士在教廷中完成。因此，它强调教宗正面的资质和能力，同时隐匿教宗的缺点、错误和不当行为。传记作者努力展现一位理想的教宗。在这种展现中，我们可以看到"好教宗"的必备特征在改变。教会改革初期的教宗们被描绘得十分虔诚；至 12 世纪初，法律知识和行政能力变得愈发重要；12 世纪末的教宗甚至可能死于军事行动之中。在英诺森三世传记的开头，对他的形容似乎包括了所有在其他教宗身上提到的特性。《教宗名录》中的传记和《英诺森三世传》，如镜子般展现了教会对教

---

* 本文原载于 Jochen Johrendt，"Der gute Papst. Eignung und notwendige Fähigkeiten im Spiegel der hochmittelalterlichen Papstviten，" in *Der Verlust der Eindeutigkeit. Zur Krise päpstlicher Autorität im Kampf um die Cathedra Petri*，ed. Harald Müller，Munich：De Gruyter，pp. 91-108，由出版社和作者授权翻译发表。

** 约亨·约伦特，德国伍珀塔尔大学中世纪史系、教宗史研究中心教授；袁毅欣，北京大学德语系学士；李文丹，北京大学历史学系、西方古典学中心助理教授。

① 《教宗名录》（*Liber Pontificalis*）并非一本书，而是一系列于不同时代编撰的教宗传记。本文及翻译遵从学术惯例，统称他们为《教宗名录》。——译者注

宗职位的要求的变迁，这些要求越来越与罗马联系在一起。同时，有趣的是，在描述一位教宗时某些特征的缺失，也能让我们窥见惯用描述之外的教宗的个性。与成系列的教宗传记相比，《英诺森三世传》这样的独立传记更具表现力。

关键词　《教宗名录》　利奥九世　英诺森三世

在一本关于拉丁教会及教宗制的统一性和独特性的论文集中，我们不能不提出这些问题：同时代人是如何看待教宗的？教宗为了创造并贯彻一个特定的自我形象会做出哪些努力、利用哪些手段，而又会因此得到什么？这些问题在这篇文章中无法获得准确的解答，但它们能建构一个关系框架，好让我们在更小的关注点上进行讨论。本文讨论的是教宗史学中所描绘的"好教宗"形象。11世纪中叶至英诺森三世为止的教宗们有哪些突出的性格特点，其中又是否有转变的趋势？要拥有哪些能力，才能被认为是一位好的教宗？

从规范性的角度出发，要回答这个问题并不容易。因为，只有世俗的统治者们才有《镜鉴》（Spiegel），而教宗们没有。《镜鉴》这类作品能为统治者们提供"劝诫"（admonitio），指导他们为了顺利地履行其职责而必须做什么或不能做什么。① 教宗们总是在书信中对他人进行关于罪恶和

---

① 关于诸侯《镜鉴》的体裁，参见 Hans Hubert Anton, ed., *Fürstenspiegel des frühen und hohen Mittelalters*, Ausgewählte Quellen zur deutschen Geschichte des Mittelalters. Freiherr vom Stein-Gedächtnisausgabe 45, Darmstadt, 2006, pp. 3-10; Sina Kalipke and Christine Reinle, "Einleitung," in *Historische Exempla in Fürstenspiegeln und Fürstenlehren*, Kulturgeschichtliche Beiträge zum Mittelalter und zur frühen Neuzeit 4, ed. Christine Reinle and Harald Winkel, Frankfurt a. M. e. a., 2011, pp. 1-20, 更多文献参见 p. 2, n. 3; 概述参见 Klaus-Peter Schroeder, "Art. Fürstenspiegel," in *Handwörterbuch zur deutschen Rechtsgeschichte*, 2nd edn., 2008, cols. 1905-1906。关于诸侯《镜鉴》的预期效果，以加洛林《镜鉴》为例，参见 Monika Suchan, "Gerechtigkeit in christlicher Verantwortung. Neue Blicke in die Fürstenspiegel des Frühmittelalters," *Francia* (2014): 1-23, at 4-6, 18-21。《镜鉴》是一种劝谕文学的体裁，本文统称为《镜鉴》，指代的是不同的作品。——译者注

德行的劝诫，这些书信甚至被部分抄录在世俗诸侯的《镜鉴》中。① 教宗
们以此履行着"万民之师"（doctor gentium）的职责，这恰恰符合他们作
为保罗继承人的角色。不过，万民之师是否能被别人教导呢？在法律事务
上这是可能的。比如，在 996 年 5 月 25 日于罗马城召开的公会议上，美
因茨大主教维利基斯（Willigis）要求格列高利五世，将在罗马逗留的主
教布拉格的阿达尔贝特（Adalbert von Prag）送回他自己的主教辖区。② 维
利基斯取得了成功，在 6 月初又写信给教宗，敦促他将公会议上的决
议付诸实施。③ 对教宗的劝告也可能以更激烈的方式出现。例如，弗莱辛
的奥托（Otto von Freising）记录道，全体枢机团成员在欧根三世就吉尔
伯特·波尔雷塔（Gilbert Porreta）事件做出决定后提醒他，他是从谁那
里得到了他的职位，这个决定在"圣议院"（sacrum collegium）看来颇
为仓促："你应该知道，通过我们你才被提拔为教宗，得到整个教会的
领导权；通过我们，就像通过铰链的连接一样，整个教会的轴才能转
动；通过我们，你从一个普通人成为整个教会的父亲。因此，你必须从

① 例如，格列高利一世致西哥特国王雷卡雷德的信（JE 1757），被抄录在辛克马的
《镜鉴》中。格列高利一世书信，参见 Dag Norberg, ed., *S. Gregorii Magni Registrum epistularum. Libri I - XIV*, 2 vols., Corpus Christianorum Series Latina140 - 140A, Turnhout, 1982, IX/229, pp. 805-811; 辛克马《镜鉴》参见 Hinkmar von Reims, *De cavendis vitiis et virtutibus exercendis*, MGH QQ zur Geistesgesch. 16, ed. Doris Nachtmann, Munich, 1998, pp. 114-118。
② *Reg. Imp.* II/5 No. 756. 关于背景参见 Ernst-Dieter Hehl, "Willigis von Mainz. Päpstlicher Vikar, Metropolit und Reichspolitiker," in *Bischof Burchard von Worms 1000-1025*, Quellen und Abhandlungen zur mittelrheinischen Kirchengeschichte 100, ed. Wilfried Hartmann, Mainz, 2000, pp. 51-77, here at 65-68; 对主教活动空间的研究参见 Ernst-Dieter Hehl, "Bedrängte und belohnte Bischöfe. Recht und Politik als Parameter bischöflichen Handelns bei Willigis von Mainz und anderen," in *Patterns of Episcopal Power. Bishops in Tenth and Eleventh Century Western Europe. Strukturen bischöflicher Herrschaftsgewalt im westlichen Europa des 10. und 11. Jahrhunderts*, Prinz-Albert-Forschungen 6, ed. Ludger Körntgen and Dominik Waßenhoven, Berlin/Boston, 2011, pp. 63-87, esp. 80; 关于国王的视角参见 Gerd Althoff, *Otto III.*, Gestalten des Mittelalters und der Renaissance, Darmstadt, 1996, pp. 96-97。
③ *Reg. Imp.* II/5, no. 762.

属于我们，而非你自己。"[1]

　　尽管我们是任意选取了两个事例，但事实上有更多的事例可以证明，神职人员在法律和教会政治的事务上总能对教宗提出告诫。不过人们真的可以像对世俗统治者那样，对教宗提出针对他的德行的劝诫（admonitio）吗？答案是否定的，对此我们找不到明确的史料。不过，明谷的伯尔纳（Bernhard von Clairvaux）和他的《劝思考书》（De consideratione ad Eugenium papam）肯定是例外，后者是伯尔纳在他曾经的学生以欧根三世之名号登上圣彼得的宗座后，写给他的劝诫书。在这一点上，伯尔纳独一无二。而他自己也在前言中阐述了为什么没有教宗《镜鉴》：一方面，出于对曾经的学生的爱，他本想劝勉欧根三世并为他写下一份教宗《镜鉴》；另一方面，教宗职位的威严（maiestas）禁止他这样做，禁止他给教宗写任何可以教化、取悦或安慰教宗的东西，从而达到对教宗提出建议的效果。通过对一位特定教宗进行德行教育来明确指出那位教宗犯下的过错，会有损教宗的威严（maiestas papatus）。教宗这一职位无论在人们的理解中还是在实践上，都是超越个人的，它不允许这样一份明确反映职位拥有者个人过错的《镜鉴》存在。由是伯尔纳还说明了一个核心问题：没有人能在教宗面前以教导者（magister）的姿态出现。为了避免陷入麻烦，伯尔纳解释道，他并非以老师的身份来说教，而是以一个生养了欧根三世的母亲（mater）的形象来进行教导。[2]

----

① Georg Waitz and Bernhard von Simson, eds., *Ottonis et Rahewini gesta Friderici I. imperatoris*, MGH SS rer. Germ. 46, Lib. I c. 60, Hannover/Leipzig, 1912, p. 85, l. 27 – 31; 参见 Werner Maleczek, "Das Kardinalskollegium unter Innocenz II. und Anaklet II.," *Archivum Historiae Pontificiae*, 19 (1981): 27 – 78, at 72 – 73; Jochen Johrendt, "Zwischen Autorität und Gehorsam. Papst und Kardinalskolleg im 13. Jahrhundert," in *Autorität und Akzeptanz. Das Reich im Europa des 13. Jahrhunderts*, ed. Hubertus Seibert, Werner Bomm, and Verena Türck, Ostfildern, 2013, pp. 65–89, here at 65–66, 以及此处的更多文献。关于争端的内容，参见 Peter Dinzelbacher, *Bernhard von Clairvaux. Leben und Werk des berühmten Zisterziensers*, Gestalten des Mittelalters und der Renaissance, 2nd edn., Darmstadt, 2012, pp. 307–309。

② "De consideratione," in Bernhard von Clairvaux, *Sämtliche Werke Lateinisch/Deutsch*, ed. Gerhard Bernhard Winkler, 10 vols., Innsbruck, 1990-1998, here vol. 1, pp. 611-841, esp. at 626-627: "Non est discipulus super magistrum nec servus super dominum suum

然而，伯尔纳只是一个例外。没有其他作者利用孩子和母亲的形象，因为这能唤起个人之间最亲密的联系。其原因可能在于，在与教宗的交流中，教宗的个人属性越来越弱，而职位属性越来越受到重视。对教宗的质询越来越不再针对教宗个人，教宗个人仅仅存在于他成为教宗之前。在成为教宗后，他便与"圣彼得代理人"的身份联系起来。11 世纪"教宗制的历史转折"以降，职位的作用越来越大，而个人的作用越来越小。[1] 并非个人——教宗在登上圣彼得的宗座后，需放弃自己原本的名字而启用一个新的名字[2]——而是教宗的职位和历代前任教宗通过他来起作用。根据格列高利七世的诠释，教宗的职位具有神圣性（Amtsheiligkeit）。在他著名的《教宗如是说》（*Dictatus papae*）的第 23 条中，格列高利陈述道："当罗马主教按照教会法规被授予圣职时，他将由于圣彼得的功绩具有毋庸置疑的神圣性。"[3]

（Matth. 10, 24）"；对《劝思考书》的概述，参见 Elizabeth Kennan, "The 'De Consideratione' of St. Bernard of Clairvaux and the Papacy in the Mid-Twelfth Century," *Traditio* 23（1967）：73 – 115；Dinzelbacher, *Bernhard von Clairvaux*, pp. 347 – 356。关于《劝思考书》中爱安布罗斯和奥古斯丁影响的基本美德，参见 J. Stephen Russell, "Piety's Dance: The Cardinal Virtues in Bernhard's *De consideratione*," *Cistercian Studies Quarterly* 49（2014）：7 – 42。然而文中没有讨论教宗《镜鉴》的问题。

[1] 关于教宗制的历史转折，参见 Rudolf Schieffer, "Motu proprio. Über die papstgeschichtliche Wende im 11. Jahrhundert," *Historisches Jahrbuch* 122（2002）：27 – 41；较近研究参见 Johannes Laudage, "Die papstgeschichtliche Wende," in *Päpstliche Herrschaft im Mittelalter: Funktionsweisen-Strategien-Darstellungsformen*, Mittelalter-Forschungen 38, ed. Stefan Weinfurter, Ostfildern, 2012, pp. 51 – 68。在 Johannes Laudage 遭遇不幸后，文章的注释由他的学生 Matthias Schrör 完成。

[2] 关于教宗的名号，可谨慎参考 Bernd-Ulrich Hergemöller, "Die Geschichte der Papstnamen. Münster 1980; ders.: Die Namen der Reformpäpste（1046-1145）," *Archivum Historiae Pontificiae*（1986）：7 – 47；评论参见 Detlev Jasper, *Deutsches Archiv für Erforschung des Mittelalters* 43（1987）：274 – 275。

[3] Erich Caspar ed. *Das Register Gregors VII.*, II/55a, 2 vols., MGH Epp. sel., 2, Berlin, 1920/1923, here vol. 1, p. 207, l. 3 – 4；关于教宗职位的神圣性，参见 Horst Fuhrmann, "Über die Heiligkeit des Papstes," *Jahrbuch der Akademie der Wissenschaften in Göttingen*（1980）：28 – 43, here at 33 – 40；Bernhard Schimmelpfennig, "Heilige Päpste-päpstliche Kanonisationspolitik," *Politik und Heiligenverehrung im Hochmittelalter*, Vorträge und Forschungen 42, ed. Jürgen Petersoh, Sigmaringen, 1994, pp. 73 – 100, here at 87 – 90。

依据这个想法，若要对凭借职位而必定成为圣人的教宗进行教育，会是一件荒谬之事。[①] 不过，在这种观念下，什么可以让一位教宗被称为好的教宗呢？他应该有什么样的品质？本文的剩余部分将会围绕上述问题，以及利奥九世至英诺森三世时期教宗形象可能的转变进行讨论。

最能表现教宗及其周围人眼中"好教宗"形象的原始史料，[②] 莫过于撰写于教廷及其周围的教宗传记，即官方的教宗史书。传记作者们会尽力展现一个理想教宗的形象，他们会突出表现传记主人公正面的性格品质，强调他们的能力和德行。[③] 他们将教宗描写成他们应有的样子。《教宗名录》中收集的教宗传记通常在开头或结尾简要总结传主的性格品质。自1046 年起，《教宗名录》的创作可分为三个部分：从利奥九世至格列高利

---

① 《教宗名录》对使用"真福的"（beatus）和"神圣的"（sanctus）称呼教宗非常克制。在本文讨论的框架内，只有以下教宗被赋予以上两种称谓。在描述巴斯加二世逝世时：vir sanctus moriebatur et operabatur，参见 Louis Duchesne and Cyrille Vogel eds., *Le Liber pontificalis. Texte*, *introduction et commentaire*, 3 vols., Bibliothèque des Ecoles françaises d'Athènes et de Rome, 2e sér., Paris, 1886 – 1957, here vol. 2, p. 305, l. 20. 杰拉二世在当选后和加冕前被弗兰吉帕尼（Frangipanes）家族俘虏，随后被释放，对此《教宗名录》写道：Tunc sanctus papa levatur, niveum ascendit caballum, coronatur, et tota civitas coronatur cum eo, ibid. p. 317, l. 35. 英诺森二世：Beatus pontifex, ibid., p. 381, l. 25, p. 384, l. 9. 哈德良四世：benignus pontifex, ibid., p. 389, l. 23, benignissimus papa, ibid., p. 395, l. 17, beatus pontifex, ibid., p. 395, l. 28. 亚历山大三世：beatus Alexander, ibid., p. 403, l. 3, p. 413, l. 4, beatus pontifex, ibid., p. 416, l. 19, beatus Alexander papa, ibid., p. 437, l. 21.

② 关于教宗的自我形象，参见 Lutz Klinkhammer and Michael Matheus, "Zur Einführung," *Eigenbild im Konflikt. Krisensituationen des Papsttums zwischen Gregor VII. und Benedikt XV.*, ed. ibid., Darmstadt, 2008, pp. 7-19, at 12-14.

③ 对中世纪早期教宗传记的晚近研究，参见 Klaus Herbers, "Rom und Byzanz im Konflikt. Die Jahre 869/870 in der Perspektive der Hadriansvita des Liber pontificalis," *Die Faszination der Papstgeschichte. Neue Zugänge zum frühen und hohen Mittelalter*, Forschungen zur Kaiser-und Papstgeschichte des Mittelalters, Beihefte zu J. F. Böhmer Regesta Imperii, Bd. 28, ed. Wilfried Hartmann and Klaus Herbers, Cologne, 2008, pp. 55-70; ibid., "Das Bild Papst Leos III. in der Perspektive des Liber pontificalis," *Erzbischof Arn von Salzburg*, Veröffentlichungen des Instituts für Österreichische Geschichtsforschung 40, ed. Meta Niederkorn-Bruck and Anton Scharer, Vienna e. a., 2004, pp. 137-154.

七世的部分以苏特利的波尼佐（Bonizo von Sutri）[①] 的作品为基础，接下来的部分由潘杜尔夫（Pandulf）[②] 续写，最终的部分则由波佐（Boso）[③] 编辑撰写。他们叙述了从教会改革起始直到末尾的历史阶段，以及随后的时期，后者在很多方面已经包含了英诺森三世时代的特征。此外，这也是教宗历史上充满分裂的一个时期：这并非鉴于同时自称为合法教宗的数量之多，而是在于分裂持续的时间之长。例如，这一时期教会经历了几次重大的分裂，从"威伯丁分裂"和"英诺森分裂"延续至"亚历山大分裂"。[④] 可以说，在这个塑造中世纪教宗制的决定性时期，在这个主教教

[①] 这一部分的《教宗名录》主要基于波尼佐的《致友人书》（*Liber ad amicum*），参见 Harald Zimmermann, *Das Papsttum im Mittelalter. Eine Papstgeschichte im Spiegel der Historiographie*, Stuttgart, 1981, p. 148。《致友人书》校勘本参见 Ernst Dümmler ed., *Bonizonis episcopi Sutrini liber ad amicum*, MGH Ldl 1, Hannover, 1891, pp. 568–620。研究参见 Walter Berschin, *Bonizo von Sutri. Leben und Werk*, Beiträge zur Geschichte und Quellenkunde des Mittelalters 2, Berlin/New York, 1972, pp. 38–57; ibid., "Die publizistische Reaktion auf den Tod Gregors VII. (nach fünf oberitalienischen Streitschriften)," *Studi Gregoriani* 14 (1991): 121–135, here at 124–126, 134–135。概述参见 Thomas Förster, *Bonizo von Sutri als gregorianischer Geschichtsschreiber*, MGH Studien und Texte 53, Hannover, 2011, pp. 7–26。

[②] Zimmermann, *Papsttum*, p. 146. 潘杜尔夫自称是《教宗名录》的作者，参见 *Liber Pontificalis*, vol. 2, p. 315, l. 9: et me Pandulfum hostiarium qui hec scripsi in lectorem et exorcistam promovit. 潘杜尔夫被卡利斯特二世任命为副执事，ibid., p. 232, l. 13–14: subdiaconos aliquot, meque Pandulfum usque ad subdiaconum ipse promovit。关于潘杜尔夫，参见 Barbara Zenker, *Die Mitglieder des Kardinalkollegiums von 1130 bis 1159*, Würzburg, 1964, pp. 145–146; Johannes Matthias Brixius, *Die Mitglieder des Kardinalkollegiums von 1130–1181*, Berlin, 1912, pp. 48–49。

[③] 关于波佐编写的部分，参见 Odilo Engels, "Kardinal Boso als Geschichtsschreiber," in *Konzil und Papst. Festgabe für Hermann Tüchle*, ed. Georg Schwaiger, Munich e. a., 1975, pp. 147–168; 再版为 Odilo Engels, *Stauferstudien. Beiträge zur Geschichte der Staufer im 12. Jahrhundert. Festgabe zu seinem sechzigsten Geburtstag*, ed. Erich Meuthen and Stefan Weinfurter, 2nd edn., Sigmaringen, 1996, pp. 203–224, here at 209–210。关于波佐的叙事范式，参见 Peter Munz, "Papst Alexander III. Geschichte und Mythos bei Boso," *Saeculum* 41 (1990): 115–129; 详见 *Boso's Life of Alexander III. Introduction by Peter Munz*, trans. G. M. Ellis, Oxford, 1973, pp. 1–39。

[④] Harald Müller and Brigitte Hotz, eds., *Gegenpäpste. Ein unerwünschtes mittelalterliches Phänomen*, Papsttum im mittelalterlichen Europa 1, Vienna/Cologne/Weimar, 2012, 其中包括 Rudolf Schieffer 对"威伯丁分裂"的研究、Jochen Johrendt 对"英诺森分裂"的研究和 Werner Maleczek 对"亚历山大分裂"的研究，更多相关文献也请参考本书。

会（Bischofskirche）无论在思想上还是很大程度在事实上转变为教宗教会（Papstkirche）的时期，① 与其说教会分裂是一种例外情形，不如说它是一种正常状态。《教宗名录》的三个撰写阶段都打上了教会分裂的烙印。不过，存在这样的冲突情形，并没有导致三阶段中对教宗形象的刻画趋向相同。

我将从《教宗名录》的第一部分——也就是深受波尼佐影响的部分——讲起，在这个部分中从利奥九世开始讨论。《利奥九世传》在描述教宗的品格特点时，首先遵循了《教宗名录》传统的传记结构，即在开头叙述该教宗的出身，紧接着列举了他的性格品质。② 依据《教宗名录》的记载，利奥九世"是一个慷慨、虔诚、正直、和蔼可亲的人，他热爱公正，并且是一位极为热情的信众领袖。他不遗余力地追随上帝的圣言，在守夜和祈祷时十分热忱"。③《教宗名录》中的亚历山大二世"自从年

---

① 相关研究参见 Jochen Johrendt and Harald Müller, eds., *Römisches Zentrum und kirchliche Peripherie. Das universale Papsttum als Bezugspunkt der Kirchen von den Reformpäpsten bis zu Innozenz III*, Neue Abhandlungen der Akademie der Wissenschaften zu Göttingen 2, Berlin/New York, 2008; ibid., *Rom und die Regionen. Studien zur Homogenisierung der lateinischen Kirche im Hochmittelalter*, Abhandlungen der Akademie der Wissenschaften zu Göttingen, Neue Folge, phil. -hist. Kl., 19, Berlin/Boston, 2012。

② 最古老的（即中世纪早期的）《教宗名录》就包含这种叙事模式，例如《理诺传》，*Liber Pontificalis*, vol. 1, p. 121, l. 1: natione Italus, regionis Tusciae, patre Herculano。教会改革时代的教宗传记也保留了这种模式，例如《利奥九世传》，ibid., vol. 2, p. 275, l. 1: natione Teutonicus;《维克多二世传》, ibid., vol. 2, p. 277, l. 1: natione Noricus;《斯蒂芬九世传》, ibid., vol. 2, p. 278, l. 1: natione Lotaringus, ex patre Gozolone; 在《巴斯加二世传》中，除提及父亲，教宗的母亲也出现了：ibid., vol. 2, p. 296, l. 1 - 2: natione provintiae, Blede patrie, ex patre Crescentio, matre Alfatia;《卡利斯特二世传》强调了教宗的贵族出身，ibid., vol. 2, p. 322, l. 1 - 2: natione Francus, consanguinitatis lineam a regibus Alemanniae, Franciae atque Angliae ducens; 直到《亚历山大三世传》中，这种模式还存在，ibid., vol. 2, p. 397, l. 7: natione Tuscus, patria Senensis, ex patre Rainutio。

③ *Liber Pontificalis*, vol. 2, p. 275: Praedictus quoque pontifex largus, pius, innocens sive benignus, amator iusticie et plebis ferventissimus gubernator, divinarum quoque Scripturarum indeficiens perscrutator, vigiliis et orationibus semper intentus fuit. 关于利奥九世，晚近研究参见 Georges Bischoff and Benoît-Michel Tock eds. *Léon IX et son temps. Actes du colloque international organisé par l'Institut d'Histoire Médiéval de l'Université Marc-Bloch, Strasbourg-Eguisheim, 20 - 22 juin 2002*, Atelier de Recherches sur le Textes Médiévaux 8, Turnhout, 2006。关于利奥九世的虔诚，参见 Cyriakus Heinrich Brakel, "Die vom Reformpapsttum geförderten Heiligenkulte," *Studi Gregoriani* 9 (1972): 239-311。

轻时就贞洁、谦虚、慷慨、讨人喜欢而善良"。① 在他的继任者格列高利七世的传记中，最后这三种品格却无法被找到。② 在他的传记的最后，格列高利七世被形容为"信仰正统而狡猾的人""反对异端的武器和教会的捍卫者，穷人的解放者，囚犯的安慰者和孤儿的怜悯者"。③ 不过这些例子连同"神圣的撒旦"格列高利七世——这一称呼大大超过了描述其他教宗的尺度——很好地捕捉到一个早期改革派教宗（Reformpapst）的理想形象：它们强调的不是他的行政才能或不同寻常的法律知识，而是他的精神力量。一个充满信仰和灵性的、按照教规生活和祈祷的教宗跃然纸上。这就是理想中的教宗：他必须拥有上述德行，才能被视作"好教宗"。此外，通过将教宗描述为"虔诚的"（pius）、"贞洁的"（castus）、"囚犯的安慰者"、"孤儿的怜悯者"，或者像描述利奥九世那样称他为"热忱的守夜人和祈祷者"，教宗个人的虔诚也成为重要的评价主题。圣言（《圣经》）在教宗传记中并不用作对他人的教育，此种知识也不作为衡量教宗教育水平的参照而被提及，而是用来呈现教宗个人的虔诚。

这一现象在 11 世纪末期发生了明显的改变。乌尔班二世在《教宗名录》中被描述为一个"严格的，精通圣言和教会传统，并且一直关心着

---

① *Liber Pontificalis*, vol. 2, p. 281: Hic a primo iuventutis sue castus, humilis, largus, benignus, mansuetus fuit. 关于亚历山大二世推动的圣徒崇拜，如卢卡圣容，参见 Tilmann Schmidt, *Alexander II.* (*1061-1073*) *und die römische Reformgruppe seiner Zeit*, Päpste und Papsttum 11, Stuttgart, 1977, pp. 37-41；关于亚历山大二世倾向"平衡"的执政特征，至少源自作者自己的总结，参见 ibid., pp. 217-219。

② 关于格列高利七世和他的性格特征，参见 Werner Goez, "Zur Persönlichkeit Gregors VII.," *Römische Quartalschrift für christliche Altertumskunde und Kirchengeschichte*, 73 (1978): 193-216; Jochen Johrendt, "'Ich habe die Gerechtigkeit geliebt und die Ungerechtigkeit gehasst'-Gregor VII. in Konflikt und Krise," *Eigenbild*, ed. Matheus and Klinkhammer, pp. 20-44; Gerd Althoff, "Das Amtsverständnis Gregors VII. und die neuen Thesen vom Friedenspakt in Canossa," *Frühmittelalterliche Studien* 48 (2014): 261-276, here at 261-266。Gerd Althoff 的文章没有参考前面的两篇文献，他强调了"服从"对格列高利七世的意义，而"服从"正是 Werner Goez 对格列高利七世核心思想的解读。

③ *Liber Pontificalis*, vol. 2, p. 290, l. 34-36: Ibique amabilis Deo, catholicus et prudentissimus vir contra hereticorum arma et defensor Aecclesiae, liberator pauperum, captivorum consolator, orphanorum miserator, vitam finivit.

准则是否被遵守的人"。① 《教宗名录》的这一部分由潘杜尔夫编撰，他关注的重点与前述的部分有明显的不同：严格与坚定此时在官方的教宗史书中处于中心地位，而其他的史料仍然会叙述乌尔班二世性格中突出的虔诚。② 同时，在《教宗名录》中，乌尔班二世达成妥协与谅解的能力几乎没有体现。教宗史书中的模范如今强调的是严格、法律知识以及在行事中坚持原则。从某种意义上说——除了法律知识——格列高利七世也可以被列入这个序列，因为"顺从"（oboedientia）以外的"严谨"（rigor）同样也是一个属于他的关键词。③ 12世纪，理性和实用主义取代了洋溢的宗教气息。④ 与此相应，《教宗名录》总的来说也以此来赞赏格列高利："那位杰出的上帝的主教，他妥善地管理罗马教会，用他的教导打击异端学说，对抗了多次迫害，并最终充分地解放了罗马教会，由此他度过了至福的一生。"⑤

---

① *Liber Pontificalis*, vol. 2, p. 293, l. 2-3: vir strenuus et divinis scripturis eruditus atque ecclesiasticis traditionibus imbutus et in earum observationibus constantissimus perseverator. 关于乌尔班二世的史料，参见 Alfons Becker, *Papst Urban II.* （*1088-1099*）, 3 vols., MGH Schriften 19, Stuttgart/Hannover, 1964-2012, here vol. 2, pp. 1-9；在 Simonetta Cerrini 文章结尾处有一份截至1997年的参考文献汇编，参见 Simonetta Cerrini, "Urbano II," *Enciclopedia dei papi* 2 （2000）: 222-227。在《教宗名录》之外，有证据表明乌尔班二世颇为雄辩。奥多里克·维塔利斯（Ordericus Vitalis）在他的《教会史》（*Historia Ecclesiastica*）中将乌尔班二世描述为 corpore magnus, modestia discretus, religione maximus sapientia et eloquentia precipuus; Orderici Vitalis Historia ecclesiastica。这部作品可能是在1100年后不久写成的，也就是在乌尔班二世去世后不久，但在1123年至1141年被修订，参见 *Ordericus Vitalis Historia Ecclesiastica*, ed. Marjorie Chibnall, vol. 4, Oxford, 1973, lib. 8, c. 7, p. 166；关于撰写时间，参见 "Ordericus Vitalis," *Rep. Font.* 8 （2001）: 394-397, at 395。

② *Ordericus Vitalis Historia Ecclesiastica*, vol. 4, lib. 8, c. 7, p. 166: religione maximus；参见 Becker, *Urban II.*, vol. 1, p. 24。

③ Johrendt, "Gerechtigkeit," pp. 27-29。

④ Alfons Becker 最近对乌尔班二世的性格做了如下总结："乌尔班二世一个重要的、影响深远的特征，就是他对理性、法学和制度的倾向，以及他对法律的诠释和对教宗司法权的深度实践。"参见 Becker, *Urban II.*, vol. 3, p. 663。

⑤ *Liber Pontificalis*, vol. 2, p. 204, l. 12-15: Iste praeclarus Dei pontifex beatam vitam ducens suo tempore, Romanam ecclesiam bene regendo, contra hereticorum dogma suas opponendo doctrinas, multas sustinuit persecutiones et ad ultimum satis satisque hanc Romanam ecclesiam deliberavit.

在这里，至福的一生（vita beata）不再以虔诚为标志性特征。就乌尔班二世而言，最重要的不再是将他描述为受圣灵启示的人，而是描述为——用现代的概念来说——一位出色的"经理"、一位"行动家"。他有效地组织了教会，打击了异端邪说，在压力下没有放弃他的目标，并将他的教会——必要时甚至通过武力——从外部干涉中解放出来。当然，在传记作家的眼中，这些都是在与圣灵的协调一致下发生的。不过就对个人虔诚的描述而言，与利奥九世不同的是，在乌尔班二世这里我们什么都找不到。同样，用于亚历山大二世的形容词"贞洁、谦恭、慷慨、令人愉悦而和善"也无法在乌尔班二世的传记中找到。这些都不再是决定性的德行，不再是一位教宗必须展示的、能使他成为一位"好教宗"的德行。在主教叙任权之争的种种混乱和动荡之中，教会显然要求一位"行动家"出现，即一位在时代的震动与原则的冲突的惊涛骇浪中能够为教会掌好舵盘的教宗。

对此，正如《教宗名录》所表达的那样，对"圣言"的知识已经不足以满足要求。所以，乌尔班二世身上还加入了对教会传统知识的掌握。他的继任者巴斯加二世在《教宗名录》中被描述为对"哲学家的技艺"（philosophantium artibus）十分精通。[①] 巴斯加二世的继任者杰拉二世，自年轻时就接受文学教育并以不寻常的智识著称，在他身上被强调的则是他超出同龄人的记忆所有教材的能力。[②] 同样，洪诺留二世亦被形容为具有

---

① *Liber Pontificalis*, vol. 2, p. 296, l. 3 - 4: Hic puer monachus factus, philosophantium artibus eruditus, pro monasterii sui causis agendis ab abbate sibi iniunctis vicesissimo etatis suae anno Romam venit. 来自比达（Bieda）的年轻的莱纳（Rainer）和后来的巴斯加二世在哪个修道院接受教育，其他史料中也无记载。参见 Carlo Servatius, *Paschalis II. (1099-1118). Studien zu seiner Person und seiner Politik*, Päpste und Papsttum 14, Stuttgart, 1979, pp. 10-11; Glauco Maria Cantarella, *Pasquale II e il suo tempo*, Novo Medioevo 54, Neapel, 1997, p. 14. 较早的文献目录，参见"Pasquale II," *Enciclopedia dei papi* 2 (2000): 228-236。

② *Liber Pontificalis*, vol. 2, p. 311, l. 2 - 4: Hic a nobilibus iuxta saeculi dignitatem parentibus feliciter educatus, literarum studiis pura mentis intentione est traditus. In quo videlicet studio, parvo satis in tempore quaeque sunt puerorum addiscens, ultra coevos suos omnia memoriae commendavit. 《教宗名录》还记载，杰拉二世在蒙特卡西诺接受过自由技艺（Artes liberales）的教育，参见 Stefan Freund, "Gelasio II," *Enciclopedia dei papi* 2 (2000): 240-245。

良好的文学修养。① 对于从乌尔班二世到洪诺留二世的教宗而言，引人注目的一点是，他们关于文学——古典拉丁文学——的知识，如此突出地成为形容他们的主题词。他们的聪慧，即明智（prudentia），常常受到赞赏。这些精神上的才能，也就是智识（Intellekt），获得了新的价值。教宗的卓越德行不再是个人的虔诚或属灵的神启，而是包括了智识才能，并且延伸至教会事务以外的领域。

新当选的教宗在选举后的谦卑行为，体现了对这种趋势的对抗。因此，巴斯加二世通过逃避来摆脱他的擢升：他把自己藏匿起来了。当他最终被找到并被带到全体选举人面前时，他解释道，他不得不躲避起来。据《教宗名录》的记载，他是这样解释的："我将面临的，不是作为祭司系上代表那份荣誉的腰带（cingulum）；而是这根带子将我覆盖，我会在这根带子的重负之下累垮。"② 在巴斯加二世一再拒绝选举人的请求——哪怕他细致回应了这些请求——之后，他最终还是被明确地宣布为新一任教宗："圣彼得选择了巴斯加成为教宗！"③ 此处在多大程度上是个人的谦卑或是对传统仪式的继承，仍是一个未知数。④ 不过，并不以谦卑出名的嘉

---

① *Liber Pontificalis*, vol. 2, p. 327, l. 1-2: Hic de mediocri plebe comitatus Bononiensium genitus, bene tamen litteratus；关于洪诺留二世，参见 Simonetta Cerrini, "Onorio II," *Enciclopedia dei papi* 2 (2000): 255-259。

② *Liber Pontificalis*, vol. 2, p. 296, l. 13 - 15: Fugere, inquit ille, me magis oportuit, Patres, quam inequalis sarcinae pondus immoderata animi praesumptione subire; nec decebat me sacerdotem illius honoris cingulo accingere cuius oneris vinculo involutus subcumberem. 关于祭司的腰带，参见 Josef Braun, *Die liturgische Gewandung im Occident und Orient. Nach Ursprung und Entwicklung*, *Verwendung und Symbolik*, Freiburg i. Br., 1907, reprinted Darmstadt, 1964, pp. 105-111。

③ *Liber Pontificalis*, vol. 2, p. 296, l. 20 - 21: Sic eo diu renitente, a primiscriniis et scribis regionariis, mutato nomine, ter acclamatum est responsumque: "Paschalem papam sanctus Petrus elegit！"

④ 这也适用于巴斯加二世的继任者杰拉二世，关于他的说法是："因此，约翰·盖塔努斯今天不情愿地、勉为其难地当选为教宗杰拉，这是由圣灵传达的恩典……" Ibid., p. 313, l. 16-17: Sicque invitus ac renitens domnus Iohannes Gaietanus hodie est in papam Gelasium sancti Spiritus gratia mediante electus ab omnibus communiter in summa sede locatus, cunctis Dei magnalia conlaudantibus. 关于教宗选举公告中的谦卑主题，参见 Felix Gutmann, *Die Wahlanzeigen der Päpste bis zum Ende der avignonesischen Zeit*, Marburger Studien zur älteren deutschen Geschichte II, 3, Marburg, 1931。对教宗的谦卑

利二世，根据《教宗名录》的记载，也多次强调自己并不适合教宗的职位。①

只有在杰拉二世身上，我们还能读到些许个人的虔诚，至少是在有关救济和捐赠的事务上。关于他有如下记载："没有人见到他进入圣彼得大教堂时，不是带着礼物；没有人见到过他在分派礼物之前，就在那里吟唱弥撒曲。"② 总而言之，杰拉二世的传记首次呈现了另一种对金钱的使用方式，而它被称为一种善行。③ 对教堂进行装饰是教宗的义务之一，在《教宗名录》中给教堂的礼物和得到修缮的教堂的清单都很长。④ 不过，在杰拉二世成为教宗之前，他就对教堂的装饰尤为关注了："巴斯加二世委托他（成为教宗前的杰拉二世）负责罗马的服侍善会（Diakonie），如

和脆弱性的更多强调，与拉丁教会以罗马和最终以教宗为中心的发展趋势并行不悖。因此，在所谓的"主教叙任权之争"之后，教宗的脆弱性在教宗仪式上体现得更加突出，这并非巧合。参见 Agostiono Paravicini Bagliani, *Der Leib des Papstes. Eine Theologie der Hinfälligkeit*, Munich, 1997, esp. pp. 21-67。

① *Liber Pontificalis*, vol. 2, p. 322, l. 4：［…］qui se indignum iterato reclamans. 维埃纳的吉多（Guido）对他的当选进行了抵抗，这一点也记载于 Falcone di Benevento, *Chronicon Beneventanum. Città e feudi nell'Italia dei Normanni*, Per verba, Bd. 9, ed. Edoardo D'Angelo, Florence, 1998, p. 40：Qui vero vocatus viribus totis renuit, seseque tanti officii culmine indignum clamitabat。关于嘉利二世的当选，参见 Beate Schilling, *Guido von Vienne. Papst Calixt II.*, MGH Schriften 45, Hannover, 1998, pp. 391-403；Mary Stroll, *Calixtus II (1119-1124): A Pope Born to* Rule, Studies in the History of Christian Traditions, Bd. 116, Leiden/Boston, 2004, pp. 58-64。

② *Liber Pontificalis*, vol. 2, p. 323, l. 14-15：Nemo hunc umquam vidit beati Petri basilicam absque donis intrare, nec missam inibi nisi primitus assignato dono cantare.

③ 在 12 世纪之前，金钱被视为一种积极的统治手段，相关研究参见 Hermann Kamp, "Gutes Geld und böses Geld：Die Anfänge der Geldwirtschaft und der 'Gabentausch' im hohen Mittelalter," *Geld im Mittelalter. Wahrnehmung, Bewertung, Symbolik*, eds. Klaus Grubmüller and Markus Stock, Darmstadt, 2005, pp. 91-112；这篇文章的详细版本参见 Hermann Kamp, "Geld, Politik und Moral im hohen Mittelalter," *Frühmittelalterliche Studien* 35 (2001)：329-347。

④ 关于这些礼物和装饰清单的意义和阐释的可能性，请以 Klaus Herbers 的研究为例：Klaus Herbers, *Papst Leo IV. und das Papsttum in der Mitte des 9. Jahrhunderts. Möglichkeiten und Grenzen päpstlicher Herrschaft in der späten Karolingerzeit*, Päpste und Papsttum 27, Stuttgart, 1996. 教堂装饰尤其在教堂的铭文中被强调，参见 Sebastian Scholz, "Epigraphische Zeugnisse der Päpste in Rom. Ein Desiderat der Italia Pontificia？," *Das Papsttum und das vielgestaltige Italien. Hundert Jahre Italia Pontificia*, Abhandlungen der Akademie der Wissenschaften zu Göttingen, Neue Folge, phil.-hist. Kl. 5, ed. Klaus Herbers and Jochen Johrendt, Berlin/New York, 2009, pp. 373-388。

今是科斯梅丁圣母教堂（S. Maria in Cosmedin）。他用金、银、书本和帘帷来装饰它，为它配备了数不清的建筑、田产和村社……"①

　　总结潘杜尔夫所编撰的部分，首先引人注目的是，公正的德行这一主题无处可寻。公正（iustitia）在这些传记中并不以教宗应有的品质出现。同样缺失的还有个人的虔诚。对其中任何一个教宗的形容中都没有提到他如何热忱地祈祷。与此同时，出现了三种新的重要德行，严格、当选者的谦卑以及受到的文学教育，其中有两种重复地出现。这些德行在波尼佐影响下的《教宗名录》中无足轻重。这是一种阐述方式的转变，它不仅可能反映了蓬勃兴起的教会法学，也反映了教育观念的改变和获得该种教育的可能性的改变。② 同时，由于存在谦卑这个母题，个人能力和现实工作间形成了一种张力，然而根据教宗传记的记载，这种张力从未对教宗的行动和他们称职与否造成负面的影响。

　　在波佐编纂的教宗传记中出现了另外的德行，同时也有一些德行消失了。"好教宗"的形象焕然一新。可以确定的是，精神才能——例如作为教宗德行的明智——仍被强调。在卢西乌斯二世当选为教宗前，他正是因为他所受的教育和学识（scientia）而被推举为罗马教廷文书官（Kanzler）的。③ 《教宗名录》称他为"一个明智的人"。④ 这也适用于波佐部分《教宗名录》中的其他所有教宗，除了阿纳斯塔修斯四世。⑤ 当哈德良四

---

① *Liber Pontificalis*, vol. 2, p. 312, l. 10-14: Diaconiam Romae quam sanctam Mariam in Cosmydin vulgariter nuncupant, sibi cardinali diacono a domno Paschale commissam, in auro vel argento, in libris seu paramentis, in domibus innumeris, in fundis atque casalibus, in religione praecipue, in quantum Roma patitur, super omnes inaltaverit, requirenti sagaciter luce clarius enitescet.

② 通俗的概述，参见 Martin Kintzinger, *Wissen wird Macht. Bildung im Mittelalter*, Ostfildern, 2003, pp. 104-114. 对 12 世纪知识传播的形式的概述，参见 Sita Steckel, *Kulturen des Lehrens im Früh- und Hochmittelalter. Autorität*, *Wissenskonzepte und Netzwerke von Gelehrten*, Norm und Struktur 39, Cologne e. a. , 2011, pp. 1177-1197.

③ *Liber Pontificalis*, vol. 2, p. 385, l. 15-18: Hunc autem preclarum virum pro scientie ac vite sue meritis papa Innocentius artius sibi astrinxit et cancellarium apostolice sedis constituit, atque in obitu suo tamquam precipuo et digniori Ecclesie membro sibi Ecclesie bona commisit.

④ Ibid. , vol. 2, p. 386, l. 1: Hic tamen vir prudens et fortis [...].

⑤ 关于阿纳斯塔修斯四世的德行，波佐只报告了对教堂的装饰：Ibid. , vol. 2, p. 388, l. 1-9.

世做枢机时，他受欧根三世之托担任教宗使节，欧根三世考虑到的就是他的"正直和智慧"。① 这是该时期"好教宗"的普遍特征，根据《教宗名录》的记载，许多教宗在童年时期就通过学习文学而超越了他们的同龄人。②

然而，越发重要的不仅是文学教育，还有充分的表达能力和说服他人的能力，即雄辩的能力。③ 据波佐的叙述，甚至正是这一点使亚历山大三世得到了教宗的职位："他是一个极为能言善辩的人，精通神圣的与世俗

---

① Ibid. , vol. 2, p. 388, l. 19: […] cognita ipsius honestate ac prudentia. 关于哈德良四世的出使，参见 Michael Horn, *Studien zur Geschichte Papst Eugens III. (1145-1153)*, Europäische Hochschulschriften. Reihe 03, Geschichte und ihre Hilfswissenschaften 508, Frankfurt a. M. e. a. , 1992, pp. 218 - 220; Stefan Weiß, *Die Urkunden der päpstlichen Legaten von Leo IX. bis Coelestin III. (1049 - 1198)*, Forschungen zur Kaiser- und Papstgeschichte des Mittelalters, Beihefte zu J. F. Böhmer Regesta Imperii 13, Cologne e. a. , 1995, pp. 166–167。

② 例如，对哈德良四世的描述：*Liber Pontificalis*, vol. 2, p. 388, l. 12: Hic namque pubertatis sue tempore, ut in literarum studio proficeret, egrediens de terra et de cognatione suo, pervenit Arelate, ubi dum in scolis vacaret. 关于哈德良四世所受的教育，参见 Christoph Egger, "The Canon Regular. Saint-Ruf in Context," in *Adrian IV, the English Pope (1154 - 1159): Studies and Texts*, Church, Faith and Culture in the Medieval West, ed. Brenda Bolton and Anne J. Duggan, Aldershot, 2003, pp. 15 - 28, here at 19。这也适用于亚历山大三世的早期教会生涯。即使在他成为教宗前，他也是"一位有名望的教士，受到大家的尊敬，与人为善"。*Liber Pontificalis*, vol. 2, p. 397, l. 8 - 9: Qui cum esset in ecclesia Pisana clericus magni nominis, et carus haberetur ab omnibus atque receptus. 此处的"名望"（magnum nomen）指的应是 Roberto Bandinellis（亚历山大三世）的博学。

③ 关于教宗的修辞术，参见 Georg Strack, "The Sermon of Urban II in Clermont 1095 and the Tradition of Papal Oratory," *Medieval Sermon Studies* 56 (2012): 30 - 45; ibid. , "Oratorik im Zeitalter der gregorianischen Kirchenreform. Reden und Predigten Papst Gregors VII. ," in *Rhetorik in Mittelalter und Renaissance. Konzepte-Praxis-Diversität*, Münchner Beiträge zur Geschichtswissenschaft 6, ed. Georg Strack and Julia Knödler, Munich, 2011, pp. 121–144; Jochen Johrendt, "Rusticano stilo? Papst und Rhetorik im 11. und 12. Jahrhundert," in *Cum verbis ut Italici solent suavibus atque ornatissimis. Funktionen der Beredsamkeit im kommunalen Italien. Funzioni dell'eloquenza nell'Italia comunale*, Super alta perennis. Studien zur Wirkung der Klassischen Antike 9, ed. Florian Hartmann, Göttingen, 2011, pp. 153–176。罗马教廷发展与修辞学发展的相互作用，尤其是对 6 世纪至 15 世纪的研究，参见 Thomas Haye, *Päpste und Poeten: Die mittelalterliche Kurie als Objekt und Förderer panegyrischer Dichtung*, Berlin, 2009。

的著作，在精确阐释的方面十分有经验，他是一位学者，他的口才使人心悦诚服。"接下来波佐才谈到其他德行，"他是一个智慧、善良、忍让、仁慈、温和、节制和虔诚的人，他不断地施舍，也总是专注于其他虔敬的工作"。①

这一特征描述与波佐对哈德良四世的多处描述十分明确地相符合："他是一个非常谦逊的人，温和而有耐心，精通英语和拉丁语，善于争辩，拥有卓越的口才、非凡的歌喉，是一位杰出的布道士；他不常恼怒，很快就会忘记，他乐于施舍而慷慨，终其一生都是杰出的。"②

波佐解决了在潘杜尔夫的部分中就已显现，但没有得到明确改善的紧张关系问题：一边是有所欠缺的个人能力——如果确实欠缺，那么它会以"谦卑"的叙事来表达；另一边是始终成功的行政工作。因为假如一位教宗并不具有必要的能力，那么显而易见，他的职位会负责让他在选举后拥有这些能力。例如波佐写道，欧根三世被擢升之后，向全世界——包括那些对他的资质有所怀疑的人——发出信息，声称他将优秀地履行教宗的职责，因为"上帝认为欧根三世值得接受巨大的恩典，这恩典使他富有智慧、能言善辩、慷慨、有能力维护公正、举止得当，以至于他杰出的事迹和名誉将胜过许多前任教宗"。③

---

① *Liber Pontificalis*, vol. 2, p. 397, l. 12 – 16: Erat enim vir eloquentissimus, in divinis atque humanis scripturis sufficienter instructus et in eorum sensibus subtilissima exercitatione probatus; vir quoque scholasticus et eloquentia polita facundus; vir siquidem prudens, benignus, patiens, misericors, mitis, sobrius, castus, et eleemosynarum largatione assidus, atque aliis operibus Deo placitis semper intentus. 参见 Anne J. Duggan, "Alexander ille meus: The Papacy of Alexander III," *Pope Alexander III (1159 – 81). The Art of Survival*, Church, Faith and Culture in the Medieval West, ed. Peter D. Clarke and Anne J. Duggan, Farnham, 2012, pp. 13–49, here at 16–17。

② *Liber Pontificalis*, vol. 2, p. 389, l. 6–8: Erat enim vir valde benignus, mitis et patiens, in anglica et latina lingua peritus, in sermone facundus, in eloquentia politus, in cantilena precipuus et predicator egregius; ad irascendum tardus, ad ignoscendum velox, ylaris dator, in elemosinis largus et in omni morum compositione preclarus.

③ Ibid., p 386, l. 26–29: […] tantam ei Dominus gratiam repente conferre dignatus est in scientia et sermone, in facundia et liberalitate, in conservanda cunctis iustitia et in omni morum elegantia, quod multorum decessorum suorum actus preclaros superaret et famam.

　　教宗的职位将会保证当选者所需要的能力，这包括智慧、雄辩、慷慨、公正和举止得当。出乎意料的是，一些常常被同时代人所注意到的特征，在《教宗名录》中并没有被列举。例如，同代人不像波佐那样称颂欧根三世的公正，却赞扬他的谦逊、他苦行主义的生活方式、他的虔诚以及他乐于助人的本性。[①] 波佐是亚历山大三世的财政官，或许波佐在描述哈德良四世和欧根三世时省略了某些品质，是为了不给亚历山大三世施加太大的压力？[②]

　　在波佐的叙述中，勇敢（fortitudo）作为一种基本德行被记在了教宗们的名下，它在波尼佐和潘杜尔夫那里显然并不一定属于"好教宗"的形象特点。例如，卢西乌斯二世被称为"一个智慧而勇敢的人"。[③] 这种对勇敢的描述在接下来的传统中还会结出更多的果实。卢西乌斯二世的死亡在同时代的文献中只有简单的记述，对具体情况没有进一步的详细说明。只有在维泰博的戈特弗里德（Gottfried von Viterbo）1187 年献给乌尔班三世的《万神殿》（*Pantheon*）中，人们才发现卢西乌斯二世之死不同寻常：根据他的说法，卢西乌斯二世介入了与罗马城市公社首领的冲突，后者盘踞在罗马的卡庇多利欧山上，结果教宗大概是被从卡庇多利欧山上

---

① 参见 Horn, *Studien*, p. 221。史料出处：Henry, Archdeacon of Huntingdon, *Historia Anglorum*, lib. X c. 23, ed. and trans. Diana Greenway, Oxford, 1996, p. 748: Itaque honorifice susceptus est ab Eugenio papa nouo, uiro summa dignitate condigno, cuius mens semper benigna, cuius discretio sempere equa, cuius facies semper non solum hilaris sed et iocunda. 。以此为基础的史料还有 Robertus de Monte Sancti Michaelis, *Chronique de Robert de Torigni*, ed. Leopold Delisle, Rouen, 1872, p. 274; 更好的版本是 *The Chronicle of Robert of Torigni* [*Robertus de Monte*], *Abbot of the Monastery of St. Michael-in-Peril-of-the-Sea*, ad a. 1153, ed. Richard Howlett, Rerum Britannicarum medii aevi scriptores 82, vol. 4, London, 1889, p. 173: vir admodum religiosus, in elemonsinis largus in iudiciis iustis, omnibus tam pauperibus quam divitibus affablis et iocundus。*Chronicon quod dicitur Willelmi Godelli*, ad a. 1144, ed. Oswald Holder-Egger, in MGH SS 26, Hannover, 1882, pp. 195 – 198, here at 197, l. 32 – 33, 仅仅提到：vir tam honore quam eterna memoria dignus。

② 人们几乎无法概述亚历山大三世的性格特征，最近的论述参见 Duggan, *Alexander*, esp. pp. 48 – 49。

③ *Liber Pontificalis*, vol. 2, p. 386, l. 1。

抛下的巨大的石头砸死了。[1] 若是相信戈特弗里德的话，[2] 那么卢西乌斯二世不仅是第一位被形容为"勇敢"的教宗，也是第一位因这种德行而死的教宗。不过，就算没有这则趣闻，"勇敢"也随着卢西乌斯二世进入了教宗德行的序列中。还有一种德行也常常被附加在教宗身上，它的提出也同样鲜明地反映了社会层面与宗教层面对教宗要求的变化：这种德行是施舍，即对穷困者的照料。波佐描述的所有教宗——再次除了阿纳斯塔修斯四世——都给出了相当多的施舍。他们的前任教宗必然也这么做了，但这种行为如今一再被明确地谈到，很可能是教会对亟待解决的清贫问题的一种回应。[3] 教宗的施舍不再在其传记的任意一个位置出现，而是作为教宗最主要的品格之一，作为他所拥有的一种德行被强调。因此，教宗对穷人的关照被记录在最中心的位置，以此回应或者说践行 12 世纪中叶以来社会和神学对教宗的要求。

所有上文提到的对一位"好教宗"的种种设想，似乎都汇集在《英诺森三世传》（*Gesta Innocentii*）中。在这部约 1208/1209 年成书的传记中，[4] 英诺森三世被这样描述："英诺森三世的父亲是赛格尼（Segni）伯

---

[1] *Gotifredi Viterbensis Pantheon*, ed. Georg Waitz, in MGH SS 22, Hannover, 1872, pp. 107-307, here at 261, l. 13-14: Ubi papa, sicut tunc audivimus, lapidibus magnis percussus, usque ad obitus sui diem, qui proxime secutus est, non sedit in sede.

[2] 戈特弗里德的说法被学者质疑，参见 Giuliano Milani, "Art. Lucio II," *Enciclopedia dei papi* 2 (2000): 276-279；更早的质疑参见 Ferdinand Gregorovius, *Geschichte der Stadt Rom im Mittelalter*, vol. II/1, Darmstadt, 1978, pp. 207-208。

[3] 概述参见 Franz Felten, "Zusammenfassung. Mit zwei Exkursen zu den 'Starken Armen' im frühen und hohen Mittelalter und zur Erforschung der pauperes der Karolingerzeit," in *Armut im Mittelalter*, Vorträge und Forschungen 58, ed. Otto Gerhard Oexle, Ostfildern, 2004, pp. 349-401, esp. at 349-359, 此处有更详尽的文献索引；Otto Gerhard Oexle, "Armut im Mittelalter. Die pauperes in der mittelalterlichen Gesellschaft," in *Gelobte Armut. Armutskonzepte der franziskanischen Ordensfamilie vom Mittelalter bis in die Gegenwart*, ed. Heinz-Dieter Heimann e. a., Paderborn e. a., 2012, pp. 3-15；"清贫运动"和罗马教会对此的反应，参见 Werner Maleczek, "'Nackt dem nackten Christus folgen'. Die freiwillig Armen in der religiösen Bewegung der mittelalterlichen Gesellschaft," in *Gelobte Armut*, ed. Heimann e. a., pp. 17-34。

[4] 作者问题参见 Giulia Barone, "Introduzione," in *Gesta di Innocenzo III. Traduzione di Stanislao Fioramonti. A cura di Giulia Barone/Agostino Paravicini Bagliani*, La corte dei papi 20, Rome, 2011, pp. 7-16, here at 11-16。

爵家族的特兰斯蒙杜斯（Transmundus），母亲则是出身罗马贵族的克拉丽娜（Clarina）。他有着敏锐的判断力和出色的记忆力，受到宗教和世俗文学的教育，不管在俗语还是拉丁语的布道上都经验丰富。他受过良好的声乐训练，善于吟唱赞美诗，中等身材，但有着讨人喜欢的外表。他的行为总能介于挥霍与吝啬之间，他在给予施舍和餐食时十分慷慨，却在其他事务上十分节俭，除非必要时他才另作打算。他对待反抗者和顽固不化之人十分严厉，却对穷人和谦卑者十分友爱。他坚定而不动摇，有巨大的勇气而精明，他保卫信仰，与异端做斗争。尽管在做判决时他十分严格，但他有着高尚的同情心。他不被一时的幸运所吸引，也能在厄运面前保持宽容。他本性上有些易怒，却又很快会原谅别人。"① 以此，英诺森三世被呈现为一位实现了上述所有期望，并拥有所有七种基本德行——智慧（prudentia）、公正（iustitia）、勇气（fortitudo）、节制（temperantia）、虔信（fides）、希望（spes）与爱（caritas）的人。②

　　是否可以说，由于要成为一位"好教宗"所需要拥有的德行越来越多，对教宗的要求变得越来越高？还是说《英诺森三世传》中的描述仅仅是所有德行的集大成者，与实际的情形和当时教宗的品格无关？从这个

---

① *The Gesta Innocentii III. Text, Introduction and Commentary by David Gress-Wright*, Ann Arbor, 2000, p. 1: Innocentius tertius papa ex patre Transmundo de comitibus Signie, matre vero Claria de nobilibus Urbis, fuit vir perspicacis ingenii et tenacis memorie, in divinis et humanis litteris eruditus, sermone tam vulgari quam litterali disertus, exercitatus in cantilena et psalmodia, statura mediocris et decorus aspectu, medius inter prodigalitatem et avaritiam, sed in elemonsinis et victualibus magis largus et in aliis magis parcus nisi cum necessitatis articulus exigebat. Severus contra rebelles et contumaces, sed benignus erga humiles et devotos, fortis et stabilis, magnanimus et astutus, fidei defensor et heresis expugnator. In iustitia rigidus sed in misericordia pius, humilis in prosperis et patiens in adversis, nature tamen aliquantulum indignatis sed facile ignoscentis.

② 关于基本德行参见 Jean Porter, "Art. Tugend," *Theologische Realenzyklopädie* 34 (2002): 184-197, here at 184; 在《约伯记评注》中，格列高利一世在四项基本德行的基础上添加了三项基督教德行，并描述了七项主要罪状（principalia vitia）。七项主要罪状及其他罪状包括傲慢（superbia，格列高利视为根源之罪）、虚荣（inanis gloria）、嫉妒（invidia）、暴怒（ira）、哀愁（tristitia）、贪婪（avaritia）、暴食（gula）和淫欲（luxuria）。参见 Konrad Hilpert, "Art. Tugend, III. Theologisch-ethisch," in *Lexicon Für Theologie Und Kirche*, 3nd edn., 2001, vol. 10, cols. 297-300.

角度说，英诺森三世本人（Individuum）还剩下什么是可以被了解的？会是那些新的特征吗？是不是那些先前没有在教宗传记中出现过的特征？这些新特征是：他在挥霍与吝啬之间的持中、他的节俭、他对反叛者的严厉和他善待穷人和谦卑者之举。《英诺森三世传》作者描述了英诺森对待反叛者和顽固者采取的行动，这无疑影射了教宗的领土收复政策，即教宗国的扩张政策，它使教宗国在英诺森三世执政期间变成了由教宗统治的、稳固的领地。[①] 简而言之，英诺森三世的所有行为——不仅仅是指获取领土——为后世的教宗的德行树立了榜样，使他们同样致力于教宗国的维护和建设。在挥霍和吝啬之间的持中和善待穷人和谦卑者之举，尽管两者都是被普遍描述的德行，在此之下却隐藏着英诺森三世的决断，它们对教会历史有着深刻影响。

正是在英诺森三世时期，对"清贫生活"（Leben in Armut）的诉求再次强烈地传达至罗马教廷，人们对罗马教会的要求也是如此。英诺森三世当选为教宗的 15 年前，教宗卢西乌斯三世不仅将纯洁派，还将瓦勒度派和谦卑者派判定为异端。[②] 后两者并不将自己视为正统教会的反对者并且有兴趣与其合作，愿意在教会内部推行清贫的理念，而非在布道中反对教会。英诺森三世终止了教会对这些流派的排斥，并致力于将他们与教会整合。1201 年 6 月 7 日，英诺森三世准许了谦卑者派的会规并以此将他们纳

---

① 奠基性研究参见 Daniel Philip Waley, *The Papal State in the Thirteenth Century*, London, 1961, pp. 30-124; Christian Lackner, "Studien zur Verwaltung des Kirchenstaates unter Papst Innocenz Ⅲ. ," *Römische Historische Mitteilungen* 29 （1987）: 127-214; Sandro Carocci, "'Patrimonium beati Petri' e 'fidelitas': Continuità e innocazione nella concezione Innocenziana dei domini pontifici," in *Innocenzo Ⅲ. Urbs et orbis. Atti del Congresso Internazionale*, Roma, 9 - 15. 9. 1998, 2 vols. , Miscellanea della Società Romana di Storia Patria, vol. 44/Nuovi Studi Storici 55, ed. Andrea Sommerlechner, Rome, 2003, pp. 668 - 690; Sandro Carocci, *Vasalli del papa. Potere pontificio, aristocrazie e città nello Stato della Chiesa* （ⅩⅡ - ⅩⅤ sec. ）, I libiri di Viella 115, Rome, 2010, pp. 81-97。

② *Reg. Imp.* Ⅳ/4/4/2 （ = *JL* 15109 ）. 关于谦卑者派，参见 Maleczek, "Nackt," pp. 28-30 及其中的文献目录。首选 Maria Pia Alberzoni, Annamaria Ambrosioni and Alfredo Lucioni, eds. , *Sulle tracce degli Umiliati*, Bibliotheca erudita 13, Milan, 1997。

入教会。① 1209 年，他亲自会见了阿西西的方济各并支持了方济各和他的兄弟们的请求。英诺森三世意识到了教会与清贫运动达成和解的必要性，清贫运动最终促成了方济各会和道明会的诞生，② 而《英诺森三世传》的作者尚不知道这一点。不过"善待穷人和谦卑者"（erga humiles et devotos）这个被泛泛描述的德行，可能暗示了英诺森三世对谦卑者派的态度——它从一个宽泛的表述，被提升为教宗的一项关键品格。

因此，对英诺森三世的官方记述不仅体现了对传统的深化和推进，也同样体现了"好教宗"特征中的新元素。它们取代了那些曾经被强调，但已经不再重要的特点：英诺森三世身上已经没有了哈德良四世和亚历山大三世的和蔼，以及亚历山大二世和亚历山大三世的节欲。同样缺失的还有对英诺森三世个人虔诚的形容，不过在这方面他和上述几位教宗并没有区别。利奥九世是唯一一位被描述为全心投入个人祈祷的教宗。其实，其他教宗也会祈祷，这应该是毫无疑问的，但传记作者不再强调这一点。将一位教宗展现为一位"好教宗"时，个人的虔诚显然已经不再属于必须阐明的事情了。教宗的形象从神圣的个人转变成了教会的领袖。显而易见，"行动者"的能力在制度、机构不断细化的教会中越来越重要。正如后来"天使教宗"切莱斯廷五世的例子③所说明的那样，仅仅是虔诚不足以让一个人成为一位"好教宗"。与英诺森三世传记中描述的能力相比，切莱斯廷五世身上缺少能让他在同时代人眼中——尤其是在教廷人士眼

---

① 会规参见 Gilles Gérard Meersseman, *Dossier de l'Ordre de la pénitence au 13e siècle*, Spicilegium Friburgense 7, Fribourg/Switzerland, 1961, pp. 276-282, no. I.

② 最新研究参见 Maria Pia Alberzoni, *Santa povertà e beata semplicità. Francesco d'Assisi e la chiesa Romana*, Ordines. Studi su istituzioni e società del medioevo europeo 1, Milan, 2015, pp. 25-54, 80-83 及其包含的相关文献。

③ 对切莱斯廷五世个人虔诚的描述，参见 Peter Herde, *Cölestin V.* (1294)（*Peter vom Morrone*）. *Der Engelspapst*, Päpste und Papsttum 16, Stuttgart, 1981, pp. 4-8。切莱斯廷五世个人的虔诚最突出地表现为，他不断地退隐，直至幽居在那不勒斯新堡（Castelnuovo）为他设立的一个小房间内。参见 Ibid., p. 126；Agostino Paravicini Bagliani, *Bonifacio VIII*, Turino, 2003, pp. 55-56。这一点也在教宗的第一篇传记中得到强调。切莱斯廷五世最早的传记，参见 *Die ältesten Viten Papst Cölestins V.* (*Peters vom Morrone*), ed. Peter Herde MGH SS rer. Germ., N. S. 23, Hannover, 2008, p. 142, l. 11-p. 143, l. 4。

中——成为一名"好教宗"的很多品格。不过，对卜尼法斯八世的诉讼已经说明，切莱斯廷五世和卜尼法斯八世已经处在不同的时代了。① 13 世纪末，一位教宗是否拥有该职位所需的资质已是被公开讨论的问题，而同时教宗放弃职位的条件也在《第六书》（Liber Sextus）中被确定下来。②

然而，在利奥九世到英诺森三世的时代，这种讨论尚不存在。官方教宗史书提供的信息，是解释这种情形的关键。欧根三世的例子说明了，在《教宗名录》的呈现中，每一位合法的教宗都是一位"好教宗"，当他们拥有了教宗职位之后，自然就有了必要的资质和能力。因此教宗职位超越、塑造并改变了任职者个人。某种意义上，这与格列高利七世关于教宗职位的神圣性的理论有着相似之处：每一位合法当选的教宗都因为前任教宗的功劳得到了神圣性。因此，每一位教宗都是传统的一部分，同时他们的个性在其中被消解。③ 或许可以夸张地说，教宗和他的职位是一体的。于是在 12 世纪的教会分裂时期，对教宗资质的讨论从未处于重要的地位；

---

① 关于对卜尼法斯八世的诉讼，参见 Boniface VIII en procès. Articles d'accusation et dépositions des témoins（1303 - 1311）. Edition crit. , introd. et notes par Jean Coste, Pubblicazioni della Fondazione Camillo Caetani. Studi e documenti d'archivio 5，Rome，1995。

② VI I. 7. 1，校勘本参见 "Liber Sextus Decretalium domini Bonifacii papae VIII," in Aemilius Friedberg ed. Corpus Iuris Canonici, Leipzig, 1881（reprint Graz, 1959），vol. 2, cols. 929 - 1124, here col. 971；参见 Martin Bertram, "Die Abdankung Papst Cölestins V.（1294）und die Kanonisten," ZRG kan. Abt. 56（1970）: 1-101, here at 66-78。

③ 这种关系在 13 世纪越来越被颠覆，以至于 Aegidius Romanus 能够在其 1302 年完成的论著《论教会权力》（De ecclesiastica potestate）中提出，教宗就是教会。参见 Aegidius Romanus, De ecclesiastica potestate, ed. Richard Scholz, Weimar, 1929, III c. 12, p. 209；Giles of Rome's on Ecclesiastical Power. A Medieval Theory of World Government, The Records of Western Civilization, ed. Robert W. Dyson, New York, 2004, p. 396。这里两个版本有相同的文本：［…］summus pontifex, qui tenet apicem ecclesie et qui potest dici ecclesia, est timendus et sua mandata sunt observanda, quia potestas eius est spiritualis, celestis et divina, et est sine pondere, numero et mensura. 参见 Agostino Paravicini Bagliani, "Egidio Romano, l'arca e la tiara di Bonifacio VIII," Chiesa, vita religiosa, società nel medioevo Italiano. Studi offerti a Giuseppina De Sandre Gaspari, Italia Sacra 80, ed. Mariaclara Rossi and Gian Maria Varanini, Rome, 2005, pp. 503-519, at 518-519。

在论战性的辱骂和对异端的指控之外，重要的问题反倒是当时的教宗是否以合法的方式当选，他是不是一位"闯入者"（intrusus）。① 如果人们接受了每一位教宗都通过他的职位获得了必要资质的想法，那么，为何同时代人几乎从不讨论教宗职位的拥有者是否合适，也就不言自明了。②

---

① 对入侵者-伪教宗-敌对教宗（invasor-pseudopapa-antipapa）的辨析，参见 Harald Müller, "Gegenpäpste-Prüfsteine universaler Autorität im Mittelalter," in *Gegenpäpste*, ed. Müller and Hotz, pp. 13–53, here at 24–34 及其包含的相关文献。

② 关于国王的资质，尤其是中世纪盛期的情况，参见 Stefan Weinfurter, "Idoneität-Begründung und Akzeptanz von Königsherrschaft im hohen Mittelalter," in *Idoneität-Genealogie-Legitimation. Begründung und Akzeptanz von dynastischer Herrschaft im Mittelalter*, Norm und Struktur 43, ed. Christine Andenna and Gert Melville, Cologne e. a. , 2015, pp. 127–137; Christine Andenna and Gert Melville, "Idoneität-Genealogie-Legitimation. Überlegungen zur Begründung und Akzeptanz von dynastischer Herrschaft im hohen und späten Mittelalter. Eine Einleitung," in ibid. , pp. 11–17。

五港同盟的自由民为何自称贵族：
中世纪英格兰的海港同盟特权、
请愿书与政治身份的自呈

胡佳竹*

摘　要　中世纪五港同盟的自由民在请愿书中自呈身份时会自称诸侯，而从来不称"市民"，尽管他们的实际身份等同于自治市镇的市民，而非世袭贵族。本文从这一独特的称谓习惯入手，探究两个主要问题：（1）五港人士凭什么自称贵族，即这一集体共享的海港贵族头衔的由来；（2）五港人士为何要在请愿书中如此自称。尽管五港同盟在中世纪英格兰确实政治地位特殊，但是现存史料并不能清晰地展现五港贵族头衔的来源，五港的同盟特权与该贵族称谓之间的联系也并不明确。鉴于制度史角度无法提供自洽的解释及充足的史料证据，不妨同时从交流的角度来解读五港请愿者的特殊自称，将请愿行为的行政语境、请愿书的多重受众等因素纳入考虑，将五港的贵族自称理解为一种自呈政治形象时的修辞策略，来分析五港请愿者在文本之外所要传达的讯息以及期望达成的效果。

关键词　中世纪英格兰　城镇特权　五港同盟　中世纪请愿书　政治沟通

＊　胡佳竹，北京大学海洋研究院助理研究员。

英国国家档案馆（The National Archives）所藏档案文献中有一个"古代请愿书"（Special Collections：Ancient Petitions）特辑，简称 SC 8，内含 17000 多份呈给英格兰国王、国王与御前会议（king and council）、王后、威尔士亲王、某些国务重臣、上下议会议员的请愿书（petitions）文本，时期覆盖 13~17 世纪早期，最早可以追溯到亨利三世时期，最晚则至詹姆士一世时期，而绝大部分落于 13 世纪后期至 15 世纪中期。①中世纪的请愿书本质上分为两大类型：一类是请求（requests），另一类是投诉（complaints）。请求型的请愿，即指以书面形式请求君主恩赐，包括津贴、职位、特许状、征税许可等等；投诉型的请愿，则是当事人以书面形式向国王（或其他上位者）陈述自己遭遇的侵害或冤屈，请求主持公道。请愿活动在中世纪后期英格兰的政治生活中屡见不鲜，几乎出现在公共事务的各个环节中——请愿书常见于行政、司法、外交等领域，世俗和教会势力也均有涉及。由于英王爱德华一世鼓励臣民向议会请愿，请愿文本的数量从 1275 年起迅速增长。②

尽管请愿书的写作遵循一定的格式，但已有研究表明，请愿者总有办法在规定的框架内融入自己独特的表达；即便是面对同一性质的事件，由

---

① 本文通篇使用以下缩写：*CCR = Calendar of Close Rolls*；*CChR = Calendar of Charter Rolls*；*CPR = Calendar of Patent Rolls*；*PROME = Parliament Rolls of Medieval England*；TNA = The National Archives. 关于 SC 8 特辑的概述，见英国国家档案馆网站上相关的编目说明：https：//discovery. nationalarchives. gov. uk/details/r/C13526，2022 年 10 月 20 日访问。亦见 W. Mark Ormrod, "Introduction：Medieval Petitions in Context," in *Medieval Petitions: Grace and Grievance*, ed. W. Mark Ormrod, Gwilym Dodd, and Anthony Musson, York：York Medieval Press, 2009, pp. 1–11。

② Gwilym Dodd, "Parliamentary Petitions? The Origins and Provenance of the 'Ancient Petitions' (SC 8) in the National Archives," in *Medieval Petitions: Grace and Grievance*, ed. W. Mark Ormrod, Gwilym Dodd and Anthony Musson, pp. 12–46；Gwilym Dodd, *Justice and Grace: Private Petitioning and the English Parliament in the Late Middle Ages*, Oxford：Oxford University Press, 2007, pp. 19–26；Paul Brand, "Petitions and Parliament in the Reign of Edward I," *Parliamentary History* 23. 1 (2004)：14–38；J. R. Maddicott, "Edward I and the Lessons of Baronial Reform：Local Government, 1258–1280," in *Thirteenth Century England I*, eds. P. R. Cross and S. D. Lloyd, Woodbridge：Boydell, 1986, pp. 1–30。

于请愿者对事件和局势的见解不同，也会采取迥然各异的陈述策略。①对英格兰城镇而言，请愿制度为其搭建起了与君主直接沟通的桥梁，是其塑造并展现自身形象的重要渠道。而对后世的历史学者而言，留存下来的请愿文本为我们一窥这些城镇政治形象的自呈（self-representation）、深入理解中世纪英格兰的政治文化提供了极为宝贵的机会。

纵观 SC 8 特辑中现存的请愿书，会发现一个奇特的现象：中世纪英格兰唯一的城镇联盟——五港同盟（the Confederation of the Cinque Ports）的自由民在请愿时，从来不自称"市民"（burgesses 或 citizens），而会自称"诸侯"（barons），尽管他们的实际身份更接近于一般自治市镇的市民，而非世袭贵族，没有传统意义上的封地。同时期也没有其他城镇的市民在请愿时使用贵族头衔。英语中的 baron 一词，来源于古法语的 ber 及晚期拉丁语的 baro, -ōnem，baro 在《萨利克法典》中通 homo，本意只是指成年男子；baron 的语义和概念在中世纪欧洲经历了一系列的发展，到 12 世纪末及 13 世纪早期，已明确含有贵族意味。②本文即从五港同盟这一独特的称谓习惯入手，探究两个主要问题：首先，五港人士凭什么自称诸侯，换言之，这一集体共享的海港贵族头衔从何而来；再者，为何五港人士在请愿时坚持如此自称，也就是要探究，在请愿制度下与君主进行政治沟通时，五港人士强调这一称号意欲何为。

尽管 14 世纪的平民议员和当代的历史学者均倾向于将五港贵族的本质与他们的封建海军义务联系到一起，然而通过现存的有限史料，其实并

---

① Gwilym Dodd, "Writing Wrongs: The Drafting of Supplications to the Crown in Later Fourteenth-century England," *Medium Ævum* 80.2（2011）: 226; Gwilym Dodd, Matthew Philips and Helen Killick, "Multiple-clause Petitions to the English Parliament in the Later Middle Ages: Instruments of Pragmatism or Persuasion?" *Journal of Medieval History* 40.2（2014）: 176-194; Jiazhu Hu, "The Cinque Ports and Great Yarmouth in dispute in 1316: Maritime violence, royal mediation and political language," *International Journal of Maritime History* 32.3（2020）: 666-680.

② David Crouch, *The English Aristocracy, 1070 - 1272: A Social Transformation*, New Haven: Yale University Press, 2011, pp.48-51; "baron, n." OED Online, Oxford University Press, September 2022, www.oed.com/view/Entry/15662. Accessed 20 October 2022.

不足以回溯出这个诸侯称号的来源，也无法解释同盟特权与贵族头衔之间有什么必然联系。诚然，五港同盟为履行其海军义务，长期为英格兰君主提供船只和海事服务，是其获得财税及司法方面特权的重要原因；然而13 世纪、14 世纪时也有诸多其他海港城镇为国王提供海军服务，这些城镇却并未获得过类似的特权回馈，除伦敦外也从未有过其他城镇的居民能被称为"诸侯"。而伦敦诸侯并不涉足类似五港的海军服务，1266 年之后文秘署（chancery）档案中也不再有伦敦诸侯（barons of London）的写法，也就是说，此后五港人士独享殊荣。

由于史料证据有限，仅依靠制度史角度无法为五港诸侯的由来及本质提供完备的解释，因此，不如从交流的角度来解读五港请愿者的特殊自称，将请愿行为的行政语境、请愿书的多重受众等因素纳入考虑，将五港的贵族自称理解为一种修辞策略，来分析中世纪晚期的五港请愿者在文本之外所要传达的讯息以及期望达成的效果，由此一窥五港同盟对自身政治形象的塑造与呈现。这一新视角的引入也有助于揭示英格兰王室与地方之间的交流模式以及城镇的政治意识，丰富我们对于中世纪晚期英格兰政治生活和政治文化的理解。

一　五港"诸侯"？

五港同盟是由英格兰东南部诸多沿海港口城镇所结成的古老联盟，其成员港大多位于肯特郡（Kent）和萨塞克斯郡（Sussex）。五港得名于黑斯廷斯（Hastings）、罗姆尼（Romney）、海斯（Hythe）、多佛（Dover）、桑威奇（Sandwich）这五个头部成员，或曰首港（head ports），但其成员总数远远超过五个。同盟中的主要成员除了上述五港，还有温奇尔西（Winchelsea）与莱伊（Rye），两城称为"古代城镇"（Ancient Towns），最初附属于黑斯廷斯，后来地位与最初的五港平齐。除了这七个主要成员，同盟中还有诸多附属成员（Limbs），例如福克斯通（Folkestone）、法弗舍姆（Faversham）、利德（Lydd）、马盖特（Margate）；到 13 世纪末，附属成员数量达到 24 个，14 世纪、15 世纪、16 世纪也还有小港口加盟其中。[1]这些附属成员与七个主要成员一起分享同盟的特权，分担同盟特许状上规定的海军义务。直到 16 世纪中叶英格兰才建立了首支直属于王室的常备海军，而在没有常备海军的中世纪，五港同盟为英格兰的海上运输及海岸防御做出了不可磨灭的贡献。根据同盟持有的特许状（charters），五港人士每年应为英格兰君主无偿服役 15 天——提供 57 艘船，每船配备 21 名水手。[2]作为回馈，同盟免于缴纳税收，还享有司法方面的特权。这也是五港同盟不断吸引到新成员加盟的一大因素。

　　本文所关注的时段为英王爱德华一世至亨利四世统治时期，即 1272 年到 1415 年。在此时段内，由五港人士呈交的请愿中，有 64 份是以集体而非个人的名义起草的。有趣之处在于，这 64 份文件中有 44 份，在请愿者自呈身份时，用到了"诸侯"（barons，或译为勋爵、男爵）这样的字眼。[3]例如一份 14 世纪早期的请愿书，由"多佛市长及诸侯"（le maire et les barons de Dovere）上书陈情，强调了多佛港之于英格兰的重要战略意义，请求国王与御前会议允许多佛市政机构征收城墙维护费（murage），

---

[1]　K. M. E. Murray, *The Constitutional History of the Cinque Ports*, Manchester: Manchester University Press, 1935, pp. 1-8, 42-59.

[2]　当然，这些条款多半是一种公式化的表述，并不对应实际需求，特许状中也并未对船的规格提出过具体要求——舰船大小不一，自然都正好需要 21 名水手；一艘船从启航到返回原港口，也不太可能正好控制在 15 天内。参见 Craig L. Lambert, "The Contribution of the Cinque Ports to the Wars of Edward II and Edward III: New Methodologies and Estimates," in *Roles of the Sea in Medieval England*, ed. Richard Gorski, Woodbridge: Boydell, 2012, p.66; Rose, "The Value of the Cinque Ports to the Crown 1200-1500," in *Roles of the Sea in Medieval England*, ed. Richard Gorski, pp. 43-44。

[3]　TNA, SC 8/21/1030; SC 8/190/9498; SC 8/196/9765; SC 8/201/10007; SC 8/309/15407; SC 8/319/E404; SC 8/271/13529; SC 8/259/12940; SC 8/172/8577; SC 8/195/9718; SC 8/219/10917; SC 8/69/3402; SC 8/69/3404; SC 8/70/3462; SC 8/195/9719; SC 8/6/280; SC 8/197/9803; SC 8/151/7548; SC 8/158/7890; SC 8/178/8862; SC 8/192/9557; SC 8/197/9805; SC 8/219/10928; SC 8/233/11625; SC 8/233/11626; SC 8/233/11631; SC 8/10/487; SC 8/69/3431; SC 8/332/15748; SC 8/299/14924; SC 8/299/14949; SC 8/302/15066; SC 8/304/15179; SC 8/306/15265; SC 8/332/15749; SC 8/84/4153; SC 8/84/4154; SC 8/104/5189; SC 8/193/9607; SC 8/206/10271; SC 8/220/10963; SC 8/279/13931; SC 8/320/E433; SC 8/328/E875.

以助其渡过财政难关，重修于 13 世纪末的战火中损毁的城墙和防御工事。①又如，一份或写于 1408 年的请愿书中，"穷困而忠心的五港诸侯"（ses povres lieges barons de cynk portez）请求国王及御前会议确认他们可以继续享有此前获授的财税特权。②"诸侯"这样的自称，未见于 SC 8 特辑中任何其他城镇呈交的请愿书中，是五港同盟的特有自称。五港人士请愿时也从未自称过"市民"（burgesses 或 citizens）。

这个尊贵的头衔显然没有获得所有人的认可——尤其是那些在海上遭到五港同盟暴力劫掠的苦主。比如在大约 1305 年时，四位伦敦商人向英王爱德华一世及其御前会议抱怨，称 1292/1293 年时有一艘桑威奇船，本该受国王之命保护英格兰商船免遭敌船袭击，却在他们从加来返回伦敦的途中打劫了他们；这四位伦敦商人曾向桑威奇市长和市民控诉过此事，要求赔偿，但无济于事。因此他们呈交了请愿书，希望国王和御前会议可以主持公道，勒令桑威奇人赔偿他们的损失。在陈述事件的过程中，伦敦商人提及桑威奇方面的人士时只用到了"人"（genz）、"贤人"（bones genz）、"市民"（burgeys）这一类的词语，听起来与请愿者（本身也是伦敦市民）自身的社会地位不相上下，而绝不使用"诸侯"这样含有贵族意味的称呼来指涉五港人士。③

难道五港"诸侯"只是自封的称号吗？倒也不是。这个特殊的头衔确实常见于英格兰文秘署的档案记载中。上面说到四位伦敦商人控诉桑威奇人的案例，国王及御前会议收到请愿书后，令时任五港总督（Warden of the Cinque Ports）的罗伯特·伯格什（Robert de Burghersh）核查此事，了解事情的原委并公正处理，并让肯特郡守（the sheriff of Kent）全力协助，传唤相关人员配合调查。文秘署卷宗中记载了这道于 1305 年 4 月 28 日发予五港总督的指令，其中提及那艘桑威奇船本是桑威奇"诸侯"奉

---

① TNA，SC 8/319/E404. 引文为盎格鲁诺曼语（Anglo-Norman）。
② TNA，SC 8/84/4153. 引文为盎格鲁诺曼语。
③ TNA，SC 8/120/5998. 引文为盎格鲁诺曼语。亦见 TNA，SC 8/17/833；SC 8/320/E434；SC 8/285/14216。

王命派遣出海执行护卫商船任务的，就使用了 barones 一词，而非"市民"。①就在这则记载的上方，同一张羊皮纸上，一条发予五港总督及其他官员的刑事听审委任状中提到了"五港同盟诸侯与大雅茅斯市民之间的诸多矛盾冲突"（diverse contentiones et discordie inter Barones quinque portuus nostrum et Burgenses nostros de magna Jernemutha）。②此处五港自由民被称作"诸侯"，而大雅茅斯自由民则是"市民"，两种称谓形成了鲜明的对比。由此可见，五港人奇特的贵族头衔并不是自说自话，而确实是在官方公文中有所呼应的。

成书于 1321 年前后的《论议会的组织和权力》（Modus Tenendi Parliamentum）中描绘了理想的（而非实际的）英格兰议会召开程序，其中给议会议员分类时，将五港诸侯单独列为一项，排在了世俗贵族之后、郡县和城镇代表（指骑士和市民）之前。③根据这本小册子的说法，议会之中分为六个等级：国王居于最高位，无人与之并肩；第二等的是包括大主教、主教、修道院院长在内的持有封地的高阶神职人员；第三等是低阶神职人员代表；第四等是包括伯爵、男爵在内的世俗贵族；第五等是郡县的骑士代表；第六等是城镇的市民代表。而议会召开会议之时，第一日召见城镇的市民代表，第二日召见郡县的骑士，第三日召见五港诸侯，随后是英格兰的男爵和伯爵，第四、第五日分别召见低阶神职人员代表和高阶神职人员，而第六日国王本人必须出席，这一顺序正好与议会参会人员的等级秩序相呼应，也相当于将五港的议员与世俗贵族议员划入同一等级。④

---

① TNA，C 66/125，m3d；引文为拉丁文。该文件概述见 CPR，1301-1307，p. 358。

② TNA，C 66/125，m3d；引文为拉丁文。该文件概述见 CPR，1301-1307，pp. 357-358。

③ Nicholas Pronay and John Taylor, eds., *Parliamentary Texts of the Later Middle Ages*, Oxford: Clarendon Press, 1980, pp. 67 - 114; Thomas Duffus Hardy, ed., *Modus Tenendi Parliamentum: an ancient treatise on the mode of holding the Parliament in England*, London: George E. Eyre and William Spottiswoode, 1846, pp. 6-12; Murray, *The Constitutional History of the Cinque Ports*, p. 30.

④ Hardy, ed., *Modus Tenendi Parliamentum*, pp. 24 - 30; Murray, *The Constitutional History of the Cinque Ports*, p. 31.

中世纪英格兰召集议会时，地位较高的贵族议员会收到单独的传唤，而地位较低的平民议员则是在郡守收到传唤令后由各地选举产生。①由于五港同盟所有自由民集体共享这个贵族头衔，人数众多，自然不可能每个人都去参加议会，而是与郡县和城镇一样，选出代表去参会议政。为在 1322 年 5 月召开议会，英王爱德华二世在 3 月中旬发出传唤令，时任五港总督的肯特伯爵，伍德斯托克的爱德蒙（Edmund of Woodstock, earl of Kent）收到的指令是，令同盟各海港各自选出两名代表派往议会。②这一传唤机制下，五港总督此时扮演的角色正如郡县的郡守，五港议员的参会方式与代表郡县和城镇的平民议员并无本质区别。也就是说，尽管在《论议会的组织和权力》描绘的理想图景中，五港议员地位高于骑士和市民代表这些平民议员，几乎可与世俗贵族平起平坐，而实际召集议会时，五港同盟的传唤待遇更类平民而非贵族。

但五港诸侯的特殊地位也确实在实际的议会档案中得到了确认。1339 年 10 月召开的议会上，全体平民议员（the Commons）就国王咨询的海防问题做出答复称，此类专业问题应垂询五港诸侯，并指出五港人士"一直以来地位高于本国所有平民"（qe a tut temps ount honours devant touz les communers de la terre）。③不过值得注意的是，就在这则答复中，平民议员进一步指出，五港人士因为海防任务收入颇丰，却对财税和协助金均无贡献，而他们认为五港人士理应无偿履行海防义务，就如全体平民在陆

① Chris Given-Wilson, "The House of Lords, 1307 – 1529," in *A Short History of Parliament: England, Great Britain, the United Kingdom, Ireland & Scotland*, ed. Clyve Jones, Woodbridge: Boydell, 2009, p. 16.

② *CCR*, 1318–1323, pp. 527–528.

③ *PROME*, iv, p. 243（item 11）. 引文为盎格鲁诺曼语。我们并不知道英格兰议会在 14 世纪具体何时分化出了上下两院。一般认为，1327 年起郡县的骑士代表及城镇的市民代表成为议会的必要组成部分，1332 年起骑士与市民代表总是同时被议会传唤，并时常在议会记录中被统称为 the Commons，到 1341 年他们确与贵族议员分室而坐，分别会面，1352 年起开始于西敏寺的参事厅（chapter house）会面。为避免术语上的混乱，此处（1339 年的议会）笔者将 the Commons 译为平民议员而非下院议员。参见 A. F. Pollard, *The Evolution of Parliament*, pp. 122–131; https://www.parliament.uk/about/living – heritage/evolutionofparliament/originsofparliament/birthofparliament/keydates/1215to1399, 2022 年 9 月 7 日访问。

上履行保卫王国的义务。这意味着，平民议员强调五港诸侯的特殊地位，可以理解为一种有意的恭维，而未必是对其地位心悦诚服的认可；乃是为五港人士戴上高帽，以敦促其一同分担因百年战争的开启而急剧加重的财政负担。尽管如此，从中仍可以看出，五港同盟的特殊地位与独特称号，是全体平民议员——即全英格兰各地政府中的精英——都知晓的。

二　五港"诸侯"称号的应用路径

五港诸侯这样的称号是怎么来的呢？事实上，这一集体贵族头衔的由来仍是一个谜。现存最早、整个同盟共有的特许状颁布于 1260 年，在此文件中同盟的自由民已被称为"诸侯"。①由于留存下来的特许状有限，我们已无从得知这些海港究竟是哪一年开始正式结盟的，但五港人士获称"诸侯"的源头显然要早于 1260 年。

表 1 中罗列了部分同盟成员在 12 世纪获得的特许状中的用词，并用黑体字标明了"人"与"诸侯"的区别。

表 1　12 世纪五港同盟部分成员的特许状

年份	地区	特许状中如何称呼当地人士
1135~1141	福克斯通（Folkestone）	Precipio quod **homines** mei de Fulchestane…
1154~1189	罗姆尼（Romney）	Sciatis me concessisse **hominibus** meis de Rumenel…
1155~1158	黑斯廷斯（Hastings）	Sciatis quod ego concedo **baronibus** meis de Hastingis…
1155~1158	桑威奇（Sandwich）	Precipio quod **homines** mei de Sandwic…
1155~1158	利德（Lydd）	Precipio quod **homines** archiepiscopi Cantuariensis de Lhida…
1156	海斯（Hythe）	Sciatis me concessisse **hominibus** mei de Heia…

---

① *CChR*, 1257-1300, p. 25; Adolphus Ballard and James Tait, eds., *British Borough Charters 1216-1307*, Cambridge：Cambridge University Press，1923, p. 166.

续表

年份	地区	特许状中如何称呼当地人士
1191	莱伊（Rye）	Sciatis nos concessisse et…confirmasse quod **homines** de Rya et Winchenesell…
	温奇尔西（Winchelsea）	… nec respondeant neque placitent aliter quam **barones** de Hastinges et de Quinque Portubus placitant…

资料来源：Adolphus Ballard, ed., *British Borough Charters 1042 - 1216*, Cambridge: Cambridge University Press, 1913, pp. 9, 99, 114, 136, 180-184, 186-187; *CChR*, 1300-26, pp. 219-221. 引文为拉丁语。

现存最古老的"诸侯"用例出现在黑斯廷斯的一份特许状中，年份大约在 1155 年到 1158 年，在这份文件中英王亨利二世将一些荣誉和特权赐予他的"黑斯廷斯诸侯"。①而同时期桑威奇、利德、海斯、多佛、罗姆尼、莱伊的居民在各自的特许状中仅被称为"人"。不过，利德与罗姆尼的特许状中提到，他们享有的权利应"与黑斯廷斯人一样"（sicut homines de Hastingis sunt/sicut homines de mei de Hastinges suas libertantias et quietantias habent），此处提到黑斯廷斯时却也用了最为笼统的"人"而非"诸侯"。② 1135 年和 1141 年之间一份福克斯通（多佛的分支港口）的特许状中也提到，他们的权利应参照"多佛人"（sicut homines mei de Douera）。③到 1191 年，一份颁予莱伊与温奇尔西的特许状中提到黑斯廷斯和五港时又一次出现了"诸侯"一词（barones de Hastinges et de Quinque Portubus），而这两个古代城镇的居民此时仍然被称为"人"。④ 12 世纪中

① Ballard, ed., *British Borough Charters 1042 - 1216*, pp. 99, 183 - 184. K. M. E Murray 认为"黑斯廷斯诸侯"这个称法可能在此之前就已经出现了，但此处确为现存史料中最早的一例；参见 Murray, *The Constitutional History of the Cinque Ports*, p. 21。
② Ballard, ed., *British Borough Charters 1042-1216*, pp. 9, 184; *CChR*, 1300-1326, pp. 220-221. 引文为拉丁语。
③ Ballard, ed., *British Borough Charters 1042-1216*, pp. 180-181. 引文为拉丁语。
④ Ballard, ed., *British Borough Charters 1042 - 1216*, pp. 136; *CChR*, 1300 - 1326, pp. 219-220. 引文为拉丁语。

叶至 1191 年则没有相关的特许状可供考察，因而无法考证"诸侯"头衔在这个时期的传播途径。也就是说，"诸侯"之名并非一开始就冠于同盟所有成员头上。在 12 世纪中期，"诸侯"的称法基本只见于黑斯廷斯，很有可能到 12 世纪最后十年才延伸至同盟整体，但尚未涵盖两个古代城镇（莱伊与温奇尔西），用法也尚无定则。

　　1205 年时，海斯、多佛、桑威奇、莱伊、温奇尔西的特许状中对当地自由民的称呼与之前并无区别，依然使用"人"而非"诸侯"。① 1207 年时，"诸侯"一词又出现在了附属于黑斯廷斯的分支港口佩文西（Pevensey）的特许状中。② 1208 年到 1214 年的情况我们无从得知。1215 年一份致雅茅斯（Yarmouth）官员的公函（letter patent）中提到，黑斯廷斯"诸侯"对他们在雅茅斯的自由佃户享有司法管辖权。③ 而到亨利三世时期（1216~1272），公函中"五港诸侯"的用法大量出现。④ "诸侯"用于同盟其他成员港的情况也开始显现——如 1218 年时，有公函致"黑斯廷斯诸侯"及"温奇尔西诸侯"；1220 年时也有一份致"五港诸侯"的公函，提及加来人抱怨"桑威奇、多佛、温奇尔西、罗姆尼以及莱伊诸侯"对其造成的损失（…ut interceptiones，injurias，et dampna，illata in terra nostra hominibus de Caleis per barones nostros de Sandwic，Dovre，Winchelese，Rumenel，et de Rya［…］）。⑤可见到 13 世纪 20 年代初"诸侯"头衔确实已在同盟的主要成员之间共享，并且可能是先小范围内由黑斯廷斯传至其附属成员，再上升至同盟整体，从而推及其他主要成员。多佛城印章上铭文的变化也印证了这一趋势。13 世纪早期多佛城印章上的铭文还是"多佛市民之印"（SIGILLVM BVRGENSIVM DE DOVRA），而到 1305 年时已为"多佛诸侯之公印"（SIGILLVM COMMVNE BARONVM

---

① Ballard，ed.，*British Borough Charters 1042-1216*，pp. 136，182-183，186-187.
② Ballard，ed.，*British Borough Charters 1042 - 1216*，pp. 100，175；*CChR*，1300 - 1326，pp. 220-221.
③ Ballard，ed.，*British Borough Charters 1042-1216*，pp. 125-126.
④ 见这一时期的公函卷宗：*CPR*，1216-1225；1225-1232；1232-1247；1247-1258；1258-1266；1266-1272.
⑤ *CPR*，1216-1225，pp. 141，305-306. 铭文为拉丁语。

DE DOVORIA）。①

　　1225 年的《大宪章》中写到城、镇、自治市及港口的权利时，也明确提及了"五港诸侯"（Barones de quinque portubus）。②财政署红皮书（Red Book of the Exchequer）上记载了 1236 年英王亨利三世的王后，普罗旺斯的埃莉诺（Eleanor of Provence）册封大典的盛况，其中提到了"五港诸侯"（Barones de . v. portibus）在典礼上享有的殊荣——他们为国王和王后手持华盖，还在当日晚宴上与国王同坐一桌，坐在国王右手边。③13 世纪 40 年代至 60 年代期间，同盟多个成员港与王室之间的通信证明，这一时期他们已被稳定地称作"诸侯"。④1252 年法弗舍姆（附属于多佛的分支港口）获得的特许状中也称呼他们为"诸侯"。⑤从 1260 年五港同盟共有的那份特许状起，"诸侯"的称法已成为同盟特许状的惯例，也稳定地出现在之后成员港各自的特许状中。⑥

　　小结一下五港同盟"诸侯"称号的应用路径：根据本节提及的史料证据可以推测，海港"诸侯"的头衔可能在 1155 年之前就已有使用，但最初并非所有同盟成员都享此荣名。整个 12 世纪，"诸侯"的称法非常罕见，用法并无定则，且几乎仅限于黑斯廷斯，到 12 世纪 90 年代才上升至整个同盟；13 世纪初时"诸侯"的用法仍不稳定，在 13 世纪前 20 年中推及同盟各个成员港（包括附属成员在内），之后这一称法逐渐稳定下来，到 13 世

---

① James Tait, *The Medieval English Borough: Studies on Its Origins and Constitutional History*, Manchester: Manchester University Press, 1936, p. 260.

② British Library, Additional MS 46144.

③ Leopold G. Wickham Legg, ed., *English Coronation Records*, London: Archibald Constable, 1901, pp. 58–59, 62.

④ TNA, SC 1/2/46; SC 1/3/172A&B; SC 1/4/2; SC 1/4/185; SC 1/14/120; SC 1/62/7; SC 8/219/10917.

⑤ Ballard and Tait, eds., *British Borough Charters 1216–1307*, p. 259; CChR, 1226–1257, p. 392.

⑥ 1277 年、1278 年、1290 年的同盟特许状，见 *CChR*, 1257–1300, pp. 203, 209, 344; *CPR*, 1272–1281, p. 203。法弗舍姆（1261）、海斯（1261）、温奇尔西（1271、1283、1288）、莱伊（1290）、利德（1290）所获特许状，见 Ballard and Tait, eds., *British Borough Charters 1216–1307*, p. 25–7, 11, 116, 178–179, 321; *CChR*, 1257–1300, pp. 36, 177, 342。

纪后半叶已成为一种惯例。值得一提的是，"诸侯"称法在 13 世纪前半叶向同盟成员延伸的趋势，与同盟在此时期快速扩张的态势是相吻合的。

三　五港同盟的海军义务、荣名与特权

自 20 世纪 20 年代末以来，历史学者们倾向于将五港人的诸侯头衔解读为中世纪英格兰的封建采邑制度在海洋事务上的衍生产物。他们推测，由于国王征召海军的方式基本同征召陆军一致，因此可以类推，海港"诸侯"就像陆上持有采邑的贵族一样，在海上履行军事义务，由此换得其政治地位与特权。[1]尽管无从得知五港同盟是从何时起、具体以何种方式成为英格兰君主最为倚重的海上力量，当代学者大多遵循这一解读，认为五港人士的"诸侯"荣名与特权正是为王室提供海军服务的结果。然而这个解读并不完美，本节的主要目的即在于指出其依然解释不通的部分，以及五港的"诸侯"名头与其享有的特权之间实无明确的联系。

诚然，14 世纪的平民议员对海港"诸侯"的名头也有着与当代学者类似的理解。14 世纪 60 年代到 80 年代，在一份呈递给国王的公共请愿书中，平民议员们谈到他们对五港"诸侯"来源的理解，认为正是由于古时（en auncien temps）同盟在防御方面做出了重要贡献，国王的先祖授予他们特权、赐予他们"五港诸侯"之名（pur quele bon defense les progeniturs nostre seignur le Roy lour graunta lour fraunchise et lour dona noun des barouns des Cink Portz）。当然，该请愿书的目的主要在于指出五港人士名不副实的现状，指责五港人士抛弃港口和船只、在内陆购置土地的行为，请求国王拨乱反正。[2]五港同盟的特许状中也确实提到，赐同盟以特权是为了回

---

① F. W. Brooks, "The Cinque Ports," *The Mariner's Mirror* 15.2（1929）：142 - 191；Murray, *The Constitutional History of the Cinque Ports*, p. 20；J. S. Roskell, ed. , *The House of Commons 1386-1421*, vol. 1, Stroud：Alan Sutton Publishing, 1992, p. 751.

② TNA, SC 8/179/8927；W. Mark Ormrod, Helen Killick, and Phil Bradford, eds. , *Early Common Petitions in the English Parliament*, c. 1290 - c. 1420, Cambridge：Cambridge University Press, 2017, pp. 167-169. 引文为盎格鲁诺曼语。

馈五港人士杰出的海事服务——比如 1260 年及 1290 年的同盟特许状中，分别提到了授予特权的缘由是五港人士为亨利三世的法国之行和爱德华一世的威尔士之行提供的海事服务。[①]

乍听之下，这种因功授爵的模式与先秦的军功爵制似有相似之处——因为军事上的功绩将爵位赐予平民阶级。但显然中世纪海军的功绩是集体协作的结果，五港人士的奇特爵位也确实是归同盟集体所有，只要是同盟的自由民就可以同享五港诸侯的荣名，个体之间并无进一步的等级之分，也不牵涉到田宅的授受。进一步说，如果"海军服务换取海港贵族头衔及特权"这一机制确实成立，理论上应该也可以有五港诸侯之外的其他"海港贵族"存在，因为中世纪英格兰的海军力量不只由五港同盟的舰队构成，尤其是到 14 世纪，大量其他郡县的海港参与其中。中世纪英格兰国王为出海征战而组建舰队时，除了五港同盟的船只，主要依靠的是征用各地的商船和渔船，给予薪酬；有时也与一些海港签订合约，要求其提供特定数量的船只，而回赠以某些财税特权。[②]那为何这个海港贵族头衔从未应用到其他海港人士头上，而仅有五港人士享此殊荣呢？[③]为何只有五港同盟的海军服务被当作封建义务写进了特许状中呢？这正是当代历史学者们解释不通的一处。

这里需要补充说明的是，11 世纪至 13 世纪早期曾经存在"伦敦诸侯"，虽然这一称号的来源同样也难以考证。[④] 13 世纪的伦敦公印上也刻

---

① *CChR*, 1257–1300, pp. 25, 344.

② Craig L. Lambert, *Shipping the Medieval Military: English Maritime Logistics in the Fourteenth Century*, Woodbridge: Boydell, 2011, pp. 11–16.

③ 唯二的例外出现在亨利三世时期的公函卷宗中（1229 年和 1254 年），但显然不是惯例，推测只是当时的文秘署文员在进行档案记录时的一些不严谨的偷懒行为；见 *CPR*, 1225–1232, p. 264；*CPR*, 1247–1258, p. 363。James Tait 也认为这只是"文秘署抄写员的一些古怪行为"（eccentricities of chancery scribes），并不能说明"诸侯"称谓延伸到了五港同盟之外；参见 Tait, *Medieval English Borough*, p. 256, n. 3。

④ Emma Mason, *Westminster Abbey Charters, 1066 – c. 1214*, London: London Record Society, 1988, nos. 49, 77, 90, 97, 109；Ballard, ed., *British Borough Charters 1042–1216*, pp. 13–14, 128.

有"伦敦诸侯之印"（SIGILLVM BARONVM LONDONIARVM）的字样。①
马修·帕里斯（Matthew Paris）在其 1253 年的编年史中提到，"伦敦的市
民，由于该城的功绩及其市民的古老特权，我们曾称其为诸侯"（civibus
Londoniensibus, quos propter civitatis dignitatem et civium antiquam libertatem
barones consuevimus）。②这里 consuevimus 用了完成时，强调是曾经的惯例，
由此推测，到 13 世纪中期时"伦敦诸侯"这一称法很可能已不再常见；
当然，也有可能马修·帕里斯这样说只是为了将伦敦人昔日的荣光与今日
沉重的赋税对立起来，为他后文要评述的内容做个铺垫。

　　亨利三世统治时期的特许状和公函卷宗中出现了不少"伦敦诸侯"
的用例。③最后两例"伦敦诸侯"则出现于 1266 年的两封公函中，分别于
6 月 27 日和 7 月 6 日发出，均是关于伦敦的两万马克罚金的；此前伦敦支
持过西蒙·德·孟福尔（Simon de Montfort）的叛军，而这笔罚金正是为
了寻求国王的宽恕。④1266 年之后，王室政府发至伦敦的相关特许状、公
函、密函中，再无"伦敦诸侯"这样的字眼出现。与此同时，从"伦敦
诸侯"初现到 13 世纪中期这段时间，"伦敦市民"的称法也一直存在，
且出现频率远高于"伦敦诸侯"，这一点与五港同盟的情况极为不同。
"伦敦诸侯"的应用范围也比"五港诸侯"窄得多，事实上是越收越
窄——最初指的是伦敦市内持有土地并且分担城市公共开支的那些人，而
到 13 世纪中后期只有少数伦敦市政精英才能当此殊荣，不再涵盖普通的
市民，并且逐渐被"市府参事"（alderman）替代。这一变化趋势也预示

---

① Barbara A. Hanawalt, *Ceremony and Civility: Civic Culture in Late Medieval London*,
Oxford：Oxford University Press, 2017, p.25.

② Henry Richards Luard, ed., *Matthaei Parisiensis*, *Monachi Sancti Albani*, *Chronica
Majora*, vol.V, London：Longman and Co., 1880, p.367.

③ *CPR*, 1216 - 1225, pp.91, 104, 247, 470; *CPR*, 1225 - 1232, p.104; *CPR*,
1232-1247, p.22; *CPR*, 1247-1258, pp.26, 38, 591; *CPR*, 1258-1266, p.123;
CChR, 1226- 1257, p.24; Walter de Gray Birch, ed., *The Historical Charters and
Constitutional Documents of the City of London*, London：Whiting & Co., Limited, 1884,
pp.xvii, 24, 27.

④ *CPR*, 1258-1266, pp.613, 667. 马克（mark）在中世纪英格兰是一种记账单位，1
马克等同于 2/3 英镑（即 13 先令 4 便士）。

了 14 世纪伦敦市政官员与普通市民之间进一步割裂。[1]

上文提到，文秘署档案材料中"伦敦诸侯"的写法在 1266 年后骤然消失，或许与部分伦敦人在第二次男爵战争中支持过叛军不无关系。亨利三世 1265 年在伊夫舍姆（Evesham）重挫叛军、重新掌权之后，对伦敦人（不论是支持国王的还是支持叛军的）施加了一系列惩罚措施，包括给伦敦市政大换血、收回部分自治特权等，直到 1266 年 1 月才基于巨额罚金正式赦免了伦敦人。[2]话说回来，伦敦城与英格兰君主之间的关系本就错综复杂，并非因为单一事件而急转直下——在整个 13 世纪以及 14 世纪早期，伦敦与英王的关系起起落落，王室经常试图干预伦敦市政，例如对市长和郡长的选举施加影响，伦敦人也时不时就面临特许状被撤回的威胁。[3]但无法否认的是，伦敦的情况依然与五港同盟形成了鲜明的对比——五港同盟在第二次男爵战争中也没有站在亨利三世那边，一开始是两头摇摆，1263 年 6 月之后坚定地站到了西蒙·德·孟福尔那边，并且继续以在海上无差别劫掠的形式与国王对抗。[4]

西蒙·德·孟福尔也非常看重五港同盟的支持，1265 年初他召开议会时，邀请了大量五港同盟的代表参会——各郡县和一些城镇各派出两名代表，而五港的每个主要成员港都派出了四名代表，足见其地位之特殊。[5]大败叛军之

---

[1] Tait, *The Medieval English Borough*, pp. 258 - 260; David G. Sylvester, "Maritime Communities in Pre-Plague England: Winchelsea and the Cinque Ports," unpublished doctoral thesis, Fordham University, 1999, pp. 85 - 86; Hanawalt, *Ceremony and Civility*, pp. 34-35.

[2] John A. McEwan, "Civic Government in Troubled Times: London c. 1263 - 1270," in *Baronial Reform and Revolution in England*, ed. Adrian Jobson, Woodbridge: Boydell, 2016, p. 125; Gwyn A. Williams, *Medieval London: From Commune to Capital*, London: Athlone Press, 1963, pp. 233-235.

[3] Caroline M. Barron, *London in the Later Middle Ages: Government and People 1200-1500*, Oxford: Oxford University Press, 2004, pp. 30 - 32, 147 - 148; Hanawalt, *Ceremony and Civility*, pp. 33-34.

[4] Murray, *The Constitutional History of the Cinque Ports*, p. 38; Thomas K. Heebøll-Holm, *Ports, Piracy and Maritime War: Piracy in the English Channel and the Atlantic, c. 1280-c. 1330*, Leiden: Brill, 2013, p. 63.

[5] J. R. Maddicott, *The Origins of the English Parliament, 924 - 1327*, Oxford: Oxford University Press, 2010, p. 257.

后，亨利三世还向五港同盟抛出过橄榄枝，在 1265 年 8 月下旬时许诺，只要他们同意归降、弥补损失，停止在海上兴风作浪影响商船的自由通航，并且帮助阻止外来势力入境，国王就愿意宽容大度、既往不咎。显然五港人士不吃这套，五港总督也无力遏制他们在海上的暴力劫掠行为。同年 10 月 28 日，多佛向亨利三世投降，但五港的其他成员并没有因此却步，而是继续四处打劫商船——从威尔士环海到怀特岛（Wright）最西端的尼德尔斯海域（the Needles），都有他们的身影。亨利三世也曾试图处罚五港同盟，比如在当年 11 月时对其处以罚款，并在多佛和温奇尔西绞死了一些五港人士——K. M. E. 穆雷（K. M. E. Murray）评价其为错误之举，因为这些举动反而招致了其他五港人士的猛烈报复——11 月 25 日五港人士攻陷了朴次茅斯（Portsmouth），并放火烧城。① 1266 年 2 月上旬的两份公函中，一些在海上杀人越货的五港人士被指责为"船上之人"（men in galliots）、"国王和王国的敌人"（enemies of the king […] and of the realm），但显然，国王很快就与之和解了，因为在同年 3 月 30 日一份豁免五港人士的公函中，他们又是"诸侯"了。②

　　这一系列事件过后，王室最终对五港同盟的惩戒不痛不痒，希冀以恩典与和平（admission […] to the king's grace and peace）来换取同盟的效忠，五港人士也因此得以继续享有他们的特权和头衔。③话说回来，我们并不能清晰地界定同盟特权中哪些部分是 13 世纪中期之前就已经存在的，哪些部分是后来才获取的，或许正是五港人士在第二次男爵战争中桀骜不驯的表现，加之英格兰君主由此认识到控制住多佛海峡两端港口的重要性，才使同盟的权益此后不断得以巩固乃至扩张。④总而言之，虽然同样在

---

①　CPR, 1258 - 1266, pp. 488, 509; Murray, The Constitutional History of the Cinque Ports, pp. 39-40; Adrian Jobson, "The Maritime Theatre, 1258-1267," in Baronial Reform and Revolution in England, 1258-1267, ed. Adrian Jobson, Woodbridge: Boydell, 2016, pp. 233-235.

②　CPR, 1258-1266, pp. 547, 551, 574.

③　CPR, 1258 - 1266, p. 574; Murray, The Constitutional History of the Cinque Ports, p. 40.

④　Heebøll-Holm, Ports, Piracy and Maritime War, p. 63.

战争中背叛过国王、承受过国王的怒火，但是 1266 年后文秘署档案中"诸侯"一词与伦敦人再无关联，中世纪英格兰的城镇体系中只剩"五港诸侯"。

不同于应用范围越收越紧的"伦敦诸侯"，"五港诸侯"头衔具有极强的包容性——同盟内所有的自由民都可以自称"诸侯"，并未发现任何限制普通人使用这一头衔的说法。五港同盟本身就乐于扩大规模，因为吸收新成员能够扩大课税基础，可以使其一同分担海军服务带来的财政压力。[1]同盟的头部成员也会将自己的部分任务分派给附属成员，而作为回馈，这些附属的小港就能与头部成员共享同盟在司法、财政乃至政治方面的特权。1289 年前后，五港诸侯曾向英王爱德华一世抱怨，同盟向国王提供海事服务时的成本都由船主一力承担了，而他们认为同盟中的平民（communes）也应该参与分摊这些成本。爱德华一世批复说，所有想要得到同盟特权庇护的人，当国王要求用船时，都应当"以各自的方式"（chascun selont son afferant）参与分担相应的经济成本。[2]"以各自的方式"意味着在形式上并无硬性规定，或以金钱，或以人力物力参与分担同盟的海事成本，但这一批复明确了同盟内部"分享同盟特权"与"参与分担海事服务成本"之间的交换关系。同盟也乐于接纳海外移民。比如在 1338 年时，一些加斯科涅人移居桑威奇，成为桑威奇诸侯中的一员，与其他人一样可以分享同盟特权并参与财政分担。[3]而同时期在诸如约克（York）、贝弗利（Beverley）、赫尔（Hull）这样的城镇，外国人士是没有资格出钱购买市民身份的。[4]许多城镇在外来人口与市民特权的问题上常显示出保护主义的姿态。[5]而五港同盟在分享头衔和权益上的包容性与

---

[1] Sylvester, "Maritime Communities in Pre-Plague England," p. 89.

[2] TNA, SC 8/84/4154. 引文为盎格鲁诺曼语。

[3] *CCR*, 1337 – 1339, p. 512; Tait, *Medieval English Borough*, p. 261; Sylvester, "Maritime Communities in Pre-Plague England," p. 86.

[4] Jennifer I. Kermode, "The Merchants of Three Northern English Towns," in *Profession, Vocation, and Culture in Later Medieval England: Essays Dedicated to the Memory of A. R. Myers*, ed. Cecil H. Clough, Liverpool: Liverpool University Press, 1982, p. 8.

[5] Christian D. Liddy and Bart Lambert, "The Civic Franchise and the Regulation of Aliens in Great Yarmouth, c. 1430 – c. 1490," in *Resident Aliens in Later Medieval England*, ed. Mark Ormrod, Nicola McDonald, and Craig Taylor, Turnhout: Brepols, 2017, p. 138.

其扩大课税基础以分担海事成本的需求是密切相关的，无论是在同盟成员间还是在各海港内部的个人之间，这种包容的特性使同盟特权惠及了更多成员，同时也促进了同盟整体规模的扩张。

也就是说，由于现存史料受限，无论是"伦敦诸侯"还是"五港诸侯"，仅从制度史的角度来拼凑零碎的史料证据，都不能够有效地还原出这种集体贵族头衔的来源与本质。虽然最初都是应用在城镇的自由民身上，也凸显了伦敦人和五港人在英格兰政治社会中不同寻常的地位，但两种"诸侯"的适用范围差异越来越大——"五港诸侯"包容性很强，而"伦敦诸侯"越来越罕见。此外还有一点很关键，"伦敦诸侯"似乎自始至终没有涉及海军义务。这意味着这两种诸侯头衔的性质与来源可能本就不同。

前文提到，当代学者和 14 世纪的平民议员都倾向于认为，五港人士的"诸侯"荣名与特权是源于为王室提供了海军服务，然而现存的有限史料其实并不足以证明这三者之间有严格的对应关系。同盟特许状中的措辞其实只能证明，五港的部分特权确是基于其为王室提供过的海军服务而赐予的，但是并没有任何文件表明这个诸侯头衔与这些特权是绑定在一起的，或者说这些特权有明确的贵族属性。根据 K. M. E. Murray 的研究，五港（指多佛、桑威奇、海斯、罗姆尼、黑斯廷斯）最初的特权很可能是在 11 世纪 50 年代时由忏悔者爱德华授予的，用以换取五港的海军服务，是盎格鲁-撒克逊时期的英格兰在海军建设方面的一项制度创新。但相关史料中并未使用任何 baron 的同源词汇——成书于 1086 年的《末日审判书》（*Domesday Book*）中提及这一节时也只称五港人士为"市民"（burgenses）。①同时，对于五港同盟在整个中世纪及近代早期对英格兰海事方面的贡献到底有多重要，是否足以换得他们从忏悔者爱德华时期一直到查理二世时期所享的殊荣，史学界一直有

---

① Murray, *The Constitutional History of the Cinque Ports*, pp. 9-27；Susan Raich Sequeira, "The English Navy in the Twelfth Century," *English Historical Review* 135（2020）：759-760.

所困惑，争论不断。①

五港享有的各种特权中，唯一在表述上可能与贵族特权沾上边的，或许是被称为外盗管辖权（outfangthief，中古英语中有时也拼作 *utfangenethef* 等）的一项司法特权。该词来源于古英语的 *ūtfangene-þēof*，关于其具体含义，到 13 世纪时已有多种讨论及推测。而根据 13 世纪英格兰的法学家布拉克顿（Bracton）及同时代的法学论著《弗莱塔英格兰法律摘要》（*Fleta*）的理解，拥有这项权力的领主，在其领地内被抓现行的盗贼不论原籍何处，领主都可以对该盗贼进行审判和惩治。②在文秘署的特许状卷宗（Charter Rolls）中，outfangenethef 一词出现的频率远低于 infangenethef。infangenethef 也作 infangthief，是一个与 outfangenethef 相对的概念，将领主有权审判和惩治的对象限定在那些原籍就在此地的盗贼上。③ 12 世纪及 13 世纪时，大多数城镇获授的司法特权中包含 infangthief，但没有 outfangthief，而金斯林（Lynn）和莫尔伯勒（Marlborough）在 1204 年时、雅茅斯在 1208 年时、威根（Wigan）在 1246 年时是两项特权都享有的。④

至于五港同盟，外盗管辖权这项相对罕见的特权，直到 1278 年才在同盟特许状中出现。在此之前，例如法弗舍姆（Faversham）的 1252 年特许状中，仅提到了 infangthief，而没有提到 outfangthief；其 1261 年的特许状揭示，法弗舍姆"诸侯"与法弗舍姆修道院院长对于法弗舍姆的这两

---

① 例如：N. A. M. Rodger, "The Naval Service of the Cinque Ports," *English Historical Review* 111（1996）：636 – 651；Graham Cushway, *Edward III and War at Sea: The English Navy, 1327 – 1377*, Woodbridge：Boydell, 2011, pp. 87 – 8；Rose, "The value of the Cinque Ports to the Crown 1200 – 1500", pp. 52 – 56。

② "ŏutfangene-theˉf," *Middle English Dictionary O-P*, ed. Hans Kurath et al., Ann Arbor：University of Michigan, 1980 – 1984, p. 409；"outfangthief, n." OED Online, Oxford University Press, September 2022, www. oed. com/view/Entry/133593. Accessed 19 October 2022.

③ F. Pollock and F. W. Maitland, *History of English Law Before the Time of Edward I*, Cambridge：Cambridge University Press, 1911, vol. 1, p. 577, n. 2.

④ Ballard, ed., *British Borough Charters 1042 – 1216*, pp. 113 – 115；Ballard and Tait, eds., *British Borough Charters 1216 – 1307*, pp. 147 – 148.

项管辖权的归属问题争论已久。[1]五港同盟的 1278 年特许状中关于外盗管辖权的表述格外有意思，上段中提到，这可能是唯一一个算是与贵族特权沾上边的例子——该特许状中说，授予五港同盟此项特权，"就如肯特郡的大主教、主教、修道院院长、伯爵、男爵在他们的庄园中所享有的那样"（eodem modo quo Archiepiscopi, Episcopi Abbates, Comites et barone habent in maeriis suis in comitatu Kancie）。[2]该表述营造出一种五港诸侯与肯特郡的教会及世俗贵族们享有同等权利的荣誉感，不过，从上段中金斯林、莫尔伯勒、雅茅斯、威根的情况来看，外盗管辖权在中世纪英格兰的城镇中虽然罕见，但并非绝无仅有。话又说回来，五港同盟 1278 年特许状中的这般表述是如此特殊，从未见于其他城镇的特许状中。最后需要再次强调的是，根据第二节中梳理的诸侯称号的应用路径，五港"诸侯"的称法在 13 世纪上半叶就已经很常见了，可见这个称号与这项特权之间实无明确的因果联系。

四　身份符号与听众意识

根据大卫·克劳奇（David Crouch）对 baron 语义发展的梳理，该词在 11 世纪、12 世纪时并不特指贵族，而常常指向某领主的主要追随者，或者某个群体的领头人物。[3]从这个意义上说，或许五港人士最初被称为

---

[1]　Ballard and Tait, eds., *British Borough Charters 1216–1307*, pp. 147, 178–179. 法弗舍姆是附属于多佛的分支港口，同时也处于法弗舍姆修道院的管辖范围内。关于法弗舍姆的镇政府与修道院院长之间的权力纠葛，参见 K. M. E. Murray, "Faversham and the Cinque Ports," *Transactions of the Royal Historical Society* 18 (1935)：53–84；Anna Anisimova, "The Jurisdiction in a Small Kentish Town: Between Norm and Practice," in *Governar a cidade na Europa medieval*, ed. Amélia Aguiar Andrade and Gonçalo Melo da Silva, Lisbon: Instituto de Estudos Medievais, 2020, pp. 347–364。

[2]　Murray, *Constitutional History of the Cinque Ports*, p. 238（Appendix I, J.）；*CChR*, 1257–1300, p. 209；Ballard and Tait, eds., *British Borough Charters 1216–1307*, p. 148. 亦见 Samuel Jeake, *Charters of the Cinque Ports: Two Ancient Towns, and Their Members*, London: Bernard Lintot, 1728, pp. 30–32, 36。五港同盟 1278 年后的特许状基本都是对之前特许状中内容的确认及扩展。

[3]　Crouch, *The English Aristocracy*, p. 48.

barons 的时候，它只是个敬称，并不算贵族头衔。但克劳奇同时指出，到 12 世纪 70 年代时 baron 一词已明显带有贵族色彩；故而圣托马斯·贝克特的传记作者威廉·菲茨·斯蒂芬（William fitz Stephen）在写到伦敦时还特意区分了其他城镇的"市民"与伦敦的"诸侯"。克劳奇进一步举例说明了 13 世纪的情况——有位法国作者在 1217 年造访英格兰东南部时，也为伦敦市民竟然管自己叫 baron（s）感到奇特；马修·帕里斯曾记载，英王亨利三世在 1248 年时讥讽过自称诸侯的"伦敦乡巴佬"（illi rustici Londonienses, qui se barones appellant）。①无论五港人士惯用的 baron 头衔来源为何，最初有没有"诸侯"的含义，显然到 13 世纪时 baron 一词所代表的贵族意味已经与城镇市民的身份很不相称。那么中世纪晚期的五港人士在向国王请愿时，为何仍然坚持使用这一称呼呢？仅仅是出于荣誉感而坚持一些名称上的传统吗？

本文第一节中提到，SC 8 特辑中由五港人士以集体名义递交的请愿书中，有 44 份在请愿者自呈身份时用到了"诸侯"这样的措辞。而这些文件所关注的议题，其实与其他城镇的请愿者关心的事情本质上并无不同——确保城镇权益、纾解财政困境、为个别成员申诉冤情、遭遇海盗劫掠后请求国王主持公道等等。当然，有些文件不只提及一个请求，可能同时谈到多个话题。此外，还有一些事关当地的特殊事务，或者与行政程序相关。②

其中最为突出的议题，毫不意外，与五港同盟的特权有关——这些文件中大约有 40% 都提到了同盟特权。有些只是笼统地请求君主确认旧有的特许状，或者对其进行更新。③附属于多佛的分支港口福克斯通则在 1327 年请求爱德华三世"明确地"（expressement）将多佛特许状中的

---

① Crouch, *The English Aristocracy*, p.49; Francisque Michel, ed., *Histoire des ducs de Normandie et des rois d'Angleterre*, Paris：Jules Renouard, 1840, p.118; Luard, ed., *Matthaei Parisiensis*, vol.5, p.22.

② 例如莱伊在 1396 年至 1413 年有 7 份请愿书，都是在行使其对当地的圣巴多罗买医院（the hospital of St Bartholomew）的院长推荐权；见 TNA, SC 8/332/15748; SC 8/332/15749; SC 8/299/14924; SC 8/299/14949; SC 8/302/15066; SC 8/304/15179; SC 8/306/15265。

③ 例如：TNA, SC 8/10/487; SC 8/220/10963。

"所有条目"（toutes les poyntz）都授予他们，并且还引用了他们从亨利一世那里获得的特许状来证明自己有权与多佛诸侯享有同等权益。[①]马盖特（Margate）的例子也很有意思。马盖特也是多佛的分支港口，尽管地理上其实离桑威奇更近些。在 14 世纪上半叶时马盖特诸侯曾向君主抱怨称，由于马盖特之名先前未写入同盟过去的特许状中，他们的合法权益被肯特郡守和其他一些官员无视，进而遭受了侵犯。有趣之处在于，马盖特人在自呈身份时，不像福克斯通人那样直接称自己为"福克斯通诸侯"，而是将"马盖特人"（les gentz de Mergate）与"五港同盟诸侯"（combarouns de Cynk Pors）并置，使这个名称长到足以引起读者或听者的特别注意，由此强调自身是同盟成员的事实，为后文主张自身权益做好了铺垫。[②]

　　除了笼统地要求特权保障，也有针对某项（如土地、财税、司法方面的）权益受损而递交的请求，还有讨论特许状中某些细节以落实某些条款所主张权益的请求。[③]而主张或捍卫城镇特权，在中世纪英格兰城镇的政治活动中颇为常见。城镇之间还会将彼此的特许状进行比较，互通有无，不断扩展自身权益。[④]例如 1302 年夏季议会时，约克市民向爱德华一世赠送了礼物，借此请他确认约克此前从他和先王那里获赐的特许状，然后约克人又请求国王再授予他们某些伦敦和布里斯托享有的权益，因为国王也将这些权益授予了林肯（Lincoln）市民。[⑤]

　　或者正是因为五港同盟的大多数请求与其他城镇并无本质区别，五港人士才格外需要强调这个"诸侯"名号来使同盟的请求在诸多雷同的议题中脱颖而出。其实，与其将"五港诸侯"当作一个在英格兰的政治制度上难以溯源的奇怪概念，我们不妨尝试从交流的实用角度来思考：五港

---

① TNA, SC 8/259/12940. 引文为盎格鲁诺曼语；该文本亦可参见 Murray, *Constitutional History of the Cinque Ports*, p. 231。

② TNA, SC 8/172/8577. 引文为盎格鲁诺曼语。

③ 例如：TNA, SC 8/69/3402; SC 8/6/280; SC 8/328/E875; SC 8/206/10271。

④ Lorraine Attreed, "Urban Identity in Medieval English Towns," *Journal of Interdisciplinary History* 32. 4（2002）: 571-592; Eliza Hartrich, "Charters and Inter-urban Networks: England, 1439-1449," *English Historical Review* 132（2017）: 219-249.

⑤ TNA, SC 8/314/E134.

的请愿者坚持强调这个称呼，是要说给谁听？

首要的听众自然是国王和御前会议，也就是绝大多数五港请愿书呈交的对象。在与王廷的沟通交流中，"诸侯"一词就是一个明确的身份符号，代表了与这个身份紧密相连的军事资源、政治地位、财税与司法特权。尽管在上一节中我们发现，其实并没有历史文件可以严格证明五港的"诸侯"头衔与同盟特权之间的因果联系，但事实上不论是 14 世纪的人还是当代的学者，都已经默认两者密不可分。一提到"五港诸侯"，人人都会想到他们在海上嚣张跋扈的舰船，在国王加冕典礼上为国王和王后手持华盖的骄傲身姿，以及在财税和司法方面令人羡慕的特权。或许通过强调"诸侯"这个身份符号，五港人士意在提醒国王和御前会议注意他们长久以来与王室的紧密联系、他们之于王室和王国的重要性，以及历代英格兰国王曾通过特许状许诺给他们的特权，从而令国王和王公大臣们不得不重视他们递交的请求。

五港的请愿者确有强烈的听众意识——他们明确地知道自己是在向谁请愿，对方对什么话题更为关注，以及如何才能引起对方的重视。比如在向国王陈述自己面临海盗风险或遭遇海盗劫掠、蒙受财产损失的时候，五港请愿者积极地将己方商贸活动的顺利与否与王国的安危联系到一起，特意强调地方利益与王国利益的共生关系。在 1310~1330 年，温奇尔西的市长及诸侯向英王爱德华二世发出警报称，布列塔尼正在攻击英格兰的舰船，因为他们得到消息，说布列塔尼人准备了 120 艘舰船，并且已经摧毁了 11 艘英格兰的船。请愿书中还说温奇尔西商人担心商船会受到攻击而不敢出航，因此请求国王尽快为他们主持公道。① 1316 年 5 月，五港同盟与大雅茅斯接受御前调解，各自向爱德华二世递交书面说明陈述冤情、互相指责；同样是指责对方攻击了己方的船只，破坏了王之和平，大雅茅斯的叙述其实局限于双方利益的得失上，而五港人士则特意强调这艘船是准备出航去抗击国王的敌人的。在五港人士的话术下，原本只是大雅茅斯人袭击了同盟的一艘船，现在变成了大雅茅斯人妨碍了国王的军事行动，危害到了王

---

① TNA, SC 8/197/9805.

国的海上防御。①同样在1316年，五港诸侯还致信爱德华二世，向其抱怨过佛兰德舰船的骚扰。具体的细节由送信的五港人士直接汇报，因此信中并未提及他们具体蒙受了什么样的损失，而是着重强调了这批遭受侵扰的舰船对国王和王国的重要性——这些船上装载的补给和货品是"为了您王国的供给"（por le estorement de vostre reaume），而"您的王国"（vostre reaume）这样的概念在这封信中反复出现了至少三次。②这样的请愿策略显然成功引起了爱德华二世的重视，国王随即授权包括坎特伯雷大主教和兰开斯特伯爵在内的重臣去处理此事。③在这些与海洋事务相关的场景中，五港人士积极地运用政治话术，塑造并维护着自身承担着国防安全重责的海上贵族形象，而自称为"诸侯"可以看作这个形象工程的重要组成部分。

如果我们进一步考虑请愿活动的议会背景（尽管不是所有的请愿行为都发生在议会中），那么五港请愿者的听众其实也包括在场的其他城镇代表，乃至全体平民议员。议会对于中世纪晚期英格兰的政治社会而言是一个新兴但极为关键的公共领域，是城镇与王室、城镇与城镇之间重要的交流场所，来自英格兰各城镇的市民代表与他们政治意义上的上级在此共享一个话语体系，市民代表将各自城镇关心的议题带至王国的政治中心，会后又将得到的信息带回各城镇。④马克·阿莫诺（W. Mark Ormrod）提示我们，在文字记录之外也要思考请愿活动的听觉维度，因为请愿书通常由王廷的文员朗读给国王和国务重臣听取，请愿的内容确实是被"听"到的。⑤

---

① TNA，SC 8/320/E433；SC 8/320/E434. Hu，"The Cinque Ports and Great Yarmouth in dispute in 1316," pp. 674-676.

② TNA，SC 8/193/9607.

③ TNA，SC 1/45/191.

④ David Grummitt，"Parliament, War and the 'Public Sphere' in Late Medieval England," in *Political Representation: Communities, Ideas and Institutions in Europe*（c. 1200 - c. 1690），ed. Mario Damen, Jelle Haemers, and Alastair J. Mann, Leiden：Brill, 2018, pp. 267-284.

⑤ W. Mark Ormrod，"Murmur, Clamour and Noise: Voicing Complaint and Remedy in Petitions to the English Crown, c. 1300 - c. 1460," in *Medieval Petitions: Grace and Grievance*, ed. W. Mark Ormrod, Gwilym Dodd, and Anthony Musson, York：York Medieval Press, 2009, p. 136.

这样的场景并不难想象：文员朗读市民代表呈交上来的请愿时，或是议员们聆听国王的答复时，一般城镇的市民代表听到自己都是"市民"（citizens 或 burgesses），唯独五港同盟是"诸侯"——尤其是那些与五港同盟有所冲突的城镇，如果其代表与五港代表一同在御前接受调解，试想一下这样的对比在听觉上形成了怎样的冲击，又如何呼应了五港人士一贯的优越感。

面对中世纪晚期的听众，或贵或贱，五港人士不断强调他们的"诸侯"身份、确认自身的优越感，或许也是因为昔日的荣光至此已日渐黯淡。上一节中提到过，14 世纪 60 年代到 80 年代有一份呈递给国王的公共请愿书，指责五港人士抛弃港口和船只、在内陆购置土地，隐晦地质疑五港诸侯如今是否还当得起他们特殊的地位和权利。[①] 14 世纪，战事越发频繁，战争规模不断扩大，尤其是 1337 年与法国的百年战争开启后，英格兰对舰船和海员的需求急剧增加，不得不整合整个王国的港口资源来支持战事。大大小小的海港城镇都参与进了英格兰海上力量的建设之中——14世纪航运规模最大的三场对法战役分别发生在 1342 年、1346 年、1359年，参与其中的英格兰海港数量分别达到了 80 个、84 个、87 个，为爱德华三世提供了大量的船舶及人力资源——就自然而然地稀释了五港同盟的舰船和海员在英格兰海军舰队中的占比。[②] 尽管这一时期五港同盟的势力依然不容小觑，对英格兰海军的贡献也不可忽视，但它也确实不再一家独大，其独特性不可避免地遭到了消解。

此外，五港请愿者的目标听众中也包括他们自己的同伴，以及向往加入同盟的新成员。本文讨论的这 44 份请愿书中大约有三成是在为同盟中的个人请愿，向我们展现了五港诸侯的个体权益是如何受到同盟的保护和支持的，是同盟特权在个体层面上的集中体现。例如（或许是）1276 年时，多佛诸侯曾请求国王向纽卡斯尔（Newcastle）的官员下令将一名叫

---

① TNA, SC 8/179/8927.

② Andrew Ayton and Craig L. Lambert, "A Maritime Community in War and Peace: Kentish Ports, Ships and Mariners, 1320 – 1400," *Archaeologia Cantiana* 134（2014）: 70; Lambert, *Shipping the Medieval Military*, pp. 136-140, 151.

作约翰的五港同胞移交回五港自己的法庭，维护五港诸侯免于向外部法庭应诉的特权。两年前约翰在纽卡斯尔做生意时遭到了扣押，被控谋杀，而多佛诸侯辩称，约翰是无辜的，纽卡斯尔对他的羁押违背了五港的惯例和司法特权——只能在五港总督主持的谢普威法庭（court of Shepway）上起诉五港人士，因此要求将约翰移交回五港。①

　　诸侯头衔对于五港人士而言犹如一项担保——拥有这个头衔的人都是同侪（请愿文本中会称其为 conbaron/combaron），同盟诸侯会尽力捍卫其权益。当然，这点对于当地的名门望族来说可能感受得更明确一些。1318年10月议会召开会议时，温奇尔西商人本尼迪克·阿拉德（Benedict Alard）向爱德华二世陈述了自己两年前在布雷斯特（Brest）的遭遇：尽管他并无过错，布列塔尼公爵的人却劫走了他的商船和货物，他与船上水手被无故扣押了十日，他带着英王致布列塔尼公爵的信件，请求归还被抢货物，但公爵无动于衷。因此本尼迪克·阿拉德请求爱德华二世致信加斯科涅总督（Seneschal of Gascony），令其攫取布列塔尼公爵的船只及货物以赔偿自己的损失。② 1319年时，温奇尔西市长及诸侯就此事又向爱德华二世请愿，请求国王为本尼迪克·阿拉德主持公道。③大约1320年时，本尼迪克·阿拉德再度向国王请愿，称虽然国王已下令让加斯科涅的官员从布列塔尼人那里夺取价值400镑的货物以补偿自己商船遭劫之损失，但由于当地官员之勾结，补偿迟迟没能执行。④

　　从商船被劫起已经过去了至少四年，本尼迪克·阿拉德仍没能追回损失，可见中世纪海商维权之难。或许正是诸如此类的经历，令五港诸侯清楚地认识到，在这种漫长而磨人的维权行动中，获取同盟的支持很有必要。温奇尔西另一位姓阿拉德的商人——斯蒂芬·阿拉德（Stephen

---

①　TNA, SC 8/196/9765；亦参见 C. M. Fraser ed., *Ancient Petitions Relating to Northumberland*, Durham: Andrews & Co., 1961, pp. 230-231。类似的维护同盟同胞司法特权的案例，见 TNA, SC 8/309/15407；SC 8/195/9718；SC 8/151/7548；*CCR*, 1272-1279, p. 301。

②　TNA, SC 8/30/1478；SC 8/30/1479.

③　TNA, SC 8/178/8862；SC 8/233/11626.

④　TNA, SC 8/288/14386.

Alard）的案例再度印证了这一点。也是在 1319 年前后，温奇尔西市长及诸侯为斯蒂芬·阿拉德向国王请愿，因其被控袭击了佛兰德船，其商船被扣押在了斯勒伊斯（Sluis）。① 1323 年 7 月时温奇尔西市长及诸侯再度为斯蒂芬·阿拉德请愿，称在其商船在 1322 年 8 月末航行到怀特岛与迪耶普（Dieppe）之间时遭到了袭击，船上的物品都被劫去了佛兰德。② 以五港诸侯集体的名义帮同盟成员请愿、捍卫权益，显然是有利于推进同盟内部团结的，同时也有助于吸引新成员的加入，帮助同盟壮大、扩大税基。

其他海港城镇如若向往同等特权，五港同盟显然为其树立了典范。1289 年前后，温奇尔西诸侯请求爱德华一世准许埃克尔沙姆（Icklesham）附属于温奇尔西。然而国王回复称，埃克尔沙姆是布列塔尼公爵的领地，因此他不能同意这一请求。③ 或许埃克尔沙姆的市民正是想通过加入五港同盟的方式来摆脱其领主的控制，就像法弗舍姆市民对抗法弗舍姆修道院院长的势力那样。或许是在 1370 年的上半年，根西岛（Guernsey）上的居民请求国王授予一份特许状，使其可以像其他英格兰商人那样自由地在英格兰本岛上进行贸易活动而不必缴纳关税与桥税，并在文末提到他们是五港同盟的成员，故而理应在英格兰各处都享有五港人士之特权（［…］qils sont de cynk portz et duissent enjoier e user par toute engleterre mesmes les franchises et libertes come les ditz cynk portes usent et joiessent en ycelles parties）。④ 不过，海峡群岛上的港口从未加入过五港同盟，并没有官方文件提及过根西岛与五港同盟之间的关系，我们无从得知根西岛的这份请愿书为何要这样收尾。1370 年 5 月，海峡群岛中的泽西岛（Jersey）、根西岛、萨克岛（Sark）、奥尔德尼岛（Alderney）获得了二十年的财税特权，其商人在英格兰的城市、集镇、港口均可同国王的属民一样免除各项关税杂税。⑤ 或许这些请愿的根西岛人中有移居过去的五港人士，故而以此为

---

① TNA, SC 8/233/11625；SC 8/233/11631.

② TNA, SC 8/192/9557.

③ TNA, SC 8/84/4154.

④ TNA, SC 8/113/5611. 引文为盎格鲁诺曼语。

⑤ *CPR*, 1367–1370, p. 401. 这份公函中也未提到任何与五港同盟的关联。

由替根西岛求请特许状。不论是出于什么缘故，根西岛的这一提法从某种程度上来说都印证了同盟特权的巨大吸引力。

因此，五港请愿者坚持自称的"诸侯"，其实是同时说与三类听众听。首先，面向英格兰国王及其御前会议，这个诸侯头衔即是标记他们身份与地位的符号，也昭示着五港与王室长久以来紧密的合作关系，可以有效提醒国王和国务重臣对其呈交的请求予以重视。其次，面向英格兰其他城镇，在与王室的交流中，当普通城镇的自由民只能自称"市民"时，五港的自由民独享"诸侯"之谓，高人一等，又通过一同参与议会的其他城镇的市民代表，将其骄傲优越的形象传递至更为广泛的政治社会中去。最后，"诸侯"之称也说与同盟内部的成员以及潜在的新成员听，尤其在以五港诸侯的集体名义为某个成员个体申冤维权的时候，无异于向其听众展示，其成员身后有着强大的靠山，同盟会积极支持其成员的维权事务。这不仅有利于凝聚同盟内部的力量，也有助于吸引新成员，使同盟不断壮大。

结　语

请愿是中世纪晚期英格兰政治生活中与王室政府进行交流的重要途径，而五港同盟的请愿者在此过程中积极地塑造并维持自身的"诸侯"形象，凸显自身优于一般城镇市民的特殊地位，并不断强调同盟利益与王室利益及国家安全紧密相连，用集体的名义为同盟整体、同盟中的个别港口以及同盟中的个人争取权益。

在尝试回答"五港人士凭什么自称诸侯"的问题时，本文梳理了五港的"诸侯"称号在12世纪、13世纪的特许状及公函中的使用情况，推测了可能的应用路径——"诸侯"的称法可能在1155年之前就已出现，但在整个12世纪都不常见，用法也无规律可循，基本仅限于黑斯廷斯人，直到12世纪90年代才上升至整个同盟，在13世纪的前20年中推及同盟的各个成员港，这也是同盟势力快速扩张的时期，之后这一称法逐渐稳定下来，到13世纪后半叶时已成为一种惯例。尽管当代学者普遍将五港诸侯理解为中世纪英格兰的封建采邑制度在海洋事务上的衍生产物，认为他们的荣名与特权正是为王室提供海军服务的结果，本文认为这一解读并不完备，依然无法解释五港同盟在英格兰政治社会中的独特性，其"诸侯"名头与所享特权之间也实无明确的联系，并且指出了用制度史视角来理解"五港诸侯"的局限性。

在此基础上，本文提出尝试从沟通交流的角度来考察五港人士在请愿书中坚持自称"诸侯"的意图。相较于其他法律文本，请愿文本的一大特点在于其对话性质，因而值得思考请愿者在向谁诉说、如何诉说。而五港的请愿书中确实经常显示出强烈的听众意识和巧妙的叙述策略——五港人士知道怎样通过话术强调同盟与王室乃至与整个王国之间的共生利益，以使国王及御前会议予以重视。五港的请愿者自称"诸侯"时其实面对着三重听众：首先是国王及御前会议；其次是英格兰其他城镇中他们的同侪，乃至全体平民议员；再次就是同盟内部的成员，乃至潜在的新成员。14 世纪之后，尤其是英法百年战争时期，随着英格兰城镇整体在战事中的参与度越来越广，五港自身的政治独特性逐渐遭到消解，同时特权和地位不时遭到质疑。五港人士在政治沟通的过程中积极塑造并维持自身海上诸侯的优越形象，从某种程度上说，也是对这一现实问题的一种回应。

饰演历史：皮埃尔·格兰高尔《众人饰演的圣路易大人生平》对《法兰西大编年史》的改编[*]

饰演历史：皮埃尔·格兰高尔《众人饰演的圣路易大人生平》对《法兰西大编年史》的改编[*]

吕珊珊[**]

摘　要　在约 1500 年，以圣路易为主保圣人之一的巴黎木匠和石匠兄弟会向皮埃尔·格兰高尔订购了一部名为《众人饰演的圣路易大人生平》的剧作。格兰高尔选择官方史书《法兰西大编年史》为底本，塑造了一位具有圣德的理想君主形象；作者根据订购者的需求进行创作，用很多笔墨强调了国王行使正义的重要性；而戏剧中拟寓人物的使用则令作者得以重新诠释历史事件。格兰高尔甚至有时会直接借用《法兰西大编年史》中的段落，以赋予自己的剧作更高的权威。这一点亦会在手稿中有所体现。格兰高尔重新构建了路易九世的历史，以戏剧表演的方式将远在庙堂之上的圣德尼历史传统呈现在巴黎普通的木匠和石匠们的眼前。

关键词　圣路易　格兰高尔　戏剧改编　《法兰西大编年史》兄弟会

---

* 本文为北京市社会科学基金项目"法国中世纪城市社团戏剧研究"（21WXC011）的阶段性成果。
** 吕珊珊，北京外国语大学法语语言文化学院讲师。

　　熟悉法国文学的读者或许在听到"皮埃尔·格兰高尔"（Pierre Gringore）的名字时，会立刻想到《巴黎圣母院》中的诗人及剧作家"皮埃尔·格兰古瓦"（Pierre Gringoire）。① 他"善于守中、不偏不倚"（stare in dimidio rerum），② 虽才思平庸，却仍然无比自豪于自己的创作。然而，真正的皮埃尔·格兰高尔与雨果塑造的不朽文学形象相去甚远。根据历史学家基于现有史料的推断，③ 皮埃尔·格兰高尔大约出生于 15 世纪 70 年代或 80 年代诺曼底卡昂（Caen）附近的一个市民家庭。格兰高尔家族的财政境况甚好，在附近地区拥有诸多地产；族中父辈为当地领主工作，负责收税、诉讼等事宜，这说明他们至少在法律方面专精。皮埃尔·格兰高尔虽然自嘲"没什么水平"（Je n'ay degré en quelque faculté），④ 但从其作品内容来推断，他应当至少通晓基本拉丁语，并对法兰西王国的历史和文学传统十分了解。他的作家生涯从约 1500 年持续到 16 世纪 30 年代，横跨巴黎和梅茨两地，一共撰写了 25 部题材和体裁各异的作品，是一位多产且多面的作家。然而，他为后人所熟知的作品主要是一些讽刺时事的诗作和剧作，其中不乏为路易十二的政治立场和军事行动摇旗呐喊的作品。由于这些"逢场之作"，以及他和许多同时代作家一样对格律和形式的过度关注，格兰高尔通常会被后世研究者归入文学史中"大修辞家"（les

---

① 究竟是 Gringoire 还是 Gringore 呢？作者一度混用这两个拼写，但他曾用名字中的字母撰写藏头诗，在数部作品结束处为自己的作品"签名"，以强调自己的作者身份。这些"签名"的拼写是 Gringore。基于这一自我强调，我们使用 Gringore（译作"格兰高尔"）这一拼写来指代历史上真实的作者，而非《巴黎圣母院》中的 Gringoire（格兰古瓦）。

② Victor Hugo, *Notre-Dame de Paris*, ed. J. Seebacher, Paris：Gallimard, "Pléiade," 1975, p. 33.

③ 对格兰高尔生平的研究或已臻于完备，主要参见一部法国国立文献学院（École nationale des Chartes）的论文（尚未出版）：Florine Stankiewicz, *Pierre Gringore* (v. 1475– v. 1538), *homme de lettres*, *de théâtre et de cour*：*être auteur au XVIe siècle*, Paris：École des Chartes, 2009. 亦参见 Walter Dittmann, *Pierre Gringore als Dramatiker*, *Ein Beitrag zur Geschichte des französischen Theaters*, Berlin：Ebering, 1923, réimp. Kraus Reprint, 1967；Nicole Hochner, "Pierre Gringore：une satire à la solde du pouvoir?," *Fifteenth-Century Studies*, 26 (2001)：102-120。

④ 原文出自格兰高尔 1505 年撰写的《疯狂的行动》（*Les folles Entreprises*），见 Pierre Gringore, *Œuvres polémiques*, ed. Cynthia Brown, Genève：Droz, 2003, p. 12.

Grands Rhétoriqueurs）① 的行列。这一称呼通常带有贬义，暗示他们对形式过度关注，以致作品辞藻堆砌而内容空洞。然而，单纯地从文学价值角度评判古代作家，或许不是理解他们乃至他们所处世界的最好方法。事实上，如果将视角放大到文本生产的过程，我们会发现，在传统的写作者身份之外，格兰高尔还以多重角色参与到了城市的文学和艺术活动中：作为印刷商和书商，他曾刊印、出售自己的作品；② 作为中世纪的戏剧制作者（fatiste），③ 他曾经和木匠让·马尔尚（Jean Marchand）共同搭建舞台；④ 在约 1500 年前后，他也在巴黎木匠和石匠兄弟会（Confrérie des maçons et des charpentiers de Paris）⑤ 的委托下撰写了《众人饰演的圣路易大人生平》（La Vie monseigneur sainct Loÿs par personnaiges，以下简称《圣路易生平》）这部剧作。这些文学和艺术活动构成了联通城市中不同人群的网络，令观点和知识得以流通。

　　在我们看来，《圣路易生平》似乎是这种流通的极佳代表，为我们理

---

① 关于这一称谓及其指代的作家群体，参见 Pierre Jodogne, "Les 'Rhétoriqueurs' et l'Humanisme. Problème d'histoire littéraire," *Humanism in France*, Manchester: Manchester University Press, 1970, pp. 150 – 175; Paul Zumthor, *Le masque et la lumière. La poétique des Grands Rhétoriqueurs*, Paris: Éditions du Seuil, 1978; Estelle Doudet, "Les scènes de la Grande Rhétorique, cohérence et paradoxes d'une pratique théâtrale," *Performance, Drama and Spectacle in the Medieval City*, *Essays in honour of A. Hindley*, Louvain/Paris/Walpole: Peeters, 2010, pp. 181-198。需要特别注意近百年来西方学界对"大修辞家"群体定义的演变：首先是过于注重文学外在形式的二流作家，之后是为官方摇旗呐喊的喉舌，最后是在宫廷和城市中试图影响和控制公众话语（parole publique）的作者（auteur）。

② Cynthia Brown, "Pierre Gringore, acteur, auteur, éditeur," *Grands Rhétoriqueurs* (= *Cahiers V. -L. Saulnier* 14 [1997]): 145-163.

③ fatiste 一词词根为 facere，即"做"戏剧者，指其参与到戏剧的写作、编排、上演的全过程中，并不能完全等同于现代意义上的戏剧作者。

④ Marie Bouhaïk-Gironès, "Pierre Gringore, fils de juriste et homme de théâtre: famille et transmission des savoir—faire dans les 'métiers de la parole' (France du nord, XVe–XVIe siècle)," in *La Justice des familles: autour de la transmission des biens, des savoirs et des pouvoirs* (Europe, Nouveau Monde, XIIe – XIXe siècle), ed. Anna Bellavitis et Isabelle Chabot, Rome: École française de Rome, 2011, pp. 307-322.

⑤ 关于该兄弟会的历史，参见 Philippe Plagnieux, "La chapelle Saint-Blaise et les débuts de l'architecture flamboyante à Paris," *Bulletin de la Société Nationales des Antiquaires de France, 2003*, Paris: Edition-Diffusion de Boccard, 2009, pp. 253-267。

解 1500 年前后城市中的圣人崇拜、历史文化，以及文本和知识的传播提供了生动例证。如上文所述，这是一部由巴黎木匠和石匠兄弟会向格兰高尔"订购"的作品。兄弟会以圣路易和圣布莱兹（Saint Blaise）为主保圣人，在重要的宗教节日以及两位圣人的圣日聚会、祈祷、宴饮，并处理会中事务。① 《圣路易生平》很有可能就在圣路易的圣日上演。有趣的是，剧作中大部分的情节并非格兰高尔原创，而是以《法兰西大编年史》（以下简称《大编年史》）为底本改编而成。② 格兰高尔如何用戏剧的形式将法兰西王国的官方史书搬上舞台的呢？本文将综合文学、历史学和文献学的视角分析《圣路易生平》对《大编年史》的改编。首先，我们将分析格兰高尔如何通过对《大编年史》的选取和改编，构建剧中充满圣德（sainteté）的君主形象。其次，通过比对《圣路易生平》和同时代在巴黎流通的《大编年史》，我们发现格兰高尔对《大编年史》进行了数十次逐字逐句的引用。格兰高尔是否在有意识地"引用"《大编年史》呢？这种"引用"对于《圣路易生平》的读者、听众或观众而言，又意味着什么？

　　和许多戏剧文本类似，《圣路易生平》仅存一部手稿，③ 现存于法国国家图书馆，编号为"法语 17511"（Bnf，fr. 17511）。文本为八音格平韵（rime plate）诗体，共 6947 行，被作者分为九卷（livre）。其内容可大致总结如下：王太后布朗什·德·卡斯蒂亚（Blanche de Castille）摄政，令

---

① 关于该时代兄弟会的活动，参见 Catherine Vincent, *Des charités bien ordonnées*, *les confréries normandes de la fin du XIIIe siècle au début du XVIe siècle*, Paris：École normale supérieure，1988。

② 《圣路易生平》共九卷。关于其选取《法兰西大编年史》作为前八卷底本的讨论，见 Pierre Gringore, *Œuvres complètes de Gringore*, ed. Anatole de Montaiglon et James de Rothschild，Paris：P. Daffis，1877，réimpr. Genève：Slatkine，1970，vol. 2，前言。格兰高尔在第九卷使用了流传于诺曼底地区的印刷本圣路易圣迹合集，但由于本文篇幅所限，暂且不做讨论。相关研究及校勘本见笔者的博士学位论文 Shanshan Lü, "La vie monseigneur sainct Loÿs par personnaiges de Pierre Gringore, édition critique et études contextuelle, linguistique et littéraire," Thèse de doctorat, Université Grenoble Alpes，2020。

③ 中世纪法语戏剧的手稿传统与其他类型的文学和史学作品大不相同，通常不会大量传抄复制。见 Elizabeth Lalou and Darwin Smith, "Pour une typologie des manuscrits de théâtre médiéval," *Fifteenth Century Studies* 13（1988）：569-579。

宣道会修士（Frère Prêcheur）教导年少的路易九世；布列塔尼公爵、马尔什伯爵和香槟伯爵蠢蠢欲动，认为路易九世比起当国王，更适合做教士；路易九世在宫殿中接待了盲人和麻风病人，并为他们洗脚，同时通过碰触治愈了麻风病人（第一卷）；效忠国王的拟寓人物（personnage allégorique）①"良谏"（Bon Conseil，代表路易九世的谋士们）、"骑士"（Chevalerie，代表忠于国王的贵族们）和"民众"（Le Populaire，代表普通民众，特别是巴黎民众）登场；三位贵族密谋叛乱，但香槟伯爵及时悬崖勒马；布列塔尼公爵和马尔什伯爵欲擒获国王，但"良谏"派"民众"将国王迎回了巴黎；马尔什伯爵夫人向路易九世下毒未遂，下毒者被斩首（第二卷）；"僭越"（Outrage）唆使神圣罗马帝国皇帝腓特烈二世与路易九世为敌；腓特烈二世未成功擒获路易九世，转而迫害"教会"（L'Église），并抓捕了主教（Cardinal）和教长（Les Prélats），在"良谏"的交涉下腓特烈二世释放了他们；路易九世病笃，痊愈后发愿进行十字军东征（第三卷）；路易九世第一次出发进行十字军东征，在克吕尼被教皇祝福；在科尼亚发生了耍熊人和十字架的奇迹；路易九世的军队攻陷了达米埃塔（Damietta），与敌人苏丹（Soudan）、埃米尔（Les Émirs），以及象征伊斯兰教法的拟寓人物"异教之法"（La Loi payenne）战斗，同时"僭越"也加入了后者的阵营；给养被切断后，路易九世和"骑士"病倒被擒；发生了路易九世获得日课经文的奇迹（第四卷）；路易九世被俘后仍然坚持信仰，与苏丹和谈；"僭越"唆使埃米尔反叛并杀死了苏丹；路易九世

---

① allégorie 一词如何翻译，乃至其意义究竟是什么，尚须按不同研究范畴进行讨论。现有的翻译有"寓言""隐喻"等。其实 allégorie 作为修辞手法存在已久，昆体良认为其本意为"其他的意思"（alius sensus），类似一种抽象的意象。而普鲁登修斯（Prudentius）在《心灵的冲突》（Psychomachia）一书中，则化用抽象概念为人物，开 personnage allégorique 这一文体之先河。此后，许多中世纪的著名作品都使用了这一表现手法，如《玫瑰的故事》（Roman de la Rose）梦境中的诸多人物等等。笔者认为，应当将圣经研究、古典修辞学和中世纪文学传统中的 allégorie 区别翻译，以防止混淆。考虑到在中文文体学中，"隐喻"很容易与"暗喻"（métaphore）混淆，而"寓言"又会令人想到伊索寓言这一文学传统，故而本文尝试将 personnages allégoriques 翻译为"拟寓人物"，取中世纪文学传统中的 allégorie 多以拟人形象出现，且寄寓了其他意义（alius sensus）。为了方便区分，拟人形象皆加引号。

在耶路撒冷朝圣；"僭越"和埃米尔迫害基督徒；英格兰国王欲攻击法兰西，但在路易九世返回后撤退（第五卷）；"良谏"、"教会"与"民众"哀叹国王出征后国内的乱象；在"良谏"和"教会"的引荐下，路易九世任命艾蒂安·布瓦洛（Étienne Boileau）为市政长官，布瓦洛拒绝受贿，破了旅馆主私吞商人存金案，并大义灭亲，绞死了耽于赌博的教子（第六卷）；路易九世惩罚了渎神的巴黎人和滥用私刑吊死三个年轻人的领主昂盖朗·德·古希（Enguerrand de Coucy）（第七卷）；比起法兰西国王，路易九世更愿意被称为"路易·德·普瓦西"；路易九世第二次出发进行十字军东征，"良谏"安慰对此感到不安的"民众"；路易九世、菲利普王子和"骑士"对阵埃米尔和"僭越"，但军队中流行瘟疫，路易九世生命垂危，在教导王子后死亡（第八卷）；最后是圣路易死后的三个圣迹：溺水的孩童因向圣路易祈祷而得救，病人在朝圣圣路易之墓后痊愈，圣路易的衣袍保护了被土方掩埋的木匠和石匠们（第九卷）。

通过与《大编年史》进行比对，我们可以发现《圣路易生平》通过对一手资料的选取和改编，试图在戏剧语境中融合圣人传记（vita）和"君主之镜"（speculum principum，又译"王侯明鉴"）这两个书写传统。格兰高尔塑造的是一位充满圣德（sainteté）的理想君主，而非已然封圣的圣人。路易九世拥有基督徒的完美品德，预示着他成为圣人的未来，而同时他又是一位手握现世权力，正在——戏剧时间永远是现在——统治的理想君王，这两个方面互为补充，缺一不可。笔者首先将通过内容选取和戏剧改编两个角度，对《圣路易生平》进行大致分析。

格兰高尔对《大编年史》的内容进行了取舍，并将其重新排布。首先，作者将《大编年史》中涉及其他君主，且与圣路易无关的历史事件记载全部略去，只关心圣路易的生平，而这种关于个体生平的叙事具有某种公共性。格兰高尔并不关心圣路易的私人生活；《大编年史》中记载的路易九世的婚姻、如何养育子女，以及长子之死等，都被省略了。剧中提到的家人仅有母亲布朗什·德·卡斯蒂亚和儿子菲利普，然而这两个人物在剧中与其说是主人公的母亲和儿子，不如说是摄政王太后和未来的王储。王太后培养年轻的路易九世成为合格君主和虔诚基督徒，对其要求十

分严格，声称"与其看到（圣路易）犯罪，还不如看到（他）死去";①
而在路易九世被困时，是她找到"民众"，和"良谏"一起对抗叛乱的贵
族。王子在路易九世第二次进行十字军东征时才初次登场，在参与战事之
外，主要的戏剧活动是聆听路易九世临终时的教诲。这些教诲亦可以看作
路易九世一生的总结，是一种更为具体的"君主之镜"。格兰高尔更关心
的是圣路易的家人在公共事务上发挥的功能，借此表现路易九世的宗教道
德和政治道德。

　　其次，和同时代的描述圣人生平或圣经故事的宗教剧（如神秘剧，
mystère）相比，《圣路易生平》中少有"超自然"元素，如做出公断的上
帝、保护圣人的天使，乃至引诱圣人的魔鬼，这些皆没有出现。属于圣路
易的所有圣迹都是其死后发生的：第四卷中科尼亚耍熊人的奇迹②和圣路
易被俘时获得日课经文的奇迹，都在《大编年史》中有所记载，且圣路
易并非奇迹的制造者；而第一卷中圣路易通过碰触治愈麻风病人的奇迹则
属于卡佩王朝国王神迹（thaumaturge）的范畴，③ 不应与圣人制造的奇迹
混淆。格兰高尔在前八章讲述路易九世充满圣德的生平，而将圣路易的圣
迹放入第九章中，④ 这一区分圣德与圣迹的结构是作者的主动选择，而非
源于对史料亦步亦趋的忠实。如果对比15世纪末期另外一部以史料为基
础讲述圣路易生平的宗教剧《圣路易剧》（Jeu saint Loys），⑤ 以及和前者
同时代且同样根据史料讲述百年战争期间奥尔良围城历史的《奥尔良围
城神秘剧》（Mystère du siège d'Orléans），⑥ 我们就会发现这两部剧作中不
乏传统宗教剧中喜闻乐见的上帝、圣母、天使乃至其他圣人为剧中主人公

---

① 原文为：mais mieulx aymeroye/veoir venir la mort corporelle/te occire et tenir en tutelle, /
que tu eusses ton Createur /courcé（v. 155-159）。法语引文校勘来自笔者，下同。

② 情节大致为土耳其科尼亚耍熊人的熊亵渎十字架后死亡，耍熊人因不信神迹亦受到
惩罚。

③ Jacques Le Goff, Saint Louis, Paris：Gallimard, 1996, p. 969.

④ 参见本文注释11。

⑤ "Édition critique du Jeu saint Loys, manuscrit B. N. fr. 24331," ed. Darwin Smith, thèse
de doctorat, littérature française, Paris III, 1987.

⑥ Gérard Gros, ed. and tran. , Mystère du siège d'Orléans, Paris：Librairie Générale Française,
2002.

代祷的桥段。事实上，在 12 世纪末期，为了加强教会对圣人的控制并规范封圣的程序，教皇英诺森三世已然提出需要分清圣徒生前的圣德和死后的圣迹，[①] 这种观念逐渐在 13 世纪形成，而 100 年后圣路易的圣人传记以及数次封圣调查的记录，皆符合这一观念。格兰高尔延续了这一分割的结构，令《圣路易生平》这部面向普通民众的剧作跻身于教会正统圣人传记的行列中，增强了它的权威性。

最后，在笔者看来，作为一部订购的作品，关于受众的考量极大地影响了格兰高尔的创作。正如戏剧史学者伦纳尔斯（Runnalls）所言，中世纪的戏剧"既是文学文本，也是社会活动"。[②] 兄弟会会众不但是文本的订购者，还是文本的使用者——这是一种身体力行的生命体验，其意义远大于单纯地观看或阅读某一文本。其一，在宗教层面，兄弟会会众观看《圣路易生平》很有可能是宗教功课的一部分：这部剧作或在每年木匠和石匠兄弟会于圣路易圣日（每年 8 月 25 日，路易九世的忌日）聚会时上演；而枢机主教夏尔·德·波旁（Charles de Bourbon）和主教让·罗兰（Jean Rollin）曾分别于 1477 年和 1478 年两次发布大赦，为参加兄弟会集会的会众减免待在炼狱赎罪的时日。[③] 其二，在世俗层面，圣路易和兄弟会的创建历史息息相关：路易九世曾经将木匠和石匠行业分别委托给宫廷匠人福克·杜·坦普勒（Foulques du Temple）和纪尧姆·德·圣帕图斯（Guillaume de Saint-Pathus）管理，直到 15 世纪初，这段历史都被当作这两个行业受到王室青睐的证据。[④] 而与此同时，兄弟会会众的另一重身份

---

① Le Goff, *Saint Louis*, p. 974. 勒高夫讨论了圣路易生平中圣德和圣迹的辩证关系。

② Graham A. Runnalls, *Études sur les mystères*, Paris：Champion, 1998, p. 62："A medieval play required a performance. Such a performance was, as I have said, as much a social event as a literary creation."

③ 值得注意的是，夏尔·德·波旁的主保圣人亦是圣路易。参见 J. Du Breul, *Le Théatre des antiquitez de Paris*, Paris：Chez Claude de la Tour, 1612, pp. 588-590, 以及 Marie-Thérèse Gousset and François Avril, *Saint Louis, roi de France, Livre des faits de monseigneur saint Louis*, Paris：Éditions du Chêne, 1990, p. 9。

④ Philippe Plagnieux, "La chapelle Saint-Blaise et les débuts de l'architecture flamboyante à Paris," *Bulletin de la Société Nationales des Antiquaires de France*, 2003, Paris：Edition-Diffusion de Boccard, 2009, pp. 253-267.

是巴黎市民。这位被迅速封圣、成为基督教君主典范的国王为巴黎留下了数个"记忆之场"，君主与圣人的形象交织不可分，例如圣礼拜堂（Sainte-Chapelle）中圣路易的雕像①、以圣路易为名的弥撒②、巴黎城中多个以圣路易为名的招牌③等等，对会众而言，这些记忆尚未远去——他们不正是生活在另一位"路易"的统治之下吗？④ 由于篇幅所限，本文仅给出一个例子：格兰高尔着重在《圣路易生平》的第六、七卷描写中描述了路易九世如何在王国中行使正义。如果不考虑描写国王死后圣迹的第九卷，这两卷占据了讲述国王生平章节的四分之一；而《大编年史》中相应的段落只占圣路易部分共一百一十六章中的六章。⑤ 对会众而言，圣路易具有双重身份，他既是可以帮助会众灵魂得救的圣徒，也是寄托着会众现世诉求的理想君主。在剧中，圣路易几次宣称要以"理智"和"正义"治理国家："我要以理智行事/并念及上帝的恩典/而并不希望做出/损害他人之事。/我想让每个人/都获得正义"；⑥ "上帝将王国交给我/来行使理智与正义"；⑦ "我行使正义是符合理智的"。⑧ 在剧中其他人物眼中，"圣路易"的君主形象也与正义的概念紧密相连。比如"教长"认为他"仁慈而喜爱正义"，⑨ 而代表国王参谋的拟寓人物"良谏"（Bon

---

① Pierre-Yves Le Pogam and Christine Vivet-Peclet eds. , *Saint Louis*, Paris：Éditions du patrimoine，2014，p. 212-213.

② Marianne Cecilia Gaposchkin, *The Making of Saint Louis，Kingship，Sanctity，and Crusade in the Later Middle Ages*，Ithaca and London：Cornell University Press，2008.

③ Étienne Hamon，*Art et architecture avant 1515*，Paris：Archives nationales，2008，p. 26，64，188，505.

④ 巴黎木匠和石匠兄弟会的成员在路易十二尚是奥尔良公爵时就为其修缮过西岱岛宫殿的塔楼，而《圣路易生平》的订购日期或与路易十二登基的日期相近。见 Lü，*La vie monseigneur sainct Loÿs*，pp. 18-20。

⑤ *Les Grandes Chroniques de France*，ed. Jules Viard，vol. 7（Louis viii et Saint Louis），Paris：Librairie Ancienne Honoré Champion，1932. 参见第72~77章。

⑥ 原文为：Je vueil tout faire par raison，/ moyennant la divine grace，/ et n'ay pas espoir que je face，/ chose qui tourne à prejudice/à aultruy. Je vueil que justice/soit faicte à chascun（v. 95-100）。

⑦ 原文为：Dieu m'a au royaulme commis，/ pour faire raison et justice（v. 506-507）。

⑧ 原文为：[C]'est raison que justice face（v. 5401）。

⑨ 原文为：charitable et aymant justice（v. 3484）。

Conseil）也说"国王喜爱正义"①。格兰高尔在剧中强调，国王的正义是针对每一个人的。无论是贫还是富，国王都一视同仁。他行使正义，是为了保护平民不受伤害。这些话语明显是针对同为平民阶层的木匠和石匠们的。

除了对《大编年史》在内容层面进行挑选和修改，格兰高尔还运用多种修辞手法，对其进行了戏剧改编。由于篇幅所限，本文以拟寓人物为例进行简要说明。② 格兰高尔遵循中世纪戏剧传统，在剧中大量使用拟寓人物，整合了《大编年史》中的人物和情节，构建了他心目中理想君主的范式。法兰西国王身边常伴"良谏"，而被刻画为"反基督"（anti-Christ）的神圣罗马帝国皇帝腓特烈二世，则常常听取"僭越"的意见。"僭越"事实上扮演了传统神秘剧中魔鬼的角色，③ 在人物耳边悄声引诱，首先是在腓特烈二世身边，而之后则来到了十字军东征的战场上与路易九世为敌的苏丹身边。这种拟寓人物的二元对立可以一直上溯到中世纪拟寓文学的大成之作《玫瑰的故事》，乃至作为拟寓人物滥觞的普鲁登修斯的《心灵的冲突》。而在《圣路易生平》之中，拟寓人物是历史人物的附庸，诠释了后者行动的动机，也推动了他们的行动。与历史上的圣路易相反，剧中的"圣路易"被刻画成了一个王权受限、行事温和，甚至有无能之嫌的君主。他不止一次申明："良谏，要是没有您，我就什么都不做。"④ 这不得不令人联想到被称为"人民之父"，同样以温和统治知名的路易十二。⑤ 然而，由于笔者并没有找到《圣路易生平》在巴黎公演的记录，而且考虑到这部作品是被售卖给兄弟会的，并没有以印刷本形式传播，这一君主形象是否能"上达天听"，就不得而知了。格兰高尔对有限王权的推崇同

---

① 原文为：Le roy ayme juste justice（v. 3935）。

② 关于格兰高尔的其他改编方式，亦可参见笔者拙文"Faire de l'histoire au théâtre au XVIᵉ siècle：les triolets dans *La vie monseigneur sainct Loÿs par personnaiges* de Pierre Gringore," *Questes* 36（2017）：109-128。

③ 应注意魔鬼一词的词根 διάβολος 意为"分歧者"或"诋毁者"。

④ 原文为：Sans vous, Bon Conseil, rien ne faiz（v. 640）。

⑤ 格兰高尔同时代的克劳德·德·塞西尔（Claude de Seyssel）亦秉承同样的政治主张。见 Nicole Hochner, *Louis XII ᵉ, les déréglements de l'image royale（1498 - 1515）*, Ceyzérieu：Champ Vallon, 2006。

样出现在其他作品中，如在 1512 年油腻星期二于巴黎公演，且不久之后以印刷本方式流传的《愚人王和愚人娘的戏剧》(*Le jeu du Prince des Sotz et de Mere Sotte*)① 中，愚人王的决策都依赖于他手下的愚人，不会单独做出决定。拟寓人物的使用是一个编码的过程：作者将史料总结为抽象概念，在戏剧语境中将其变成一个个人物，然而这些人物的意义是开放的，由它们自己的行动和言语定义，为写作者留出了极大的阐释空间。格兰高尔通过拟寓人物这一传统的文学手法，在某种意义上脱离了他无比忠实地跟随的《大编年史》的桎梏，以带有个人色彩的"君主之镜"表达了自己的政治诉求。同样作为大修辞家，尽管格兰高尔没能像奥克托维安·德·圣热莱(Octovien de Saint-Gelais)、乔治·沙特兰 (Georges Chastelain) 或是让·莫里奈 (Jean Molinet) 等被后世称为"大修辞家"的诗人们一般，在宫廷中获得一个固定的职位，但他仍然试图通过自己的方式影响公众的思想。②

在对《圣路易生平》进行校勘，并与作为学界定本的儒勒·维亚尔 (Jules Viard) 校勘的《大编年史》圣路易部分③进行粗略比对后，笔者在约 7000 行的戏剧中发现了 11 处和《大编年史》在句子层面相似的段落——格兰高尔在剧中多处和《大编年史》使用了同样的词语来描述事件，但如果在句法层面亦与《大编年史》相同，则可以认为是作者有意为之。为了更细致地比较文本，我们需要去了解《大编年史》在 1500 年前后的传播状态，以大致确定格兰高尔进行改编工作时使用的《大编年史》文本。然而维亚尔及其同侪于 20 世纪初完成的《大编年史》校勘本的底本是 14 世纪属于国王的数份手稿，校勘者们并不关心每份手稿的命运，而是意

---

① Pierre Gringore, *Le jeu du Prince des Sotz et de Mere Sotte*, ed. Alan Hindley, Paris, Champion, 2000.

② Jelle Koopmans, "Rhétorique de cour et rhétorique de ville," in *Rhetorique-Rhetoriqueurs-Rederijkers*, ed. J. Koopmans, K. Meerhoff, and M. A. Meadow, Amsterdam-Oxford-New York-Tokyo: North Holland, 1995, p. 68; Marie Jennequin-Leroy, "Le poète et ses princes: les fondements d'une autocritique dans le discours des Grands Rhétoriqueurs: Jean Molinet, Pierre Gringore et Octovien de Saint-Gelais," thèse de doctorat, Université Catholique de Louvain, 2010, pp. 217-258.

③ *Les Grandes Chroniques*, t. 7.

图还原某种属于官方的、"国族的历史写作"（historiographie nationale）①，故而校勘出的文字是一种混合品，并不能准确对应在历史上真实存在过的某一手稿的样貌。除了校勘方法的问题，我们还应当考虑到这些属于国王的手稿一直保留在王室图书馆之中，格兰高尔似乎并没有门路可以接触，而即使格兰高尔使用了源自这些手稿的抄本或印刷本，其语言也会随着传抄按时代更新，并不完全与 14 世纪的文本相同。事实上，《大编年史》根植于圣德尼修道院的史学传统，数百年来一直以手稿形式流传于圣德尼修道院、巴黎法院、西岱岛王宫等上层阶级踏足之地。然而其书写、复制的中心一直在向巴黎转移；② 15 世纪下半叶，在巴黎还出现了两个便于流通的印刷本（Pasquier Bonhomme，1476~1477；Antoine Vérard，1493）。③ 格兰高尔自从其职业生涯之初便和印刷商、书商缔结了密切关系，乃至日后他自己也兼任了书商，出售自己的作品。我们或许可以猜测，格兰高尔在撰写《圣路易生平》时，使用了更容易获取的《大编年史》印刷本。为了仔细研究这两者之中相似的段落，直接使用 1493 年于巴黎出版、距离我们估测的格兰高尔写作《圣路易生平》的年代（约 1500）最近的安东尼·维拉尔（Antoine Vérard）的印刷本，将其与《圣路易生平》进行对比，似乎是最为科学且可行的做法，尽管并不能完全排除作者使用其他（乃至多个）手稿本或/和印刷本的可能性。通过对比，笔者将 11 处《圣路易生平》与维拉尔版本《大编年史》语句相似之处列举如下：

---

① *Les Grandes Chroniques*, t. 7, p. 18.

② 参见 Antoine Brix, "Itinéraires et séjours des rois d'encre, Histoire médiévale de la fortune littéraire des Grandes Chroniques de France, xiiie – xvie siècle," thèse de doctorat, Université catholique de Louvain, 2018, vol. 1, pp. 142–152。

③ *Les Grandes Chroniques de France*, Paris, Pasquier Bonhomme, 1467 ou 1477, 3 vol. in 2；具体查阅的印刷本为 Wien, Österreichische Nationalbibliothek, Ink 6. D. 17, Bde 2, http://data.onb.ac.at/dtl/2891059, fol. 66v – 68。*Les Grandes Chroniques de France*, Paris：[Gillet Couteau?] et Jean Mauraud pour Antoine Vérard, 1493, 3 vol. in 2；具体查阅的印刷本为 Paris, Bibliothèque Sainte-Geneviève, OEXV 469 RES, vol. 2, imp. Jean Maurand, https://archive.org/details/OEXV469, pp. 11 – 13。在 16 世纪初，巴黎还出现了《法兰西大编年史》的第三个印刷本，但其出现时间晚于《圣路易生平》，故而不被纳入本文考虑的范畴。

1. 路易九世与腓特烈二世的交涉（v. 2060-2091）；

2. 第一次里昂公会议对腓特烈二世的裁决（v. 2255-2270）；

3. 路易九世被俘时与埃米尔的对话（v. 3310-3334）；

4. 路易九世关于巴黎治理的敕令（v. 4184-4211）；

5. 路易九世解释为什么要重罚渎神者（v. 5013-5021）；

6. 路易九世命令救济巴黎贫民（v. 5029-5046）；

7. 古希领主希望按照习惯法接受元老们的审讯，"良谏"的回应（v. 5436-5445）；

8. 路易九世对古希领主的审判（v. 5486-5508）；

9. 路易九世解释为何更愿意被称为"路易·德·普瓦西"（v. 5606-5615）；

10. 路易九世教子（v. 5842-5921）；

11. 路易九世临终时的祈祷（v. 5934-5941）。

以上段落可以被分为两类：首先是《大编年史》中路易九世的直接引语（3、5、8、9、10、11），其次是书信和司法文献（1、2、4、6、7）。首先，格兰高尔对《大编年史》中记载的路易九世的话语十分看重。这些文字被作者十分稳定地从散文体的历史写作转移到诗体的戏剧创作中，令兄弟会会众得以直接聆听这位身兼法兰西君主和兄弟会主保圣人二职的保护人的声音。在《大编年史》中，路易九世的临终祈祷为拉丁语，但格兰高尔将其翻译成了法语，以方便受众理解。需要注意的是，格兰高尔并未照搬《大编年史》中所有的直接引语。在路易九世病笃时巴黎民众的哀叹，① 以及科尼亚熊的奇迹故事中异教徒的话语，② 都没有被直接挪用到《圣路易生平》之中。或许在格兰高尔看来，国王的声音更值得被忠实地保留。

---

① *Les Grandes Chroniques*, t. 7, p. 107："Nul ne porroit penser comme le menu pueple de Paris en estoit corroucié, et disoient entr'eus：'Sire Dieus, que voulez-vous à vostre pueple. Pourquoi nous tolez-vous celui qui nous deffendoit et gardoit en bonne pès, le souverain prince de toute justice bonne?'"

② *Les Grandes Chroniques*, t. 7, p. 116："Veez, ce fai-ge en despit des crestiens."

在剧中，国王的声音除了表现他作为基督徒富于圣德的一面（3、5、9、10、11），还会与君主权力及其机构（institution）的声音重合。在路易九世关于巴黎治理（4）一段中，当路易九世引述源自《大编年史》的大段敕令时，戏剧文本使用的现在时（Nous voullons et sy ordonnons, v. 4188）重现了司法文本的现在时（Loÿs par la grace de Dieu roy de France establissons que […]），① 使兄弟会会众得以亲眼见证立法的过程。这些法令禁止官员们收受贿赂、横征暴敛，禁止渎神，取缔赌场，与普通巴黎人息息相关，或许会令他们回想起路易九世这一完美君主统治的理想年代。在路易九世发布完所有命令时，格兰高尔还不忘让国王添上一句："我们将会把剩下的完成，之后把这些写下来，以便让大家看到"。② 对书写的强调为这段表演赋予了更多权威。值得注意的是，在手稿中路易九世口述敕令的页面，第一行的首字母被抄写者进行了装饰（见图 1）。根据戏剧史学者们的分类，《圣路易生平》的手稿属于"保存型"（manuscrit de conservation），③ 即并不用于戏剧排演，而是保留在兄弟会中，用于阅读、纪念。手稿非常朴素，并无任何插图，带装饰的首字母只出现在每一卷的开头，而在此处出现的装饰字母是唯一特例。在笔者看来，这意味着抄写者特别赋予了这段文本独立成章的资格。他或许十分明确这是一段来自权威性更高的文本的引用，遂用装饰字母进行了标注。

图 1　Bnf, fr. 17511, fol. 106v, 带装饰的首字母 C

① *Les Grandes Chroniques*, ed. Vérard, fol. LXXVIv–LXXVII.
② 原文为：Nous acheverons/le surplus; puys les baillerons/par escriot, affin qu'on els voie（v. 4219–4211）。
③ Smith Lalou, "Pour une typologie des manuscrits."

通过比对，笔者还发现格兰高尔有时过于信任手头的史料。在路易九世与腓特烈二世交涉（1）一段中，"良谏"指责腓特烈二世"rompant commocion de paix/et de concorde"，字面意思为"打破了和平与协和的震荡（现代法语拼写为 commotion）"，意义十分晦涩。1493 年维拉尔版本的《大编年史》亦为 la commotion de paix et de concorde，① 令人读来混不可解。而如果去查阅这封历史上路易九世写给腓特烈二世的书信的原文，则会读到 unitatem pacis et concordie，② 而维亚尔校勘本作 l'unité et la conjonction de pais et de concorde。③ 可以推断，格兰高尔笔下"和平与协和的震荡"或许来源于"和平与协和的统一和连结"。在《大编年史》几个世纪传抄的过程中，"统一"一词消失了，而"连结"（conjonction）也由于 j、i 不分、on 鼻化元音音符容易丢失、ct 常常连笔或被简化等原因，被错误地写成了"震荡"（commotion）；这个错误被维拉尔印刷出版，最后被格兰高尔写进《圣路易生平》之中。通过查验和维拉尔印刷本文本源流相近的手稿，④ 我们可以发现诸如 conioncion 的拼写，似乎暗示了未来即将产生的 ni 和 m 的混淆，从侧面印证了我们的判断。⑤ 格兰高尔并没有修正这一错误。或许在他看来，"打破和平与协和的震荡"这一表达自有其深意，或是《大编年史》的权威性大到无法修改其错误的地步。无论如何，这一"共同的错误"愈发令我们倾向于格兰高尔使用了

---

① *Les Grandes Chroniques*, ed. Vérard, fol. LVIIIv–LIX.

② Benoît Grevin, *Rhétorique du pouvoir médiéval*：*les* Lettres *de Pierre de la Vigne et la formation du langage politique européen*（*XIIIe–XVe siècle*），Rome：École française de Rome, 2008, p. 527.

③ *Les Grandes Chroniques de France*, t. 7, p. 84.

④ 安东尼·布利克斯（Antoine Brix）在他的博士学位论文中对《法兰西大编年史》进行了梳理。在他看来，《大编年史》的诸多底本之间差别不大，还不到形成不同的文献传统（tradition）的地步，它们之间的差别亦无法称之为"异文"（variante）；将它们按群组（pôle）归类更为恰当。群组有三：通行的《大编年史》维亚尔校勘本使用王室手稿，属于 α 群组；而在 15 世纪中末期流传的印刷本属于 γ 群组；同时还存在 β 群组，与 α 群组同样使用了纪尧姆·德·南吉（Guillaume de Nangis）的《圣路易生平》（*Vita sancti Ludovici*）的第二个译本，故而区别不大。见 Brix, *Itinéraires et séjours des rois d'encre*, vol. 1, p. 165。

⑤ 例如 Paris, Bnf, ms. fr. 2606（fol. 292b）；Paris, Bnf, ms. fr. 6465（fol. 258va）。

15 世纪末于巴黎流行的《大编年史》印刷本或是与其相近的手抄本这一假设。

格兰高尔以《大编年史》圣路易的部分为基础撰写了《圣路易生平》的前八卷，除了对史料进行选取和戏剧改编，还在剧中还原了路易九世的话语，以及一些重要的司法和外交文献。在史料中，格兰高尔曾数次被称为 historien，意为撰写戏剧故事的人。① 格兰高尔是否可以被看作一位广义上的历史写作者呢？尽管根据《圣路易生平》的手稿文本无法明确判断其文本类型，但根据其内容和功能，或可将其归入"神秘剧"（mystère）一类。当代研究者们对 mystère 的词源尚未达成共识，② 它既可以源自拉丁语 misterium，意为神秘，因为神秘剧多涉及圣经故事，以及耶稣或圣人生平，也可以源自 ministerium，意为职司，暗示上演或观看宗教剧也是完成宗教任务的一种方式，而这一任务常常也会带有世俗意味，与城市的历史或城市中社群的历史有关。通过观看或聆听《圣路易生平》，兄弟会会众得以通过戏剧这一"视觉文化"载体，③ 重温来自书面传统，故而更有权威性的更准确的主保圣人回忆，而这段回忆也是王国的历史，乃至这些民众自身的历史。在沉浸于虚构的戏剧时间的会众看来，这一历史无限逼近真实，甚至在格兰高尔笔下是位于历史写作之先的：当亲眼看到"圣路易"为穷苦的麻风病人和盲人洗脚时，代表了掌握书写权力的教士阶层的"宣道会修士"感慨道："当我看到眼前所发生的这些事情/我还以为自己在做梦。/我不能沉默/应该将其写入编年史中/这里所发生的事情/便可以永远被保存在记忆中。"④ 而王家缮写室圣德尼修道院的书记（Secretain）更是直言："要是有人感到苦痛/就去拜访圣路易的陵

---

① Bouhaïk-Gironès, "Pierre Gringore," pp. 317–318.
② Graham A. Runnalls, "Mystère 'représentation théâtral': histoire d'un mot," *Revue de linguistique romane* 64 (2000): 321–345.
③ Laura Weigert, *French Visual Culture and the Making of Medieval Theater*, New York: Cambridge University Press, 2015.
④ 原文为：Je n'ay garde d'estre endormy, /quant je voy telle chose faire/devant moy. Je ne m'en doy taire, /mais le croniquer en ystoire, /affin que à jamais soit mémoire/de ce cas icy advenu (v. 365–370).

墓；/我们会将其写下来/以便存留在永久的记忆中。"① 在这一意义上，格兰高尔不仅仅是改编了《大编年史》，剧中人物饰演历史的过程亦是（重新）构建历史的过程，令官方史书融入了贝尔纳·葛内（Bernard Guenée）所言的"历史文化的共同基础"（fond commun de la culture historique）之中。② 而这一"共同基础"的表现形式是十分多元的，并不仅仅限于书面文字：通过戏剧表演，1500 年前后生活在巴黎的木匠和石匠们亦可以理解并享用它。

---

① 原文为：[E]t se aulchuns se sentent grevez, /s'adressent à sa sepulture；/ de cecy ferons escripture/pour memoire perpetuelle（v. 6913-6916）。
② Bernard Guenée, *Histoire et culture historique dans l'Occident médiéval*, Paris：Aubier-Montaigne, 1980, pp. 307-315.

延续与变革

——评《罗马帝国的遗产（400~1000）》

冯加帅[*]

　　欧洲中世纪介于古典时代与近现代之间，上起罗马帝国灭亡，下迄文艺复兴，逾千年。文艺复兴和启蒙运动时代的学者将这段漫长的时期蔑称为"黑暗时代"，其中，中世纪早期（约止于公元 1000 年）背负的污名尤甚。[①] "企鹅欧洲史"（The Penguin History of Europe）系列的第二册《罗马帝国的遗产（400~1000）》（*The Inheritance of Rome: A History of Europe From 400 to 1000*，以下简称《罗马帝国的遗产》）正是一部关于欧洲中世纪早期历史的著作。该书作者克里斯·威克姆（Chris Wickham）是牛津大学著名的中世纪史学者，于 1998 年当选为"不列颠学会会员"（Fellow of the British Academy）。作为一名马克思主义历史学家，威克姆一直关注中世纪的经济和社会结构，这从他的博士学位论文选题《8 世纪托斯卡纳北部的经济与社会》（*Economy and Society in 8th Century Northern*

---

[*]　冯加帅，北京大学历史学系博士生。

[①]　相关研究可参阅李隆国《"黑暗时代"的消退与中古史研究的"认同性危机"》，北京大学历史学系世界古代史教研室主编《多元视角下的封建主义》，社会科学文献出版社，2013，第 67~96 页。

Tuscany）便可窥见一二。威克姆凭借其代表作《建构中世纪早期：欧洲和地中海区域（400～800）》（*Framing the Early Middle Ages: Europe and the Mediterranean, 400-800*）先后荣获了三项学术奖项，《罗马帝国的遗产》正是在此书基础上创作完成的。20世纪以来的中世纪早期历史研究已经取得了许多堪称"划时代"的成果，譬如以亨利·皮朗（Henri Pirenne）命名的"皮朗命题"（Pirenne Thesis），还有彼得·布朗（Peter Brown）所开创的"古代晚期"（Late Antiquity）研究。威克姆对他们的具体观点可能持保留态度，但在强调历史延续性、扩大欧洲中世纪史的地理范畴等方面无疑与他们存在共识。威克姆在该书第1章"引言"中直言要打破由"民族主义"（nationalism）和"现代性"（modernity）两种宏大叙事导致的认知误差："民族主义"视角下的中世纪早期是西欧现代民族国家发端的时代，作者批评这种观点为历史目的论。"现代性"的历史叙事则使中世纪早期难以摆脱混乱无序的标签。作者提出，"要研究这个时代，就必须承认其与罗马时代的不同，这和承认罗马时代在它身上的延续是同等重要的。"这也是该书最核心的观念。

　　该书按照时间先后和地域差别分为四部分，以400～1000年为时限，以"整个欧洲和地中海地区、前罗马帝国领地和罗马以北的非罗马帝国领地"为舞台，主张对文字史料与考古发现都要"谨慎地进行解读和评估"。第一部分的核心主角是罗马帝国。威氏并不否认罗马帝国存在暴力、腐败和不公平的问题，甚至视其为稳定的罗马国家体系的一部分，但由于"一些意外事件"且帝国的统治者没有把这些事件处理好，西罗马帝国在5世纪解体了。第2章讨论了西罗马帝国一套自洽的政治体系在帝国解体前如何运转。以庇护体系为例，尽管它常被批评为腐败，却是"维持帝国有效运转的主要因素之一，庇护体系在哪里不起作用，哪里就会出现问题"。罗马帝国的衰亡常被看作蛮族入侵的直接后果，这是由爱德华·吉本（Edward Gibbon）在《罗马帝国衰亡史》（*The History of the Decline and Fall of the Roman Empire*）中系统阐述的。威克姆认为蛮族进入罗马帝国不会必然导致罗马帝国灭亡，但也不赞同对传统观点的矫枉过正。第3章"基督教罗马世界的文化和信仰"主要讨论了当时基督教的形态和内容等。除了罗马帝国在时空观念上的基督教化，基督徒还为罗马世界带来了三项重要的革新：教会制度、信仰对政治的重要影响、严守教义者和禁欲主义者的社会空间。

第 2 章、第 3 章所描述的罗马帝国的政治、社会和文化特征绝大多数作为帝国的遗产延续了下来。以土地税制度为基础的罗马帝国的公共机构被拜占庭和阿拉伯哈里发国继承，西部的税收制度却在帝国崩溃后逐渐瓦解，政治机构也大幅精简，但"精简后的版本依然能体现出罗马式治理系统的基本要素"，它们为众多蛮族王国所采纳。公共政治在西罗马故地一直延续到加洛林王朝灭亡之后，甚至更晚，它的消失标志着中世纪早期在西罗马故地的结束。这正是第 2 章的题目"帝国的分量"以及该书书名"罗马帝国的遗产"所指。作者并没有因延续论而忽视历史发展中的变化，而是直言宗教和文化上的延续性无法掩盖政权结构的重大崩塌：交换经济在东西罗马更加本地化，贵族社会更加军事化，世俗文化教育的重要性大大降低，农民拥有了更大的自治权。罗马帝国的每一个地区此后都走上了独立的发展道路，这种地方化以及整体上的简单化正是中世纪早期最显著的特点。

第 4 章"危机与延续"指出，西罗马故土上较大的政治体都是按照罗马的传统方式实行统治的，但军事化程度更强，财政体系较弱。这一章的目的就是摒弃"事后诸葛亮"的角度，去探讨这种改变是如何发生的。尽管罗马的政治文化在西罗马故地上都保留下来了，但政治统一局面的终结是一场巨变，其结果是整个政治结构都改变了。这些国家的经济复杂程度无法与罗马帝国相匹敌，蛮族精英对罗马精英文化的冲击并不是因为两者的文化截然不同，而是因为新来者是军人。

第二部分"后罗马时代的西方（550～750）"的主角不再是一个，而是数个并立的政权（也包括第三部分相应时段的拜占庭和阿拉伯政权）。第 5 章"墨洛温时期的高卢和日耳曼"认为，墨洛温王朝一开始就对罗马的传统和理念持开放态度。墨洛温王室能够一直保持重要地位，原因在于每一任国王或宫相都支配着巨额的财富。国王和军队几乎每年春天都会召集一次大会，人们认为大会上做出的决定都是合法的。墨洛温王朝

7 世纪后期的政治危机动摇了上述健康的政治模式，也使其失去了在政治舞台上的中心地位。

第 6 章"地中海西部诸王国"讨论西班牙和意大利，罗马政治体系在很大程度上影响了后罗马时代的这两个地区。西哥特人的立法辞藻越来越浮夸，他们还学习罗马、拜占庭的政治礼仪等，很多制度和文化观念与罗马帝国时期相比没有什么变化。在公元 711 年之前，西哥特王国并没有哪个区域显示出脱离中央政府的趋势，那时国王仍然牢牢掌握统治权。意大利在 6 世纪保留的罗马传统比西班牙更多。半岛上各个地区在很多方面都是同步发展的，没有出现西班牙那样明显的地域差异。伦巴第王国和西哥特类似，一直没有建立起家族世袭的王朝。伦巴第人非罗马化的民族特征正是在深受罗马影响的行政机构的支持下发展起来的。

第 7 章"无国之王"聚焦于王权衰败的欧洲大陆彼岸。不列颠的经济在罗马军队撤出后的 5 世纪早期走向崩溃。这些地区史料残缺，作者在行文时多有"可能""大概"等推论。不列颠改宗基督教后国王开始立法，行政基础设施初步形成。从未被罗马统治过的爱尔兰也是"诸侯林立"的格局，并且神学界对爱尔兰的整体认同感并未引导世俗世界走向统一。

在分地区介绍了各政权后，作者又以三章的篇幅描述当时的文化、经济和阶级等状况。第 8 章"后罗马时代的价值观"描述了这一时段信仰层面出现的问题，这些问题也许在罗马时期就已初露端倪，此时又有了新变化。罗马帝国晚期的教会层级体系在大多数地区保留到了中世纪早期，中间并无间断，但教会组织不像罗马时期那么团结了。这一时期西部的宗教争端几乎完全不涉及教义层面。尽管当时存在人口流动，但这种流动不是常态，也无法改变后罗马时代不断加强的文化地方化趋势，而这一趋势也呼应了当时经济贸易的地方化。王室和贵族的宫廷礼仪也与罗马时代不同，被一种放浪形骸的文化所取代。作者再次强调，政治文化方面最大的变化不是日耳曼化，而是军事化。

作者在第 9 章"财富、贸易和农民社会"中指出，相关的文字史料大部分是贵族和宗教人士写的，他们对农民的社会行为没有兴趣，因此对加洛林王朝之前西方农民社会的了解需要借助于考古。除了法兰克北部（以及爱尔兰），西部其他地区社会中贵族财富的规模在中世纪早期都要远远逊色于罗马帝国时代。对农民而言，贵族拥有的土地越少，他们所拥有的土地就越多，他们的自主空间也就越大。作者一再强调差异性，不同地区的农村和农民的自治程度各不相同。贵族越富有，贸易体系越复杂。同时，作者对夸大中世纪早期贸易的观点持反对意见。第 10 章"有形的力量"用比较的研究方法展示了东西部诸政权对物质文化的使用，既注意到了统治者在城市兴建大型建筑背后的用意，又有对乡村空间布局的关注。

行文至此，欧洲西部的政权几乎都来到了另一个转折点，作者却搁置这段叙事，将视线投向欧洲东部以及更远的地方。第三部分"东方诸帝国（550～1100）"交替讲述了拜占庭和阿拉伯哈里发国的兴衰。第 11 章"残存的拜占庭"指出，东罗马帝国真正的转折点和危机是在希拉克略时期。面对军事困境，东罗马推行"军区制"，地方社会总体上军事化了。如此一来，虽然主导的推动因素不同，东西部社会却都走上了"军事化"道路。这一时期，皇帝在宗教争端中处于中心地位，已经超过了罗马帝国时期的皇帝。东罗马帝国逐渐成为中世纪的拜占庭帝国。

第 12 章"阿拉伯政治势力的形成"关注伊斯兰教兴起、倭马亚王朝时期阿拉伯政治体制趋于稳定的过程，以及当时社会和文化的延续与变化。阿拉伯人的迪旺制度开创了将职业军人与平民社会隔离开来的先河，尽管隔离并不彻底，但仍避免了人口占少数的阿拉伯人被同化。在倭马亚时期，由于历史因素，作为被征服者的基督徒与阿拉伯征服者在宗教方面还可以平等对话，体现了阿拉伯文化与非阿拉伯文化的联系。

第 13 章"拜占庭的复兴"又把关注点转移到拜占庭帝国。这一时期拜占庭的仪式强调秩序与尊严，整个官僚体系直接围绕皇帝运转，同时也构成了皇权系统的基础。10 世纪中期，拜占庭贵族拥有的土地在不断增加。在作者看来，拜占庭的大家族对地方的掌控程度无法与西方贵族相比，因为前者的政治影响力更依赖于官职，而且拜占庭的国家权力机关也因为能够征税而更加强大。

第 14 章"从阿拔斯的巴格达到倭马亚的科尔多瓦"讲述了阿拔斯王

朝的历史发展。阿拔斯王朝的职业官僚的层级体系更加复杂，而且充满危险，军队和哈里发的宫廷内部也充斥着风险与竞争。哈里发国解体后，10世纪诸多后起的阿拉伯国家都有一个基本特征，即存在由中央政府供养的职业军队和官僚政府，供养他们的钱来自税收。哈里发国的政治制度没有为继承国所抛弃，而是被继承下来了。作者也涉及西班牙倭马亚王朝。同第二部分一样，该部分的最后章节聚焦于经济。

第15章"国家与经济"强调拜占庭和阿拉伯贸易体系的共同点是贸易与国家政权关系密切，这与西部诸政权不同——西罗马帝国自己开展大量的商品运输活动，各个蛮族王国的贸易活动却主要依赖于土地所有者。拜占庭即使在低谷的时候也没有彻底失去其覆盖整个核心区域的商品交换网络。尽管拜占庭的政府组织架构地方化了，但整个帝国还是由一个强有力的中央政府控制。10世纪时贸易出现了两个新的动向：一些原本被隔绝在外的地区加入，以及大宗商品的运输重新变得常见了。地中海贸易的复杂程度在10世纪时达到甚至超过了北海贸易在8~9世纪达到的水平。作者再次提醒读者不可夸大这种贸易体系，在地中海的每一个地区，最重要的贸易体系都存在于这些地区的内部。

第四部分"加洛林和后加洛林时代的西方（750~1000）"在时空上接续第二部分。这一时期西欧最强大的政权无疑是加洛林帝国。第16章涵盖了加洛林王朝一个多世纪的历史。查理曼在法兰克的政治实践中引入了布道和说教因素，这些因素贯穿整个加洛林世纪和此后的岁月。查理曼改造了欧洲的种种政治元素，并通过建都亚琛和称帝来加强集权。查理曼及其幕僚制订了野心勃勃的政治计划——"改革"或"修正"，其对象包括世俗和宗教臣僚们的外部行为以及内心世界。到了9世纪三四十年代，包括政变和内战在内的所有政治进程都可以用宗教概念解释了。加洛林时代的重要发展还有贵族阶层的日益地区化。

第17章"知识分子和政治"讲述了在加洛林道德改革下王室宫殿、公共仪式以及知识分子的重要性。加洛林的官阶序列等级森严，宫廷是一个现实的政治枢纽，同时也是帝国的道德中心。加洛林时代的观察者们对政治仪式的解读各不相同。加洛林王朝的教育把出身相对平凡的人与真正的贵族联系在一起，这些知识分子存在一种集体意识，而这种意识部分来自他们共同受教育的经历。加洛林政治改革的效力从 9 世纪 80 年代开始逐渐衰退，其继承国政治的意识形态色彩大大淡化，改革被迫降到了地方层面。

第 18 章"10 世纪的继起国家"讨论了后来成为意大利、法国、德国的三个地区的历史，此时它们的政治行为还没出现特别明显的分野，但它们都没有继承加洛林的道德化政治。东法兰克奥托家族统治范围内的大部分地区政治结构虽然相对简单，但仍能建立起霸权，直到 1000 年以前都没有衰败的迹象。意大利的情况和东法兰克正好相反，这里政治结构完善，国王却很弱势，政治趋于地方化。西法兰克是后加洛林诸国中最不成功的，既有奥托王朝那样个人集权化的王权，也有 10 世纪意大利式的动荡。墨洛温-加洛林式的伯国体系在西法兰克比在东法兰克稳固，但被称作"封建革命"的典型变革仅出现在西法兰克的部分地区。绝大部分地区里贵族的地位和身份在很大程度上仍取决于其与国王之间或与地方强权之间的亲密程度。加洛林时期常见的各种政治行为在加洛林故土的各个地方延续下来，即便西法兰克也是如此。

第 19 章"'加洛林的'英格兰"讨论 9～10 世纪英格兰的政治以及加洛林王朝的影响。英格兰的王室权力和集体裁决的平衡非常符合加洛林王朝的风格，可能受了后者的直接影响。维京人入侵促使英格兰建立起一种协调机制。尽管英格兰把加洛林王朝当成榜样，但英格兰长期稳定的局面却是欧洲大陆上几乎没有出现过的，因此无法把这种局面完全归因于对加洛林的系统学习，作者的解释是"土地财产排他性权利的形成"和英格兰地主-佃农关系的出现。

第 20 章"欧洲边缘地区"涵盖了罗马帝国故地和加洛林诸王国、盎格鲁-撒克逊王国之外的欧洲西部和南部社会。作者强调这一广袤地区中的差异，例如维京人的劫掠在不同地区的影响非常不同。总体来说，所有这些社会存在一些共同的趋势：到 1000 年前后，每个地区的统治者都更有野心了，他们与地方社会的关联也加强了，统治也更加深入、广泛。但各个地方有不同的问题。750 年之后的时期有一个重要的特征，即法兰克和拜占庭两个欧洲最强大的政治体都保持了稳定并开始扩张,它们对各自的邻居都构成了威胁,这些邻居只能变得更强,否则就会被征服,而为了变强,他们就要以两强为榜样。

第 21 章从贵族自身的视角去审视他们的行为,并将这些行为置于 750 年之后的政治和社会环境中探讨其包含的意义。加洛林和后加洛林时代的社会精英都践行相似的价值观,贵族的恶行也不是 11 世纪"封建革命"之后才有的。作者提到了三个相互关联的主题:地方权力结构、依附关系、贵族价值观。在 10 世纪那些王权仍然强势的地区,贵族家族不管多有野心,也要在王室规则下行事。加洛林的政治结构在一些地区至少一直存续到 11 世纪的第二个十年,实际上比这更晚。同时,城堡和领主权标志着贵族对地方统治权开始感兴趣。作者认为,11 世纪的世界确实比之前更暴力,但这只是程度上的区别,而非性质的变化。作者强调,"封建革命"之中并没有什么不可避免的趋势。

第 22 章"农民阶层的囚笼化"认为,西欧 9~10 世纪的总体发展趋势是农民被缓慢地一步步从公共空间中排除出去。上述趋势在西欧各个地区的发展方式和程度不尽相同,涉及五种彼此独立的社会经济变化。中世纪早期农民享有的相对自治状态在这个时期的最后两个世纪内逐渐丧失殆尽,作者称之为"囚笼化"(caging),即构成西欧人口大多数的庞大的农民群体一步步分裂为地方化的群体。750 年之后,庄园开始出现,同时农民被越来越多地排斥在军队之外。西法兰克/法兰西和意大利的部分地区逐渐演变出了领主强制权,这些地区的国家政府基本失去了权力,私人领主则几乎接管了一切。9~10 世纪西欧也出现了人口和农业产量增加、手工业和贸易活动越发繁盛等变化。作者再次强调,不能高估北海地区的经济活动,何况贸易复杂化的代价是限制占人口 80%~90% 的农民的自治权。

第 23 章是总结章节。作者强调,该书始终强调各地差异并进行对比,但不是为了归纳规律,而是为了尊重这些差异并指出这些差异的意义。但中世纪早期欧洲历史中确实存在着一些趋势。作者概括出了六种重要的变化,还从财富的聚集、政治的制度化和公众文化的发展三点来重点分析这些变化背后的基础结构。作者以 1000 年为中世纪早期的终结是为了避免第 1 章所提到的宏大叙事，而且罗马帝国的遗产至少在一些地区确实延续到了公元 1000 年前后，在那之后就渐渐淡出了历史舞台。

读过《罗马帝国的遗产》一书后，不难感受到作者对待史料的审慎，尤其是他对基督徒著作的批判使用。例如，作者提醒我们在阅读墨洛温时期的圣徒传时不能忘记这类作品的道德教化目的，而另一些作品中所记载的当地社会的道德败坏现象有可能是这些基督徒作家自己的想象，甚至中古时期的法律也不是对现实的写照。考古资料在讨论社会经济问题和欧洲边远地区的历史发展中起了重要作用。对占人口绝大部分的农民的关注也让作者得出了加洛林世纪是一个黑暗世纪的观点，这体现出该书鲜明的马克思主义色彩。作者对于传统的研究热点——教俗之争并不关注，罗马教宗成为边缘化角色，取而代之的是阶级分析以及对公权力及其逐渐消失的关注。作者也深受"封建革命"理论的影响，此书或许可称作"封建革命"前史，因为西欧在对罗马遗产的延续中逐步走向封建革命。要言之，《罗马帝国的遗产》一书既有对历史发展宏观规律的把握，又不断彰显宏大叙事下的地方差异。地区发展多样性始终是作者关注的主题，因为作者不断强调每个时代和每个地区都有自身的价值，不必给它们贴上各种价值判断的标签。

Table of Contents and Abstracts

Abstract: This paper introduces to the Monumenta Germaniae Historica, their history and publications, the institute in Munich and the services they provide. The first part speaks about the foundation of the Monumenta Germaniae Historica and its historical background, the second about the first years, that shaped the monumenta and their editions. The third part covers the rest of history of the monumenta, while the fourth and last part gives an overview over the Monumenta Germaniae Historica today, their products and online-services. After two hundred years of colorful history and the publication of almost countless editions, with the participation of the scientific community and the support of scholars from all over the world, the Monumenta Germaniae Historica hopefully look into a bright digital future.

Keywords: Monumenta Germaniae Historica; Critical Editing; Georg Heinrich; Pertz; Horst Fuhrmann

The Production and the Circulation of Books in the Byzantine Empire

Filippo Ronconi / 25

Abstract: The expression "Byzantine book" refers, in its broadest sense, to books produced and used within the Byzantine Empire, as well as in regions and communities beyond its borders, but which were still perceived as culturally, religiously or ideologically affiliated with the Empire, the extent of which varied widely over the centuries, including and excluding large territories and ethno-cultural groups. These books were written in different languages, such as Greek, Latin, Hebrew, Armenian, Syriac and Coptic, and produced in different formats, including the wooden polyptych, the papyrus or parchment roll and the papyrus, parchment and paper codex. The study of Byzantine books (and manuscript-books in general) should be approached from two distinct but complementary angles: The qualitative one, which involves the detailed examination of the material, graphic and textual characteristics of each book in order to trace its history, and the quantitative approach, which involves the statistical analysis of data on specific aspects of collections and books. In Byzantium, they were generally considered expensive objects, although their cost depended on intrinsic factors and the socio-economic conditions of the context in which they circulated. Besides copyists, patrons and owners also played a significant role in Byzantine book history. Different types of libraries were responsible for the preservation of manuscripts, whose importance in Byzantine society is demonstrated by their impact on individual and collective imagination and the variety of uses they were subject to.

Keywords: Byzantine Empire; History of Book; Manuscript; Scribe; Library

Responses to Migration and Migrants in the Fifth- and Sixth-Century West

Ian N. Wood / 64

Abstract: Although the numbers of barbarians who migrated into the Roman Empire in the fifth and sixth centuries do not appear extraordinary when placed against figures for the empire as a whole, they could clearly cause major problems in specific circumstances. We need to recognise that we are dealing with a series of discrete or distinct events, and not with a single overwhelming Völkerwanderung. The reactions to the migration and the migrants, and the danger of gathering them all together, can most easily be seen in Pierre Courcelle's *Histoire littéraire des Grandes invasions germaniques*. The book is ultimately as much about the triumph of Catholicism as it is about the destruction wrought by the barbarians, but it downplays the conflicts between the Romans themselves. Reactions to the barbarians (ranging from total anguish to a complete lack of concern) were, extremely varied, no doubt because experiences differed throughout the West, not least because the numbers of immigrants were such that they were very unevenly distributed, as was the damage that they caused. The coming of the barbarians was one issue among several in the fifth and sixth centuries, and it was a development to which people could get acclimatised. When we consider migration, in other words, we should avoid simply gathering the statements of disaster caused by the arrival and settlement of barbarians. Courcelle did a very useful service, but we need to keep an eye open for the broader picture, and there it is important to note the sources that do not prioritise migration: We need to remember those texts that have nothing to say about the barbarians as much as those that highlight the devastation that they caused.

Keywords: Migration; Migrants; Late Roman Empire; Barbarians

Failed Governace and Effective Governance: Roman Jurisdiction over the Church of Salona in Letters of Gregory the Great

Qianyi Bao / 90

Abstract: In Gregory the Great's pontificate, the metropolitan see of Salona posed a prolonged problem to papal authority. When Maximus was elected as its bishop through suspected bribery, he was rejected by the pope but installed by an imperial rescript. Gregory launched a campaign against the *presumptor*. However, papal condemnation and excommunication only resulted in the schism of the province of Damatia. The conflict dragged on for six years and ended in a compromise. This case has been seen as Gregory's failure in attempting to assert authority beyond

Italy. However, the tradition of the church of Salona and the nature of the newly acquired papal jurisdiction over Dalmatia determine that the case is dominated by secular forces. Historical sources concerning the case are mainly preserved in *Collection R*, a copy selectively made in Rome by Pope Hadrian I. Compared to letters preserved in other sources, it can be found that Hadrian's edition exhibits an effort to reshape the image and papal authority of Gregory the Great.

Keywords: Gregory the Great; Church of Salona; Religious and Secular Relations; Papalism

Politics and Religion: Ideal and Reality in the Carolingian *Specula Principum*

Thomas F. X. Noble / 116

Abstract: This paper offers four manifestly religious texts produced in the Carolingian era for consideration in terms of their religious content and their political implications. Normally labeled *Specula Principum*, "Mirrors for Princes", they are: Smaragdus of St. -Mihiel, Via Regia, written in 811 or 812 for Louis the Pious when he was king of Aquitaine; Jonas of Orleans, *De Institutione Regia*, addressed in about 831 to Louis the Pious's son Pippin who was then king of Aquitaine; Sedulius Scottus's *Liber de rectoribus christianis* written in 869 for Charles the Bald; and, finally, Hincmar of Reims's *De regis persona et regio ministerio* written around 873, also for Charles the Bald. The paper suggests that the traditionally accepted genre (*specula principum*) robs these individual texts of their specificity and deprives them of their context. The paper argues that, read properly and within a Carolingian framework, the four texts were intended to participate in ninth-century political discourse. Whether or not we accept Mayke de Jong's identification of a culture of admonition, these "mirror" documents need to be added to the dossier of admonition, and to be moved from the abstract realm of genre and from the limited realm of "Kirchendenken" to a more central place in Carolingian political discourse.

Keywords: *Specula Principum*; Carolingian; Pippin of Aquitaine; Louis the Pious; Charles the Bald

Moral Theology of the Renunciation of the Devil: Text and Context of
Leidrad's *De abrenuntiatione diaboli*

Abstract: The *De abrenuntiatione diaboli* conserved in the lone manuscript Paris, BnF, Latin 12262 is a treatise composed by Archbishop Leidrad of Lyon (r. 798–816) for the Carolingian king and emperor Charlemagne. In 810 or 811, Charlemagne asked the archbishops in his realm via an encyclical letter to inform him of "how you and your suffragans teach and instruct the priests of God and the people entrusted to you about the *sacramentum* of baptism". He sent his comments to Leidrad on the bapstimal treatise submitted by the latter, and apparently asked the archbishop of Lyon to talk more about "the renunciation of the devil and of his things". Leidrad obeyed and composed the *De abrenuntiatione diaboli*, a work that has enjoyed limited transmission and scholarly attenton but has no little historical value. It converts the general moralized interpretation of the renunciation of the pomps and works of the devil in the author's previous bapstimal treatise to a more specific moral diagnosis of current politico-religious disorder. Close textual analysis reveals that Leidrad had Charlemagne's moral critique against the *conversationes* of churchmen, as reflected in two capitularies of 811, in mind. As a work with large number of patristic excerpts, the *De abrenuntiatione diaboli* shows the author's editorial strategy to make the fathers speak for him, especially to highlight his concern shared with Charlemagne over avarice as a great sin. However, Leidrad's seemingly linguistic distinction between *renunciare* and *abrenunciare* demonstrates his defense of ecclesiastics holding proptery. Leidrad's moral theology in the *De abrenuntiatione diaboli* focuses on the human condition of sin, strife, and punishment due to Christians' return to what they have renounced in the baptism, and expresses a subtle voice distinctive from Charlemagne's high-profile reform movement.

Keywords: Charlemagne; Baptism; Leidrad; Moral Theology

Power and Virtue：The Familiy Kingship in *Vita Karoli Magni* of Einhard

Abstract：*Einhardi Vita Karoli Magni* adopts various narrative strategies to achieve its purpose of defending Charlemagne's reputation. Focusing on the author's technique of narrative, this paper analyzes three cases：The acquisition of the title of King by Pippin the Short, the acquisition of the imperial title by Charlemagne, and no description of Charlemagne's childhood. According to Einhard, Pippin had strong hands, but was so full of humility that only for the purpose of obeying the order of the pope was he forced to be titled king, while Charlemagne, his son, was so pious that he was forced by the pope to become emperor. The fact that no memorable story of Charlemagne's childhood is provided in the biography to some extent transforms the biography to a history of the succession of Carolingian kings and of the transmission of the imperial title. In the core of the biographical structure stands the family of Charlemagne. Through these three cases, we can observe Einhard's narrative skills, by which he apologized not only sophisticatedly for Charlemagne but also for the whole Carolingian family.

Keywords：Charlemagne；*Vita Karoli Magni*；Einhard；Carolingian

Diversity and Convergence：The Accommodation of Ethnic and Legal Pluralism in the Carolingian Empire

Abstract：The origins of Carolingian legal plurality can be traced back to the early Merovingian kingdoms and the techniques to establish Merovingian rule over diverse territories and populations through the granting of sometimes far-reaching autonomies and privileges. It was still the basic constitutional framework when the Carolingians started to control Merovingian politics and eventually usurped the Frankish throne. In order to legitimize their new role as kings, the Carolingians instrumentalized Frankish identity as a new common focus for the politics of consensus. The invocation of the community and unity of the Franks with their Carolingian king in Carolingian histories of the eighth century was not just mere political rhetoric. It was part of a political theory through which the Carolingians reinterpreted the oaths of loyalty that the population of the Merovingian kingdoms had to swear to their kings. However, the increasing politicization of ethnic traditions and communities also worked against the political integration of Carolingian rule once they managed to establish themselves as kings over the whole of the regions and territories of the former Merovingian kingdoms. Carolingian politics reacted to this development in the context of the reforms from the 790s onward, which also was a time when Carolingian politicians and intellectuals intensified their reflections about imperial models and resources. The ensuing creation of an imperial framework provided a frame for the accommodation of all these different claims along with various Frankish ones. Despite its universal claims, the Carolingian Empire maintained a fundamentally post-imperial and pre-Carolingian structure. The accommodation of post- Roman legal claims and social structures in the Carolingian Empire did not result in their absorption into one system but rather transformed and reinforced a social and political stratification that came to be structured by the coexistence of diverse social, legal, political, and ethnic communities. It created a pattern for political integration and organization on local and supralocal levels that later Carolingian and post-Carolingian societies developed further for many centuries to come.

Keywords: Carolingian, Frankish Identity; Ethnicity; Law; Oath of Fidelity

Capitularies in the Ottonian Realm

Steffen Patzold / 210

Abstract: This essay is a study of the transmission and later use of Carolingian capitularies. Issued in the ninth century, in a number of cases these documents are known to us only through copies made in the tenth century, in the Ottonian empire. The goal of the study is to prompt a rethinking of the contrast often drawn between the text-based legal culture of the Carolingian empire and the supposedly oral and ritual culture of Ottonian rule. A survey of seventeen capitulary manuscripts is offered, followed by two case studies. The first concerns a tenth-century Metz manuscript; the second centres around a Mainz book. These appeal to the Carolingian past in order to shape legal claims in the present: As assemblages of legal texts, they bear important witness to the context of their production.

Keywords: Carolingian Capitulary; Manuscript; Collection of Capitula; Legal Culture; Ottonian Dynasty

The Autographic Letter Collection of Abbot Wibald of Stablo (1131–1158) and Corvey

Martina Hartmann / 235

Abstract: Based on careful editing and nuanced reading of the letter collection of Wilbald, the abbot of Stablo and Corvey around 1150, the paper first introduces the long history of the former editions and the progress of the present edition for MGH. The new edition respects the original archival character of the letter collection and the intentions of its original compilers. With the help of these letters, some crucial points of Wilbald's remarkable career are more clearly and vividly presented. In addition, the letter collection allows us not only to detect some detailed yet to some extent obscure aspects of 12th century monastic history and daily life, but also to touch with first hand on how the abbot was involved in the political world around Holy Roman emperors and popes. The paper concludes with an interesting comment on the intellectual life of the 12th century Renaissance.

Keywords: Wibald of Stablo; Abbey of Stablo; Abbey of Corvey; Letter Collection; Holy Roman Empire

Charlemagne Meets Prester John: A Codicological Study of the Political Culture of the Holy Roman Empire in the 12th Century

Wendan Li / 253

Abstract: In 1165, Charlemagne was canonised in Aachen on the initiative of

Emperor Frederick I. Almost the same year, a letter bearing the name of "Presbiter John" began to circulate in Europe. Historians have noted the synchronicity and similarity between the canonisation of Charlemagne and the forgery of the Letter of Prester John, speculating that they served the *sacrum imperium*, the political theology of the Staufer. Recent research, however, has shown that Frederick's construction of a *sacrum imperium* is not historically accurate. The question arises whether the canonisation of Charlemagne and the forgery of the Letter of Prester John are still relevant, and whether we can improve our understanding of them in a broader context. This paper takes a codicological approach to explore the synchronicity and similarity of the stories of Charlemagne and Prester John in their circulation. The paper begins by sorting out the reception contexts of Charlemagne and Prester John, respectively, attributing their popularity in the twelfth and thirteenth centuries to medieval readers' long-standing interests in historiography, the Crusades and the Holy Land, eschatological prophecy, and so on. The paper then examines the codices that contain the stories of Charlemagne and Prester John together. It shows that such codices can be divided into two groups. One group of codices was concentrated in the Benedictine and Cistercian monasteries of southern Germany and Austria in the second half of the twelfth century, and their compositions reveal an eschatologically influenced doctrine of *translatio imperii* very similar to Fruthof of Michelsberg and Otto of Freising's conception of Universal History. In contrast, the other group of codices was concentrated in thirteenth-century France and reflects the reader's broader global perspective and curiosity for new knowledge.

Keywords: Charlemagne; Prester John; Codicology; translatio imperii; Holy Roman Empire

The Good Pope: Suitability and Necessary Abilities in the Mirror of the High Medieval Papal Vitae

Jochen Johrendt / 288

Abstract: The chapter focuses the different characterisations of popes in the *Liber*

Pontificalis between Leo IX (1049-1054) and Innocent III (1198-1216). The *Liber Pontificalis* can be seen as the official historiography of the popes, written on the curia by persons of the entourage of the popes. Therefore it underlines the positive properties, the abilities of a pope and keeps deficiencies, errors and inopportune actions of the pope back. He struggles to show us an ideal pope. In the presentation of this ideal pope one can see a change of the skills, a pope had to have to be a good pope. The first popes of the reforming era are shown as very pious. At the beginning of the 12th century the knowledge of law gets more important and skills in administrative areas. Popes on the end of this century could even die in military action. The characterisation of Innocent III at the beginning of his "Gesta" seems to include all qualities, mentioned for the other popes. The vitae of the "Liber pontificalis" and the "Gesta" show as like a mirror the changing of requirements to the papal office in a church, which was even more and more connected to Rome. But it's also quite interesting which skill is missing at the description of a pope, so that we can see any individuality apart from the description in topoi. In contrast to other lives the single pope can get more expressiveness.

Keywords: *Liber Pontificalis*; Leo IX; Innocent III

Why did the Portsmen Call Themselves Barons: Privileges, Petitions,
and Self-representation of the Medieval English Cinque Ports

Jiazhu Hu / 311

Abstract: Ancient Petitions (SC 8) preserved in the National Archives in the UK, it is noteworthy that medieval petitioners from the Confederation of the Cinque Ports presented their identity as "barons", instead of "burgesses" or "citizens", although their actual status was more urban than noble. This article looks into the nature and usage of the Portsmen's unique title of "barons" in their petitions addressed to the English king and his council from the late thirteenth century to the early fifteenth century, and focuses on two main questions: 1) on what ground did the Portsmen call themselves barons; and 2) why did they insist referring to themselves as barons in those petitions. By these two questions, this article revisits the constitutional origin of the Portsmen's collective baronial title, and explores its pragmatic usage during their political communication with the English Crown through petitioning. The Portsmen's baronial title indeed encapsulated the unique position of the Cinque Ports in the English polity, but the limits of legal documentation resulted in the obscurity of its nature and origin, and also in its disconnection with the confederation's characteristic privileges. Instead of taking the Port "barons" as a mysterious legal notion, this article proposes that it would make more sense to examine the use of the title from a more communicative perspective. By taking into account the administrative (sometimes parliamentary) context of petitioning and the multiple audiences of the Portsmen's petitions, their self-reference of "barons" can be interpreted as a rhetorical strategy employed in their self-representation during political communication. This also provides a key to the understanding of the petitioners' message and expectation beyond their petitionary texts.

Keywords: Medieval England; Cinque Ports; Political Communication; Medieval Petitions; Urban Liberties

Performing the History: Theatrical Adaptation of *Les Grandes Chroniques de France* in Pierre Gringore's *La Vie monseigneur sainct Loÿs par personnages*

Shanshan Lü / 341

Abstract: Around 1500, the confraternity of carpenters and masons in Paris commissioned Pierre Gringore to create a play entitled *La Vie monseigneur sainct Loÿs par personnages*, dedicated to their patron saint, Saint Louis. Gringore utilized *Les Grandes Chroniques de France* as his main source, depicting an ideal monarch of saintly virtue. The author customized his work to meet the demands of his clients, by emphasizing the king's justice. He also used allegorical characters in the play, which enabled him to reinterpret historical events. Moreover, Gringore occasionally incorporated passages directly from *Les Grandes Chroniques* to lend his play greater authority. This is also apparent in the manuscript. Thus, Gringore reconstructed the history of Louis IX and brought the elite historical traditions of Saint-Denis to the ordinary Parisian carpenters and masons in the form of a theatrical performance.

Keywords: Saint Louis; Pierre Gringore; Theatrical Adaptation; *Les Grandes Chroniques de France*; Confraternity

Discussion Review

Continuation and Transformation: A Review of *The Inheritance of Rome*

Jiashuai Feng / 358

图书在版编目（CIP）数据

北大史学.第27辑，欧洲中世纪历史文献专号／北
京大学历史学系主办.--北京：社会科学文献出版社，
2024.10.--ISBN 978-7-5228-4161-8

Ⅰ.K0-53

中国国家版本馆 CIP 数据核字第 2024XF9606 号

北大史学　（第 27 辑）
欧洲中世纪历史文献专号

主　　办／北京大学历史学系
主　　编／赵世瑜

出 版 人／冀祥德
责任编辑／陈肖寒
文稿编辑／梅怡萍　李蓉蓉　卢　玥
责任印制／王京美

出　　版／社会科学文献出版社·历史学分社（010）59367256
　　　　　地址：北京市北三环中路甲 29 号院华龙大厦　邮编：100029
　　　　　网址：www.ssap.com.cn
发　　行／社会科学文献出版社（010）59367028
印　　装／唐山玺诚印务有限公司

规　　格／开　本：787mm×1092mm　1/16
　　　　　印　张：24　字　数：367 千字
版　　次／2024 年 10 月第 1 版　2024 年 10 月第 1 次印刷
书　　号／ISBN 978-7-5228-4161-8
定　　价／89.00 元

读者服务电话：4008918866